일본 속의 한국문화 유적을 찾아서 3

일본문화의 뿌리는 어디인가

㈜대원사

옮긴이/배석주

동국대학교 일어일문학과를 졸업하고 일본 국립 큐우슈우(九州)대학 대학원에서 일본어학을 전공, 쿠루메(久留米)대학 대학원에서 일본어학 박사과정을, 효성가톨릭대학교에서 한국어학 박사과정을 수료하였다. 일본국어학회, 한국일본학회, 일어일본학회 회원이며 현재 경주대학교 관광일어과 교수로 재직중이다. 주요 논문으로 「조선 자료의 일본어학적 연구」, 「방언집석(方言集釋)의 큐우슈우방언」, 「첩해신어(捷解新語)의 탁음 표기 연구」 등 여러 편이 있다.

일본 속의 한국문화 유적을 찾아서 3
― 일본문화의 뿌리는 어디인가 ―

첫판 1쇄 1999년 6월 20일 인쇄
첫판 2쇄 2017년 4월 15일 발행
지은이 · 김달수
옮긴이 · 배석주
펴낸이 · 김남석
펴낸곳 · 대원사

06342 서울시 강남구 양재대로 55길, 37 대도물산 빌딩 302호
전화 757-6717(대) 팩시밀리 775-8043
등록 제3-191호

값 14,000원

이 책에 실린 글과 사진은 저자와 출판사의 허락없이는 함부로 사용할 수 없습니다.

ISBN 89-369-0944-4   03900

일본 속의 한국문화 유적을 찾아서

3

■ 저자 서문

일본 속의 한국문화 유적을 찾아서

이 책의 간행은 지금으로부터 5, 6년 전 대원사 기획실의 조은정 씨가 『일본 속의 한국문화 유적을 찾아서』라는 책을 내고자 한 것에서 비롯되었다.

그때 마침 나는 토오쿄오에 있는 자유사라는 데서 발행하고 있는 일본어로 된 잡지 『한국문화(韓國文化)』로부터 이 책의 내용과 같은 '일본의 한국문화 유적'에 대한 내용을 몇 차례에 나누어 연재해 달라는 의뢰를 받았던 참이었다. 이 잡지의 1991년 10월호부터 '신고(新考), 일본의 한국문화 유적에 대해'라는 원고를 쓰기 시작했다.

처음에는 일본 고대 국가의 발상지인 야마토(大和, 현재의 나라현) 유적에 대해서만 간단히 다루려고 하였다. 그런데 내가 한일 고대사 문제에 대한 글을 쓰기 시작했던 20여 년 전 이후로 그동안 알려지지 않았던 유적이나 고분의 발굴이 이루어져 점차 새로운 사실이 밝혀지게 되었으므로 어느 사이엔가 나는 '신고, 일본의 한국문화 유적에 대해'라는 원고에 몰입하게 되었다.

이미 20여 년 전부터 일본 각지를 답사한 고대 유적 기행인 『일본 속의 한국문화』를 12권까지 써왔던 터였다. 물론 야마토도 중심 지역 가운데 하나로 다루어지고 있지만 그것은 전체 12권 중의 일부에 지나지 않는, 결코 이 책처럼 구체적으로 상세히 다루어진 것은 아니었다. 따라서 고대 왕조 국가의 땅 야마토를 본격적으로 다루기는 이번이 처음이라 할 수 있으며 이 책은 그 가운데 반 정도의 내용을 담고 있다.

한편 그동안 일본의 역사 고고학에도 상당한 변화가 있었다. 내가 『일본 속의 한국문화』를 집필하게 된 동기의 하나였던 멸시의 대상인 '귀화인'이라는 말은 사라지게 되었고 이제는 중고교 교과서에서까지도 '도래인'이라는 말로 바뀌어 있다. 예로 1995년 6월 28일자 아사히신문 기사를 소개하자면 "작년 6월에 출토된 토기 파편/수도권에서 가장 오래 된 한식 토기/5세기 후반 도래인이 가지고 온 것일까?"라고 쓰고 있다.

이 책이 나오게 된 데는 조은정 씨가 오랜 기간 여러 차례 연락하고 기다려온 덕분이지만 이 책을 한국어로 번역한 배석주 교수의 노고도 큰 것이었다. 여기에 기록하여 두 분께 심심한 감사의 뜻을 표하고자 한다.

더욱이 이 책이 광복 50주년이 되는 해에 출판된다는 사실도 커다란 기쁨이 아닐 수 없다.

1995년 7월 토오쿄오
김달수

차 례

■ 저자 서문 · 4

제1부 오오사카부의 한국문화 유적 ● 11
　신라 도래인의 땅 … 13
　신라 국왕의 후손이 살던 코기 … 20
　키시와다시의 신라계 도래인 … 27
　이즈모의 하타씨와 효오즈신사 … 34
　백제계 승려 교오키와 쿠메다고분군 … 41
　백제계 도래씨족 시노다씨 … 45
　야요이인은 한국인인가 … 54

제2부 타카이시시와 사카이시의 한국문화 유적 ● 65
　백제계 타카시씨족 … 67
　한식계 토기 … 75
　닌토쿠천황릉의 주인은 누구인가 … 84
　바다를 건너와 스에키를 만든 사람들 … 91
　도래인들의 필수품, 토기 … 100
　도래인의 루트 … 108

제3부 사카이시의 한국문화 유적 ● 115
　고대한국에서 몰아친 기술혁신의 파도 … 117
　스에키를 굽던 사카이의 도래인 … 125
　타지하야히메신사 · 사쿠라이신사 … 133
　일본 최초의 대승정, 백제계 교오키 … 142
　카난정의 신라촌과 신라 문화유적 … 153
　쿠다라향에서 이치스가고분군으로 … 161

제4부 카와치아스카·타이시정의 한국문화 유적 ● 173
도래계 씨족과 왜인계 씨족 … 175
카와치아스카와 백제 왕족 … 184
왕릉의 골짜기를 찾아서 … 195
와니계 후미씨족의 사이린사 … 208
왕인박사의 무덤을 둘러싼 논쟁 … 214
시로토리신사에서 카루사토까지 … 224
미네카즈카고분의 피장자와 그 출토품 … 234

제5부 사쿠라이시의 한국문화 유적 ● 243
도오묘오사텐만궁과 하지씨족 … 245
콘다하치만궁의 성립과 마사무네신사 … 257
노나카고분에서 니시하카야마고분까지 … 265
백제 진손왕계 씨족 … 275
야츄우사에서 코쿠부신사까지 … 287
후나시오오고노오비토의 묘지 … 294
타마테야마고분군과 타나베폐사 … 300

제6부 미하라정 주변의 한국문화 유적 ● 309
신라 토기 주발이 출토된 타이유적 … 311
쿠로히메야마고분의 철제 무구와 무기 … 316
코마향 혼도오의 오오코마신사 … 323
타카이다야마고분의 다리미와 순금귀걸이 … 331
이와신사와 치시키사 유적을 찾아서 … 340
3세기의 도래인 토기를 앞에 두고 … 348

■ 인지명 대조표 · 359

고대 한반도문화의 일본 전파 경로

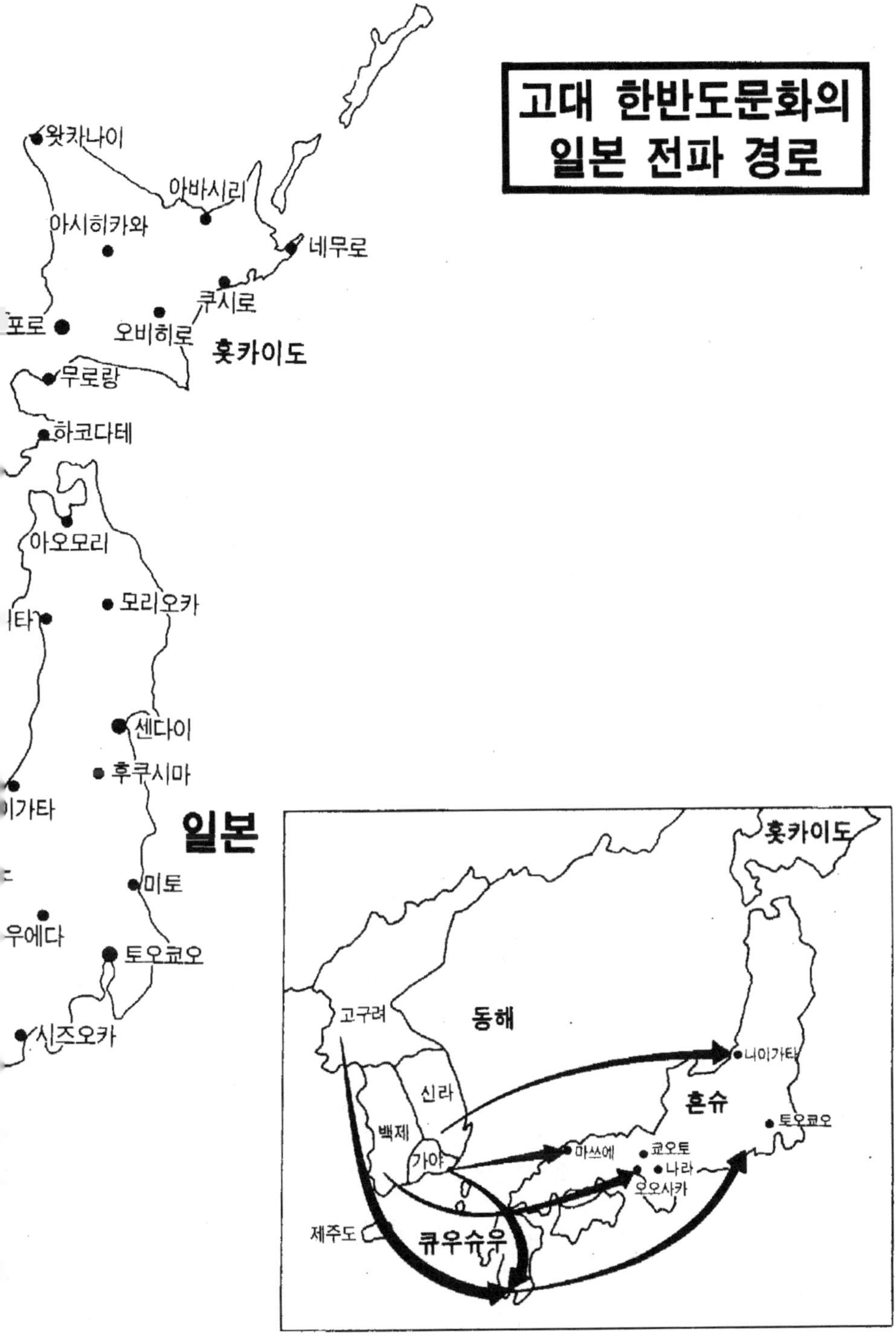

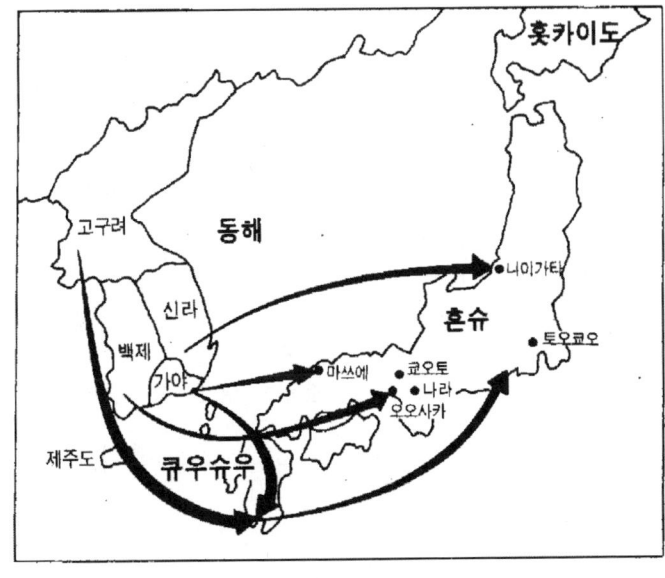

▷ **이 책의 일본어 발음의 우리말 표기 원칙**

  1. 일본 고유의 인명·지명·신명 등은 원칙적으로 일본음으로 표기하되 한국과 중국 등의 인명·지명은 우리말음으로 표기했다.
  토요토미 히데요리(豊臣秀賴), 소가노우마코(蘇我馬子), 텐리(天理), 부여(扶餘), 니기하야히노미코토(饒速日命).
  2. 관직 또는 신분을 나타내는 단어와 고분·신사·절 그리고 산·강 및 국명(國名)·시·군 등의 행정구역명과 시대명·씨족명 등은 일본음+우리말음을 원칙으로 표기했다.
  스진(崇神)천황, 하시바카(箸墓)고분, 무카이(向井)신사, 토오다이사(東大寺), 미와산(三輪山), 쿠다라천(百濟川), 셋쯔국(攝津國), 사카이시(堺市), 카난정(河南町), 에도(江戶)시대, 헤이죠오궁(平城宮), 하지씨(土師氏).
  단, 산·절 등이 고분의 이름·지명으로 쓰인 경우와 고대의 신분(皇女, 太子)이나 고유명사화된 국명·길명〔道〕 등은 부득이 일본음+일본음으로 표기했다.
  노노우에노무라지(野野上連), 나카노오오에노오오지(中大兄皇子), 누카쯔카(禮拜塚), 다케우치노미치(竹內道).
  3. 신사나 사원 내에 있는 전(殿)·원(院)·당(堂) 등의 시설물과 종파(宗派) 및 불상의 이름 등은 우리말음을 원칙으로 표기했다.
  문수당(文殊堂), 본전(本殿), 비로사나불(毘盧舍那佛).
  4. 책의 이름은 우리말음을 원칙으로 하되 고유지명 등은 일본음으로 표기했다.
  『일본서기(日本書記)』, 『만엽집(万葉集)』, 『고사기(古事記)』, 『사카이시사(堺市史)』.
  5. 일본어를 우리말음으로 옮기는 경우 일본어 음성학상의 음절 법칙과 자음과 모음 표기 법칙을 인용해서 가능하면 일본어의 실제 발음에 가깝도록 표기하는 것을 원칙으로 했다.
  ① 일본어의 자음(k, t, p, ts ʧ)은 우리말의 격음 ㅋ, ㅌ, ㅍ, ㅉ, ㅊ으로 표기하고 탁음은 ㄱ, ㄷ, ㅂ, ㅈ으로 표기했다.
  카와치(河內), 타카하라(高原), 텐표오(天平), 미치자네(道眞), 이가(伊賀), 다이안사(大安寺), 하지(土師), 이즈모(出雲).
  ② 모음 음절이 장음이 되는 경우는 음절 법칙상 모음을 하나 더 추가하되 실제 발음하는 대로 표기했다.
  토오쿄오(東京), 쿄오토(京都), 오오사카(大阪), 큐우슈우(九州), 오오진(應神)천황, 하쿠호오(白鳳).
  ③ 일본어의 특수음소 〔ッ〕는 'ㅅ'으로 〔ン〕은 'ㄴ'으로 표기함을 원칙으로 했다.
  슛사이(出西), 셋쯔(攝津), 코훈(古墳), 닌토쿠(仁德)천황.

제1부 오오사카부의 한국문화 유적

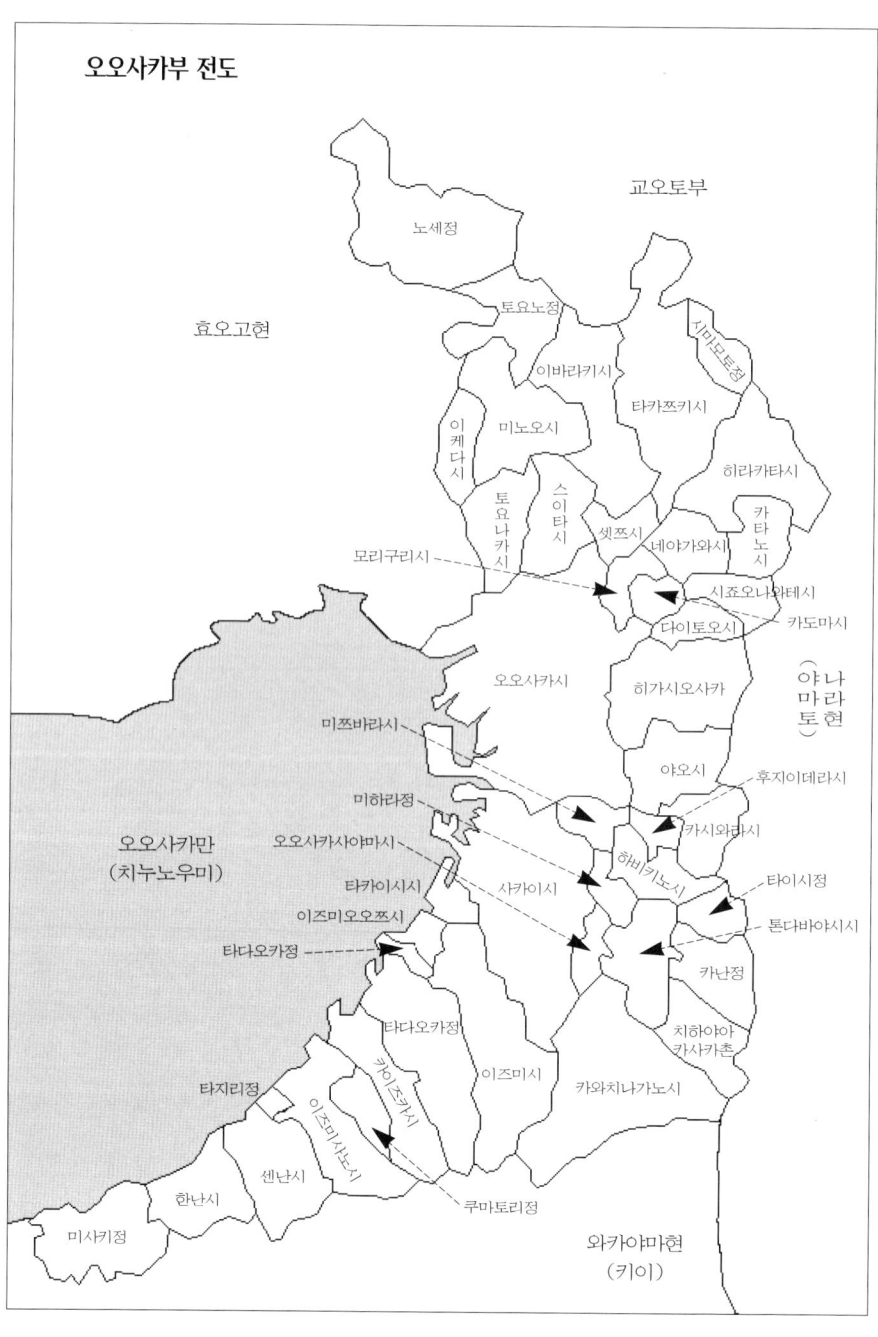

신라 도래인의 땅

『일본 속의 한국문화 유적을 찾아서』 1·2권에서는 일본 고대의 왕성이 있던 나라현을 중심으로 그 속에 남아 있는 한국문화 유적을 살펴보았다. 3권에서는 역시 옛 왕성의 땅이었던 셋쯔(攝津), 카와치(河內), 이즈미(和泉) 지역에 남아 있는 한국문화 유적을 깊이 있게 살펴보려고 한다.

셋쯔·카와치·이즈미라 함은 셋쯔국(攝津國), 카와치국(河內國), 이즈미국(和泉國)을 일컫는 말로 지금은 모두 일본 칸사이(關西)지방의 중심부인 오오사카부(大阪府)에 속해 있다. 우선 이 세 곳 중에서 먼저 이즈미국을 찾아가기로 하자.

이즈미는 사카이시(堺市)를 중심으로 하는 오오사카만 연안을 차지하는 지역이다. 사카이(堺)로부터 남쪽으로 펼쳐 있는 바다인 '치누노우미(茅渟の海)' 연안은, 오오사카부 센보쿠군(泉北郡) 타다오카정(忠岡町)과 타지리정(田尻町) 등을 사이에 두고 타카이시시(高石市), 이즈미오오쯔시(泉大津市), 이즈미시(和泉市), 키시와다시(岸和田市), 카이즈카시(貝塚市), 이즈미사노시(泉佐野市), 센난시(泉南市), 한난시(阪南市)로 이루어져 있다. 그리고 치누노우미 연안의 최남단, 와카야마현(和歌山縣) 키이국(紀伊國)과 접하는 곳에 센난군(泉南郡) 미사키정(岬町)이 있다. 이곳 와카야마현과 오오사카부의 경계에 해당하는 미사키정을 시작으로 그곳에 남아 있는 한국문화 유적에 관하여 살펴보기로 하자.

나는 지금까지 "일본 속의 한국문화"라고 제목을 붙인 단행본(기행문)을 총 12권 발표했다. 그 중에서 1971년에 펴낸 제2권이 『야마시로(山城), 셋쯔, 카와치, 이즈미』이다. 제2권에서도 이즈미에 관해서 잠시 언급한 적이 있으나, 그때는 사카이와 그 주변을 잠시 들러보았을 뿐으로 그곳에서 더 남쪽의 땅을 방문한 것은 이번이 처음이다. 더욱이 이미 25년이나 지난 지금에 와서는 역사학과 고고학상에 있어서도 여러 가지 새로운 지식이 더해졌을 것이 분명하다. 또한 1994년 바다 위에 칸사이 국제공항이 새롭게 건설되었는데, 그 공항이 위치한 곳의 행정구역명이 북쪽에서부터 이즈미사노시, 센난군 타지리정, 센난시로 되어 있다.

이곳 미사키정은 이미 와카야마현 키이국에 속한다고 해도 좋을 곳으로 이 지역에는 주목할 만한 고분이 많이 남아 있다. 먼저 이즈미사노시 교육위원회에서 입수한 『치누노우미의 코훈시대―5세기의 기술혁명과 국제교류』의 「미사키정 고분」이라는 항을 보면 다음과 같이 씌어 있다.

오오사카 최남단에 위치한 미사키정은, 어느 시대든 간에 키이국과 밀접한 관계에 있었다고 전한다. 대왕급(大王級)의 전방후원분(前方後圓墳)인 사이료오(西陵)고분과 우토하카(宇土墓)고분이 있으며, 주위에 크고 작은 여러 고분으로 이루어진 탄노와(淡輪)고분군에 속하는 니시코야마(西小山)고분이 그 한 예이다. 탄노와형(淡輪型) 하니와(埴輪)라 불리는 원통(圓筒) 하니와의 밑부분에 단(段)을 붙인 기법은, 오오사카부 내의 다른 어떤 곳에서도 출토된 예가 없다. 이러한 기법은 당시 이 지방에 살고 있던 도래인 집단이 바다를 건너서 가지고 들어온 기술을 답습하고 있던 것으로, 도래인들에 의해 대형 고분이 축조되었기 때문에 그들의 존재를 무시할 수는 없다. 어쩌면 훗날 이곳 남부(지금의 와카야마)에 거점을 두었던 도래계 씨족, 즉 키씨(紀氏)와 관계가 있는 집단일 것으로 추정되고 있다.

미사키정 탄노와의 니시코야마고분은 3단으로 축조되고 수혈석실을 갖는 직경 50미터의 원분(圓墳)으로 주호(周濠, 바깥도랑), 이음돌[葺石, 봉토의 위쪽에 한두 겹으로 얇게 펴서 깐 돌), 하니와를 두른 열(列)을 갖추고는 있지만 그다지 크다고는 할 수 없는 고분이다. 그러나 이곳에서 출토된 유물은 하니와의 스에키(須惠器)를 비롯해서 금동장미비부주(金銅裝眉庇付冑), 삼각판병류단갑(三角板鋲留短甲), 삼각판횡신병용병류단갑(三角板橫矧倂用鋲留短甲), 계갑찰(桂甲札), 칼(刀), 창(鉾), 화살촉(鏃) 등 코훈시대(古墳時代)에 잘 어울리는 백제·가야에서 도래한 것으로 생각되는 다채로운 것이었다.

 요컨대 키이의 키노천(紀ノ川) 하구 지역 등도 그러하지만, 오오사카만의 '치누노우미'에 접한 센슈우(泉州), 즉 이즈미국은 세토나이카이(瀨戶內海)를 통해서 들어왔던 도래인 집단의 상륙지였던 것이다. 이곳 오오사카부의 최남단 미사키정에서 북으로 올라가면 한난시가 나오고, 그곳 이시다(石田)에는 상사(上社)와 하사(下社)의 두 신사로 이루어진 신라계 도래인 하타(秦)씨족의 신사인 하타(波多)신사가 있다. 하지만 고대일본에 있어서 최대 씨족인 하타씨족에 대해서는 앞으로 살펴보게 되기 때문에, 한난시와 센난시는 생략하고, 나는 그곳에서 더 북쪽으로 올라가 원래 '히네군(日根郡)'이라 불렸던 이즈미사노시의 '히네노(日根野)'로 향했다.

 앞에서 사카이시로부터 남쪽의 땅을 찾은 것은 이번이 처음이라고 했으나, 사실을 말하자면 나는 이곳 이즈미사노의 히네노를 전에도 한 번 방문한 적이 있었다. 나는 1982년에 『교오키(行基)의 시대』(아사히신문사 간행)라는 장편기록소설(長篇記錄小說)을 펴낸 일이 있는데, 그 준비를 위해서 백제계 도래인 와니계(王仁系) 씨족 출신으로 일본 최초의 대승정(大僧正)에 오른 교오키의 행적을 조사하기 위해 온 일이 있었다. 그리고 그 책 속에서 나는 이즈미사노의 히네노에 관해 다음과 같이 쓴 일이 있다.

 히네노는 비옥한 땅이었다. 지금은 오오사카부 이즈미사노시에 속해 있는 곳으로 '히네노'라는 지명에 관해서는 『일본서기』 인교오(允恭)천황 8년조(條)에 다음과 같이 씌어 있다. "천황이 그때에 궁거(宮居)를 카와치(이즈미는 본래 카와치였다)의 치누(茅渟)에 짓고 소토오리노이라쯔메(衣郎姬)를 살게 했다. 이로 인해 자주 히네노로 사냥(遊獵)을 가셨다."

고대한국의 신라와 특히 밀접한 관계에 있던 인교오천황이 왜 이곳에 궁거를 짓고 사냥을 했을까? 여기에는 매우 재미있는 사실이 숨어 있을 것으로 생각된다. 큐우슈우대학(九州大學) 교수를 지낸 타무라 엔쇼오(田村圓澄) 씨의 『교오키와 신라불교』에는 다음과 같이 씌어 있다.

    교오키를 개조(開祖)로 하는 사원은 토오호쿠(東北)에서부터 큐우슈우(九州)에 이르는 일본 전국에 분포하고 있다. 특정 개조에 관한 전승(傳承)이 일정한 지역에 퍼져 있는 예는 있지만, 전국적인 규모로 정착되어 있는 것은 오직 교오키 한 사람뿐이다. 그렇다면 교오키는 과연 일본 전국을 둘러본 적이 있었을까?
    「교오키연보(行基年譜)」에는 수행을 하고 있던 무렵의 교오키가 '시라기노오오오미(新羅大臣, 신라는 일본어로 시라기라 함. 오오오미는 고대의 유력한 수장급 관명) 케이키(惠基)'와 함께 여러 곳을 돌아다녔다고 되어 있다. 이즈미의 히네씨(日根氏)는 신라계 도래씨족으로, 이러한 교오키에 관한 전승은 히네씨의 씨사였던 오오사카부 이즈미사노시 나가타키(長瀧)에 있는 젠코오사(禪興寺)에 전해졌다고 생각된다. 그렇지만 교오키가 전국을 돌아다녔다는 사실을 뒷받침할 만한 자료는 없다.

여기에서 '시라기노오오오미 케이키'라는 말이 나오는데, 이것은 도대체 어떻게 된 것일까? 일본 전국은커녕 일본 땅을 결코 벗어난 적이 없는 교오키가 케이키와 함께 여러 곳을 돌아다녔다는 것은 참으로 이해할 수 없는 이야기이다. 그러나 나는 그에 관한 전승이 내려온다는 젠코오사터 등에 히네씨족의 유적이 아직 남아 있는지 여부를 살펴보기 위해, 이즈미사노시의 히네노를 다시 찾았던 것이다.

    히네노는 양파의 산지로 유명해서 지금도 비옥한 이 지역의 어디를 가든 양파밭이다. 먼저 히네씨족의 씨사였던 나가타키의 젠코오사터를 찾았으나, 현재 그곳은 작은 지장당(地藏堂, 지장보살을 모신 작은 당)처럼 되어 버렸고, 낡은 석상 두세 개가 남아 있을 뿐이다. 반면에 히네씨족의 씨신(氏神)이었던 히네(日根)신사는 매우 훌륭한 신사로, 본전(本殿)과 경내사(境內社)인 히메신사 본전(比賣神社本殿) 등의 건물은 오오사카부 지정문화재로 되어 있을 정도였다. 또한 그 옆에는 히네씨족의 씨사였던 자안원(慈眼院)이라는 사원이 있는데 국보나 중요문화재로 지정되어 있는 다보탑(多寶塔)과 금당(金堂) 등이 화려한 모습으로 나란히 서 있었다.

나는 그것들을 보고 난 후 이즈미사노시 교육위원회에 들러『이즈미사노시의 문화재』제1 · 2권을 입수해서 그 내용을 보니, 앞서 본 젠코오사 등에 관해서 다음과 같이 씌어 있었다.

나가타키 지장당터, 폐젠코오사터(長瀧地藏堂, 廢禪興寺跡) 나가타키 히가시버스정류장에서 동쪽으로 약 150미터 떨어진 지점에 있다. 지금은 없어진 옛 젠코오사터 안에 있었다고 전한다. 이 절은 교오키가 건립했다고 하는 전승이 있고, 이 부근에서 하쿠호오(白鳳) · 텐표오(天平)시대의 옛 기와 조각이 출토되고 있기 때문에 나라시대(奈良時代)에 건립되었다고 본다.

쇼오토쿠(昌德) 원년에 화재로 인해 불당이 심하게 소실되었다고 전하지만, 한편으로는 사관(寺觀, 불교의 사원과 도교의 사원)이 후세까지 남아 있던 점과 히네문서(日根文書) · 쿠죠오가(九條家)의 문서 등으로 볼 때 확실하다. 현재 당내에 안치된 반부조(半浮彫)의 석가석불(釋迦石佛)은『이즈미지(和泉志)』에 기재된 켄무(建武) 2년(1335)의 석불이라고 하나 확증은 없다.

히네신사본전(日根神社本殿) 이 신사의 신궁사(神宮寺, 신사에 부속되었던 사원)였던 자안원에 인접한 신사로, 예부터 '오오이제키다이묘오진(大井關大明神)'으로 불리며 이 지방에서 숭상되고 있다.『엔기식(延喜式, 헤이안시대 초기의 제도 · 의식 등의 세칙을 집대성한 책. 967년 시행)』신명장(神明帳)에 '히네군정사위하히네사(日根郡正四位下日根社)'라는 기록이 있어 그 유래를 알 수 있는 신사로, 요오로오 연간(養老年間, 717~724년)에 천황의 칙명에 의해 이즈미 5사(和泉五社) 중의 한 신사로 격상되었다.

제신은 우가야후키아에즈노미코토(鵜葺草葺不合命)와 타마요리히메(玉依姬)의 두 신으로 되어 있지만, 일설에 의하면 예부터 이 땅에 이주해 온 시라기(新羅)의 국왕 오시후노오미(億斯富使主)를 모시고 있다고 한다. 신사의 연기(緣起, 유래)에 의하면 텐무(天武)천황(재위 673~686년)에 의해 창건되었고, 그뒤 몇 번의 병화

(兵火)에 의해 사운이 쇠퇴했지만 케이쵸오(慶長) 7년(1602) 토요토미 히데요리(豊臣秀賴)에 의해 현재의 모습으로 복구되었다. 더욱이 이즈미국의 영주였던 오카베(岡部)가문으로부터 무논〔水畓〕일 정(一町, 1정은 약 99.17아르)을 신사의 수리비로 기증받아 대대로 그들의 비호 아래 있었다. 본전은 일간사(一間社, 하나의 용마루에 하나의 신전이 있는 건축 양식) 카스가식(春日造, 건축 양식의 하나로 나라의 카스가신사 본전이 그 원형임) 노송나무껍질로 지붕을 올린 건물로 향배(向拜, 사전의 정면 계단 위에 튀어나온 차양)에 화려한 당파풍(唐破風, 당나라식의 맞배집에 있는 합장형의 판)을 붙인 것으로 보아 그야말로 모모야마(桃山)시대풍의 양식으로 생각되며, 세부 수법에 있어서도 이 시대의 특색을 남기고 있다.

히네노성터(日根野城址) 히네씨의 조상은 시라기의 오시후노오미라 전하고, 히네씨의 자손은 히네노에 영주해서 세력을 가지게 된 이 땅에 사는 무사였다. 메이지(明治)시대(1868~1912년) 초기 무렵에 이미 성터는 없어지고 겨우 대나무밭과 하치만사(八幡社)가 남아 있었으나 그것을 옮겨 안쪽 구덩이를 메워 경지(耕地)로 만들었다. 현재 지상에는 성이 있었던 징후는 아무 것도 남아 있지 않다. 다만 '土居, 垣外, 大門, 弓場川' 등의 지명이 남아 있어서 성이 있었다는 것을 증명하고 있다. 최근 화가 히네 타이잔(日根對山, 1813~1869년) 추모사업회가 돌표지〔石標〕를 세웠다.

나는 이 내용을 읽고 나서 조금 놀라 도대체 이것이 어찌된 일인가 생각해보지 않을 수 없었다. 결국 간단히 말하면 '시라기의 국왕 오시후노오미'라 함은 고대한국의 삼국 중 하나였던 '신라'의 국왕을 일컫는 말이 아니라(물론 신라에 그런 국왕은 없었다), 이곳 히네노에 있었던 '시라기국왕' 즉 '신라국왕'을 지칭한다는 것이다. 아라이 하쿠세키(新井白石)는 『고사통혹문(古史通或問)』에 "옛날에는 국(國)이었던 것이 나중에는 군(郡) 또는 향(鄕)이 된 일도 많다"라고 했다. 그리고 '오시후노오미'의 '오미(使主)' 역시 고대한국의 백제·가야에서 고대일본의 야마토(大和) 아스카(飛鳥)로 17현의 백성을 거느리고 건너와 이마키(今來), 즉 타케치군(高市郡)을 세운 '아치노오미'를 흔히 사서에서 '阿智使主'라 표기하고 있다. 또한 아치노오미의 후손으로 저명한 사카노우에(坂上)가문의 계보인「사카노우에계도(坂上系圖)」에는 '阿智王(역시 아치노오미로 읽음)'으로 표기되어 있다. 즉, '오미(使主)'라는 성(姓)은 후대에 와서 붙여졌던 것이다.

대체로 히네노, 히네라는 말은 '신라'와 밀접한 관계가 있었던 것 같다. 아마도 신라의 태양신앙에서 온 것은 아닐까 생각된다. 예를 들면 현재의 후쿠이현(福井縣)의 옛 지명인 에치젠(越前)에 히노천(日野川)이 있으나, 이 히노천은 『만엽집』의 유명한 가인(歌人) 오오토모노야카모치(大伴家持, ?~785년)의 노래 속에 등장하는 슈쿠라천(叔羅川)으로 이곳도 원래는 '시라기천(新羅川, 슈쿠라 곧 신라?)'이었다. 그곳에서 왼쪽의 해안가에 있는 지금의 이마죠오정(今庄町)에는 지금도 시라기신사(新羅神社)가 있다. 신사에 전하는 고문서를 보면 "……시로키천(信露貴川)은 시라기산록(新羅山麓)에서 발한다"고 하였다. 또 "시라기천의 수원(水源)은 이마죠오의 동남쪽 야샤가이케(夜刃ケ池)에서 발한다"라고 씌어 있고, '노오미천(能美川)' 또는 '히노천' 등의 문자가 여기저기 조금씩 보인다.

또한 역시 신라계 도래인의 집단거주지였던 호오키(伯耆), 즉 지금의 톳토리현(鳥取縣)에도 '히네군'과 '히네천(日根川)'이 있다. 어찌 되었든 이즈미의 히네노가 본래 '시라기국(新羅國)'이었다고 추정하면, 그곳에 '시라기노오오미' 다시 말해서 '신라대신'이 있었다고 해도 이상할 것은 없다. '국왕'이 있으므로 '대신'도 있었을 것이라는 추측이다. 그렇게 생각하면「교오키연보」의 "교오키가 시라기노오오미 케이키와 함께 여러 곳을 돌아다녔다"는 기록은 당시 수행 중이었던 교오키가 젠코오사를 세울 땅을 구하기 위해 여러 곳을 돌아다녔다는 것을 의미하는 것일 수도 있다. 왜냐하면『군서류종(群書類從)』에 실려 있는「교오키연보」는 신뢰할 수 있는 사료로 알려져 있기 때문이다. 당시의 '신라국왕'이 훗날 히네노미야쯔코(日根造, 미야쯔코는 고대의 세습지방관)가 되고, 그리고 히네군지(日根郡司, 율령시대의 지방행정관)가 되었던 것이리라.

신라 국왕의 후손이 살던 코기

이즈미사노(泉佐野)에 도착해서 나는 오래 전에 왔을 때와 마찬가지로 먼저 히네신사와 자안원을 찾았다. 그것들은 이전보다 정비된 듯했고, 신사 옆의 자안원에서는 새로운 종루(鐘樓)가 증축되려는 듯 목수들이 매우 부지런히 일을 하고 있었다. 나는 이즈미사노시청으로 가는 택시를 탔는데, 전에는 어디를 보아도 눈에 띄던 양파밭은 거의 보이지 않았고, 시내의 이곳저곳에는 맨션 같은 높은 빌딩들이 세워지고 있었다. "예전의 양파밭은 거의 볼 수 없는데 지금 이즈미사노의 인구는 어느 정도입니까?" 하고 택시운전사에게 물어보았더니, "현재는 12만 정도인데 지금보다 훨씬 늘어날 거라 하더군요"라는 대답이었다.

이즈미사노는 칸사이국제공항이 있는 바다 위까지 시 구역이 뻗어 있던 적도 있어서인지 시내의 모습이 크게 바뀌고 있는 것 같았다. JR(일본철도회사의 약칭) 한와선(阪和線)의 히네노역은 공항으로 가는 분기점이 되어 있었고, 전차의 왕래도 전보다 훨씬 늘어나 있었다. 택시는 곧 이즈미사노시 시청에 도착했는데, 시청사도 십 수년 전과는 전혀 다른 훌륭한 빌딩으로 변해 있었다.

나는 곧바로 시교육위원회를 찾아가 사회교육과 코다마 토시코(兒玉敏子) 씨를 만나『이즈미사노의 유적』등의 자료를 건네 받았는데, 그 가운데에는 앞에서 본『치누노우미의 코훈시대—5세기의 기술혁신과 국제교류』라는 제목의 대형 책자도 들어 있었다. 이 책은 이즈미사노시에서 1994년 11월 3일에 대규모로 개최한 「제2회 이즈미사노 역사문화 포럼」에 참석했던 분들이 발표했던 도판을 중심으로 엮은 책이었다. 덧붙이자면 참가자와 연제(演題)는 다음과 같이 되어 있다.

· 이시베 마사시(石部正志, 우쯔노미야대학 교수) 「오오사카만 연안의 5세기」
· 시라이시 타이이치로오(白石太一郎, 국립역사민속박물관 교수) 「고분의 조영과 토목기술의 혁신」
· 니이로 이즈미(新納泉, 오카야마대학 교수) 「금속제품의 제작과 기술의 발달」
· 히로세 가즈오(廣瀨和雄, 오오사카부 교육위원회 문화재보호과 주사) 「5세기의 국제교류」
· 이치노세 가즈오(一瀨和夫, 오오사카부 치카쯔아스카박물관 학예원) 「스에키 생산의 시작」
· 나카오카 스구루(中岡勝, 이즈미사노시 교육위원회) 「이즈미사노의 고분과 코훈 시대」

참가자와 연제만 보아도 대단히 중요한 역사문화 포럼이었음을 알 수 있는데, 한마디로 말하면 모두 오오사카만 연안(치누노우미)과 관계 있는 고대한국에서 건너온 도래인 또는 도래집단과 연관된 내용이었다.

그런데 포럼의 제목은 '국제교류'라고 되어 있었다. 고대에 있어서 '국제교류'라고 하는 것이 과연 있었겠는가 하는 점에 있어서 나는 부정적이다. 그 점은 일단 덮어 두고 이 포럼에서 내가 특히 주목하고 싶었던 것은, 인간의 생활에 있어서 우선 없어서는 안 되는 물건이었던 '토기'가 중심이 되어 있다는 점이다. 또한 『치누노우미의 코훈시대―5세기의 기술혁신과 국제교류』에 실린 도판의 대부분을 그 토기가 차지하고 있었다.

『일본 속의 한국문화 유적을 찾아서』 1·2권에서 자세히 다루었듯이, 토기에는 고대시대에 들어섰을 때부터 가장 원시적인 것에 '초기 스에키(初期須惠器)'와 '한식토기(韓式土器)'라는 것이 있다. 한식토기는 초기 스에키와는 별도로 '도질(陶質)토기' 또는 '경질(硬質)토기'라고도 한다. 이러한 토기는 고대한국에서 도래한 집단이 바다를 건너 가지고 온 것 또는 그들이 일본땅에 도착하자마자 필요에 의해 만들었다고 추정되는 것으로, 당시는 아직 이른바 '스에키'로 대표되는 토기의 일본화가 진행되지 않았던 시기의 토기이다. 따라서 그것들이 출토되는 고분과 유적이 있는 지역은 고대한국에서 도래한 사람들이 제일 먼저 정착한 장소를 의미하며, 토기의 출토만으로도 매우 오래되었음을 의미한다.

예를 들면 나카오카 스구루 씨의 「이즈미사노의 고분과 코훈시대」에는 "센슈우(이즈미)지방의 초기 스에키·한식토기의 출토지 일람표"가 나와 있다.

물론 출토된 토기는 센슈우(이즈미국) 전체로 보면 이곳 이외에도 많이 있겠지만, 그렇다고 해도 이즈미사노에 산겐야유적이 네 군데나 있다는 것은 재미있는 사실이다. 산겐야유적은 앞에서 본 젠코오사가 있던 나가타키에 있는 유적으로 앞에서 인용한 『이즈미사노의 유적』의 「나가타키고분군」에는 이즈미사노의 유적에 관하여 다음과 같이 씌어 있다.

산겐야유적과 모로메유적에 일찍이 고분이 있었다는 사실은 최근의 발굴조사로 알게 되었다. 지금까지의 발굴조사에서는 대략 4, 5기의 고분이 발견되고 있지만, 향후의 조사로 훨씬 그 수가 증가할 것이라고 생각되고 있다. 현재는 이러한 많은 고분을 합쳐서 '나가타키고분군'이라고 부르고 있다. 나가타키고분군에서 발견되고 있는 고분은 전부 '방분(方墳)'이라고 불리는 형태의 고분이다.

고분은 헤이안시대(平安時代, 794~1192년)에 와서 작은 산과 같은 분구가 깎여나가 사자(死者)가 묻힌 곳도 파괴되어 있다. 1호분과 2호분의 주구(周溝, 고분을 둘러 판 개천)에서는 많은 하니와와 스에키가 발견되고 있다. 특히 2호분은 유일하게 고분 전체의 모습을 알 수 있는 것으로, 한 면의 길이가 18미터 정도의 방분이다. 이러한 고분이 만들어진 것은 하니와와 스에키의 연대로부터 400년대의 말기라는 것을 알게 되었다.

또한 1호분에서 발견된 사람의 모습을 한 하니와는 머리카락 모양으로 보아 여성임을 알 수 있다. 센슈우(이즈미) 지역 내에서 이러한 사람의 모습을 한 하니와는 다른 곳에서는 전혀 발견되고 있지 않다. 코훈시대 사람들의 모습을 알게 해주는 매우 중요한 유물이다. 그 밖에 1호분과 2호분 모두에서 발견되고 있는 큰 스에키 독

센슈우(이즈미)지방의 초기 스에키 · 한식토기의 출토지 일람표

출토지	지역	출토 유물
쿠메다(久米田)고분군, 신규 발견 방분(方墳)	키시와다시 (岸和田市)	뚜껑(蓋) · 잔(杯), 뚜껑 있는 굽다리접시(有蓋高杯)와 뚜껑 없는 굽다리접시(無蓋高杯), 목이 긴 항아리(長頸壺), 그릇받침(器臺), 큰독(大甕), 목이 짧은 항아리(短頸壺) 등.
지장당폐사(地藏堂廢寺), 방분	카이즈카시 (貝塚市)	뚜껑, 잔, 독, 손잡이 달린 주발(把手付椀), 뚜껑 없는 굽다리접시.
이시자이미나미(石才南)유적	카이즈카시	뚜껑, 잔, 굽다리접시, 항아리, 독, 그릇받침, 손잡이 달린 주발, 납작바닥 작은 사발(小型平底鉢).
산겐야(三軒屋)유적 1	이즈미사노시	뚜껑 있는 굽다리접시의 뚜껑, 뚜껑 있는 굽다리접시, 납작바닥 작은 사발.
산겐야유적 2	이즈미사노시	뚜껑, 잔, 뚜껑 있는 굽다리접시, 독, 뚜껑 없는 굽다리접시, 손잡이 달린 주발, 그릇받침, 독.
산겐야유적 3	이즈미사노시	뚜껑과 잔, 뚜껑 없는 굽다리접시, 독, 시루(甑) 등.
산겐야유적 4	이즈미사노시	뚜껑, 잔, 뚜껑 없는 굽다리접시, 그릇받침, 항아리, 독(甕), 시루조각(甑片) 등.
모로메(諸目)유적	이즈미사노시	뚜껑, 잔, 뚜껑 없는 굽다리접시, 독, 시루조각(甑片) 등.
후키아게야마(吹上山)고분군 1호분	센난시	뚜껑 있는 굽다리접시, 뚜껑과 잔.
탄노와고분군 니시코야마고분	미사키정	그릇받침, 독, 통 모양 목이 긴 항아리.

〔甕〕은, 당시 사람들이 물과 식량을 넣기 위해 사용하던 것이다. 그러나 부장품으로서 이러한 큰 독을 놓아 둔 고분은 그 예가 없기 때문에 금후 좀더 상세한 조사가 반드시 필요하다.

이런 유의 글치고는 매우 알기 쉽고 평이하게 씌어 있었기 때문에 호감이 갔다. 하지만 하니와는 별개로 하더라도 출토된 스에키를 '400년대 말기(코훈시대 중기 후반)'의 것으로 추정한다면, 당시에는 일본에서 겨우 스에키가 만들어지기 시작할 무렵이므로 나가타키고분군의 스에키는 분명히 이곳에서 만들어진 토기가 아닌 것은 확실하다. 이것은 외부로부터 이입된 '초기 스에키' 또는 '도질토기', '경질토기' 라고 불리는 것으로 더욱이 그릇받침의 세로열 굽구멍〔縱列透穴〕으로 보아 고대한국의 남쪽 가야(나중에 신라가 됨)로부터 유입된 것임을 알 수 있다. 아무튼 히네씨족의 또 다른 하나의 씨사였던 젠코오사와 나가타키고분군이 있는 나가타키 지역은 일본에 있던 시라기국 히네노의 한 중심지였음에 틀림없다.

본시 히네노미야쯔코였던 히네씨가 군지(郡司, 군을 다스리는 지방관)가 되어 다스리고 있던 고대의 히네군은, 히네노의 이즈미사노시는 물론 남쪽으로는 지금의 센난시에서 타지리정과 쿠마토리정(熊取町), 북쪽으로는 카이즈카시(貝塚市)의 남반부까지 광대한 지역에 이르고 있었던 것 같다. 그리고 현재는 이즈미사노시 북쪽에 인접한 카이즈카 역시, 신라계 씨족으로 알려진 '코기노오비토(近義首)'가 있었던 곳으로, 이곳의 오오지정(王子町)에는 옛 코기향(近義鄕)의 수장(首長)이었던 코기노오비토를 받드는 '코기(近義)신사' 가 있다.

'코기노오비토' 는 일본사람들조차 한자만을 보고는 읽기 어려운 이름으로, 하시모토 시게조오(橋本繁造) 씨가 쓴『도래인의 발자취-오오사카의 지명을 거슬러 올라가다』의 「코기노오비토씨의 땅 코기(近義, 近木)」에는 다음과 같이 씌어 있다.

히네군 코기향은 요시다 토오고(吉田東伍) 씨의『대일본지명사서(大日本地名辭書)』에 "지금의 키타코기촌(北近義村), 미나미코기촌(南近義村), 쿠마토리촌이 그곳이다'라고 적혀 있는데 대부분 지금의 카이즈카시 남쪽 부분과 쿠마토리정에 속한다고 추정할 수 있다. 코기(近義)는 '近木' 또는 '小木'이라고도 쓰며, 현재의 코기천(近木川)은 이즈미산맥의 카쯔라기산(葛城山)에서 발하여 서북쪽으로 흘러 키지마촌(木島村) 미즈마(水間)를 지나 키타코기촌 와키하마(脇浜)를 거쳐 오오사카만으로 들어간다.

키타코기촌은 지금의 카이즈카시 와키하마·카신(加治, 加神)·코오자키(神崎)·하타케나카(畠中)·이시자이(石材)에 이르는 지역이고, 미나미코기촌은 오오지(王子), 지조오도오(地藏堂, 지명), 하시모토(橋本), 쯔쯔미(堤), 쿠보다(窪田), 사와(澤), 우라다(浦田)의 일곱 개의 아자〔字, 행정단위로 우리의 리(里) 정도에 해당〕로 이루어진 코기천 하류의 동서 양 지역이다.

'코기향'이라 불리는 지역의 중심은 이 가운데 와키하마·코오사키(神前)·하타케나카 부근으로 생각된다. 이 지역에 본관(本貫)을 둔 도래인에 코기노오비토〔오비토(首)는 가격(家格, 가문의 품격)의 존칭〕가 있다. 『신찬성씨록(新撰姓氏錄)』의 「이즈미국미정잡성(和泉國未定雜姓)」에 "코기노오비토는 시라기국왕인 '쯔노오리(角折)'의 후손이다"라고 기록되어 있듯이, 신라계 도래인이 일찍부터 이 지역에 자리를 잡고 번영했던 곳이다.

현재 카이즈카시 시내에 '코기(近木)'라는 지명이 있고, 미즈마철도의 역명에 '코기노사토(近義の里, 코기의 마을)'가 있으며, '코기천'이 흐르고 있어서 그 이름을 현재도 전하고 있다. 코기(近義)는 도래지명으로 생각되며, 코기씨(近義氏)가 거주하게 되면서 생긴 지명으로 여겨진다. '近義'를 왜 일본어로 '코기'라고 읽는가에 대해서는 신라·백제 등에서 국왕의 칭호를 '칸키(干岐 또는 旱岐)'라 불렀기 때문에 그것이 전와(轉訛)되어 칸키가 콘키로 되고, 그 차자(借字)로서 近義·近木이 사용되어 그것이 더욱 전와되어서 '코기'로 정착되고 '近木·胡木·小木·古木'으로 쓰이게 되었다고 전한다.

『센난기요(泉南紀要)』의 「코기향」이란 항에는 이상의 설을 긍정하면서 '무코기씨(婿木氏)'의 거주(居住)에 관계 있다고 기록하고 있다. 코기씨가 코기향을 개척해서 그곳의 호족이 된 것과 견주어 생각하면 '코기(近義, 近木)'라는 현재의 지명은 '신라의 왕칭(王稱)'과 연관된 지명이라고 생각된다.

히네노의 '시라기국'에 이어서 이번에는 '신라의 왕칭'이라는 표현까지 등장했다. 매우 흥미로운 일이 아닐 수 없다. 아무튼 간에 이곳 카이즈카시에는 위에서 살펴본 바와 같이 지조오도오, 이시자이(石材, 石才) 등의 지명이 보인다. 이 두 곳은 앞서 보았던 "센슈우지방의 초기 스에키・한식토기의 출토지 일람표"에도 나와 있는 곳으로 그곳 유적에서도 각각 같은 종류의 토기가 출토되고 있는 것이다.

키시와다시의 신라계 도래인

앞에서는 카이즈카시에 있는 신라계 씨족 코기노오비토를 모신 코기신사까지 살펴보았으나, 카이즈카시 미즈마에는 백제계 출신 승려 교오키가 창건했다고 전하는 미즈마사(水間寺)도 있다. 그리고 한다(半田)에는 신라·가야계의 도래계 씨족인 하타씨족의 씨사였던 카와카쯔산(川勝山) 도오쿄오사(道教寺)가 있다.

도오쿄오사는 인접한 키시와다시 하타(畑)에 있는 하타(波多)신사의 신궁사였던 곳으로, 그 신사들이 소재한 지명이 지금도 '한다(半田)', '하타(畑)'인 것이 흥미롭다. 두 지명 모두 '하타(秦 또는 波多)'에서 나온 것이기 때문에, 도오쿄오사의 '카와카쯔(川勝)'라는 산호(山號)도 하타의 대표적인 씨족의 한 사람이었던 '하타노카와카쯔(秦河勝)'에서 유래한 것이다.

나는 JR 히가시키시와다역(東岸和田驛)에 내려서 곧바로 하타의 하타신사를 찾았다. 현재의 신사는 주택으로 둘러싸여 규모가 작은 신사로 변해 있었으나, 그래도 예전에는 상당히 큰 신사였다는 풍격(風格)이 느껴졌다. 이곳 하타에는 하타유적이 있는데 이 유적에서는 야요이시대(彌生時代) 중기의 독 모양(甕形) 토기와 항아리 모양(壺形) 토기 등이 출토되고 있어서 야요이시대부터 상당히 번성했던 땅임을 알 수 있다.

그렇다면 '과연 하타씨족이 야요이시대에 벌써 이곳에 도래했을까?'라는 의

하타신사

구심을 가진 분들도 있으리라고 생각된다. 그러한 의문은 당연한 것이다. 하지만 그것은 사실이다. '하타(波多)' 즉 하타족(秦族, 그 당시에는 아직 씨족을 이루고 있지 않았다)은 하야시야 타쯔사부로오(林屋辰三郎) 씨의 「타지마(但馬)의 고대문화—아메노히보코(天日槍, 일본 설화에 나오는 신라의 왕자로 스이닌천황 시대에 일본으로 건너왔다는 인물)와 진무동정(神武東征)의 전설」에 의하면, 벼농사(水稻耕作) 기술을 갖고 바다를 건너 북부 큐우슈우(九州)에 상륙했던 도래인 아메노히보코 집단의 일파, 바로 그들이었기 때문이다.

나는 하타(畑)의 하타신사(波多神社)를 보고 이번에는 키시와다시 교육위원회를 거쳐 같은 교육위원회 문화진흥과 등이 있는 아라키정(荒木町)의 시립문화회관을 향해 택시를 타고 가는 중에, 키시와다시의 니시노우치정(西之內町)에 있는 효오즈(兵主)신사 앞을 지나게 되었다. 나는 신사를 보면서 이것도 역시 도래계 신을 모신 신사가 아닐까 하는 생각이 들었지만, 그냥 지나쳐서 문화회관을 방문했다. 그곳에서 시교육위원회 문화진흥과 문화재보호계의 토라마 에이키

효오즈신사

(虎間英喜) 씨를 만나 『키시와다의 문화재』 등을 입수할 수 있었다. 그리고 돌아오는 길에 앞서의 효오즈신사를 찾아가 보았다.

효오즈신사는 경내 면적이 8,446제곱미터나 되는 대단히 큰 신사였다. 신사의 사무소에서 받은 『효오즈신사유래서(兵主神社由緖書)』를 보니 제신(祭神)은 아마테라스메오오카미(天照皇大神) · 하치만오오카미(八幡大神) · 스가와라노미치자네(菅原道眞)로, 신사의 경내에는 본전 이외에도 이쯔쿠시마(嚴島)신사 · 이나리(稻荷)신사 · 류우오오(龍王)신사 · 우시(牛)신사 등이 있었다. 하지만 그것보다도 재미있다고 생각된 것은 '누카쯔카(禮拜塚)' 라는 것이었다. 『효오즈신사유래서』에는 이 누카쯔카에 대해 다음과 같이 씌어 있다.

누카쯔카 당사(當社) 요배소(遙拜所, 먼 곳에서 배례드리는 장소)의 옛터. 禮拜塚은 '누카쯔카' 라고 읽습니다. 최근까지 하루키정(春木町)에 있는 옛 키슈우(紀州, 키이국의 별칭) 카이도오(街道, 에도시대에는 각지를 연결하는 다섯 개의 카이도오가 있었다)를 왕래하는 사람들의 요배소였습니다. 봉토의 높이는 6, 7척(尺), 주위는 4, 50칸(間)으로 한 그루의 노송이 있었습니다. 『센슈우지(泉州志)』에 "효오즈신사는 니시노우치촌(西之內村)에 있고 화표(華表, 두 개의 기둥 위에 횡목을 걸친 아치형의 표식)의 기지(基趾, 건물의 토대)는 하루키촌(春木村)에 있다. 지금은 누카쯔카라고 부른다"라는 기록이 남아 있으며 현재는 주택지로 되어 있습니다.

그러나 나는 누카쯔카가 '요배소의 옛터〔當社遙拜所遺趾〕'라고 하는 데에는 문제가 있다고 생각한다. 오히려 누카쯔카를 요배하기 위해 신사가 생긴 것은 아니었을까? 결국 '봉토의 높이 6, 7척' 이었다고 하는 '옛터〔遺趾〕'는 당연히 무덤이었을 터이므로, 효오즈신사야말로 그 분묘를 멀리서 배례하기 위한 것이었다고 나는 생각한다. 원래 신사와 분묘의 관계는 그러한 것이었기 때문이다. 니시노우치정에 효오즈신사가 있음을 알게 된 내가 이 신사를 새삼스레 찾았던 이유는, 효오즈신사 또한 바로 하타씨족의 신사였기 때문이다. 아무튼 하타씨족이 남긴 그러한 유적지가 많다는 것에는 깜짝 놀랄 수밖에 없었다.

앞에서 나는 "요컨대 키이의 키노천 하구 지역 등도 그러하지만 오오사카만의 '치누노우미'에 접한 센슈우, 즉 이즈미국은 세토나이카이를 통해서 들어왔던 도래인 집단의 상륙지였던 것이다. 이곳 오오사카부의 최남단 미사키정에서 북으로 올라가면 한난시가 나오고, 그곳 이시다에는 상사와 하사의 두 신사로 이루어진 신라계 도래인 하타씨족의 신사 하타신사가 있다. 하지만 고대일본에 있어서 최대의 씨족인 하타씨족에 대해서는 앞으로 살펴보게 되기 때문에 한난시와 센난시는 생략하고⋯⋯"라고 했다. 그리고 그 마지막 부분에 '하타씨족에 대해서는 앞으로 살펴보게 되기 때문에'라고 썼으나, 그것은 지금 살펴보고 있는 카이즈카시와 키시와다시에 있는 하타씨족과 관련된 유적을 두고 한 말은 아니었다. 다만 카이즈카시 유적의 경우는 아마도 한난시의 그것과 같은 씨족, 같은 계열일 것이다. 하지만 신궁사인 도오쿄오사가 있는 '카와카쯔'라는 산이름뿐만 아니라 그 소재지명이 '한다'인 점과, 키시와다시의 하타신사가 '하타'에 있다는 점 등이 흥미로웠기 때문에 잠시 살펴보려고 했을 뿐이다. 그런데 이곳 키시와다시에는 하타씨를 모신 효오즈신사까지 있었던 것이다.

이른바 왕성의 땅, 즉 키나이(畿內, 역대 천황의 거처가 있었다는 야마토·야마시로·카와치·이즈미·셋쯔의 5개국) 지역에서 '효오즈신사'로 알려진 곳은 야마토(大和) 사쿠라이시(櫻井市)의 아나시니이마스(穴師坐)효오즈신사가 있다. 이 신사는 야마노베노미치(山邊道, 나라분지 동쪽을 남북으로 가로지르는 일본에서 가장 오래된 도로)와 마키무쿠(纒向)유적이 내려다 보이는 마키무쿠산의 산기슭에 있는 대단히 큰 신사이다.

만요오가나(万葉假名, 한자의 음과 훈을 빌어 일본어의 음을 표기한 문자. 『만엽집』에 그 예가 많음)의 원류라 일컬어지는 고대한국의 '이두(吏讀)'로 씌어진 신라의 『향가』와 『만엽집』과의 관계를 논한 나카니시 스스무(中西進) 씨의 「만엽집의 세계와 한국」을 보면 다음과 같은 귀절이 있다.

"하쯔세(泊瀬)의 유즈키(弓月) 밑에 숨겨 놓은 내 아내, 비치는 달빛으로 사람이 보았을까"라는 노래가 있다. '사람이 본다'라는 것은 남편이 아닌 다른 남자가 아내와 정을 통하여 '빼앗았다'는 뜻으로, 신라의 대표적인 향가인 「처용가」의 '다리가 넷이더라〔足四〕'와 같은 뜻이다. 더욱이 두 노래의 배경은 똑같이 밝은 달밤이니, 불가사의한 달이다. 카키노모토노히토마로(柿本人麻呂, 7세기 후반 『만엽집』의 대표적인 가인)는 앞노래에 대한 답가로서 "사내대장부가 사랑에 마음이 어지러워져 숨겨 둔 아내, 그 숨긴 일은 천지에 빛이 통해 환하게 되어도 사람에게 발견되지는 않으리"라고 노래하였다. 이 두 노래를 대조해 보면 「처용가」와 거의 같은 뜻이 된다. 더욱이 야마토의 유즈키는 나중에 키나이 하타씨의 조상이 되는 '유즈키노키미(弓月の君)'가 살던 곳이다. 가까이에 효오즈신사가 있다. …… 유즈키의 효오즈신사도 '카라카미(韓神, 伽羅神 또는 伽倻神)'를 모신 신사로 유즈키노키미가 살았다는 유서깊은 곳이다. 이곳에서 신라의 노래 「처용가」와 매우 유사한 내용의 와카(和歌, 고대부터 불려진 일본의 정형적인 노래)가 불리워졌다는 것은 단지 우연만은 아닐 것이다.

그리고 나라여자대학교수(역사지리학) 센다 미노루(千田稔) 씨도 야마토의 역사지리에 관한 한 좌담회에서 "사쿠라이의 마키무쿠산은 일찍이 유즈키악(弓月

嶽)이라고 불렸으며, 유즈키노키미(『일본서기』에 5세기 무렵 사람을 이끌고 도래했다는 인물)가 하타씨의 조상이므로 유즈키악은 하타씨와 관계가 깊다. 그곳 산기슭에는 효오즈신사가 모셔져 있다. …… 이 신을 하타씨가 신라로부터 모셔 온 듯하다"라고 말하고 있다.

또한 마키무쿠산 유즈키악 산기슭에 있는 효오즈신사의 제신은 아메노히보코로 되어 있다. 이 신사 이외의 효오즈신사로서는 효오고현(兵庫縣) 타지마에 있는 신사가 알려져 있으나, 이것도 모두 '국토개발의 조상신'으로서 타지마의 이즈시(出石)신사에 모셔져 있으니 역시 하타씨족의 조상인 아메노히보코집단 계통의 신사인 것이다.

이상으로 내가 키시와다시에 있는 효오즈신사를 새삼스레 찾게 된 이유를 길게 설명했다. 이처럼 나는 어딘가를 목표로 해서 걷고 있지는 않았으나, 어디를 가든 하타씨족과 관계 있는 유적들을 만나고 있는 것이다.

본론에서 조금 벗어나는 이야기가 되겠지만, 최근에는 다음과 같은 일도 있었다. 1994년 12월 11일 이 원고를 쓰기 2, 3일 전에, 시마네현(島根縣) 이즈모(出雲)의 히카와정(斐川町)에서 '고대 이즈모와 한국'에 대해 강연을 한 적이 있었다. 이즈모의 히카와정은 지금부터 17년 전쯤에 이곳 코오진다니(荒神谷)에서 '공전절후(空前絶後)의 대발견'이라고 불린 동검(銅劍) 385자루가 한곳에서 발견되어 전국적으로 유명해졌다. 대량의 동검─그 밖에 동모(銅矛)와 동탁(銅鐸)도 발견되었다─이 어째서 이곳에 묻혀 있었는가에 대해서는 그 동안 여러 가지 논의가 있었지만 아직도 수수께끼로 남아 있다. 그리고 그와 같은 논의는 자연스럽게 과연 어디의 청동이고 어디서 만들어졌는가 하는 데까지 확대되었다. 내 친김에 그것에 관해서도 여기서 조금 짚고 넘어가자.

동검에 관해서는 여러 가지 의견이 있었지만, 수차례 히카와정을 직접 방문해서 조사를 벌였던 사이타마(埼玉)대학 교수(일본 고대사) 하라시마 레이지(原島禮二) 씨가 「이즈모신화에서 코오진다니로」라는 논문에 다음과 같이 쓰고 있다. 나는 하라시마 씨의 설이 타당하지 않다고 생각하지만 널리 알려진 사실이므로 조금 길게 인용해 두고 싶다.

마부치 히사오(馬淵久夫) 씨의 수입설(輸入說)의 입장에 서면 대량의 청동원료가 끊임없이 일본 어딘가의 항구로 들어오는 체제가 있었다고 생각된다. 항구의 발견은 어렵겠지만 시마네현 카시마정(鹿島町)의 코우라(古浦)유적이 그것을 뒷받침한다. 그곳의 고분에서는 한반도에서 건너온 도래인의 인골(人骨)이 약 60여 개 발견되고 있다. 야요이시대 초기의 것으로 그때부터 이주민이 들어오고 있음을 시사하고 있는 것이다. 요시노가리(吉野ヶ里)유적에서 발견된 인골의 대부분도 한반도에서 건너온 사람의 것이었다. 코우라유적도 바로 그와 같아서 동검의 원료가 만일 수입품이었다고 하더라도 끊이지 않는 공급 체제가 있었다는 말이 된다.

하야미 야스타카(速水保孝) 씨의 설에 의하면 유적 가까운 곳에 분포하는 동(銅)광맥을 이용한 것이 된다. 하지만 당시 뛰어난 가공기술을 지니고 있었던 한반도인들이 끊임없이 이즈모로 건너왔으며 적극적인 개척자 정신 아래 선진적인 기술과 지식을 가진 그들의 기술을 받아들여 동검의 일본 내 생산체제에 들어서기 시작했다고 생각할 수도 있다.

어찌 되었든 이즈모에는 『엔기식』에 기록된 신사—이하 '엔기식 내사(延喜式內社)'로 표기—만 해도 '카라쿠니이타테(韓國伊太氏)' 신사가 여섯 곳 넘게 있어서, 이즈모의 고대사 연구가 카와카미 시게루(川上茂) 씨의 말처럼 이즈모는 "한반도로부터 도래인이 계속 건너와서 누적된 땅이었다"(「도래인과 북쪽의 바닷길」). 그렇기 때문에 코오진다니의 동검은 고대한국에서 건너온 도래인을 빼놓고서는 도저히 생각할 수 없는 것이다.

이즈모의 하타씨와 효오즈신사

내가 시마네현 이즈모의 히카와정에 있는 코오진다니유적을 방문한 것은 이번이 처음이 아니었다. 이즈모 전체로 치면 대여섯 번은 될 것으로 생각된다. 이 곳을 방문하기 전에 이미 나는 "일본 속의 한국문화"라고 하는 고대 유적기행을 12권이나 쓰고 있었다. 그 책 중에서 이즈모에 관한 내용을 다룬 것은 1984년 9월에 나온 제8권으로 주로 톳토리현(鳥取縣)·시마네현(島根縣)·야마구찌현(山口縣)을 중심으로 한 『이나바(因幡)·이즈모(出雲)·오키(隱岐)·나가토(長門) 외』에서였다. 현재는 그 문고판이 11권까지 나와 있고 각 권의 마지막에 「문고판에 더함」이라 하여 내용을 보강해서 내고 있는데, 1991년 8월에 낸 제8권의 보강 부분은 다음과 같이 되어 있다.

나는 이즈모에 관해 쓴 이후 계속해서 마음에 한 가지 걸리는 것이 있었다. 그것은 이즈모·이와미(石見)·오키국으로 이루어진 시마네현의 지도를 보니 여기저기에 '하타(幡 또는 畑)·하타노(畑野)·카라하타(辛畑)'라고 하는 지명이 언뜻 보기만 해도 20여 곳 이상이나 되고, '이치바타전철(一畑電鐵)'이라는 것까지 있었다.
나는 그러한 지역들이 『화명초(和名抄)』나 『이즈모국풍토기(出雲國風土記)』에 기록된 '하타향(波多鄕)'과 관계가 있는 것이 아니겠는가라고 생각하고 있다. 왜냐하면 이즈모에도 한국어의 '바다(海, 波多의 일본음 하타와 유사)'에서 유래했다는 하타(波多, 秦)씨족이 퍼져 있는 것은 아닐까라고 생각했기 때문이었다. 그러나 하타씨속에 대해서는 너무나 많이 다루었기 때문에 이번에는 그냥 넘어가기로 했던 것이다.

하지만 그뒤에도 줄곧 그 일이 왠지 마음에 걸렸다. 그래서 나는 보강 부분을 새롭게 다시 쓰기로 마음먹고 한 번 더 이즈모를 찾으려고 생각하고 있었다. 그 때 마침 시마네현 기획부 홍보담당자로부터 시마네현이 이번에 신라의 고도 경주가 속한 한국의 경상북도와 자매결연을 맺었기 때문에「이즈모와 한국」에 관한 좌담회를 열고, 그것을 현의 홍보지인『포토 시마네』등에 실으려고 하니 참가해 주었으면 한다는 의뢰서가 왔다.

1990년 3월의 일로 좌담회의 참가자는 쿄오토대학 교수 우에다 마사아키(上田正昭) 씨, 현립 시마네여자단기대학 교수인 후지오카 다이세쯔(藤岡大拙) 씨, 시마네현 지사 스미다 노부요시(澄田信義) 씨, 그리고 나 네 사람이었다. 나는 지금이다 싶어 기꺼이 승낙함과 동시에 연락을 담당하고 있던 현(縣) 기획부 홍보과의 이노우에 카쯔히로(井上勝博) 씨에게 편지를 보내 내가 좌담회 하루 전날 이즈모에 도착해서 358자루의 동검 등이 출토된 히카와정의 코오진다니와 하타향 등을 돌아보고 싶다고 부탁을 했다. 고맙게도 이노우에 씨는 시마네현 총무부에서 발행한『시마네현의 지명감(地名鑑)』과『시마네현 관광사전』등의 책과 자료를 보내주었다. 그리고 동봉한 편지에 지금은 카케야정(掛合町)으로 되어 있는 곳이 옛 하타향이며 그곳에 하타신사가 있다는 것과, 또 한 가지 시마네현 오오하라군(大原郡) 다이토오정(大東町)에 '하타야(幡屋)' 라는 곳이 있는데 그곳에 하타야신사가 있고, 궁사(宮司, 신사의 제사를 맡은 신관)는 하타노(波多野)라는 사람이며, 또한 히라타시(平田市)에는 '카라카와정(唐川町)' 이 있다는 것까지 고맙게도 알려 주었다.

좌담회 하루 전날에 토오쿄오로부터 이즈모공항에 도착한 나는 마중 나온 이노우에 씨를 따라 마쯔에시(松江市)의 '이찌바타(一畑)호텔' 에 투숙했다. 다음 날 아침 현 소유의 자동차까지 가지고 온 이노우에 씨와 함께 우리는 곧바로 이곳의 유적들을 찾아 출발했다. 제일 먼저 마쯔에시 서남쪽에 위치한 오오하라군

다이토오정 스가(須賀)에 있는 일본을 만든 조상신 '스사노오노미코토(須佐之男命 또는 素盞嗚尊)'를 모셨다는 스가(須我)신사를 방문했다. 그리고 그 다음에 찾은 다이토오정 하타야(幡屋)신사의 幡屋이라는 신사명은 말할 것도 없이 하타씨족의 하타의 어원인 하타오리(機織, 하타는 한국어의 '베틀'에서 유래했다는 설이 있음)에서 유래한 것으로, 먼저 시마네현 신사청에서 간행한 『신국시마네(神國島根)』에는 '하타야'의 유래와 연혁에 관해 다음과 같이 쓰어 있다.

 창립 연대는 불확실하지만 신대(神代, 일본에서 진무천황 즉위 이전 신이 지배했다는 전설상의 시대)에 있어서 천손(天孫, 아마테라스오오미카미의 자손) 니니기노미코토(瓊瓊藝尊)가 강림할 때 동반한 다섯 신 가운데, 오오타마노미코토(大玉命)를 따라온 후예인 인베씨(忌部氏)의 일족이, 이곳—히타야(幡屋), 하타도노(機殿)와 하타야(幡箭)로 표기할 때가 있다. 「이즈모국풍토기」에는 하타야산(幡箭山)이라고 쓰어 있다—에 머물러 기직(機織)에 종사하고 있었다. 이것이 니니기노미코토를 받들어 모신 최초의 일로 지금에 이르고 있다. 신사 부근에 후루하타(古機), 오하타다니(御機谷), 칸하타다니(神機谷), 히로하타(廣機), 나가하타(長機) 등의 지명도 남아 있고, 칸하타다니에 앞서 언급한 '동반된 다섯 신'을 모신 와카미야(若宮)신사가 있다.

 괄호 안에 적은 지명들이 현재도 남아 있다는 것이 흥미로운데 하타야신사가 있는 곳은 몇 개의 골짜기가 얽힌 곳으로, 신사도 그러한 골짜기의 산기슭에 위치하고 있었다. 신사에서 받은 『하타신사유래서』에 의하면 지금 현재는 앞서의 지명들이 후루하타는 '후루하타(古畑)'로, 오하타다니는 '하타야(畑谷)'로, 칸하타다니는 '칸바라다(神原田)'로, 나가하타는 '나가하타(長畑)' 등으로 각각 바뀌었다고 한다. 또한 신사의 유래서에는 "하타야촌의 서쪽, 카모촌(加茂村)과 경계를 이루고 있는 코마산(高麻山)의 코마(高麻)신사는 산 정상의 분기점에 위치하고 있다. 이곳은 먼 옛날, 마을의 경계를 놓고 다툰 적이 있었는데 신사땅의 대부분이 지금은 카모촌에 속해 있다. 코마라는 산이름에서 알 수 있듯이 이 주변 일대가 마(麻)의 적지라는 것은 예부터 알려져서……"라고 하고 계속해서 다음과 같이 씌어 있다.

    천손강림 이후에 인베씨의 사람들이 이 땅에서 제마기직(製麻機織)의 업에 종사하며 천손에게 봉사했다. 훗날 오오진(應神)천황 시대에 이르러 유즈키노키미(融月君 곧 弓月君)가 귀화해서 비단을 만들어 이것을 진상하니, 천황이 이를 가상히 여겨 '하타(秦)'라는 성을 내리시니, 이곳의 직법(織法) 또한 하타씨의 영향을 받아 그 부민(部民)의 참신한 직법을 전했다. 그 증거로써 당사는 태고 이래 신직(神職)은 '하타씨(秦氏)'가 맡았으며 그것이 현재에 이르고 있다.

    그러나 대대로 이 신직을 맡아왔던 하타씨(秦氏)도 메이지시대 초기에는 '하타씨(波多氏)'로 바뀌고, 지금에 와서는 '하타노씨(波多野氏)'가 되었다. 한편 하타씨로부터는 하타노타지마노모리(秦但馬守)·하타노쯔시마노모리(秦對馬守)와 같은 사람들이 배출되었다고 기록되어 있다.

    하타야신사에서 나온 우리들은 하타야촌과 먼 옛날 마을의 경계를 놓고 다툰 적이 있었다는 카모촌(加茂村), 즉 지금의 카모정(加茂町)의 '칸바라(神原)신사·고분'을 지나 히카와군(簸川郡) 히카와정(斐川町)의 코오진다니(荒神谷)유적에 이르렀다. '칸바라신사·고분'이라고 표기한 것은 원래 이 신사가 고분이 있던 자리 위에 세워졌기 때문이다. 이 고분에서는 '경초 3년명(景初三年銘)'이란 명문이 새겨진 삼각연신수경(三角緣神獸鏡)이 출토된 것으로 유명하다.

    우리들이 히카와정 코오진다니유적에 도착했을 때는 이미 시간이 꽤 흘러 저녁에 있을 좌담회 시간이 되었기 때문에 그곳에서 상당히 떨어진 남서쪽의 이이시군(飯石郡) 카케야정(掛合町)에 있는 옛 하타향의 하타신사에는 안타깝게도 갈 수 없었다. 굳이 하타신사를 찾지 않았던 것은 이미 하타야신사에서 '하타(秦·波多·畑)'에 관한 내용을 살펴보았고, 또 한 가지는 동검 358자루(일본 전국에서 출토된 동검의 수보다 더 많다)가 출토된 유적 관광지 코오진다니유적의 매점에서 구한 이케타 토시오(池田敏雄) 씨의 『이즈모의 원향(原鄕) - 히카와정의 지명산책』에도 '하타(秦, 畑)'에 관한 것이 나와 있었기 때문이었다.

    '하타'에 대해서는 나중에 다시 살피기로 하겠으나, 나는 '코오진다니(荒神

谷)'라는 지명 때문에 왠지 이곳이 깊은 계곡일 것이라는 상상을 하고 있었다. 그렇지만 이곳은 낮은 구릉으로 둘러싸인 얕은 계곡으로, 동검과 동모·동탁 등은 그러한 구릉의 사면(斜面)에서 출토했다고 한다. 더욱이 발굴터는 보존이 매우 잘 되어 있었는데, 직접 가서 보니 의외로 더 얕은 사면이었다.

내가 다시 이곳을 찾은 것은 1994년 12월 10일의 일로, 역시 히카와정의 강연 의뢰를 받고 강연 하루 전 오후에 이즈모공항에 도착해서 그때도 마중을 나온 히카와정 교육위원회 문화과장 토미오카 토시오(富岡俊夫) 씨와 함께 제일 먼저 코오진다니유적을 방문했다.

그곳은 변함없이 잘 보존되어 있었는데 입구 쪽에는 견학과 관광에 필요한 시설이 새롭게 만들어져 있었다. 또한 주변 자연이 파괴되지 않도록 배려한 공사가 여기저기서 조심스레 진행되고 있었다. 나와 토미오카 씨는 전과는 위치도 바뀌고 규모도 조금 커진 매점 겸 휴게소에 들어가 차를 마시면서 잠시 동안 휴식을 취하게 되었다.

나는 토미오카 씨에게 저번에 방문했을 때 이곳의 매점에서 구한 이케다 토시오 씨의 『이즈모의 원향—히카와정의 지명산책』의 내용을 인용하며 "이곳 히카와정에도 하타씨가 있었던 것 같군요" 하고 말을 건넸다. 그것은 이케다 씨의 책 「코호리노야(郡家)·사토노야(鄕家)는 쵸오자바라(長者原)」의 항에 다음과 같은 내용이 씌어 있었기 때문이었다.

    지금은 사람이 살지 않지만 슛사이(出西)의 쵸오자바라 근처에 '하타(畑)'라고 하는 집이 있었습니다. 이 '하타'는 원래 '하타(秦)'로 한국에서 건너온 사람들의 자손이었다고 전해지고 있습니다.……이 '하타야(畑家)'는 에도시대 중기까지 이 부근에서 대지주였던 것 같습니다만, 그뒤 가운이 쇠망하여 전후(戰後)에 절가(絶家)되었기 때문에 유감스럽게도 현재는 그들에 관한 기록이 남아 있지 않습니다.

나와 토미오카씨의 대화는 계속 이어졌다

토미오카 : 글쎄요. 그것 때문인지는 알 수 없으나 이곳도 지금은 '코오진다니'라고 불리고 있습니다만 원래는 '하타노오쿠(畑の奧)'라고 하는 코아자(小

字, 정과 촌의 작은 행정구획)였습니다.

김달수 : 허어! 하타노오쿠라 함은 '畑の奧'라고 씁니까?

토미오카 : 예, 그렇습니다. 코오진다니라고 부르게 된 것은 건너편 산에 있는 세 그루의 소나무를 '아라카미님(荒神樣)'이라 부르고 제사를 모시는 집이 몇 채 있었기 때문이라고 합니다. 지금은 그 소나무가 말라버렸습니다만.

김달수 : 음, 세 그루의 소나무라구요.

나는 토미오카 씨에게 말을 건네며 차 안에서 고개를 뒤로 돌려 그다지 높지 않은 산중턱에 서 있는 그 말라버린 소나무를 바라보았다. 혼자 생각에 소나무가 있는 자리에 고분이 있었던 것은 아니었을까 하는 생각이 들었지만 토미오카 씨에게 그 말은 하지 않고 다시 우리들의 대화는 이어졌다.

김달수 : 그렇다면 저 소나무는 새로운 곳에 옮겨 심어야 하겠군요.

토미오카 : 천만의 말씀입니다. 소나무에 손만 대어도 벌을 받기 때문에 누구도 만질 엄두조차 내지 않고 있습니다.

김달수 : 아, 그렇습니까.

차 안에서는 대강 이런 식의 대화를 나누었다. 그날 밤 나는 토미오카 씨를 비롯해서 히카와정에 사는 후지오카 다이세쯔 씨·이케다 토시오 씨와 함께 식사를 할 기회가 있었다. 식사중에 코오진다니가 하타노오쿠라는 코아자였다는 것이 화제가 되었다. 그때 이케다 씨로 기억하는데 "그곳의 다이코쿠산(大黑山) 위에 효오즈신사도 있기 때문에……"라는 이야기가 나왔다. 나는 무심결에 "예? 그곳에 효오즈신사가 있습니까?"라고 큰소리를 내고 말았다. 이곳에 오기 3일 전에 키시와다시를 찾았던 나는 그곳에서도 효오즈신사를 보았기 때문이다.

다음날 강연회 때 토미오카 씨는 『히카와정사(斐川町史)』의 「제1장 신사·사원—제1절 신사」를 복사해 주었다. 그 책에는 "메이지유신(明治維新)을 즈음해서 신사는 국가가 관리하게 되고, 1871년 5월 사격(社格, 사원의 지위)도 결정되었다. 그로 인해 신사명을 개칭하거나 합사(合祀, 둘 이상의 신위를 같이 모시는 일)되고, 음사(淫祀, 수상한 신을 모신 신사) 등은 폐지하는 등의 개혁이 있었다. 그럼에도 불구하고 히카와정에는 향사(鄕社) 4개소, 촌사(村社) 26개소, 무격사(無格社) 21개소 등 모두 51개소의 신사가 있었다"라고 씌어 있었다. 그리고 책에는 카라쿠니이타테(韓國伊太氐)신사·소키노요(曾枳能夜)신사 등과 함께 다이코쿠산 위에 위치한 효오즈신사도 정확히 표시되어 있었다.

이즈모에 있어서 하타씨족을 받들어 모신 신사는 현재 제신이 오오쿠니누시노미코토(大國主命), 스쿠나히코나노미코토(少彦名命), 오오야마즈미노미코토(大山祇命)이다. 이 신사들은 아라이 하쿠세키(新井白石)가 『동아(東雅)』에서 언급한 "상고(上古, 야마토·나라시대를 가리킴)시대의 신이라 말하는 것은 인간이다"라는 말로도 알 수 있듯이 '카라쿠니계(韓國系)', 즉 한국계 신을 모신 신사인 것이다.

백제계 승려 교오키와 쿠메다고분군

키시와다시의 효오즈신사로부터 이즈모·히가와정의 효오즈신사까지 살펴보았는데, 요약하면 내가 찾았던 곳은 결국 하타(秦)씨족과 관련된 곳이었다는 것을 말하고 싶었다. 하타씨족에 대해서는 나중에 카와치(河內)에서 다시 다룰 예정이므로 이번에는 같은 키시와다시(岸和田市)의 쿠메다(久米田) 쪽으로 가기로 하자.

쿠메다에는 앞에서도 언급했던 백제계 출신 승려 교오키(行基)가 신도들을 이끌고 만들었다는 유명한 연못 쿠메다지(久米田池)가 있고, 그 연못가에는 이것 또한 교오키가 개창한 쿠메다사(久米田寺)가 있다. 또한 주변에는 매우 큰 주호를 가진 쿠메다고분이 있다. 이 쿠메다고분에서는 뚜껑·잔·뚜껑 있는 굽다리접시·뚜껑 없는 굽다리접시·목이 긴 항아리·그릇받침·큰독과 그 밖에 초기 스에키와 한식토기 등이 출토되고 있다.

백제계 승려 교오키

먼저 나는 분구(墳丘)에 몇 그루의 소나무가 서 있는(이즈모·히가와정에서 본 코오진다니의 소나무도 이러한 형식이었을지 모르겠다) 쿠메다고분군의 한 곳을 찾았다. 이 고분은 와카모리 타로오(和歌森太郎)가 감수한 『일본사사전』에 의하면 키시와다시 마유정(摩湯町)에 있는 「마유야마(摩湯山)고분」 항에 다음과 같이 씌어 있다.

　마유야마고분은 이곳 이즈미국의 거의 중앙에 위치해서 이즈미구릉의 끝자락이 평야 쪽으로 깊게 뻗어 나온 부분을 절단해서 만든 대형 전방후원분이다. 전체 길이는 200미터로 구릉의 앞쪽 끝자락을 이용해서 만들었기 때문에 주호는 없고 주위에 연못을 팠다. 그러나 구릉의 본릉(本陵)과 접하는 후원부 뒷부분은 흙을 파내기만 한 곳으로 물은 괴지 않는다. 이러한 형식으로부터 같은 이즈미지방이지만 평지에 축조된 분구나 주호 등이 잘 정비된 모즈(百舌鳥)고분군과는 확실히 시대를 달리하고 있어서 4세기 후반의 축조물로 추정된다. 이즈미지방에서 같은 시대의 고분으로 여겨지고 있는 것은 코가네즈카(黃金塚)고분뿐이다. 이 같은 사실로 보아 마유야마고분은 오오진(應神)왕조가 카와치·이즈미지방에 세력을 쌓기 이전에 이 지방을 지배하고 있던 호족의 분묘가 아닐까 생각된다.
　마유야마고분 출토품으로는 분구 위에서 출토된 하니와 이외에 분구의 오목한 부분 남쪽 흙을 높게 쌓아 놓은 성토(盛土) 안에서 이신이수경(二神二獸鏡)과 구슬이 발견되고 있다. 또한 전체 길이 200미터라는 고분의 규모는 4세기의 전방후원분으로서는 쿄오토부(京都府) 야마시로(山城)의 쯔바이오오쯔카야마(椿井大塚山)고분의 185미터, 타카쯔키시(高槻市) 나사하라(奈佐原)의 벤텐야마(弁天山)고분의 150미터를 능가하는 키나이에서는 제일 큰 규모이다. 마유야마고분에서 서남쪽으로 약 1.5킬로미터 지점에 교오키가 만들었다고 전해지는 연못 쿠메다지가 있고 그 옆 쿠메다산에는 쿠메다야마고분군이 있다. 이 쿠메다야마고분군과 마유야마고분군을 합쳐 쿠메다고분군이라고 부르고 있다.

"오오진왕조가 카와치·이즈미지방에 세력을 쌓기 이전에 이 지방을 지배하고 있던 호족의 분묘라고 생각되어진다"라고 한 것이 과연 무엇을 의미할까 생

쿠메다고분

쿠메다사

각하면서 나는 '류우가산 류우치원(龍臥山隆池院)'이라는 이름의 쿠메다사와 쿠메다지로 발길을 돌렸다. 류우가(龍臥)의 용은 큰 연못 등에 곧잘 따라붙는 것으로, '류우치원(隆池院)'이란 이름도 썩 잘 붙인 것이라고 생각되었다. 나는 『교오키의 시대』를 집필하기 위해 이 절과 연못은 전에도 한두 번 와 본 적이 있는데, 연못 가에 산문(山門)이 우뚝 세워져 있는 쿠메다사와 바로 눈앞에 나타나는 쿠메다지는 예전과 변함없이 그곳에 있었다. 잘 살펴보니 사원은 이전보다 훨씬 잘 정비되어 있는 듯했다.

텐표오(天平) 6년, 즉 734년에 교오키에 의해 지어졌다고 하는 쿠메다지는 둘레가 약 4킬로미터, 수면 넓이가 623만 7천 제곱미터에 이르는 센슈우(泉州) 최대의 연못이다. 내가 찾아갔을 때에는 가뭄 탓인지 연못의 가장자리가 꽤 드러나 있었으나 연못은 마치 끝이 보이지 않는 호수와 같았으며 예전과 다름없이 햇빛을 받아 반짝거리고 있었다.

이곳 키시와다시에서는 매년 10월 6일에 성대히 거행하는 축제 '교오키제(行基祭)'가 열린다. 이 축제는 '교오키마이리(교오키 참배라는 의미)'라고도 불리는데 내가 그 축제를 직접 본 것은 1977년이었다. 그 당시의 키시와다시 홍보지 『키시와다』에는 '교오키마이리'에 대해 다음과 같이 씌어 있었다.

교오키마이리 10월 6일에 나카이정(中井町), 아라키정(荒木町), 미도로정(箕土路町), 시모이케다정(下池田町), 니시오오지정(西大路町), 코마쯔리정(小松里町), 누카정(額町), 누카하라정(額原町), 오오정(大町), 이케지리정(池尻町), 요시이정(吉井町)의 단지리(山車, 축제 때 기악을 울리며 끌고 다니는 장식한 수레) 11대가 쿠메다사로 들어옵니다. 이것은 센슈우에서 가장 큰 연못인 쿠메다지를 준공한 교오키보살에게 이 연못의 물을 이용하게 된 감사의 뜻과 오곡풍성을 기원하는 풍습입니다.

쿠메다지의 연못의 물을 이용한다는 것은 관개용수 등으로 쓰였다는 말로, 교오키의 그와 같은 사적(事跡)이 현재도 이 지역에 전승되고 있는 것이다. 이 교오키의 활동에 대해서는 그의 생가인 에바라사(家原寺) 등이 있는 사카이시에서 다시 살펴보게 되므로 나는 쿠메다에서 이즈미시로 향했다.

백제계 도래씨족 시노다씨

오오사카만의 동남 연안에 접한 센슈우(泉州, 和泉國)는 사카이시가 중심이지만 고대에는 이즈미시 지역이 중심이었던 것 같다. 이즈미에 대해서 내가 지금까지 알고 있었던 것이라고는 1977년 2월 27일자 『요미우리신문』에 실린 기사 정도이다. 그 신문에는 "환상의 시노다사(信太寺)/문자기와(文字瓦)가 수수께끼를 풀었다/건립자는 도래씨족/시노다노오비토"라는 머릿기사로 다음과 같이 씌어 있었다.

아스카(飛鳥)시대에 건립된 것으로 추정되면서 '환상의 절'로 불리던 시노다사 터(信太寺趾)가 오오사카부 이즈미시 우에다이정(上代町)에서 행해지고 있는 교육위원회의 조사로 26일까지 발굴되었다. 더욱이 사원터에서 발견된 문자기와가 결정적인 근거가 되어, 사원을 건립한 사람이 고대에 시노다지방을 지배하고 있던 백제계 도래씨족 '시노다노오비토(信太の首)'라는 것도 밝혀졌다. 문자기와를 통해서 도래씨족과 씨사의 관계를 알 수 있는 경우는 거의 없어서, 이즈미·카와치지방이 불교 선진지역으로 된 고대사의 수수께끼를 푸는 귀중한 단서로 평가되고 있다.

발굴 현장은 이즈미시 북쪽 끝의 사카이시와 경계에 접한 작은 골짜기에 면한 무논이 있던 땅으로, 야마타이코쿠(邪馬台國)의 여왕 히미코(卑彌呼)와 관련이 있다고 하는 경초(景初, 중국의 연호) 3년(239)의 연호가 새겨진 위(魏)나라 거울이 출토된 코가네즈카고분에서 남쪽으로 300미터 지점의 시노다산 구릉 앞쪽 끝부분이다. …(중략)…결정적인 근거가 된 문자기와는 매립지 담장터〔塀跡〕에서 발견되었다. 모두 다 조각뿐으로 그 가운데의 기와 한 조각에 '시노다사(信太寺)'라는 세 글자가 주걱으로 선명하게 조각되어 있었고, 또 한 조각에는 '信'이라는 글자의 윗부분이 결여된 채 부조(浮彫)되어 있었고, 다른 한 장에는 인명(人名) 뒤에 붙인 '오토코(弟古)'라는 선각(線刻)이 있었다. 사원의 이름을 기와에 기입한 예는 카마쿠라시대 이후 막새〔軒瓦〕문양에 조각된 것이 알려져 있지만, 고대의 문자기와에 남아 있는 예는 거의 없다고 한다.

히로세(廣瀨) 기사의 말로는 '시노다사(信太寺)'는 고대 권력자의 가계서(家系書)인 『신찬성씨록(新撰姓氏錄)』(825년) 등에 백제계 도래씨족인 '시노다의 오비토의 씨사'라 기록되어 있다. 그래서 이 사원을 시노다노오비토가 세웠고, 또한 처마에 둥근 기와 문양이 있기 때문에 아스카시대 말엽(약 1,400년 전)에 건립된 씨사로 추정할 수 있다고 한다.

또한 히로세 기사는 이 사원의 규모를 매립지 담장의 크기나 주변의 지형, 옛길〔古道〕의 위치 등으로 보아 약 1만 제곱미터라고 추정, 사원 내에는 탑과 금당·강당 등의 칠당가람(七堂伽藍)이 배치되어 있었다고 보고 있다. 그 밖에 현장에서 사원 건립에 사용하는 꾸미개〔金具〕를 주조했다고 생각되는 대장간터〔野鍛冶跡〕와 기와를 굽던 구멍이 있는 가마터, 그리고 스님의 초상화를 선각한 희화기와〔戲畵瓦〕가 발굴되었다. 이 희화기와는 주지승의 머리를 단순한 선으로 묘사했으나 큰 눈과 입, 넓은 코 등의 특징을 정확하게 표현하고 있다고 한다.

나라국립문화재연구소의 헤이죠오궁터〔平城宮跡〕발굴조사부장 스즈키 요시키치(鈴木嘉吉) 씨는 "문자기와로 절의 내력〔素姓〕을 알 수 있고, 더욱이 도래씨족과 관련이 된다는 것은 대단한 성과이다. 이 이상의 증거는 없다"라고 말하고 있다.

'시노다(信太)'라는 이름의 유래는 알 수 없으나, 어찌 되었든 그들은 아스카시대에 이미 큰 사원을 조영할 정도의 대단한 호족이었던 것이다. 시노다라는 지명은 오늘날에도 이곳 저곳에 남아 있고 특히 시노다산 구릉〔信太山丘陵〕등은 이즈미시 지역의 중심을 이루고 있는 것이다.

나는 이곳 이즈미시를 방문했을 때도 먼저 시교육위원회를 찾았다. 그곳에서 사회교육과장인 야나가와 료오타로오(柳川良太郎) 씨를 만나『이즈미시의 문화재』등의 자료를 받았는데, 1993년에 나온 이 책은 상당히 잘 만들어져 있었기 때문에 그 책을 보는 것만으로도 고대로부터의 이즈미시 지역에 대하여 쭉 살펴볼 수 있었다.

그 책에서 먼저 이즈미국의 성립 과정을 잘 알 수 있는, 후츄우정(府中町)에 있었다고 하는 고대의 지방행정 관청인 '이즈미코쿠후(和泉國府)'에 관해서 다음과 같이 씌어 있다.

645년 타이카개신(大化改新)을 계기로 중앙집권국가로서의 행정체제를 정비해서 국(國)·군(郡)·리(里, 鄕) 제도가 제정되었다. 더욱이 이 행정체제는 오늘날까지 한국에 남아 있다. 한국에서는 그 가운데 '군(郡)'은 처음에는 '평(評)'이었다가 나중에 '郡'이 되었는데, 일본에서도 똑같은 경과를 밟아 '郡'이 되었다. 옛 이즈미국은 원래 카와치국(河內國)에 속해 있었지만 레이키(靈龜) 2년(716)에 간쇼오(元正)천황의 행궁(行宮, 왕이 출타할 때의 임시 처소)인 이즈미궁(和泉宮)의 경영을 위해 현재의 사카이시 남쪽에 해당하는 오오토리(大鳥)·이즈미·히네(日根)의 세 군(郡)을 나누어 '이즈미감(和泉監)'이 설치되었다. 텐표오(天平) 12년(740)에 감(監)이 폐지되어 한때는 카와치국에 속했지만, 텐표오 호오지(天平寶字) 원년(757)에 이르러 다시 세 군을 나누어 이즈미국이 설치되었다.

이것으로 8세기 전반에 원래 카와치국의 일부였던 이즈미국이 성립되었음을 알 수 있다. 하지만 어째서 이곳에 간쇼오천황의 임시 처소가 설치되었던 것일까? 앞에서는 신라계 씨족인 히네씨가 중심이 되어 있던 히네군에 인교오천황의 궁거가 있었음을 보았다. 그런데 이번에는 백제계 씨족인 시노다씨족이 중심이 되어 있던 이즈미군에 간쇼오천황의 임시 처소가 있었다는 것이다. 이와 같은 사실이 어떠한 연유에 의한 것인지는 알 수 없으나, 무엇인가를 시사해 주고 있음이 틀림없다고 생각된다. 그러나 그것은 그냥 덮어 두기로 하고 '이즈미코쿠후'에 관해서 조금 더 살펴보면, 『이즈미시의 문화재』에는 계속해서 다음과 같이 씌어 있다.

　이즈미국 행정부의 중심인 이즈미코쿠후(코쿠후는 '코쿠부'라고도 함)가 있었던 땅이 모토시(本市)의 후츄우정 주변이었다고 한다. 쇼오헤이(承平) 연간(931~938년)에 미나모토노시타고오(源順)에 의해 편찬되었다는『화명초』에는 '國府在和泉郡'으로 기록되어 있다. 현재 후츄우정 주변에 후츄우(府中) · 미타치야마(御館山) 등의 지명이 남아 있고, 또한 이곳 이즈미이누코(泉井上)신사 경내에 이즈미 5사총사(五社總社)를 모시는 것 등 예부터 코쿠후(國府)의 소재지였다고 전해진다.

　여기에서 말하는 '이즈미 5사총사'라 함은『이즈미시의 문화재』의「이즈미이누코신사」의 항에 "옛 이즈미국 안에 있는 오오토리(大鳥) · 아나시(穴師) · 시노다〔信太, 히지리(聖)〕· 쯔가와(積川) · 히네(日根)의 5사를 '이즈미 5사'라 하고, 그것을 다 함께 받들고 있는 것이 5사총사이다"라고 씌어 있다. 코쿠후의 장관인 코쿠시(國司)는 일본 국내의 대표적인 신사를 순배(巡拜)했었는데 그것을 간

코가네즈카고분

시노다다이묘오진의 히지리신사

략화하기 위해서 편의상 코쿠후 가까이에서 제사지낸 것이 그 시작이라고 말해진다"라고 씌어 있다.

'코쿠시'라 하는 직위가 마음대로 그러한 간략화를 가능케 했을 것이나 내 관심은 그 5사 가운데 '시노다(히지리)' 신사였다. 왜냐하면 그 신사는 앞서의 '시노다사터'를 씨사로 하고 있던 시노다씨족의 씨사였기 때문이다.

나는 물론 시노다사터도 보고 싶었기 때문에 찾아가 보았는데, 시노다사터는 유명한 코가네즈카고분이 있는 시노다산 구릉 북쪽 끝부분의 우에다이정에 있고, 시노다(히지리)신사는 그 구릉 서쪽 끝부분의 오오지정(王子町)에 있었다. 『이즈미시의 문화재』를 참고로 해서 「코가네즈카고분」부터 먼저 보면 다음과 같이 씌어 있다.

대륙에서 도래한 야요이문화는 단순히 벼농사를 정착시켰을 뿐만 아니라 야요이시대 수백 년 동안 사회구조 그 자체를 변혁시켜서 「위지(魏志)」 '왜인전(倭人傳)'에 실려 있는 야마타이코쿠의 여왕 히미코처럼 권력구조의 정점에 군림하는 지배자를 배출하기에 이르렀던 것이다. 일정한 지역을 장악하게 된 지배자는 사후에 흙을 높이 쌓아 만든 산과 같은 거대한 무덤을 만들게 했다. 그러한 무덤을 고분이라 부르고 고분으로 특징지어지는 시대(3세기 말~7세기)를 코훈시대라고 부르고 있다.······이즈미시 지역에서 최초로 출현한 고분은 시노다산 구릉 북쪽 끝의 우에다 이정에 있는 코가네즈카고분이다.

코가네즈카고분은 4세기 후반경에 지어진 남서 방향을 전방부로 하는 전방후원분이다. 전체 길이는 85미터, 후원부의 지름이 57미터, 높이가 8미터, 전방부 폭이 34미터, 높이 6미터에 달하고, 병경식(柄鏡式)이라고도 불린다. 전기 전방후원분의 특징을 가지며, 분구는 균형이 잡힌 모양을 하고 있다. 분구에서는 이음돌과 원통 하니와가 발견되었고, 집 모양(家形) 하니와의 조각도 출토되고 있다. 또한 분구 주위의 무논 같은 곳에 도랑(濠)의 흔적을 남기고 있다. 이 고분은 1950년과 1951년에 발굴조사되어 전국적으로 그 이름이 알려지게 된 고분이다. 매장 주체는 후원부 정상에서 검출된 점토를 두른 세 개의 목관(점토곽)이다.

책에는 계속해서 중앙관(中央棺)·본관(本棺)·서관(西棺) 등 세 개의 관 안팎에서 출토된 출토품을 열거하고 있다. 그다지 흥미가 없는 사람에게는 조금 따분할지도 모르겠지만, 고분은 역시 출토품이 가장 중요한 것이기 때문에 이것도 살펴보기로 하겠다.

중앙관(中央棺) 길이 8.5미터, 폭 89~95센티미터로, 코오야(高野)의 전나무로 만들어진 할죽형(割竹形) 목관이다. 관 속에서 구리거울, 목걸이(곱은옥·유리옥·벽옥제 관옥), 벽옥으로 만들어진 팔찌(차륜석(車輪石), 돌팔찌(石釧)) 등이 출토되고 있다. 또한 관 밖에서 철제 도검류, 도끼, 낫, 구리거울 등이 출토되고 있다.

동관(東棺) 길이 8.5미터, 폭 50~75센티미터로 역시 코오야의 전나무로 만들어진 조립식 목관이다. 관 속에서 구리거울 세 면 이외에, 목걸이(곱은옥, 유리옥, 벽옥제 관옥), 철제 무구류(도검류·투구와 갑옷류·창·화살촉·중국 진(晋) 대의 오수전(五銖錢), 수정으로 만들어진 대형 여러 면 구슬(切子玉, 여러 방향에서 깎아 모난 형태로 만든 구슬), 가죽제 방패(革製盾), 인골(두골의 일부와 이빨) 등이 출토되고 있다.

서관(西棺) 길이 4.37미터, 폭 53센티미터로 역시 코오야의 전나무로 만들어진 조립식 목관이다.

　관 속에서는 농전 이외에 목걸이(곱은옥 · 벽옥제 관옥), 철제 무구류(도검류 · 갑옷과 투구류 · 화살촉) 등이 출토되고 있다.

　구리거울 이외에 동관 · 서관에서는 도검과 갑옷, 투구 등의 철제 무구류가 출토되고 있는 것이 흥미롭다. 왜냐하면 3, 4세기의 일본열도에는 아직 철제 무구류들이 없었다고 본다. 도대체 어떻게 그것들이 이곳에 매장되었을까?
　여기서 확실히 해둘 것은 나는 야요이시대와 코훈시대가 직접적으로 연결되었던 것은 아니라고 생각하고 있다. 앞의 사실로부터도 일본의 고대는 야요이시대가 그대로 발전한 것이 아니라 외부로부터 많은 새로운 것들이 도래했음을 알 수 있다. 그러나 코가네즈카고분이 전국적으로 유명하게 된 것은 그와 같은 철제 무구류 때문이 아니라 함께 출토된 한 면의 구리거울 때문이었다. 그 구리거울에 관하여「코가네즈카고분」에는 계속해서 다음과 같이 씌어 있다.

　코가네즈카고분이 전국적으로 유명하게 된 것은 중앙에 놓인 관 바깥에서 출토된 구리거울 때문이다. 이 거울은 뒷면의 문양 때문에 화문대신수경(畵文帶神獸鏡)이라고 불리는 중국제 구리거울로, 문양과 함께 '경초(景初) 3년'이라는 연호가 적혀 있었다. 경초 3년이라 함은 중국 위나라의 연호로 서력 239년에 해당되는데,「위지」'왜인전'에 기록되어 있는 야마타이코쿠의 여왕 히미코가 사신을 보내 위나라 왕에게 구리거울 100면을 헌상한 연도에 해당하기 때문에, 이것이 그 구리거울의 하나가 아니었을까라고 추정되고 있다.

　그러나 위왕에게 보냈다는 구리거울의 하나일 것이라는 설은 지금은 학자들에 의해 부정되고 있다. 이 구리거울에 관해서는 나중에 또 다루기로 하고 다시 이곳의 고분을 살펴보자.
　이즈미시 지역은 고분이 많은 곳으로 더욱이 그 대부분의 것은 모두 시노다산 구릉의 가장자리에 축조되어 있다. 예를 들면 백제계로 알려진 타나베노하쿠손(田邊伯孫)을 모신 하카타(伯多)신사가 있는 시노다산 구릉의 서쪽 기슭에 위치

시노다센즈카고분 중의 오오쯔카(王塚)

한 하카타정(伯多町)에는 코가네즈카고분에 이어지는 전기 말(前期末) 무렵의 것이라고 하는 마루카사야마(丸笠山)고분이 있고, 역시 시노다산 구릉의 서쪽 기슭부에 해당하는 타이정(太町)에는 카이후키야마(貝吹山)고분이 있다. 뿐만 아니라 그 하카타정, 쿠로도리정(黑鳥町), 산소오정(山莊町), 사카모토정(阪本町) 등에 걸쳐 있는 이즈미시 지역 최대의 '군집분'인 시노다센즈카(信太千塚)고분군이 있다.

대체로 내가 지금부터 방문하려고 하는 시노다씨족의 씨신이었던 시노다산 구릉 서쪽 기슭부의 시노다(히지리)신사—지금은 언제부터인지는 모르겠지만 히지리(聖)신사로 바뀌어 있다—의 광대한 경내가 히지리신사 고분군으로 되어 있었다. 하지만 그곳은 조금 뒤로 미루고, 이 항의 첫부분에서 본 시노다씨족의 씨사 코가네즈카고분과 같이 우에다이정 안에 있는 시노다사터를 보지 않으면 안 된다.

옛날에는 1만 제곱미터의 사역(寺域)을 가진 대가람이었다는 시노다사는, 그 뒤 몇 번인가의 화재를 입어 현재에는 칸논사(觀音寺)라고 하는 작은 하나의 건물〔一堂〕이 거기에 남아 있을 뿐이다.『이즈미시의 문화재』「시노다사터」에는 다음과 같이 씌어 있다.

　시노다사터는 시노다산 구릉의 북쪽 끝부분, 현 우에다이정 집락(集落) 안에 있다. 현재는 칸논사라 불리는 한 채의 사당만이 있을 뿐인데, 예부터 하쿠호오시대 이후의 옛 기와가 출토되는 것으로 알려져 있다. 또 주변의 행정구역명에 하이지아토(ハイジアト), 도오노아토(堂の後) 등의 이름이 있기 때문에 문헌에 보이는 시노다사의 터가 아닐까 일컬어지는 땅이다. 최근의 조사에 의해 '信太寺'라는 각인이 새겨져 있는 기와가 출토되어 그것이 실증되었다.
　현재의 칸논사 경내의 발굴조사에서는 하쿠호오시대~나라시대 무렵의 전적기단(塼積基壇)과 카마쿠라시대 무렵의 흙을 쌓아올린 기단이 검출되었다. 그리고 부도(府道) 마쯔바라이즈미오오쯔(松原泉大津) 부지의 발굴조사에서는 사역(寺域)의 북단에 해당하는 동서 방향의 축지터〔築地跡〕가 검출되고 있다.
　이곳은 주변 지역을 본거지로 했던 시노다씨의 씨사인 것으로 생각된다. 문헌에 의하면 시노다사는 과거에 세 번의 화재를 당했는데, 세 번째는 오다 노부나가(織田信長)의 병화에 의한 것이라고 전해지고 있다.

야요이인은 한국인인가

이번에는 시노다의 히지리(聖)신사를 살펴보도록 하자. 택시를 타고 시노다산 구릉에 도착해 보니, '엔기식 내사 히지리신사' 라고 쓴 표식과 함께 매우 높고 큰 토리이(鳥居, 신사의 입구에 세운 기둥문)가 세워져 있고, 그 아래로 산도오(參道, 신사나 절에 참배하기 위해 닦아 놓은 길)가 완만하게 뻗어 있었다. 숲이 우거진 산길을 조금 올라가 보니 평지가 나왔는데 그 부근에 히지리신사가 있었다.

내 시야에 들어온 가로로 긴 건물은 배전 등의 시설로 밖에서 보이지 않는 뒤쪽이 본전인 듯했다. 배전 앞에 '국가지정 중요문화재 히지리신사 본전'이라고 하는 이즈미시 교육위원회에서 만든 게시판이 서 있었는데, 앞에서 인용한『이즈미시의 문화재』「히지리신사」의 항에는 다음과 같이 씌어 있다.

시노다산 구릉의 서쪽 끝부분에 있다. 이즈미 5사의 삼궁(三宮)의 열(列)에 서는 엔기식 내사의 고사(古社)로, 텐무천황의 하쿠호오 3년 칙원(勅願, 황제가 신불에 기원하는 일)에 의해 창건되었다고 전해진다. 중·근세에는 '시노다다이묘오진(信太大明神)' 이라고 불렸다. 에도시대 이전은 현재의 쯔루야마다이(鶴山台)에서 후세야(伏屋)에 이르는 시노다산 구릉의 거의 전역에 해당하는 동서 약 2.6킬로미터, 남북 약 1킬로미터, 면적 2.6제곱킬로미터의 광대한 면적을 갖고 있었다.

헤이안시대 이후 '시노다노모리(信太の森, 시노다의 숲이라는 뜻)' 로 불리며 일

본의 대표적인 숲의 하나로 유명해졌고 노래로도 불리고 있었다. 또한 이른 바 '쿠즈노바전설(葛葉傳說)'의 무대로서도 유명하다. 현재의 신사 경내에도 떡갈나무류를 중심으로 하는 수목이 우거져 있어서 왕년의 '시노다노모리'의 모습을 남기고 있다.

히지리신사 본전은 도리 3칸(桁行三間), 들보 3칸(梁間三間)의 삼간사(三間社, 하나의 용마루에 세 개의 신전이 있는 건축 양식) 이리모야식(入母屋造)이라고 불리는 형식으로 정면에는 치도리파풍(千鳥破風)을 붙이고, 그 아래 향배(向拜) 한 칸에는 당파풍(唐破風)을 붙이고 있다. 내진(內陣)에는 본전과 닮은 형식의 일간사풍(一間社風)의 형식으로 정면의 치도리파풍과 당파풍을 붙인 궁전이 있다. 궁전을 포함해서 안팎이 모두 채색되어 있으며 꽃과 구름·당사자(唐獅子)·용 등이 극채색으로 묘사되어 있다. 케이쵸오(慶長) 9년(1604)에 토요토미 히데요리(豊臣秀賴)가 그의 후견인이었던 카타기리 카쯔모토(片桐且元)로 하여금 재건시킨 것으로, 일본의 중요문화재로 지정되어 있다. 또 신사에 있는 작은 신사의 본전들도 모두 중요문화재로 지정되어 있다.

이렇게 보면 시노다다이묘오진, 즉 히지리신사는 정말로 넓은 경내를 가진 신사로, 과연 '시노다노모리'라는 이름에 잘 어울리는 신사였다. 『일본 속의 한국문화 유적을 찾아서』 2권에서도 언급한 바와 같이 일본어 '모리(森, 숲)'는 역시 신사의 숲을 의미하는 일본어 '모리(社)'와 관련이 있는 것이다. 이것은 키타큐우슈우(北九州)대학 교수 아라키 히로유키(荒木博之) 씨의 '모리(杜) 또는 머리(頭)'에서도 알 수 있듯이 한국어의 '머리'에서 온 말이다. 『만엽집』 등의 노래를 보면 고대일본에서는 신사를 '모리(森 또는 杜)'라고 했던 것을 알 수 있다.

결국 '모리'라는 말은 공동체 집단의 머리(頭) 즉 '우두머리(首長)'를 모신 곳의 '진수(鎭守, 사원의 수호를 위해 사원 내에 모신 신)의 숲'이란 뜻으로, '시노다노모리' 역시 그와 같은 성스러운 곳이었다는 것이다. 그리고 히지리신사는 분묘·고분과도 밀접한 관계가 있었다.

민속학자인 타니카와 켄이치(谷川健一) 씨는 "신사의 기원은 고분이다"라고까지 말하고 있지만, 그것은 일본의 중세와 근세까지는 시노다다이묘오진이었던 히지리신사 경내에 있는 고분군의 존재에서도 알 수 있다. 앞서 인용했던 신문기사에 '고대 시노다지방을 지배하고 있던 백제계 도래씨족'의 고분, 즉 시노다 씨족의 고분은 그것만이 아니었다. 고분에서 말갖춤과 귀걸이 등이 출토된 시노다센즈카고분군 등도 그와 같았을 것으로 생각된다.

앞에서 인용했던『이즈미시의 문화재』의「히지리신사 고분군」에는 다음과 같이 씌어 있다.

시노다산 구릉의 서쪽 가장자리 부근에 있는 히지리신사 경내 주변에는 일찍이 몇 기의 고분이 있었다고 전해지고 있다. 과거에 2기의 고분이 조사되었으나 현존하는 것은 1기뿐이다. 1호 고분은 서쪽 가장자리 구릉 끝에 소재하는 지름 30미터, 높이 약 1.5미터의 원분이다. 양수식(兩袖式) 횡혈석실이 개구(開口)해 있다. 널방〔玄室〕은 길이 3.5미터, 폭이 2.1미터, 높이가 약 2미터이다. 널길〔羨道〕은 널문〔羨門〕보다 남쪽으로 향해 있고 폭 1.3미터, 길이 약 2미터가 돌로 쌓여 있는데 그곳보다 앞쪽은 흙산을 폭 약 1미터, 깊이 0.6미터 정도 파들어가 분구의 하류 부분까지 연장되어 있다. 널방 입구의 양 옆면에는 바닥부분에서 약 1미터 위치에 폭이 약 10센티미터 되는 홈을 판 폭 약 25센티미터, 높이 1.65센티미터의 판석(板石)이 세

히지리신사 1호 고분

워져 있다. 이와 같은 판석은 오오사카부 내에서는 볼 수 없는 특이한 구조이다. 널방의 천장돌은 하나로 이루어진 길이 4미터, 폭 2.2미터, 두께 60센티미터의 큰 돌을 사용하고 있다. 또 안쪽 벽도 폭 약 2미터, 높이 1.1미터의 큰 돌을 사용하고 있다. 과거에 이미 조사가 끝난 널길부에서 스에키 받침 달린 목이 긴 항아리, 굽다리 접시 등이 출토되고 있다. 6세기 말경의 고분이다.

요컨대 1호 고분은 돌을 쌓아 만들었다는 것이다. 이것은 고구려·백제계열에 속하는 일종의 '적석총(積石塚)' 고분이라고 해도 좋을 듯싶다. 이즈미시 지역에서는 그 밖에도 볼 곳이 많았지만, 이쯤해 두고 이번에는 이즈미오오쯔시(泉大津市)로 발길을 돌렸다.

물론 고대에는 무슨 무슨 시라고 하는 행정구역 따위는 없었다. 하지만 센슈우(이즈미국)로 표기되던 당시의 지도를 보면, 내륙부에 해당하는 이즈미시의 오오사카만 연안부는 어찌된 일인지 남에서 북으로 타다오카정(忠岡町)·이즈미오오쯔시·타카이시시(高石市)로 이루어져 있다.

세 곳 모두 이즈미시 지역의 해안부를 분할한 듯한 모양을 이루고 있으나, 전체로 보면 세 지역을 합쳐도 이즈미시의 3분의 1도 되지 않는다. 물론 인구도 2시 1정을 합쳐도 이즈미시의 14만 4천 명보다 적을지 모르겠다. 그렇지만 세토나이카이와 오오사카만으로 들어온 문화의 도래는 설령 그것이 단지 지나가는 길목에 지나지 않았다고 해도 해안부 쪽이 빨랐던 것은 틀림이 없다. 그러나 지금에 와서는 그러한 차이 따위를 알 수가 없다.

내가 이즈미오오쯔시를 잠깐 둘러볼 마음이 생겼던 것은 『일본서기』 텐무(天武) 4년조에 "오오야마나카 소네노무라지카라이누(大山中曾禰連韓犬)를 파견해, 오오이미노카미(大忌神)를 히로세(廣瀨)의 카와하라(河原)에 제사지내게 했다"는 구절이 있었기 때문이다. 그리고 이즈미오오쯔에는 국가지정 사적인 유명한 이케가미(池上)·소네(曾根 또는 曾禰)유적이 있고, 현재 소네정에는 소네신사라는 것도 있기 때문이었다. '大山中曾禰連韓犬'이라는 것은 이상한 감(感)이 드는 이름이지만, 고대에 있어서는 지금 우리들의 느낌과는 다르게 '犬·猪'라는 이름이 많았던 것 같다. '오오야마나카(大山中)'라는 것은 관직의 등급이지만 '무라지(連)'는 타카야나기 미쯔토시(高柳光壽)· 타케우치 리죠오(竹內理三)가 쓴『일본사사전』에 "고대의 카바네(姓)의 하나. 무레(群)· 무라(村)의 아루지(主)라는 의미라고 한다. 토모노미야쯔코(伴造, 중앙귀족 그룹의 수장)로서 조정에서 일하는 사람에게 부여되었다"라고 되어 있다.

그렇다고 한다면 '소네노무라지카라이누'는 현재 소네신사가 있는 이케가미·소네유적 수장의 자손으로서 '조정에서 일하고' 있던 사람이라는 것일까? 나는 이즈미오오쯔시 교육위원회를 찾아가 사회교육과 주간(主幹) 사카구치 마사오(坂口昌男) 씨로부터『이즈미오오쯔의 사적과 문화재』라는 책을 받았는데 그 책의「소네신사」에는 다음과 같이 씌어 있다.

제신은 니기하야히노미코토(饒速日命)· 스사노오노미코토(素盞嗚尊)· 이키나가오비히메노미코토(息長帶姬命) 외 네 분(四柱)으로 소네씨의 조상신을 모신다. 창

이즈미오오쯔시의 소네신사

건은 케이타이(繼體)천황 때라고 하나 확실치 않다.『엔기식』에 '종오위하증니신사(從五位下曾禰神社)'라고 기록되어 있다. 본전은 전형적인 삼간사식(三間社式)의 건물로 일헌번수목(一軒繁垂木, 밀접하게 늘어선 처마의 서까래)과 향배(向拜) 중간 한 칸에 헌당파풍(軒唐破風, 처마 끝 장식의 일종)을 올렸다. 지금은 동판(銅板)으로 이어 만든 지붕이나, 원래는 노송나무껍질로 지붕을 만들었다.…… 배전 앞에 쿄오호오(亨保) 2년(1717)의 명문이 있는 돌로 만든 묘오진토리이(明神鳥居, 토리이의 한 형태)가 세워져 있어서, 쿄오호오 때에 많은 신사가 정비되었다는 것을 엿볼 수 있다. 1909년에 부근의 히요시신사(日吉神社)·스가와라신사(菅原神社)·시로야마신사(白山神社)·이케가미신사(池上神社) 등을 합사(合社)했다. 1976년에 지정된 사적 이케가미·소네유적 내에 경내 전지역이 포함되어 있다.

"소네씨의 조상신을 모신다"처럼 신사의 제신이 여러 신으로 나누어져 있는 것은 아마도 합사에 의해 그렇게 되었음에 틀림이 없고, 그 중심이 된 소네(曾禰)신사는 소네(曾根)씨족의 씨신이었다는 것이다. 그 소네씨족의 중심 근거지가 바로 이곳으로 이케가미정(池上町)이 이즈미시에, 소네정(曾根町)이 이즈미오오쯔시에 속하기 때문에 이케가미·소네유적으로 부르고 있다.

이 유적에 관해서는 이즈미시에서 발행한 『이즈미시의 문화재』의 「이케가미·소네유적」에 다음과 같이 씌어 있다.

JR 한와선 시노다야마역(信太山驛)의 서쪽, 이즈미시 이케가미정과 이즈미오오쯔시 소네정의 해발 8~13미터에 위치한 평야부에 있다. 남북 1.5킬로미터, 동서 0.6킬로미터에 이르는 약 60만 제곱미터의 광대한 면적을 차지하고 야요이시대의 대집락(大集落) 유적으로 유명하다. 과거의 조사에 의해 시 주변에서 수도(水稻, 무논에 심은 벼) 농경을 중심으로 하는 야요이문화가 최초로 정착·발전한 마을터가 발견된 곳으로, 야요이시대 전기에서 후기에 이르기까지의 수백 년 동안에 걸쳐 영위된 것이 분명히 밝혀서 있다. 야요이시대 숭기에는 폭이 약 4미터, 깊이가 1.5미터나 되는 대규모의 도랑이 마을을 둘러싸고 있었다고 추정된다. 도랑에 둘러싸인 집락은 '환호집락(環濠集落)'이라 불리며, 야요이문화와 함께 대륙에서 전해졌다고

한다. 본 유적의 경우는 320미터와 300미터의 범위를 타원형으로 에워싸고 있다고 추정되지만, 그 경우 환호의 총연장은 약 1킬로미터에 이른다. 또한 환호는 두 개가 평행하게 나타나고 있다. 요컨대 규모가 다르지만 큐우슈우(九州)의 사가(佐賀)에서 발굴된 유명한 '요시노가리(吉野ヶ里)유적'과 같은 '환호유적'인 것이다. 그렇다면 큐우슈우에도 야요이유적이 있었다는 것이 된다.

조금 다른 이야기가 되겠지만 요시노가리유적에 관해서는 내가 이 원고를 막 쓰기 시작하려던 1995년 1월 초에, 마침 『현대(現代)』라는 잡지 2월호가 나왔다. 몇 가지 보고 싶은 것이 있었기 때문에 즉시 구해 보았는데, 거기에 자유기고가 타케우치 타카오(武内孝夫) 씨가 쓴 「요시노가리는 외국인 집락이었다!」라는 글이 실려 있었다. "토목공학에서 식물학까지/최첨단 과학은 무엇을 밝혔는가"라는 캐치 프레이즈가 붙은, 본인이 직접 다니며 조사해서 쓴 역작이었다. 타케우치 씨는 20여 년 동안 사가평야의 야요이 인골을 연구해 온 전 나가사키 의대 교수이자 형질인류학자 마쯔시타 타카유키(松下孝幸) 씨의 이야기를 인용하면서 다음과 같이 쓰고 있다.

마쯔시타 씨는 "요시노가리의 인골을 보는 한 종래의 죠오몬인(縄文人)의 요소는 발견할 수 없습니다. 죠오몬인은 그러한 형질이 되지 않습니다. 왜냐하면 요시노가리의 사람들은 대륙에서 건너온 도래인계로 볼 수 있기 때문입니다. 더욱이 그들은 일본의 재래 민족과 혼혈한 흔적(形跡)도 없기 때문에 주변의 재래민과 교류는 있었겠지만 도래계의 사람들만으로 사회를 형성하고 있었던 것이 됩니다"라고 말하였다. 결국 '인골'로 볼 때는 요시노가리가 '외국인의 거주구'였다는 것이다. 그리고 또 한 가지는 요시노가리에 야요이인이 살기 시작한 것은 기원전 3세기 무렵으로, 마쯔시타 씨가 조사한 다수의 인골은 같은 한 세기의 것으로 보인다. 그렇다면 적어도 200년 이상에 걸쳐 재래민과 혼혈하는 일 없이 그들만으로 자손을 만들고 하나의 거대한 집락을 만들며 살고 있었다는 것이 된다.

이 일에 관해서는 이미 요시노가리 유적이 발견될 당시인 1989년 9월 3일자

『아사히(朝日)신문』에도 다음과 같은 기사가 있었다.

나가사키대학 의학부 마쯔시타 타카유키 조교수(해부학)는 요시노가리는 한반도 남부의 조도 패총인(朝島貝塚人)과 예안리 고분인(禮安里古墳人), 동북한의 초도인(草島人), 중국 북부의 서하후인(西夏候人) 등과 닮아서 한반도에서 건너온 도래계의 사람들로 생각되고 있다.…… 요시노가리인은 도래인이지만 뼈 외관만으로 보아서는 혼혈이 아니었다. 도래 집단이 몇 세대에 걸쳐 이루어낸 집락이 요시노가리가 아닐까?

이와 비슷한 내용을 토오쿄오대학 명예교수 우에하라 카즈요시(埴原和郎) 씨(자연인류학)도 언급한 바 있고, 또한 요시노가리유적의 발굴에 참가한 고고학자 타카지마 타다히라(高島忠平) 씨도 같은 의견을 내고 있다. 이것만 본다면 타케우치 씨의 글이 잘 이해된다. 그러나 요시노가리가 "외국인 거주구였다"라고 하는 것은 놀라운 일이다.

그렇다면 이 '외국인'에 대한 '내국인'이란 도대체 어떠한 사람들이었을까 하는 의문이 생기는데 내국인은 물론 타케우치 씨의 '종래의 죠오몬인'을 가리킨다. 국립민속학박물관 교수 오야먀 슈유죠오(小山修三) 씨의 『죠오몬시대(繩文時代)』에 의하면, 야요이시대로 들어갈 무렵인 죠오몬 말기에 일본열도의 총인구는 약 7만 5,800명인데, 야요이시대가 되면서 인구가 갑자기 59만 4,900명이 되었다고 한다. 어찌 되었든 간에 그 '내국인'이 죠오몬인으로 일본인의 조상이 된 것만은 틀림없는 사실일 것이다. 따라서 나는 타케우치 씨를 비판할 생각은 없다. 다만 야요이인을 예사롭게 '외국인'이라고 말해 버리는 것은 일반적인 상식으로도 약간의 의문이 남을 수밖에 없다. 그러면 '재래(在來)의 죠오몬인'이란 도대체 어떠한 사람이었을까?

그러한 것들에 관해 생각하고 있을 때에, 마침 일본 토오호쿠(東北)지방의 센다이(仙台)에서 발행되고 있는 잡지 『하얀 나라의 노래』 1월호가 배달되어 왔다. 잡지에는 「한자의 역사와 서체」라는 제목으로 일본전각가협회 이사장 바이 죠오테키(梅舒適), 토오쿄오대학 명예교수 우에다 마사아키 씨 등이 참가한 대담 기사도 있었다. 좀더 자세히 보니 토오호쿠대학 교수(해부학) 도도 유키오(百百幸雄) 씨의 「죠오몬인―일본열도의 선주민」이란 논고도 있었다. 그는 지금까지의 연구 결과에 대해 다음과 같이 쓰고 있다.

현대의 일본인은 히가시니혼(東日本)과 큐우슈우(九州) 모두가 도래계 야요이인과 대륙의 현대인에 가깝고, 죠오몬인과 홋카이도오(北海道)의 아이누 그룹과는 많은 차이가 있다. 분석에 이용한 죠오몬인은 토오호쿠와 칸토오(關東)지방의 유적에서 발굴된 인골이다. 그 결과를 솔직하게 해석하면 토오호쿠지방의 현대인도 대개는 도래계 '야요이인'을 선조로 하고, 히가시니혼의 죠오몬인 직계는 홋카이도오의 '아이누인'들이라는 것이 된다.

죠오몬인과 아이누인들의 연속성을 확인하기 위해 나는 수년 전에 홋카이도오의 훈카만(噴火灣) 연안에 있는 다테시(伊達市) 우즈모시리(有珠モシリ)라고 하는 패총유적을 발굴했다. 그곳에서 혼슈우(本州)의 야요이유적에 해당하는 속(續)죠오몬시대〔키타니혼(北日本)의 죠오몬문화의 전통을 이어받아 독자적인 채집 경제사회를 형성하고 나라시대의 사쯔몬(擦文)문화로 변형되어간 시대〕의 인골을 몇 곳에서 발견할 수 있었지만, 사람들의 얼굴 모습은 죠오몬인의 그것으로 도래세 야요이인과는 전혀 달랐다.

이와 같이 일본에 원래부터 살고 있던 죠오몬인이 바로 아이누인이라고 하는 것은 예전에 이미 인류학·고고학자인 토리이 류우조오(鳥居龍藏) 씨 등이 밝힌 바 있고, 근간에 와서는 타카야나기 미쯔토시(高柳光壽) 씨 등의 『일본사사전』에도 그렇게 씌어 있다. 그럼에도 불구하고 일본인은 일반적으로 "우리들의 조상은 죠오몬인이다"라고 하지 "아이누인이다"라고는 결코 말하지 않는다. 더구나 야요이인은 '외국인'이기 때문에 문제가 되지 않는다는 것이다. 그렇다면 아마테라스오오미카미(天照大神)의 '천손강림(天孫降臨)'했다는 일본신화는 바로 한국의 남부로부터 야요이문화가 도래했다는 것을 말해 주는 것인데, 이 점은 어떻게 할 것인가?

문득 1995년 1월 17일자까지 『토오쿄오신문』에 6회 연재되었던 홋타 요시에

(堀田善衛)·아오노 아키라(靑野聰) 씨의 대담「아시아를 말한다」속에 나온 '뿌리 없는 일본인'이라는 말이 생각난다. 요컨대 오오에 켄자부로오(大江健三郎) 씨가 쓴 『애매한 일본』이라는 제목으로 대신할 수 있을지 모르겠다. 나는 '애매하다'는 단어를 반드시 나쁘다고만은 생각하지 않는다. 그러나 학자나 지식인들까지도 언제까지나 애매하게 표현하는 것은 잘 이해가 되질 않는다.

제2부 타카이시시와 사카이시의 한국문화 유적

백제계 타카시씨족

 이번에는 이즈미오오쯔시와 이즈미시의 북쪽 일대를 점하고 있는 타카이시시 (高石市)를 살펴보기로 하자. 이곳의 지명 '高石'은 보통 '타카이시'라고 부르기도 하나 '타카시'라고 읽는 것이 옳다. 타카이시시는 그 지명보다도 예부터 풍광명미(風光明媚, 경치가 매우 아름다움)한 곳으로서 유명한 '타카시노하마(高師ノ浜, 타카시의 해변)'라는 이름으로 더욱 알려져 있다.

 이곳에는 지금도 '高師', '高石' 등의 지명이 남아 있다. 먼저 헤이본사(平凡社)에서 간행한 『일본역사지명대계』 28 「오오사카부의 지명」을 보면 '타카이시(高石)'에 대하여 다음과 같이 씌어 있다.

 현재 타카이시시 서부 해변에 연한 지역의 명칭으로, 옛 타카이시미나미(高石南)·타카이시키타(高石北) 등의 촌에 해당한다. 옛 문헌에 의하면 '高脚〔『일본서기』·『일본영이기(日本靈異記)』〕, 高師(『만엽집』), 高磯〔내각문고본(內閣文庫本) 「大鳥神社流記帳」〕'로도 쓰고 있다. '타카시노우미(高脚ノ海)'는 고대 천황가의 금어구(禁魚區)이고, 타카시노하마(高師ノ浜)는 우타마쿠라(歌枕, 와카의 소재가 된 각처의 명승지 또는 그것을 써 모은 책)로서 자주 와카(和歌)로 읊어지는 경승지이다. '高石'이라는 이 지명은 『일본서기』 스이닌(垂仁)천황 35년 9월조에 이니시키노미코토(五十瓊敷命)를 카와치국에 파견해서 연못 타카시지(高石池)를 만들게 했다는 기록이 있고, 당시 이즈미국은 카와치국의 일부였다.

『고사기(古事記)』의 스이닌천황 부분에는 '쿠사카(日下)의 타카쯔지(高津池)'를 만들었다고 되어 있으나 '高津(타카쯔)'는 '高師(타카시)'의 오기(誤記)이며, 쿠사카는 오오토리군(大鳥郡) 쿠사베향(日下部鄕)으로 생각된다. 타카시지의 소재는 확실치 않고 『이즈미지(和泉志)』에는 '타카이시촌(高石村) 오쯔지(乙池)'로 되어 있다. 『센슈우지(泉州志)』에는 현재 이즈미시의 마이촌(無村) 집락의 북쪽에 있었던 '토로스지(鳥石池)'라 하고, 이 연못이 『만엽집』의 노래에도 나와 있는 '토로시지(取石池)'이기도 해서, '高石池'와 '取石池'를 같은 연못으로 보고 있다. 어찌 되었든 간에 이 지역은 관개용수지 축조에 의해 일찍부터 개발되었다. 이 연못을 개발한 사람은 엔기식 내사인 타카이시(高石)신사를 씨신(氏神)으로 하고 텐표오(天平) 신고(神護) 2년(766) 12월 4일, 타카시노무라지(高志連)에 오른 타카시히토와카시마로(高志毗登若子麻呂, 『속일본기』) 일족으로 생각된다.

'타카시씨(高志氏)'는 '타카이시씨(高石氏)'와 같다고 하며, 타카시씨 출신에는 승려 교오키의 아버지 타카시노사이치(高石才智)가 있다(『行基墓誌』). 교오키가 건립한 49원(四十九院) 가운데 이시다리(葦田里) 세이죠오도원(淸淨土院)과 타카이시촌(高石村) 세이죠오니원(淸淨土尼院)이 이 지역에 있었다.(『行基年譜』)

여기서 중요한 것은 타카이시 지역의 연못을 개발한 사람이 "타카시노무라지에 오른 타카시히토와카시마로 일족으로 생각된다"는 내용이다. 또한 '타카시노무라지'의 '무라지(連)'에 관해서는 앞의 이즈미오오쯔시의 '소네노무라지카라이누(曾禰連韓犬)'에서도 다루었듯이 '무라지'란 고대의 성(姓) 가운데 하나로 무레(群)·무라(村)의 우두머리(主)를 가리키는 말이다.

요컨대 타카이시 지역은 타카시씨족의 씨신이었던 타카이시(高石)신사가 중심이었던 곳이다. 나라시대에 일본 최초의 대승정에 오른 교오키는 이곳을 개발한 타카시씨족 출신이다. 태어난 해가 668년이니 그때는 이미 타카시씨족이 '무라지'가 된 지 100년 가까이나 지나 있었던 것이다. 그 이후에도 타카시씨족은 일본의 중세·근세를 통해 각 씨족으로 분파되면서 지속적인 번영을 이룩할 수 있었다.

현재의 타카이시신사

계속해서 「오오사카부의 지명」의 '타카이시신사'에 관한 내용을 보면 다음과 같이 씌어 있다.

『엔기식』 신명장에 기록된 오오토리군 타카이시신사로 생각된다……. 현재의 제신은 스쿠나히코나노카미(少名彦名神), 아마테라스메오오카미(天照皇大神), 쿠마노자삼사(熊野坐三社)이다. 옛 향사이었으며 흔히 텐진사(天神社)라고도 부른다. 창건 시기와 연혁은 미상이나 『이즈미명소도회(和泉名所圖會)』에는 "타카시(高志)의 조상 와니(王仁)를 모신다"라고 되어 있다. '와니'는 오오진천황 때에 논어와 천자문을 일본에 전했다고 하는 백제로부터 온 도래인 '왕인박사'를 가리키는 것으로, 타카시씨(高志氏)는 그의 후예인 후미노오비토(書首, 후미씨)의 분파이다. '高志'와 '高石'은 둘 다 '타카시'로 불리기 때문에 타카시(高志)를 타카이시(高石)에 본거를 두었던 씨족으로 생각해서 낭사(當社)와도 관계가 있다고 하는 설이 있다.

타카시씨가 타카이시신사와 관계가 있다는 것은 설이 아니고, 앞에서 언급했듯이 이 지역을 개발했던 바로 그 타카시씨족의 씨신인 것이다. 나는 이전에도 1972년 초에 간행한 "일본 속의 한국문화" 제2권『이즈미』를 쓰기 위해서 이즈미의 카라하시(伽羅橋)에서부터 이곳 타카이시신사를 방문한 적이 있었다. 그때 오오사카부립 이즈미오오쯔고등학교의 교사이며, 이 신사의 궁사이기도 한 카도바야시 아키오미(門林晃臣) 씨와 만나 여러 가지 이야기를 나눈 일도 있었다.

이번에 이 원고를 쓰기 위해 1995년 2월 초 오래간만에 키슈우카이도오(紀州街道) 변에 위치한 타카이시신사를 찾았다. 안타깝게도 카도바야시 씨는 와병중이어서 만나 볼 수 없었고, 그를 대신해서 카도바야시 씨처럼 키가 큰 아드님을 만날 수 있었다. 아마도 아버지를 대신해서 궁사를 맡은 듯했으나 자세한 것은 물어보지 않고, 다만 넓은 신사의 경내를 한 바퀴 돌아보았다. 생각해보면 내가 이곳을 방문한 지도 20년 전의 옛일로, 그 동안 나 역시 늙었으나 카도바야시 씨는 나보다 더 늙어버렸던 것이다.

앞에서도 말했듯이 카라하시 부근에서부터 타카이시신사를 찾았을 때의 느낌에 관해서는 "일본 속의 한국문화" 제2권『이즈미』에 다음과 같이 쓴 일이 있다.

우리들은 타카이시까지 마중 나온 강 선생의 안내로 먼저 카라하시부터 보기로 했다. 본다고는 해도 지금은 단지 '카라하시'라는 철도역명과 지명만이 남아 있을 뿐이고, 내가 특별히 관심을 가진 것이 있어서도 아니었다. 그렇기 때문에 우리들은 카라하시역과 주택으로 가득 찬 그 주변을 걸으며 별다른 느낌을 받을 수 없었다. 그러나 강 선생이 타카이시시 교육위원회에서 빌려온 시교육위원회에서 펴낸 『타카이시시에 관한 문헌집』을 보니 다음과 같은 내용이 실려 있었다.

"모토정(本町) 하고로모(羽衣) 아시다천(芦田川)에 놓인 옛 '카라하시(伽羅橋)'는 당시 일본을 찾아온 '카라국(伽藍國 또는 加耶國·加羅國)'의 사람들이 이 부근에 거주하며 다리(橋, 일본어로 하시)를 만들었으므로 그들의 국명을 따서 '카라하시'라고 했던 것이다. 그들은 그뒤 백제인이 도래한 것처럼 해상운송이 편리한 땅을 찾아 복정(卜定, 점을 쳐서 정함)한 것이리라."

'카라(伽羅)'는 고대한국 남쪽에 있던 가라(加羅), 즉 가야(伽倻)를 가리키는 것으로 그렇다면 가야국 사람들이 이주해 와서 정착한 것이 와니계 씨족, 즉 백제에서 도래한 타카시씨족보다도 앞섰다는 것일까? 아무튼 '옛 카라하시' 라고 표현된 것으로 보아 지금은 그러한 다리도 없는 것 같았다.(후일 이 카라하시유적에서 이른바 '한식계 토기' 가 다섯 점 출토되고 있다)

카라하시역의 다음 역은 타카시노하마(高師の浜)로 타카이시신사는 타카시노하마역에서 가까운 키슈우카이도오의 서쪽에 위치하고 있었다. 꽤 넓은 신사로 현재의 제신은 스쿠나히코나노미코토, 아마테라스오오미카미, 이자나미노미고토(伊邪奈美命)—앞서 받은 『유서약기』에는 쿠마노자삼사(熊野坐三社)로 되어 있다—등으로 되어 있지만 이 신사는 원래 타카시씨족의 조상이라는 '와니(王仁)' 를 모신 곳이었다. 한국어의 '왕님(王任)' 에서 유래한다는 '와니' 를 모신 신사는, 이곳 이외에도 예를 들면 사카이시(堺市) 미쿠니가오카정(三國ヶ丘町)에 있는 카타타가이(方遠)신사의 합사(合祀)인 무카이(向幷)신사가 있다.

또한 와니의 무덤이라고 말해지는 것도 이곳 저곳에 몇 개인가 있는데, 이 타카이시신사에 관해서는 앞서 본 『타카이시시에 관한 문헌집』에 "타카시노무라지(高志連)의 조상을 제신으로 한다고 전하는 타카이시신사는 오히려 와니박사의 묘사(廟祠)일 것이라고 고정(考定)되어……"라는 기술이 있었다. 묘사라 함은 와니의 분묘를 말하는 것일까?

동행한 강 선생의 주선으로 타카이시신사의 궁사 카도바야시 씨를 만나보기 위해서 약속장소에 가보니, 그는 정확한 시간에 나와 있었다. 이즈미오오쯔고등학교의 선생님이기도 한 카도바야시 씨는 꽤 큰 거한(巨漢)으로 신사의 궁사라는 이미지와는 상당히 거리가 먼 듯한 느낌의 인물이었다. 강 선생이 대접하는 불고기 등을 열심히 먹으며 우리들은 여러 가지 이야기를 나누었는데 그는 내게 다음과 같은 두 마디의 인상깊은 말을 남겼다.

"흔히 高石을 '타카이시' 라고 읽습니다만 나는 결코 그렇게 읽지 않습니다. 노리토(祝詞, 신에게 올리는 독특한 말과 문장)를 읽을 때도 '타카시(タカシ)' 라 하고 있습니다."

"대개 신사라고 하는 것이 원래는 무덤이었던 것이 아니었을까 하고 저는 생각하고 있습니다."

앞의 '타카이시' 를 '타카시' 라 함은, 와니계 타카시(高志)씨족의 '타카시(高志)

에서 유래했다는 것을 강조하는 말이다. 그리고 뒷말은 타카이시신사에 관해 앞서 본 『타카이시시에 관한 문헌집』에 나왔던 "타카시노무라지의 조상을 제신으로 한다"고 전하는 타카이시신사는 오히려 와니박사의 묘사일 것이라고 고정되어……" 라는 말에 대응되는 말이었다.

나는 와니가 과연 박사(博士, 일본어로 하카세)였는가에 관해서도 의문을 갖고 있으나, 카도바야시 씨의 말은 둘 다 나의 생각과 일치하는 것이었다. 더욱이 그 신사가 '와니의 묘사'였다고 해도 그것이 와니의 무덤이었는지 아닌지는 별개의 일인 것이다.

조금은 번거로운 일이 될지도 모르겠지만, 앞서 보았던 『타카이시시에 관한 문헌집』에 있던 옛 카라하시에 관한 부분을 한 번 더 보기로 하자.

앞서 인용한 내용 중에서 문제가 되는 부분은 '그들은 그뒤 백제인이 도래한 것처럼'으로, 그뒤 도래했다는 백제인은 도대체 어떠한 사람들이었다는 것인가? 그들은 타카이시를 본거지로 하고 있던 타카시씨족일 거라고 여길지 모른다. 그러나 타카시씨족은 이미 4, 5세기 무렵부터 이곳에서 가까운 곳에 있는 유명한 후루이치(古市)고분군이 위치한 카와치(河內)의 후루이치(古市)를 중심 근거지로 삼고 있던 와니계 씨족의 일파였음이 확실하기 때문에 그들을 가리켜 '그뒤에 이주해 온 백제계 도래인'이라고 할 수는 없을 것이다. 그래서 나는 한 번 더 『오오사카부의 지명』을 살펴보았는데, 그 책에는 「토로시(取石)」라는 흥미 있는 항이 있었다.

토로시(토로이시라고도 함)는 현 타카이시시 남동부 시노다(信太)산록 일대에 해당하며, 『화명초』에 오오토리군(大鳥郡) 쿠사베향(日下部鄕, 중세는 草部鄕)에 속했다고 기록되어 있다. 옛 하부촌(土生村), 신케촌(新家村), 오오조노촌(大園村) 등을 중심으로 이즈미군(泉郡) 마이촌(舞村, 현 이즈미시) 부근도 포함된다고 생각된다. 동부에 쿠마노카이도오(熊野街道)가 통하고…… 카이도오를 따라 있는 요소(要所)였음을 알 수 있다. 카이도오의 동쪽에는 고대로부터 이 지역의 주요한 용수원으로 토로시 지역의 개발에 꼭 필요했던 연못인 토로스지(鳥石池)가 있었다……

고대에는 이곳에 백제 도래계 씨족 토로시노미야쯔코(取石造)가 거주했다는 기록(『新撰姓氏錄』和泉國諸蕃)이 보이고, 중세가 되면 토로시를 본관으로 한 쿠사베(草部), 오오토리(大鳥) 두 향에서 활약하는 '토로시씨(取石氏)'가 유명하다.

이 「토로시」의 항에는 계속해서 중세부터 근세에 이르기까지의 토로시 및 토로시씨족에 관한 것이 기술되어 있었다. 고대의 백제 도래계 씨족, 토로시노미야츠코의 '미야쯔코(造)'에 대해 『일본사사전』의 「미야쯔코」 항에는 다음과 같이 씌어 있다.

미야쯔코라 함은 씨족제도의 성(姓, 일본음 카바네)을 가리킨다. 미야쯔코를 성으로 하는 씨족은 많고 그 유래도 일정하지 않지만, 중앙 씨족층의 수장(首長)이었던 토모노미야쯔코(伴造) 등의 중앙귀족이 많다. 텐무천황이 8성(八姓)을 제정했을 때, 미야쯔코라는 성을 가진 유력 씨족은 무라지(連) 이상의 성을 부여받았다.

결국 토로시노미야쯔코는 '타카시노무라지(高志連)'와 동등하거나 그 이상의 신분으로 생각되었던 것이다. 그래서 다시 『오오사카부의 지명』을 보니 타카이시시 '니시토로시(西取石)'가 있고, 그곳에 있는 토노키쿠루마즈카(富木車塚)고분에 관해 다음과 같이 씌어 있었다. 조금 길지도 모르겠으나 지금은 없어져 버린 이 고분의 출토 유물이 흥미롭기 때문에 언급해 두고자 한다.

국철(國鐵) 한와선 토노키역(富木驛)의 남서쪽 26호 국도 가에 있던 전방후원분으로, 주택개발에 의해 1965년 후반에 소멸되어 버렸다. 시노다산 구릉에서부터 북으로 뻗어 있는 해발 10미터 전후의 저위단(低位段) 언덕 앞부분에 축조된 것으로 전체 길이가 48미터, 후원부(後圓部)의 지름이 25미터, 높이 5미터, 전방부의 폭이 18미터이다. 1959년 발굴조사되어 주호(周濠), 이음돌〔葺石〕, 하니와는 출토되지 않았고 분구는 흙을 쌓아〔盛土〕 축조되었음이 밝혀졌다.

고분의 후원부에서 3기, 전방부에서 4기의 내부 주체(主體)가 검출되었다. 후원부의 제1주체는 전체 길이 약 7미터, 폭 1.2미터의 횡혈석실로 도관(陶棺)·목관

(木棺)이 매장되어 있었다. 유물로는 금반지·관옥·은제 공옥·곧날 조각(直刀片)·쌍날칼을 꽂은 창(鉾) 등이 출토되어 전 주체 중에서 가장 양호한 것이다. 제2주체는 전체 길이 1.94미터, 폭 0.8미터 전후의 점토곽으로 곧날, 돌화살촉(石鏃), 스에키 등이 출토되었다. 제3주체는 전체 길이 2.48미터, 폭 0.55미터 전후의 직장 목관(直葬木棺)으로 곧날, 매목 대추옥(埋木裏玉, 매목은 지질시대의 수목(樹木)이 오랫동안 물 속이나 흙 속에 매몰되어 화석(化石)과 같이 된 것), 목걸이 등이 출토되었다.

고분의 전방부에서 검출된 4기는 모두 직장 목관으로 제1주체에서는 사슴뿔로 만든 환두대도(鹿角製環頭大刀)·철화살촉·스에키 등이, 제2주체에서는 2구의 매장유골과 철검(鐵劍)·구슬류(玉類)·금반지가, 제3주체에서는 철칼(鐵刀)·금반지(金環)·스에키 등이 검출되었다. 또한 고분의 잘록한 부분에서는 스에키군(그릇받침, 항아리, 굽다리접시, 잔뚜껑, 하조오(𤭯, 몸체에 작은 구멍이 뚫린 스에키), 뚜껑 있는 잔) 등이 출토되어 이곳에서 어떤 제사(祭祀)가 행해졌다고 생각되고 있다.

일본에 있는 전방후원분치고는 그다지 큰 편이 아니어서 그 점에 있어서는 근년에 백제의 옛 땅이었던 한국의 서남부 지방 등에서 발견되고 있는 전방후원분과 매우 흡사하다. 하지만 닮았다고 해서 이 토노키쿠루마즈카고분이 고대한국의 백제에서 도래한 토로시씨족의 분묘라고는 말할 수 없다. 다만 고분에서 출토된 금반지, 관옥, 철칼과 『만엽집』에 '코마검(高麗劍, 코마는 고구려의 의미)'으로 표기되어 있는 환두대도 등의 유물은 거의 전부가 고대한국의 백제와 가야 근방에서 일본으로 건너온 것으로 생각된다.

한식계 토기

현재는 고분 자체가 없어져 버린 토노키쿠루마즈카고분이 있던 토로시(取石) 지역은 그 밖에도 오오조노(大園)유적, 타카이시시 스이겐치(水源地) 등의 중요한 유적과 고분이 많은 지역이다. 스이겐치유적은 나중에 다루기로 하고 오오조노유적에 관해서 먼저 살펴보기로 하자.

'대량의 초기 스에키' 등이 출토된 이 유적은 많은 고대의 집락 흔적이 발견된 곳으로, 고대로부터 근세에 걸쳐 있는 복합 유적이다. 이 유적에 관해서는『오오사카부의 지명』에도 특별히「오오조노유적」이라는 항을 설정해서 해설하고 있다. 카미야 마사히로(神谷正弘)·미요시 타카시(三好孝) 씨의「오오사카부 타카이시시 스이겐치유적의 스에키에 대해서」라는 논문에는, 앞서 살펴보았던 토노키쿠루마

예안리 출토 쌍잡이항아리

스카고분을 포함한 고분에 대하여 다음과 같이 씌어 있다.

5세기에는 사카이시(堺市)의 모즈(百舌鳥)고분군이 축조된다. 오오조노유적이 존재하는 토로시·시노다(信太)지구에는 나베즈카(鍋塚)고분, 카이후키야마(貝吹山)고분, 타마쯔카(玉塚)고분이 분포한다. 이 고분들이 전방후원분의 형태를 띠면서 범립패식(帆立貝式) 분구를 갖는 것이 토로시·시노다지구에 있는 고분의 특색이다. 5세기 말엽에 이른바 범립패식 분구를 갖는 오오조노고분이 축조되었다(오오조노유적에는 고분도 있었던 것이다). 오오조노고분은 이미 분구를 평평하게 잘라버려 분구 밑부분에 말발굽형(馬蹄型)의 도랑밖에 남아 있지 않지만, 그 도랑 밑에서 원통과 나팔꽃 모양(朝顔形) 하니와 다수와 인물 하니와의 머리 부분과 신체 각 부분 및 말, 닭, 집 모양(家形), 뚜껑(蓋), 방패(盾), 큰칼(太刀) 모양 등의 각종 하니와가 출토되었다.

6세기에 들어서면서 스이겐치유적의 동북쪽 약 300미터 지점에 토노키쿠루마즈카고분이 축조된다. 후원부에 횡혈석실을 갖고 추장(追葬)을 행하면서 후원부와 전방부에 직장목관 합계 6기를 거느린 특이한 고분으로, 이 지역 수장층(首長層)의 가족 구성을 미루어 짐작할 수 있다. 부장품도 구슬류가 많고 분구 위에서 제사를 행했다는 것을 엿볼 수 있는 스에키군도 검출되었다. 이 토노키쿠루마즈카고분을 다스렸던 것은, 필시 스이겐치유적에 거주하고 있던 사람들이었을 것이다.

여기서 말하는 스이겐치유적은 타카이시시 카모(加茂) 2, 3정목(町目, 구획 단위) 일대에 퍼져 있던 동서 200미터, 남북 약 100미터에 달하는 고대 집락유적으로, 말하자면 오오조노유적과 비슷한 유적이다. 그곳에 거주하고 있던 이들은 과연 어떠한 사람들이었을까? 타카이시시 교육위원회에서 발행한 『스이겐치유적 발굴조사보고』의 「스이겐치유적 출토의 토기에 대해서」에는 다음과 같이 씌어 있다.

이전에 타카이시시 시교육위원회가 행한 발굴조사에서는 가장 오래된 형식의 스에키를 포함하는 코훈시대의 개천(溝)이 검출되었다. 그 가운데에는 격자문고(格子

目叩)가 있는 독[甕] 주둥이의 가장자리 부분에서 몸통 부분의 돌 조각과, 한국의 낙동강 하류 김해군 예안리 90호분에서 출토된 쌍잡이항아리[雙耳壺]와 매우 닮은 토기까지 출토되고 있다. 이 쌍잡이항아리는 비교적 얇게 제작되어 있어서 내외면의 조사는 회전을 이용한 세심한 수작업으로 행해지고 있다. 어깨 부분에는 구멍이 뚫려진 귀가 두 군데에 붙여져 있다. 색조는 자회색(紫灰色)을 띠고 소성(燒成)은 다소 약하다. 일본에 있어서의 스에키의 원류에 관한 중요한 자료를 제공한 것이라 할 수 있다.

여기서 '가장 오래된 형식의 스에키' 라 함은 이른바 '초기 스에키' 라고도 불리는 것으로, 이곳 스이겐치유적에서는 고대한국에서 도래한 사람들이 갖고 왔다고 생각되는 그러한 스에키뿐만이 아니라 역시 도래인이 함께 갖고 온 쌍잡이항아리까지 출토되고 있는 것이다.

한편 『스이겐치유적조사보고』의 마지막 부분에는 그 일에 관해서 좀더 요령 있게 요약 정리되어 있을 뿐만 아니라, 나중에 보게 될 사카이시의 유명한 모즈고분군에 관해서도 매우 시사적인 내용이 있기 때문에 약간의 중복도 있겠지만 살펴보면 다음과 같다.

스이겐치유적에서는 1980년 8월부터 오오사카부 부영(府營)주택의 개축에 앞서 오오사카부 교육위원회에 의한 발굴조사가 행해져 약 2,700평방미터가 조사되었다. 그 결과 5세기 후반의 굴립주(掘立柱, 토대 없이 그대로 땅에 박은 기둥) 건물 6동이 검출되었다. 안쪽 4동이 2칸(間)×2칸의 창고로 보이며 조사된 건물보다 더 많은 건물이 발굴을 기다리고 있는 것이 분명하다. 또한 6세기 후반의 개천(溝)도 검출되어, 오오조노유적과 같이 5세기 후반과 6세기 후반의 굴립주 건물 집락이 있었던 것 같다. 시교육위원회의 조사로 도랑 속에서 출토된 스에키와 하지키(土師器)의 거의 대부분이 5세기 중엽의 것으로 검출된 건물에서 살던 사람들이 사용하고 있던 것으로 추성된다. 출토된 스에키의 쌍잡이항아리는 한국의 낙동강 하류 유역, 즉 가야국에서 생산된 것으로 생각되고 '굴립주 건물 집락' 과 '박재(舶載) 스에키' 와의 관계에 대한 것도 금후의 연구 과제이다. 또한 스이겐치유적에서 동북쪽으로 400~500미터 떨어진 지점에 일찍이 존재했던 토노키쿠루마즈카고분은, 스이겐치유적 시대의 굴립주 건물과 관련을 맺고 있다. 이것은 오오조노유적에 있어서 오오조노고분과 굴립주 건물 집락의 관련과 같은 것이다. 5세기 후반과 6세기 후반의 굴립주 건물 집락과 더욱이 전후 시기가 상응하는 이 지역 수장급 고분의 소재는 사카이시 모즈고분군과 지역 수장층과의 관계와도 연관되어질 것이다.

지금 살펴보고 있는 타카이시시에는 대량의 초기 스에키가 출토된 스이겐치유적에서만 이른바 '한식계 토기'가 출토되고 있다. 오오조노·스이겐치유적의 조사에도 참가했던 카미야 마사히로(神谷正弘) 씨의 「타카이시시 카라하시유적 출토의 한식계 토기」라는 논문에 의하면, 앞에서도 언급했듯이 카라하시유적으로부터는 한식계 토기가 다섯 점 출토되었다고 한다. 또한 카미야 씨의 논문 끝부분에는 그 한식계 토기에 관해 "한국의 낙동강 유역에 분포하고 있는 5세기 후반 무렵의 가야·신라계의 납작바닥사발〔平底鉢〕과 닮아 있다. 출토된 한식토기 다섯 점 중 4번과 5번은 색조와 태토(胎土)가 매우 닮아 있기 때문에 같은 시대의 것으로 추정되고, 약하게 구운 도질토기(陶質土器)-와질토기(瓦質土器)에 가깝다-일 가능성이 있다"라고 쓰고 있다. 그래서 이번에는 그 '한식계 토기'라고 불리는 것에 대해서 잠시 살펴보기로 하겠다.

조금 다른 이야기가 되겠으나 지금까지 인용한 자료들의 대부분은 내가 타카이시시 교육위원회를 방문했을 때 만난, 시교육위원회 사회교육과 문화재보호계장인 카미야 마사히로(神谷正弘) 씨로부터 제공받은 것이다. 카미야 씨와는 전에도 오오사카 시내 어딘가에서 그와 동행한 오오사카시 문화재협회 조사과 주임 타나카 키요미(田中淸美) 씨를 함께 만난 적이 있었다. 두 분 다 한국어에도 능통하고 한국의 고고학 사정에도 밝았을 뿐만 아니라 '한식계토기연구회'의 멤버로서도 활동하고 있는 소장 고고학자이다. 한국어를 잘하는 학자들 이야기가 나왔으니 말인데 내가 최근 일본 각지에서 만난 소장 고고학자, 예를 들면 야마토·텐리(天理)참고관(參考館)의 타케타니 토시오(竹谷俊夫) 씨, 쿄오토(京都)문화박물관의 사다모리 히데오(定森秀夫) 씨, 그리고 아직 직접 만나지는 못했지만 리치메이칸(立命館)대학의 요시이 히데오(吉井秀夫) 씨 등은 모두 한국의 대학 등에서 나오고 있는 기요(紀要)에 실린 논문 등을 일본어로 번역해서 발표하는 일들을 하고 있었다. 예전에는 볼 수 없었던 일이다.

다시 '한식계 토기'로 돌아가 앞에서 나는 초기 스에키의 내용과 함께 다음과 같이 쓴 일이 있다.

> 토기로는 코훈시대에 들어서고 난 후의 가장 원초적인 것으로 '초기 스에키·한식계 토기'라는 것이 있다. 한식계 토기는 문자 그대로이고, 초기 스에키로 '도질(陶質)토기·경질(硬質)토기'라고도 한다. 이것은 고대한국에서 도래한 집단이 갖고 온 것이거나 또는 그들이 일본땅에 도착해서 만든 것으로, 아직 이른바 일본화된 '스에키'로 진행되지는 않았던 토기이다.

이 초기 스에키에 관한 기술은 엄밀하게 따지면 문제가 있다. 특히 '한식계 토기는 문자 그대로이고'라 쓴 부분에 관해서는 독자들로부터 무슨 내용인지 잘 모르겠다는 지적도 있어서 그것에 관해서 좀더 상세히 살펴보려고 하는 것이다.

앞에서 나는 나카오카 스구루(中岡勝) 씨의 「이즈미사노의 고분과 고분시대」에 수록된 '센슈우지방의 초기 스에키·한식계 토기 일람'이라는 표를 소개했다. 그런데 그것은 이즈미사노시 지역을 중심으로 한 것으로 타카이시시 등의 초기 스에키와 한식계 토기는 포함되어 있지 않았던 것이다.

한편 1995년 1월 21일, 쿠메다시(久米田市)의 시민회관인 마도카홀에서 요시이 히데오(吉井秀夫) 씨의 「쿠메다고분군과 한반도를 연결하는 것」이라는 제목의 강연회가 열렸다. 나는 형편이 여의치 않아 가서 들을 수가 없었기 때문에 오오사카시 문화재협회의 타나카 키요미(田中淸美) 씨에게 적요(摘要)라도 있으면 보내달라고 이야기해 두었다. 그랬더니 타나카 씨는 곧바로 쿠메다고분에서 출토된 토기의 그림을 중심으로 한 강연회 적요의 복사본을 보내왔다. 복사물 중에는 요시이 씨가 고고학잡지 등에 발표한 「백제 지역에 있는 횡혈식 석실 분류의 재검토」라는 논문과, 홍보식(洪潽植) 씨의 한국어 논문을 번역한 「낙랑전축묘(樂浪塼築墓)에 대한 한 가지 고찰」 등의 발췌 인쇄물까지 들어 있었다.

다시 '한식토기' 또는 '한식계 토기'라고 일컬어지는 것에 관하여 살펴보기로 하자. 우선 그 명칭의 성립 과정에 대하여 오오사카시 문화재협회 조사과 연구원 이마즈 테쯔코(今津哲子) 씨의 「도래인의 토기-조선계 연질토기를 중심으로 해서」의 앞부분에 다음과 같이 씌어 있다.

최근 도래인에 대한 관심이 높아지고 있다. 그런 가운데 도래인의 존재와 동향을 추정할 수 있게 하는 유물의 보고가 잇따르고 있다. 특히 5세기 한식계 토기 등의 명칭으로 불리는 도래계 토기는 그러한 유물 가운데서도 대표적인 것이다. 한식계 토기에는 대략 크게 말해 스에키와 같은 경질의 도질토기와 하지키와 같은 연질이 있음이 알려져 있다.

도질토기에 대해서는 다른 논고에서 이야기하기로 하고, 본고에서는 주로 연질의 토기에 대해 말하려고 한다. 도래계 토기 가운데 연질토기는 과거 여러 가지의 명칭과 개념으로 연구되어 왔다. 그 흐름을 개관하면 오래 전에 후지사와 카즈오(藤澤一夫) 씨가 중국과 한반도의 계보라는 의미에서 '한한계식 토기(漢韓系式土器)'로 소개한 적이 있고, 요네다 후미타카(米田文孝) 씨가 그 명칭을 답습했다. 카타다 스나오(堅田直) 씨도 역시 중국의 영향을 받은 한반도의 토기에 가깝다는 의미로 '한식계 토기(漢式系土器)'라는 명칭을 사용했고, 아베 사네하루(阿部嗣治) 씨도 카타다 씨와 같은 명칭으로 사례를 소개했다. 이 두 명칭보다도 더 도래인의 옛 땅(故地)을 한정하는 의미에서 니시타니 타다시(西谷正) 씨는 '한식토기(韓式土器)'라고 명명했고, 카타다 씨도 같은 견지에서 '한식계 토기(韓式系土器)'로 명칭을 새롭게 바꾸고 있다.

그리고 이마즈 씨 자신은 한국의 상고(上古)시대의 '삼한(三韓)'의 '한(韓)'과 혼동할 여지가 있으므로 '조선계 연질토기(朝鮮系軟質土器)'라고 부르고 있다. 이마즈 씨는 오오사카만 연안지역에 있어서의 도래인의 존재와 동향을 추정할 수 있을 듯한 그러한 유물 가운데에서도 대표적인 조선계 연질토기, 즉 '한식(韓式)' 또는 '한식계 토기'의 출토지를 매우 상세히 조사하고 있다. 그 조사에 의하면 '나가하라(長原)'를 비롯하여 43개소를 예로 들고 있는데, 그 안에 '야오미나미(八尾南)'와 '나니와궁하층(難波宮下層)'이 있다. 그 중에 야오미나미유적

조족문고의 한식계 연질토기와 한식계 손잡이 달린 토기

에서의 출토를 전한 신문 기사를 한 가지 소개하려고 한다.

1992년 10월 10일자 『산케이신문(産經新聞)』에 "한식계 토기 출토/야오미나미유적/코훈시대 중기/한반도와의 교류 뒷받침"이라는 머릿기사로 다음과 같은 기사가 씌어 있었다.

오오사카부 야오시(八尾市) 니시키노모토(西木本)의 야오미나미유적을 발굴조사하고 있던 야오시 문화재조사연구회는, 8일 코훈시대 중기 무렵의 집락 유구에서 한반도로부터 들어왔다고 생각되는 완전한 형태의 '한국식' 토기 한 점과 토기 조각 다수가 출토되었다고 발표했다. 굴립주 건물터 6동과 제사에 쓰였을 것으로 여겨지는 곱은옥과 백옥(白玉) 등도 발견되었는데, 동 연구회에서는 당시 이 지역이 한반도와 교류하고 있었음을 뒷받침해 주는 중요한 자료로 보고 있다. 발굴현장은 야오시의 남서부 지역으로 방위청 숙사의 건립에 따른 사전조사의 일환으로 약 350제곱미터의 조사가 이루어졌다. 그 결과 코훈시대 전기로부터 헤이안시대의 후기에 해당하는 유구면(遺構面)이 검출되었다. 이 가운데 코훈시대 중기의 유구면으로부터 건물터와 우물·도랑 등의 집락 유구를 찾아냈고, 더욱이 유구 안에서는 다량의 한식계 토기를 확인했다.

한식계 토기는 코훈시대 중기 무렵에 한반도에서 건너온 도래인에 의해 전래된 토기로 빗살무늬눈〔繩目〕 모양이 특징이다. 이번에 발견된 완형품(完形品)은 크기가 입지름 11.4센티미터, 높이 11.1센티미터이다. 지금까지 오오사카부 내의 약 60군데 유적에서 출토된 예가 있고, 특히 야오미나미유적 주변에는 이 시기의 출토 유물에 포함되는 한식계의 비율이 다른 지역보다 높아 한반도와의 밀접한 교류를 나타내고 있다.

'집락유구'에서 출토된 것 등이 앞에서 본 타카이시시의 오오조노유적이나 스이겐치유적의 경우와 같다. 그래서인지는 모르겠으나 야오시 지역 안에 있는 큐우호오지(久寶寺)유적에서도 예전에 역시 한반도에서 만들어졌다고 생각되는 도래계 토기 조각 약 60점이 발견된 일이 있었다(1982년 2월 5일자 『요미우리신문』). 또한 1994년 11월 15일자 『아사히(朝日)신문』을 보면 "도래인/100년 빨랐다!/3세기 말의 한국형 토기/야오・큐우호오지유적에서 두 점 출토"라는 머릿기사가 나와 있다. 그 기사에 대해서는 다음 기회에 다루기로 하겠다.

나는 먼저 코훈시대에 전래되었다는 한식계 토기라는 것을 직접 눈으로 보고 싶었기 때문에, 앞서의 오오사카시 문화재협회 나가하라(長原) 분실의 타나카 키요미(田中淸美) 씨를 방문하기로 했다. 후일 이곳 분실에 '한식계토기연구회'가 생겼는데, 나가하라 분실은 오오사카시 히라노구(平野區) 나가요시(長吉) 나가하라(長原)의 원래 소학교가 있던 자리에 위치하고 있었다. 그리고 1995년 1월 17일에 일어난 '코베대지진(阪神淡路島大震災)'으로 인하여 이곳 분실도 위기를 맞았다. 다행히 건물 한 동이 조금 기울어졌을 뿐으로 수장된 토기 등은 무사했다고 한다. 분실에 도착한 나는 즉시 타나카 씨로부터 오오사카시 문화재협회가 지금까지의 발굴・발견의 업적을 알 수 있게 컬러사진을 중심으로 간행한 『15년의 행보』와 20여 편 정도의 연구논문이 실려 있는 한식계토기연구회지(誌)「한식계 토기 연구Ⅴ」등을 건네 받았다.

연구회지(誌)에는 타나카 씨가 쓴 「조족문고(鳥足文叩)와 백제계 토기」외에도 「한식계 토기에서 하지키로—오오사카시 나가하라유적의 자료로부터」(京嶋覺), 「이바라키(茨木)시내의 한식계 토기에 대해서」(濱野俊一), 「카타노시(交野

市) 모리(森)유적 출토의 한식계 토기」(直鍋成史) 등 바로 읽어보고 싶은 논문이 가득 실려 있었다. 논문은 나중에 천천히 읽어보기로 하고 곧바로 분실 3층의 수장실(收藏室)로 가서 그곳에 보관되어 있는 '조족문고' 등의 한식계 연질토기를 직접 보게 되었다. 나는 각지의 박물관이나 자료관을 돌아다니며 그 지역에서 출토된 한국에서 전래된 금반지 등의 유물을 직접 보기는 했으나, 타나카 씨가 종이상자 속에서 계속해서 꺼내 주는 그 토기를 직접 손에 들고 만질 수 있다는 것은 내게는 또한 각별한 경험이었다.

여기서 다나카 씨의 「조족문고와 백제계 토기」의 마지막 부분을 조금 보면 다음과 같이 씌어 있다.

본고(本稿)에서는 일본열도 및 한반도에서 출토된 대부분의 조족문고 토기를 열거하고, 그것들이 백제 특유의 토기임을 밝혔다. 그런 다음 일본열도에서 출토된 조족문고 토기인 '가운데 몸체가 긴 독〔長胴甕〕· 시루〔甑〕· 손잡이 달린 냄비〔把手付鍋〕' 등의 연질토기가 백제에서 일본열도로 건너온 도래인의 취사도구〔炊飯具〕로 생각되며, 백제인이 정착해서 살았다는 것을 뒷받침하는 근거의 하나라는 것을 밝혔다.

그 이후의 한식계 연질토기는 대체로 코훈시대 전기부터 중기인 5세기 전반의 것이 많다. 시대는 코훈시대 중기 후반 이후에 속하며 일본 지역에서 유명한 사카이시 스에무라 옛 가마터군 등에서 스에키가 구워질 때까지의 토기와를 연결시켜 주는 생활도구로서의 취사용구였던 것이다. 다음 항에서는 드디어 사카이시 지역을 방문하기로 하자.

닌토쿠천황릉의 주인은 누구인가

오오사카부 사카이시 지역에 들어서면, 우선 생각나는 것이 일본에서 가장 거대한 고분으로 알려진 '닌토쿠천황릉(仁德天皇陵)'과 이 고분을 중심으로 하는 '모즈(百舌鳥)고분군' 그리고 옛 가마터로 알려진 '스에무라 옛 가마터군'이다. 우선 사카이시 교육위원회에서 펴낸 『사카이의 문화재』를 보면 모즈고분에 대해 다음과 같이 씌어 있다.

일본 최대일 뿐만 아니라 세계에서도 가장 큰 분묘로, 3중의 도랑(濠)을 두른 전방후원분입니다. 고분은 도랑을 제외한 전체 길이가 486미터, 후원부의 지름 245미터, 높이 35미터, 전방부의 폭 305미터, 높이 33미터에 달합니다. 또한 바깥둘레가 1,471미터이고 면적 110,950제곱미터로 삼중으로 만들어진 도랑을 포함하면 주위가 2,718미터, 면적이 464,123제곱미터나 됩니다.

또한 쌓아 올린 흙의 양은 140만 세제곱미터에 달합니다. 따라서 한 사람이 하루에 1세제곱미터의 흙을 250미터 운반할 수 있다고 가정하면, 연 140만 명의 일손이 필요하게 되는 것입니다. 그 밖에 고분의 경사면에 쌓아 올려 토사의 유실을 막고 있는 이음돌(葺石)의 양도 막대한 것이고, 분구나 도랑에 나란히 세운 원통 하니와의 수도 약 2만 개 정도로 추산되고 있습니다.

거대한 닌토쿠천황릉

참으로 놀라운 거대고분이나, 이 고분은 천황릉이라는 이유만으로 일본 궁내청의 관리 아래에 있기 때문에 고고학자들에 의한 학술조사가 허락되지 않고 있다. 따라서 고분에 어떠한 것이 부장되어 있는지 알 수 없으나 『사카이의 문화재』에는 그 부장품에 관한 다음과 같은 내용이 씌어 있다.

닌토쿠천황릉 후원부의 매장 시설에 관해서는 알 수 없습니다만 1872년 9월의 풍수해(風水害)로 인하여 전방부의 일부가 무너져 내려 장지형 석관(長持形石棺)을 넣은 수혈식 석실이 발견되었다고 합니다. 당시의 기록은 석실 안의 유물을 묘사하고 있고, 금동으로 장식한 단갑(短甲)과 미비부주(眉庇付冑), 그 밖에 철칼(鐵刀) 20구 정도와 유리그릇도 있었던 것 같습니다. 미국의 보스턴박물관에는 닌토쿠천황릉에서 출토되었다고 알려진 수대경(獸帶鏡), 환두대도, 말갖춤, 말방울(馬鐸)이 있습니다. 거울과 환두대도는 훌륭한 대륙 제품으로 그것들이 닌토쿠료오고분에서 출토된 것이 확실하다면, 1872년 발견 당시에 몰래 반출된 것으로 생각됩니다.

누차 언급하고 있으나, 대저 고분이라는 것은 어떠한 형태(전방후원분·원분 등)이며 고분에서 출토된 것이 어떠한 것인가 하는 것이 매우 중요하다. 고고학자들은 특히 당시의 생활용구, 제사용구로 쓰이던 토기 등에 의해 그 고분이 언제 만들어졌고, 또한 피장자가 누구인가를 추정할 수 있기 때문이다. 그러한 의미에서 풍수해에 의한 것이기는 하나 발굴조사가 금지된 닌토쿠천황릉의 출토품이 일부 밝혀졌다는 것은 대단히 중요한 일이 아닐 수 없다. 10여 년 전에 보스턴박물관에 소장되어 있던 그 출토품을 토오쿄오국립박물관에서 기획·전시한 일이 있었다. 나도 즉시 가서 보았는데 눈에 확 띄는 유물들이었다. '거울과 환두대도는 훌륭한 대륙 제품으로'이라고 했듯이, 그것들은 모두 고대한국의 백제와 가야 등의 고분에서 출토된 것과 흡사한 것이었다.

유물에 관해서는 전 조선합동전기주식회사(前朝鮮合同電氣株式會社) 사장을 지낸 오구라 다케노스케(小創武之助) 씨가 당시 한국에서 수집한 유명한 '오구라 컬렉션(현재 토오쿄오국립박물관 소장)'이 있다. 그가 수집한 유물 중에서 수대경 등은 1971년 백제의 고도 한국의 공주에서 발견된 무녕왕릉에서 출토된 것과 똑같다. 두 곳에서 출토된 유물이 똑같다는 것은 같은 시대의 유물이라는 것이 되므로 이로 인해서 닌토쿠천황릉의 편년, 즉 고분이 축조된 시기를 새롭게 추정하게 되었던 것이다. 왜냐하면 그때까지 닌토쿠천황릉은 5세기 전반에 축조되었다고 알려져 있었으나, 백제의 무녕왕이 6세기 전반(523년)에 사망한 것이 확실히 밝혀져 있었기 때문에 백제 무녕왕릉에서 출토된 것과 같은 수대경이 닌토쿠천황릉에서 발굴되었다는 사실은, 이 고분의 추정 축조 연대와 100년 이상 차이가 있기 때문이었다.

그러한 일이 있어서인지는 모르겠으나 1994년 10월 26일자 『마이니치신문(每日新聞)』은 "닌토쿠천황릉/후계(後繼)·리츄우(履中)천황릉보다 새롭다?/다른 사람의 매장 가능성도/궁내청 공개 하니와의 비교로/5세기 후반의 축조인가"라는 큰 머릿기사를 1면 톱으로 보도한 일이 있다. 이것 또한 놀랄 만한 일인데 그 기사는 다음과 같이 씌어 있었다.

오오사카부 사카이시에 있는 세계 최대의 분묘 닌토쿠천황릉〔다이센(大仙)고분〕

의 축조 연대가, 그 다음 천황의 분묘인 리츄우천황릉(미산자이고분)보다 늦은 5세기 후반일 가능성이 커지게 되었다. 이것은 25일 궁내청 서릉부(書陵部)가 공개한 능묘에서 출토된 하니와의 비교에 의한 것으로, 두 능의 축조 순서가 분구에서 출토된 유물로 확인된 것은 처음 있는 일이다. 닌토쿠천황은 5세기 초 무렵에 재위했다고 알려져 있으나 무덤의 축조 시기와 어긋나기 때문에 피장자는 닌토쿠천황이 아닌 다른 사람일 것이라는 견해도 강해지고 있다. 공개는 고고학자와 고대사연구자들을 대상으로 한 것으로, 닌토쿠료오고분 주위에서 채집·보관하고 있던 유물 가운데에 인물 하니와(여자 머리 부분) 등 이미 공개한 것을 포함해서 194점을 공개 전시했다. 리츄우천황릉의 전방부에서 출토된 형상(形象) 하니와 38점은 1976년에 도굴된 직후 압수된 것으로 이번에 처음으로 공개되었다.

시라이시 타이이찌로오(白石太一郞) 국립역사민속박물관 교수(고고학)에 따르면 닌토쿠료오고분의 후원부 분구 위에서 출토된 원통 하니와 조각의 대부분은 아나가마[窖窯, 구릉의 경사를 이용해 가늘고 긴 가마를 만들어 환원염(還元焰)으로 구워내는 가마]에서 구운 것으로, 5세기 후반에 해당하는 하니와 편년·Ⅳ기(期)의 특징을 갖는다. 리츄우천황릉에서 출토된 원통 하니와 조각은 검은 반점이 있고 막토기[野燒]로 생각되며, 5세기 초의 하니와 편년 3기에 상당한다고 한다. 또 리츄우천황릉 전방부에서 출토된 전통형[靫形, 화살을 넣어 등에 메는 화살통 모양] 하니와는 나라현(奈良縣) 고세시(御所市)에 있는 미야야마(宮山)고분(5세기 초)의 것과 매우 닮아 있어서 원통 하니와의 시기와 일치하고 있다.

기사는 아직 이어지고 있으나, 요컨대 닌토쿠천황릉이라 여겨지고 있는 고분의 피장자는 '닌토쿠천황이 아닌 다른 사람'이 아니겠는가 하는 것이다. 이것에 관해서는 그 '다른 사람'이 누구인지 알 수는 없지만, 이미 대부분의 고고학자들은 그와 같은 사실을 모두 알고 있었던 것이다.

그래서 고고학자들은 '닌토쿠천황릉'이라 부르질 않고 고분이 있는 지역의 지명을 따서 '다이센(大仙)고분'이라 불렀으며, 또한 닌토쿠천황릉이라 전해 내려온다는 의미에서 그저 '닌토쿠료오(仁德陵)고분'이라고도 하는 것이다. 나도 일반적으로 알기 쉽다고 생각했기 때문에 '닌토쿠료오고분'이라 부르고 있다.

물론 우리들도 이 닌토쿠료오고분의 피장자가 누구인지 알지 못한다. 다만 한 가지 말할 수 있는 것은 앞에서 예를 든 고분에서의 출토품을 통해서, 아무튼 고대한국의 남부 백제·가야와 밀접한 관계에 있던 인물이 아닐까라고 생각하고 있는 것이다.

간단히 말한다면 그곳은 원래 '모즈(百舌鳥)'라고 하는 곳이 아니라 '쿠다라(百濟)' 또는 '하지(土師)'라고 불리던 곳이었다. 『사카이의 문화재』 첫부분의 「개요」에도 "사카이시에 있는 문화재의 분포는 사카이의 역사가 유구하고 문화가 높았음을 말해 주고 있지만, 뭐니뭐니 해도 사카이를 특징짓고 있는 것은 닌토쿠료오를 중심으로 한 50여 개의 고분이 모여 있는 모즈고분군이라고 생각합니다"라고 하면서 이어서 다음과 같이 쓰고 있다.

사카이시 남쪽 지역에 분포된 고대의 가마터는, 도래계 공인(工人, 기술자)들이 건너온 것을 배경으로 모즈 쿠다라촌(百舌鳥百濟村)·하지촌(土師村) 등의 지명을 현재에 전하고 있으며, 바다를 향해 크게 문호를 열어 사카이 역사의 후년(後年)을 상징하고 있는 것입니다.

즉 실제로 존재했던 지명은 모즈 쿠다라촌·하지촌이 아니라 쿠다라촌(百濟村)·하지촌(土師村)이었다. 지금 현재의 사카이시는 인구 1백만에 근접한 대도시이지만, 원래 '사카이'라고 하는 곳은 지금의 사카이시 지역 서북단에 위치한 작은 지역에 지나지 않았다. 그러던 것이 1889년부터 시행된 시정촌제(市町村制)로 주변 마을들을 점차 합병해서 현재의 사카이시가 이루어지게 된 것이다. 예로 든 『사카이시사(堺市史)』의 도판을 봐도 알 수 있듯이 1889년 3월 31일까지 존재했던 '쿠다라'와 '하지'라는 지명이, 동년 4월 1일부터 시정촌제가 시행된 이후 돌연 없어지고 나카모즈촌(中百舌鳥村)·니시모즈촌(西百舌鳥村)·히가시모즈촌(東百舌鳥村)으로 바뀐 것이다. 다만 사카이시 한가운데를 흐르고 있는 '쿠다라천(百濟川)'과 '쿠다라교(百濟橋)' 등의 이름이 현재도 남아 있을 뿐이다. 따라서 특별한 경우가 아닌 한 고분의 호칭은 소재지명을 따르는 것이 보통이기 때문에 닌토쿠료오고분을 중심으로 하는 모즈고분군은 '쿠다라·하지고분군'이 되어야 하는 것이다.

'쿠다라'라는 지명은 물론 '하지'마저 소멸되어 버린 것은, 토오쿄오도역사연구회에서 펴낸 『토오쿄오도의 역사산책』에 다음과 같이 기술되어 있다. "하지는 카와치(河內)의 하비키노(羽狹野)를 그들의 본거지로 했던 백제계의 사람들이 칭했던 씨(氏)였다" 이것으로 보아 아마도 그들이 백제계였기 때문일 것으로 생각된다.

한편 닌토쿠료오고분 근처에는 이곳도 바뀐 지명이 붙은 '모즈하치만궁(百舌鳥八幡宮)'이라는 꽤 큰 신사가 있다. 이 신사에 대해서는 다른 편에도 쓴 일이 있는데 그곳 사무소에서 받은 『모즈하치만궁약기』를 보니 다음과 같이 씌어 있었다.

> 오오쵸오시대(王朝時代, 나라·헤이안시대의 총칭)에는 사승(社僧)이 48개사(寺), 사가(社家)가 360인, 신령(神領)과 사령(寺領) 800정보를 갖고 있었습니다. 오래된 기록으로서는 현재 시가현(滋賀縣) 나가하마시(長浜市)에 오오안(應安) 6년이라 재명(在銘, 도검 등에 제작자의 이름을 새겨 놓음)된 오래된 범종이 있습니다만, 이것은 원래 본사의 십물(什物, 집물·집기류)이었던 것으로 그 명문 가운데 "코노에(近衛)천황의 닌페이 연간(仁平年間, 1151~1154년)에 본사의 범종이 주조되었다"라는 글이 적혀 있습니다. '오오안 6년 재명'의 범종을 봉납한 것은 당시 이즈미국을 지배(支配)하고 있던 큐우슈우(九州)의 호족 오오우치씨(大內氏)였습니다. 이처럼 무가(武家)의 숭경(崇敬)도 두터웠지만 오오우치씨의 이즈미에 있어서의 병란(兵亂)이나, 후대로 내려가 겐나(元和) 원년(1615), 오오사카나쯔노진〔大坂夏ノ陣, 1615년 여름 토쿠가와 이에야스(德川家康)가 토요토미씨(豊臣氏)를 멸한 내전을 말함〕의 병화(兵火) 등 거듭되는 재화를 입었기 때문에 점차로 옛날의 장관(壯觀)을 잃고, 집보(什寶, 집안 비장의 보물)와 고문서 등도 대부분이 흩어져 버렸습니다.

위의 글을 본다면 모즈하치만궁은 상당히 큰 대사(大社)였던 것 같다. 또한 이즈미국을 지배했다는 오오우치씨는 백제 성명왕(聖明王)의 세 번째 아들 린쇼오태자(琳聖太子, 그의 이름에 관한 한국측 기록이 없다)를 조상으로 하는 큐우슈우의 대호족이었다는 점이 매우 흥미롭다.

그런데 이 모즈하치만궁의 제신은 다른 신사처럼 오오진천황 등으로 되어 있으나, 그 이전의 실제의 제신은 과연 누구였을까? 그것에 관해서 나는 누군가에게 들은 것이 있는데, 이 모즈하치만궁은 원래『이즈미국신명장(和泉國神明帳)』에 있는 '쿠다라사(百濟社)'이고 그 제신은 바로『속일본기』죠오와(承和, 834~848년) 6년조에 기록된 쿠다라노키미호오테이(百濟公豊貞)의 조상 '쿠다라노키미(百濟君)' 라는 것이다. 이렇게 보면 앞에서도 인용했던 아라이 하쿠세키(新井白石)의 "상고에는 나라(國)라 했던 것이 나중에는 군(郡)이 되기도 향(鄕)이 되기도 한 것이 적지 않다(『古代通或問』)"라고 한 말이 생각난다. 왜냐하면 현재 모즈로 되어 있는 원래의 쿠다라·하지는 지금보다 훨씬 광대했던 지역으로, 아라이 하쿠세키의 말과 일치하는 것은 아닐까 하고 생각했기 때문이다.

그러나 그렇다고 해서 나는 그곳의 호족임이 틀림없던 쿠다라노키미를 바로 닌토쿠료오고분의 피장자와 연결시킨다든지 하지는 않는다. 그 피장자로 말하자면 근처의 하치만궁과 연관된다면 그럴지도 모르겠지만, 현재로서는 아직 확실히 알 수 없다고밖에 말할 수 없기 때문이다. 더욱이 이곳의 '쿠다라(百濟)'는 나중에 살펴보게 되는 셋쯔국(攝津國)의 쿠다라군(百濟郡)·쿠다라천(百濟川) 등과 어떤 관련이 있을지도 모른다.

그렇지만 여기서 한 가지 확실히 해두지 않으면 안 되는 것은 지금부터 보게 되는 '한난고요적군(阪南古窯跡群)'이라고도 불리는 옛 가마터 유적, 즉 '스에무라고요적군(陶邑古窯跡群)'의 성립과 닌토쿠료오고분을 중심으로 하는 모즈고분군과의 사이에는 대단히 밀접한 관계가 있었을 것이라는 점이다.

바다를 건너와 스에키를 만든 사람들

그런데 '사카이'라고 하면 우선 생각나는 곳이 스에무라고요적군이다. 이 옛 가마터군에 관해서 나는 이미 1972년 1월에 펴낸 "일본 속의 한국문화" 제2권 『이즈미』에서 다루었기 때문에, 여기서는 가능한 한 그뒤에 밝혀진 새로운 내용에 대해 살펴보고자 한다.

구체적으로는 1990년 연말에 새로 발견된 사카이시의 오바데라(大庭寺)유적에서 출토한 유물이 중심이 되겠으나, 역시 하니와 등을 포함하는 도자기류의 유물뿐만이 아니라 정치적으로 일대 전기가 된 스에무라고요적군의 성립에 관해서 먼저 살펴보지 않으면 안 된다. 바꾸어 말하자면 이 옛 가마터가 권력적 호족의 분묘인 모즈고분군과 어떤 밀접한 관계에 있었는가 하는 것이다.

이에 관해서는 고고학계의 제일인자 도오시샤(同志社)대학 교수 모리 코오이치(森浩一) 씨의 『고분(古墳)』에 매우 상세하게 씌어 있다. 조금 긴 인용이 되겠으나 시사하는 점이 많으므로 함께 살펴보겠다.

일본 도질토기의 기술적인 기초는 스에키(陶器)일 것이다. 코훈시대 전기에는 적소(赤燒)의 하지키가 일상 토기로서 또는 제사나 장례에 사용되었지만, 오오사카 남부의 구릉지대에서 돌연 대륙계 경질의 도질토기가 생산되기 시작하였다. 이것이 스에키이다. 학술용어로서 '토오키(陶器, 도기의 일본음)'와 혼란을 피하기 위해서

'스에키(須惠器)'라는 한자를 사용하고 있다. 스에키에 대해서는 유우랴쿠기(雄略紀) 7년조에 백제에서 도래한 여러 분야 공인(工人)들 속에 '이마키노아야노스에쯔쿠리베노코오키(新漢陶造部高貴)'라는 이름이 보인다. '스에쯔쿠리베(陶造部)'라 함은 스에키를 만드는 기술자로 추정되기 때문에, 이때(5세기 말?)를 스에키 생산의 시작으로 간주하는 연구자가 많았다. 분명히 스에키가 고분의 부장품으로서 보급된 시기를 코훈시대 중기 말에서 후기까지로 본다. 결국 이때가 유우랴쿠천황의 시대이긴 하지만 그것은 이 무렵까지는 스에키가 부장품으로서 필요치 않았을 뿐이라고 생각된다.

스에무라 출토의 초기 스에키

집락유적에서 발굴되거나 또는 고분의 분구나 하니와 원통 속 등에 놓여 있던 스에키는 부장품이 아니라 장송의례(葬送儀禮)에 사용되었을 것으로 생각되지만, 최근에는 중기 고분에서도 스에키가 검출되고 있다. 닌토쿠료오고분과 리츄우료오고분에서는 두 곳 모두 스에키가 만들어지기 시작할 무렵의 고식(古式)의 스에키가 사용되고 있다. 이러한 스에키는 구릉의 경사를 이용해 가늘고 긴 아나가마를 구축해서 환원염으로 구워내고 있기 때문에, 질은 딱딱하고 회색 또는 쥐색을 띠고 있다. 그런데 오오진료오고분에 세워져 있던 하니와는 그 일부가 스에질(須惠質)의 것으로, 이미 아나가마 기술이 하니와 제작에도 응용되고 있었다고 생각할 수 있다. 즉, 중기 고분은 이미 '스에키의 시대'로 되어 있었던 것이다.

수년 전 나라의 야나기모토(柳本)고분군에 있는 어떤 천황릉에서 하니와 원통의 밑바닥에 놓인 스에키의 하조오가 발견되었다. 이 고분은 전형적인 전기의 전방후원분이고, 또한 하조오 역시 오래된 형식에 속한다. 그러므로 만일 이 스에키가 후대의 혼입물(混入物)이 아니라면 스에키의 연대를 끌어올리든지 반대로 야마토 전기 고분의 존속 기간의 일부분을 카와치·이미즈의 5세기형 고분과 병존시킬 필요가 생겼다.

모리 씨의 글은 매우 중요한 사실을 지적·제시하고 있다. 일본에서는 흔히 고대한국의 도질토기를 그 원류로 하는 스에키의 개시에 관하여 『일본서기』 '유우랴쿠 7년조'의 기록을 인용하고 있다. 또한 한편으로 스에키가 만들어진 것은 '5세기 전반'으로 추정하고 있다. 왜냐하면 '유우랴쿠 7년'은 '479년'이기 때문에 그들이 그때 바로 스에키 제작에 착수했다고 해도 그것은 '5세기 전반'이 되기 때문이다. 하지만 이러한 모순은 차치하고라도 모리 씨의 『고분』에 의하면, 그 전반기를 포함하는 코훈시대 중기 고분은 이미 스에키의 시대가 되어 있었다. 뿐만 아니라, 야마토의 전기 고분이라고 일컬어지는 곳에서도 이른바 한반도계 토기가 아닌 고식(古式)의 하조오·스에키가 발굴되고 있었던 것이다. 따라서 그는 위 내용의 끝에 "스에키의 연도를 끌어올릴 것인지, 반대로 야마토의 전기 고분의 존속 기간 일부분을 카와치·이즈미의 5세기형 고분과 병존시킬 필요가 생겼다"는 지적을 하고 있는 것이다.

모리 씨의 설은, 나라·텐리(天理)참고관의 타케타니 토시오(竹谷俊夫) 씨가 「초기 스에키의 계보에 관한 한 가지 고찰」에서 키타노 코오헤이(北野耕平) 씨의 논문 「일본도자(日本陶磁)의 원류—총괄과 과제」를 인용하면서 "코훈시대 전기에 이미 고대한국으로부터 선박을 통해 들어온 한식계 토기가 존재했음에도 불구하고, 중기에 이르기까지 스에키가마가 관요(關窯)되지 않았다는 사실을 지적하지 않으면 안 된다"라는 설과 대응되는 것이다. 그러나 여기서는 스에무라고요적군에 한정해서 모리 씨가 『고분』에서 언급한 것을 조금 더 살펴보기로 하자.

『고분』에는 계속해서 다음과 같이 씌어 있다.

코훈시대 중기의 스에키 생산은 오오사카부 남부의 구릉지대에서 대규모로 행해졌다. 5세기부터 8세기 무렵까지의 가마터가 약 1천 개소나 발견되고 있기 때문에 당시의 상황을 미루어 알 수 있다. 그런데 이 지대가 특별히 요업(窯業)에 적당한 토지가 아니라는 것은 율령제(律令制)가 느슨해짐에 따라 9세기가 되면 급격히 쇠약해져 중세 이후에는 요업이 세토(瀨戶), 토코나메(常滑), 비젠(備前), 시가라키(信樂) 등으로 옮겨간 사실을 통해서도 알 수 있다.

오오사카부 남부의 생산지대는 대부분이 사카이시로, 그 일부가 이즈미시와 사야마정(狹山町)에 펼쳐져 있지만 초기의 가마는 모두 이즈미국 오오토리군(大鳥郡), 즉 8세기 이전에는 카와치국 치누노아가타(茅渟縣)라 불린 지역 안에 있었다.(8세기까지는 이즈미국도 카와치국이었다)

나는 연구를 진행하는 과정에서 '오오사카부 남부 고요적군'이라고 가칭을 붙였는데 지금은 그 분포 범위가 거의 명확하게 밝혀져 있기 때문에 가칭을 생략하고 '한난(阪南)고요적군'이라 부르기로 하겠다. 최근 이 요적군을 '스에무라고요적군'이라 부르는 사람이 있으나, '스에무라'는「스진기(崇神紀)」에 오오타타네코(大田田根子)설화로 나와 있는 것에 불과하므로 이 광대하고 수세기에 걸친 요적군의 총칭으로 할 수는 없다. 신화와 역사와의 혼동을 피하고자 하는 고고학에 적절치 않은 용어를 집어 넣으려는 것은 은근히『일본서기』를 문헌 비판 없이 긍정하는 것이기 때문에 나로서는 사용할 수 없다.

후일 모리 씨는 닌토쿠료오고분이라 부르는 것도 닌토쿠천황릉이라 하는 것과 다름이 없기 때문에 그곳의 지명을 따서 '다이센(大仙)고분'이라 칭했고, 그것이 지금은 고고학자들 사이에 일반화되어 있다. 나도 그것에 찬성하는 입장이다. 그러나 나는 비록 신화라고는 해도 야마토의 미와묘오진(三輪明神), 즉 오오미와(大神)신사에서 유래하는 '오오타타네코 설화'와 '스에무라'와는 여러 가지 의미에서 좀처럼 버리기 어려운 점이 있다고 생각하고 있다. 그것은 차치하고『고분』의 내용을 좀더 인용해 보기로 하자.

한난고요적군이 모즈 · 후루이치(古市)의 2대 고분군의 남쪽에 위치하는 것은, 이 고분군으로 상징되는 5세기의 국가적 노력이 토기의 생산을 정치기구로써 장악하고 있었기 때문이라고 생각한다. 이곳에서의 생산물은 단지 중앙 지배자의 수요를 충족시키는 것만이 아니라 지방의 대소 호족에게도 부여되어 그것이 국가체제를 유지하는 데 일조가 되었다는 사실은 일본 전국 각지에 분포하는 고식(古式) 스에키의 존재를 통해서도 추측할 수 있다. 더욱이 흥미로운 것은 도대체 '스에키 생산'이라는 것이 당시 중앙정권이 한반도에 진출하면서 섭취된 문화현상인가, 그렇지 않으면 지배자 그 자신이 도래인이기 때문에 그들 특유의 일상 토기를 제작할 필요에 의해서 시작된 정치현상인가 하는 점이다. 이것은 매우 난해한 일이다. 교과서식으로 말한다면 '대륙문화의 섭취'라고 표현하면 될 일이다. 하지만 만약 토기의 제작기술만을 섭취한 것이라고 한다면 당시 일본에서 흔히 사용되고 있던 하지키의 형태가 당연히 신기술에 의해 만들어졌을 것으로 생각된다.

그런데 스에키의 대부분은 예를 들면 하조오처럼 하지키에 없었던 형태, 다르게 표현하면 다른 일상생활이 아니면 사용할 수 없는 형태이다. 한 가지 더 예를 들면, 스에키에는 곡물을 찌기 위해 필요한 시루(甑)가 처음부터 제작되고 있는데 이것은 코훈시대 전기의 하지키에는 없었던 것이다. 오히려 6세기경부터 시루가 소모적 성격이 강하기 때문에 하지키로 제작되고 있다. 아무래도 스에키 생산 개시의 여러 현상에는 대륙 문화의 섭취로는 다 설명할 수 없는 면이 있다.

일본학자들 특유의 신중한 표현으로 적혀 있으나, "대륙 문화의 섭취로는 다 설명할 수 없는 면이 있다"고 했기 때문에 스에키 생산이 당시 중앙정권이 한반도에 진출하면서 섭취한 문화현상인지 아니면 지배자 그 자신이 도래인이기 때문에 그들 특유의 일상 토기를 제작할 필요 때문에 개시된 정치현상인지가 저절로 분명해졌다. 즉 야요이시대에는 일본에 존재하지 않았던 지배자 그 자체도 바로 '도래인' 이었던 새사람들에 의한 정치적 · 문화적 현상이었던 것이다. 일본에서는 종래부터, 아니 지금 현재도 스에키가 만들어지게 된 것은 한반도로부터의 '영향'에 의한 것이라든가 스에키를 만든 도래인 공인들은 고대한국에서 '돈벌이를 하러 온 사람들' 이라는 등의 해석이 일반화되어 있다. 또한 그러한 공인들에 의해 만들어진 1천 기나 된다고 하는 스에무라고요적군과 밀접한 관계가 있었음이 틀림없는 모즈(실제로는 쿠다라)고분군에 대해서도, 앞에서 인용한 『사카이의 문화재』에는 다음과 같이 황당한 내용이 쓰여 있었다. 너무 허황한 내용이기 때문에 앞에서 그 부분은 생략했던 것인데 그 내용은 다음과 같다.

  오오진천황릉과 리츄우천황릉 등은 모두 거대한 노동력을 구사해서 쌓아 올리고 있습니다만, 이러한 거대 분구가 5세기형 고분에 많은 것은 야마토조정이 내부의 문제를 감추려고 남조선(南朝鮮)으로의 군사적 진출에 의해 다수의 노동력과 기술이 들어오게 된 때문이라고 생각됩니다.

야마토조정은 5세기에는 아직 존재하지도 않았다. 그와 같은 사실은 1984년 9월 당시 일본을 방문했던 한국 대통령을 궁중만찬회에서 초대했을 때, 일본 천황이 행한 인사말에 "6, 7세기 일본의 국가형성의 시대에는······"라고 언급했듯이 야마토조정이 시작된 시기는 적어도 '6세기 이후'가 되기 때문이다. 그런데도 군사적 진출, 노동력과 기술······ 운운하는 것은 도대체 무엇이란 말인가?

마치 그 당시 포로로 끌려온 다수의 노동력과 기술에 의해 모즈고분군과 가와치의 후루이치고분군 등이 만들어진 듯한 표현을 하고 있다. 또한 그들 속에 스에키의 공인들도 포함되어 있을 것이라는 투의 문장이다. 그렇지만 그것은 오히려 전말이 뒤바뀐 것으로, 스에키의 공인들은 야요이시대를 이어서 이곳 일본 땅에 코훈시대를 이룩한 권력적 호족이 도래할 때에 함께 바다를 건너온 바로 그 공인들인 것이다. 그들은 몇 차례에 걸쳐 바다를 건너왔을 것이고, 그 도래인들이 당연히 모즈고분군 등의 조영에도 참여했음이 틀림없다. 야마토를 비롯하여 일본 전토(全土)에 퍼져 나갔던 그들 도래인 중에는 '분묘를 만드는 일'을 담당했던 '하지집단'(土師集團)도 있었을 것으로 생각되기 때문이다.

그와 같은 사실은 나중에 다시 살펴보게 되는 『스에키의 개시를 찾아서』의 머리말에서도 알 수 있다. 책의 첫부분에는 스에키의 개시에 의해 처음으로 높은 터널 모양의 아나가마가 출현하고 있다고 하면서 다음과 같이 쓰여 있다.

이 방을 아나가마라 하며, 이 가마에서 구워진 일본 최초의 그릇〔器〕을 '스에키'라고 부른다. 한반도에서 바다를 건너 새로운 도자기 굽는 기술이 센보쿠(泉北)구릉에 전해졌을 때, 세계 최대의 대왕묘군(大王墓群)이 그 항구에서 가까운 언덕 위에 조영되고 있었다. 우리들의 생활에서 빼놓을 수 없는 도자기의 뿌리, 즉 스에키가 개시되는 때는 일본 고대사의 큰 전환기이기도 했다.…… 일찍이 일본에 있어서 해외와 교통하는 길은 해상뿐이었다. 해외의 앞선 문화와 문물은 모두 배를 통해 일본 국내로 들어왔고, 또 동시에 사람들의 이동도 시작되었다.…… 도래도공(渡來陶工)들이 도질토기의 기술을 가지고 센보쿠구릉에 발을 들여놓았을 때는, 한반도로부터 여러 종류의 다양한 기술이 본격적으로 도입되는 시기이기도 했다. 철 소재의 이입(移入)과 야금 기술의 혁신에 의해 무기·무구·농구의 대량생산과, 기마 풍습과 말갖춤생산으로 대표되는 새로운 공예 기술 등, 기술 혁신의 파도가 밀려왔던 것이다. 스에키 생산 역시 그 일환으로 볼 수 있다.

이제 겨우 한난(阪南)에 있어서 스에무라고요적군의 출현이 어떠한 것이었는가 하는 것이 조금은 확실해졌다. 『스에키의 개시를 찾아서』는 오오사카부 매장문화재협회가 「스에키의 개시를 찾는 전시회」를 열었을 때 간행된 책으로, 이와 같은 책의 발간 계기가 된 하나는 1990년대에 들어와 새롭게 사카이시에서 '오바데라유적'이 발견되었기 때문이기도 했다.

1993년 7월 이즈미시 오오사카부립(大阪府立) 야요이문화박물관에서 열린 그 전시회는 나도 토오쿄오에서 한걸음에 달려와 보았다. 그런데 그보다 먼저 오바데라유적의 발견에 대해서는 1991년 9월 12일자 『마이니치신문』에 "최고(最古)의 스에키 카마터/사카이시에서 확인/5세기 초두/대륙양식과 매우 닮음"이라는 머릿기사로 다음과 같이 씌어 있었다.

오오사카부 교육위원회와 부립 매장문화재협회는 11일 사카이시의 오바데라유적에서 일본에서 가장 오래된 스에키 가마터 2기(5세기 초)를 확인했다고 발표했다. 주변에서 출토된 스에키가 대륙양식과 매우 흡사하기 때문에 한반도로부터 도기의 기술을 전한 '도래 제1세대(渡來第一世代)'가 사용했다고 보여진다. 확인된 가마터는 유적의 중심 부분에 있는데, 한 곳은 가마의 본체가 후세에 잘려 나갔는지 남아 있지 않지만, 굽다 버린 토기나 재를 긁어내서 버리는 부채꼴 모양의 회원(灰原)-최대 폭 약 13미터, 최대 길이 약 17미터, 두께 약 0.3미터-의 일부를 발견했다. 출토된 스에키 조각은 수만 점이 넘고 90퍼센트는 지름 80센티미터 전후의 대형 독으로 보여진다. 그 밖에는 다리 부분이 높은 굽다리접시〔高坏〕와 항아리〔壺〕를 놓는 그릇받침 등이 출토되었다. 스에키는 도래 후 시간이 지남에 따라 일본화〔和風化〕되어 갔으나, 이번에 발견된 조각은 첫째, 막대기에 새끼줄을 칭칭 둘러 감고 점토를 발라 만든 승석문(繩蓆文)이 있고, 둘째로 굽다리접시는 다리 부분에 틈이 많은 다창식(多窓式) 등 한반도와 중국에서 출토되는 토기와 같은 특징이 있었다. 일본에서 가장 오래된 가마터는 오오사카부 미나미카와치군(南河內郡) 카난정(河南町)의 이치스가 2호 가마(一須賀二號窯)와 후쿠오카현(福岡縣)의 아사쿠라고요적군(朝倉古窯跡群) 등으로 알려져 왔다. 그러나 오오사카부 교육위원회는 "이번에 발견된 토기 조각은 일본화되기 이전에 한국에서 건너왔던 기술자가 구운 것으로 생각되므로 후쿠오카현 등과 비교해서 수십 년 더 오래된 것"이라 말하고 있다.

이 오바데라유적에서는 장신구나 노리개였다고 생각되는 길이 약 9센티미터, 폭과 높이 모두 6센티미터의 스에질 배 모양〔船形〕 토기도 출토되고 있다. 지금은 오오사카시 히라노구(平野區)로 되어 있는 나가하라 타카마와리(長原高廻リ)

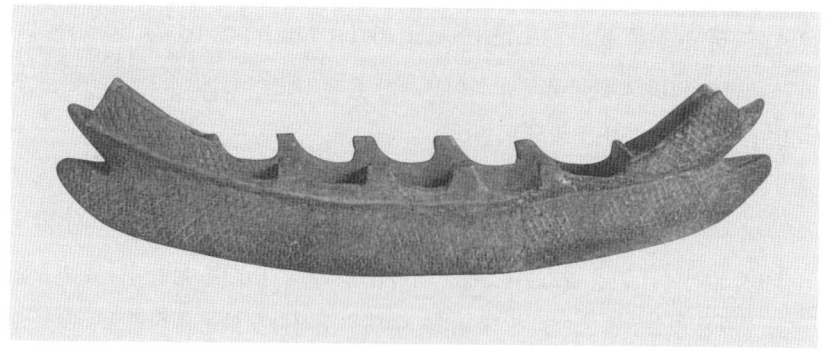

스에질 배 모양 토기

2호분에서 출토된 배 모양 하니와도 같은 용도로 만들어졌을 것으로 생각되고 있다. 오바네라유적에서 출토된 배 모양 토기에 관해서는 『스에키의 개시를 찾아서』의 「도래인의 발자취」에 다음과 같이 씌어 있다.

아스카(飛鳥)시대 이후 훨씬 개량된 선박(構造船)을 타고서도 견당사(遣唐使)들은 생명을 내걸고 노도 같은 파도를 헤치며 바다를 건너 대륙의 문화를 섭취하려고 했다. 그보다 200년이나 거슬러 올라가는 5세기 전반에 과연 배를 탄 사람들의 가슴에는 어떤 생각들이 스쳐갔던 것일까? 그리고 배 모양 토기에는 고향을 향한 향수가 담겨 있던 것일까? 조그마한 배 모양 토기가 우리들에게 던지는 수수께끼는 끝이 없다.

그러한 배 모양 토기를 일부러 만들고 있던 공인들의 모습이 눈에 선하다.
그런데 앞에서 본 신문기사에는 상당한 의문이 있다. 그 의문에 관해서는 다음 편부터 카와치(河內)로 들어가기 때문에 그곳 카와치에서 출토된 토기와 함께 다루어 보도록 하자.

도래인들의 필수품, 토기

 1991년 9월 12일자『마이니치신문』에는 앞에서 다룬 오바데라유적에 관한 기사가 실렸다. "최고(最古)의 스에키 가마터/사카이시에서 확인/5세기 초두/대륙양식과 흡사"라는 머릿기사 아래 실린 기사에는 의심이 가는 점이 많이 있었다. 우선 기사의 마지막에는 "가장 오래된 가마터는 이치스가 2호 가마와 후쿠오카현의 아사쿠라(朝倉)고요적군 등으로 알려져 있다. 오오사카부 교육위원회에서는 이번에 발견된 '스에키'가 아직 일본화되기 이전에 한국에서 건너온 기술자가 구운 것으로 추정되며 후쿠오카현 등에 비해 수십 년이나 오래된 것이라고 발표했다"라고 씌어 있었다. 그러나 한국에서 건너온 기술자가 구웠다고 하면 마치 그들이 스에무라에 도착해서 구운 것으로 이해하기 쉬우나, 그것은 그들이 바다를 건너 일본열도로 건너올 때에 당장 필요한 생활용구로서 가지고 왔던 것이다.
 스에무라의 오바데라유적에서 그들의 토기가 발굴된 지 얼마 되지 않아, 오오사카부립 센보쿠(泉北)고고자료관에서 '탐구해 보자 스에키의 시작을!'이라는 캐치 프레이즈를 내건「스에무라의 역사」라는 특별전람회가 열렸다. 전람회에서는 스에무라 주변과 오오사카부 안의 여러 유적에서 최근의 조사로 발굴된 스에키와, 한반도에서 이입된 도질토기·한식토기와 같은 시대의 하지키(土師器)를 중심으로 약 350점이 소개되었다. 스에무라의 역사로부터 스에키의 시작과 변천을 찾는다고 해서 나도 한걸음에 달려가 보았다.

멀리서 일부러 찾아온 나는 시간을 충분히 가지고 주욱 둘러보았는데 그것들은 거의가 도래공인들이 가지고 왔던 이입(移入) 도질토기와 이른바 한식토기로 생각되는 것뿐이었다. 즉 그것들은 한국의 어느 박물관이나 자료관에서 흔히 볼 수 있는 것과 같은 토기였다. 그 중에는 가야의 것이 가장 많았다고 생각된다.

물론 나는 아마추어이기 때문에 그 하나하나를 가지고 이렇다 저렇다고 말할 수는 없다. 그렇지만 그것에 대해서는 앞에서 본 오오사카부립 야요이박물관에서 펴낸 『스에키의 개시를 찾아서』에 다음과 같이 씌어 있다.

> 스에키 기술이 한반도에서 일본으로 전래된 것은 5세기 전반이었다. 그릇의 형성에 도르래를 사용하고 아나가마와 환원염으로 고온에서 단단하게 구워낸 점이 그때까지 없던 특징이다. 가장 오래된 단계에서는 그릇 모양·문양·제작 방법 등에 있어서 도질토기의 양상이 매우 농후해서 전문가라도 어느 쪽인가 하는 것을 구별하기 어려운 토기도 있다.…… 이번 오바데라유적의 가마터에서 얻은 초기 스에키의 자료는 이미 알고 있는 스에무라 가마터의 가장 오래된 단계의 자료에 비해 한층 도질토기에 가까운 여러 가지 특징을 갖고 있었다. 바꾸어 말하면 현시점에서 일본에서 가장 오래된 스에키의 일군(一群)으로 생각되고 또는 일본 국내에서 최초로 점화된 아나가마의 불로 구워졌을 가능성도 부인할 수 없다.

전문가조차도 어느 쪽인가 구별하기 어려운 토기를 나는 도래인들이 당면한 생활을 영위하기 위해 갖고 온 용구로 추정하는데, 그것은 이동하는 인간 행동의 습성과 같은 것이기 때문이다. 현대와 같은 문명시대에 일본으로 건너온 재일동포조차도 그와 같아서, 1925년에 일본으로 도항(渡航)해 온 나의 부모님도 당면한 생활을 위한 용구는 물론 야채인 상추나 고추씨까지 갖고 오셨던 것이다. 더욱이 앞에서도 조금 언급했지만 오오사카 연안의 해안지방인 이즈미의 사카이로부터 따지자면 상당히 내륙 쪽에 위치한 카와치의 야오시(八尾市) 지역 등에서도 그와 같은 고대한국으로부터 갖고 들어온 토기가 많이 출토되고 있다.

예를 들면 1982년 2월 5일자 『요미우리신문』에는 "큐우호오지(久寶寺)유적/

도래계 토기 60조각(片) 출토/한국 삼국시대에 제작?/평행고목(平行叩目)과 격자고목(格子叩目)"이라는 머릿기사로 다음과 같이 씌어 있었다.

　야오시 큐우호오지유적에서 4일까지의 조사로 코훈시대 중기(5세기)에 한반도에서 만들어졌다고 보여지는 토기 조각 약 60점이 발견되었다. 한 유적에서 이처럼 많은 도래계 토기가 출토된 것은 매우 드문 일로, 큐우호오지유적은 지금까지 거의 해명되고 있지 않았던 도래인의 생활유적일 가능성이 커졌다.……『일본서기』등에는 카와치평야에 한반도 등으로부터 건너온 많은 도래인이 정착해 살았고 토기의 제작이나 하천의 개수 등의 일을 담당했다고 하는 기록이 있다. 그 '물증'이 되는 도래계 토기는 지금까지 이즈미오오쯔시의 오오조노(大園)유적 등에서 토기 조각이 10여 점 정도 발견되었을 뿐, 그들의 생활에 대해서는 거의 해명되지 않았다. 그러나 이번 큐우호오지유적 조사를 통해 대량의 유물이 출토된 것에 의해 이 유적은 도래인이 살았던 유적이라는 견해가 강해지게 되었다.

　또한 앞에서 인용한 바와 같이, 그로부터 10년 후인 1992년 10월 9일자 『산케이신문』에는 "한식계 토기가 출토/코훈시대 중기경/한반도와의 교류를 뒷받침/야오미나미(八尾南)유적"이라는 머릿기사로 보도된 바가 있다.
　그것뿐만이 아니다. 1994년 11월 5일자 『아사히신문』에는 "도래인/100년 빨랐다!?/3세기 말 한국형 토기/야오·큐우호오지유적에서 두 점 출토"라는 머릿기사와 함께 다음과 같이 씌어 있었다.

　코훈시대 전기인 3세기 말경 한반도로부터 건너온 도래인에 의해 만들어졌다고 보여지는 토기 두 점이, 오오사카부 야오시 큐우호오지유적에서 출토되었다고 야오시 문화재연구회가 14일 발표했다. 도래인이 카와치 지역에 정주(定住)하면서 한반도에서 사용하던 토기를 모방해서 만든 것으로 생각된다. 도래인이 집단으로 일본에 오기 시작한 것은 4세기 말부터 5세기 초경으로 알려져 왔으나 이번 토기의 출토로 그들의 도래 시기는 100년 이상 빨랐다는 것이 확인되었다고 한다.
　발견된 한국형 토기는 대부분 활처럼 굽었고 밑부분이 받침 있는 화로 모양(台狀

爐形) 토기(높이 12.8센티미터)와 양측에 손잡이가 달리고 바닥이 뾰족한 연질의 귀독[軟質兩耳甕, 높이 10.6센티미터]이다. 동연구회에 의하면 이러한 형태의 토기가 출토된 것은 일본에서 처음이라고 한다.

한반도 남부에서 출토되고 있는 같은 시기의 토기와, 형태는 똑같지만 당시 한반도에서는 이미 가마에서 토기를 굽고 있던 것에 비해 일본에서는 가마로 토기를 굽는 기술이 없었다.

노포동(老圃洞)의 토기와 유사 홋다 케이이치(堀田啓一) 교수에 의하면, 출토된 토기 두 점은 한반도 남부의 부산 근처에 있는 3세기경의 '노포동유적'의 특징을 가진다고 한다. 당시 이 일대는 '변한(弁韓)'에서 '가야(伽耶)'라는 연합국가로 이행(移行)하는 격동기에 놓여 있었는데, 그곳에 살고 있던 사람들이 환난을 피해 배로 일본의 카와치 지역으로 건너왔을 가능성이 있다고 한다.

노포동 출토 화로형 토기

'3세기 말의 한국형 토기'라고 한 내용에 흥미가 있어서 전문을 인용해 보았는데 이 기사에도 이상한 곳이 있다. 예를 들면 도래인이 집단으로 일본에 건너오기 시작한 것은 4세기 말에서 5세기 초경으로 알려져 왔다는 부분으로, 코훈시대 이전에 도작(벼농사)농경의 야요이시대를 만들어낸 도래인 집단을 과연 어떻게 다룰 것인가 하는 의문이 든다. 하지만 그것은 제쳐 두고, 문제는 서두에서 다룬 그 가마터에서 출토된 토기 조각을 아직 일본화되기 이전에 한국에서 건너온 기술자가 구웠다고 한 내용의 "최고의 스에키 가마터/사카이시에서 확인/5세기 초두……"라는 기사이다.

5세기 초에 이미 그러한 가마가 사카이(堺)에 설치되어 있었다고 한다면, 도래인이 갖고 들어왔다는 것이 확실하다고 한 『요미우리신문』 기사와 『산케이신문』 기사는 도대체 무엇이란 말인가 하는 의문이 생긴다. 스에무라의 오바데라 유적의 가마가 '5세기 초두'의 것인데 반해, 이쪽은 모두 '코훈시대 중기' 또는 '코훈시대 중기경'이라고 되어 있다. 그렇다면 나중에 도래한 사람들이 그러한 토기를 갖고 왔는데, 그보다 앞서 도래한 사람들은 그와 같은 토기를 갖고 오지 않았다는 것인가?

그들이 도래할 때 갖고 들어온 스에키의 모체가 된 도질토기가 출토된 곳은 오오사카 남부의 스에무라 등만이 아니었다. 역시 앞에서 본 "최고의 스에키 가마터/사카이시에서 확인……"이라는 기사의 마지막에 다음과 같은 내용의 글이 있었다는 것이 기억날 것이다. 즉 "가장 오래된 가마터는 이치스가 2호 가마와 후쿠오카현의 아사쿠라고요적군 등으로 알려져 있다. 오오사카부 교육위원회에서는 이번에 발견된 '스에키'가 일본화되기 이전에 한국에서 건너온 기술자가 구운 것으로 추정되며 후쿠오카현 등에 비해 수십 년이나 오래된 것이라고 발표했다"라는 기사이다.

그런데 그보다 훨씬 전인 1977년 11월 25일자의 『니시니혼(西日本)신문』에 이미 "한국제 도질토기 출토/마에바루의 이토국(伊都國)/대륙과의 폭넓은 교류를 말해 준다"라는 머릿기사로 다음과 같은 보도기사가 이미 나와 있었다.

후쿠오카현 교육위원회가 야요이시대 이토국의 왕묘로 유명한 이토시마군(糸島郡) 마에바루정(前原町) 미쿠모(三雲)유적의 고대 이토국 발굴현장에서, 고대중국의 도기와 회도(灰陶, 신석기시대부터 근대까지 일상 용기로 사용된 중국의 회청색 막토기)의 흐름을 추측할 수 있는 도질토기 조각 여덟 점이 출토되었다. 24일 현지를 찾은 니시타니 타다시(西谷正) 큐우슈우(九州)대학 교수(고고학)도 "고대한국에서 만들어진 도질토기로 야요이시대 후기(2~3세기)의 집락유적에서 출토된 것은 큐우슈우 본토에서는 최초"라고 감정했다.

니시타니 씨는 또한 아사쿠라고요적군이 있는 아마기(甘木)자료관 등에서 그러한 도질토기를 직접 본 후에,「초기 스에키 연구의 제문제」라는 토론회에서 다음과 같이 말하고 있다.

아마기·아사쿠라(朝倉) 지역에 매우 오래된 스에키 또는 도질토기가 대량으로 분포하고 있습니다. 와카야마현(和歌山縣)의 키노천(紀ノ川)에 대응될 만한 이곳, 큐우슈우의 치쿠고천(筑後川) 유역 지방에서 초기 스에키 및 도질토기의 실태 그리고 이케노가미(池の上) 1식(式)에 대해서도 기종(器種)과 양(量) 모두 전보다 증가하고 있습니다. 그런 연유로 절대연대(絶對年代)가 4세기 말 또는 5세기 초가 되는지는 모르겠습니다만, 상당히 빠른 단계에서 스에키의 생산이 시작되고 있었던 것은 아닐까 하는 생각을 갖고 있습니다.…… 당시 한국사의 관점에서 보면 신라가 주변국가에 압력을 가함으로 해서 그것을 피해 가야(加耶)문화가 일본으로 도래하게 된 것이 아니겠습니까? 예상외로 키나이보다 빠르게 큐우슈우의 치쿠고천 유역에서 4세기 말부터 5세기 초에 당시 한국 내부의 정치상황을 반영한 도래인이 대량으로 들어와, 그들이 도질토기를 갖고 들어옴과 동시에 그때부터 스에키의 생산도 개시되었을 가능성이 있다고 생각하고 있습니다.

이렇게 보면 스에무라·오바데라유적의 스에키 가마는 큐우슈우의 후쿠오카현 등에 비해 수십 년 오래된 것이 아니라 오히려 그 반대가 아니었을까라고 생각할 수 있다. 그러나 고대한국에서 도래한 사람들이 도질토기를 갖고 건너온 곳은 큐우슈우의 후쿠오카 등지만이 아니다. 카와치의 노나카(野中)고분 등에서도 거의 완성된 형태의 도질토기가 출토되고 있고, 1972년 12월 20일자『요미우리신문』에 의하면 카와치·이즈미에서 가까운 키노천 유역의 와카야마시 오오타니(大谷)의 쿠스미(楠見)유적에서도 고대한국의 토기 3천 점이 발굴되었다는 보도가 있었다.

또한 야마토(大和)의 텐리시(天理市)에 있는 호시즈카(星塚)고분군에서도 그와 같은 토기가 출토되고 있다. 1987년 7월 9일자 『아사히신문』에는 "식량을 충분히 소지하고/용의주도했던 도래인/대량의 한국제 토기/텐리시 호시즈카고분군"이라는 머릿기사로 다음과 같이 씌어 있었다.

    대륙에서 도래한 가장 오래된 목제 피리〔橫笛〕가 출토되어 화제를 모은 나라현 텐리시 호시즈카고분군에서 5세기 후반부터 6세기 중기경의 한반도제 도질토기 123점이 발견되었다고 9일 텐리시 교육위원회와 미쯔지 토시카즈(三辻利一) 나라교육대 교수(분석화학)가 밝혔다.
    지금까지 도질토기의 출토는 한 곳에서 기껏해야 겨우 수십 점에 지나지 않았으나 이번에 예상을 뛰어넘는 대량 출토에 고고학 관계자는 "토기만을 들여왔다고는 생각할 수 없다. 대량으로 식량이나 볍씨류를 토기에 넣어 이주해온 것일 것이다"라고 도래인의 모험심에 숨겨진 신중함을 헤아리고 있다. 출토 현장은 나라분지 중앙부에 위치하고 전방후원분인 호시즈카 1호분(전체 길이 38미터)과 2호분(전체 길이 60미터 전후), 그리고 피장자의 주거지로 생각되는 쇼오지(小路)유적이 모여 있다. 이 일대에서 스에키인 듯한 잔과 항아리·독 등 약 500점이 출토되었다.
    도질토기는 고온을 내는 등요(登窯)에서 구운 경질의 토기로 한반도에서는 4세기 초 무렵에 등장한다. 5세기 전반에 이 기술이 일본에 전해지고 그때까지의 막토기〔野燒土器〕에 이어서 태어난 것이 스에키이다. 두 토기는 그릇의 모양이나 문양 등 섬세한 차이는 있지만 구별하기 어렵다.……『일본서기』에 의하면 이마키노아야(新漢, 새롭게 온 도래인이란 뜻)인 스에쯔쿠리베노코오키(陶部高貴)를 비롯한 토기, 직물(織物), 말갖춤 제작 등의 기술자 집단이 아스카로 온 시기에 해당된다. 호시즈카고분을 축조한 그룹도 비록 그들에 관한 기록은 없지만 카시하라(橿原)고고학연구소의 이즈미모리 키요시(泉森皎) 조사과장 등은 "어째서 이렇게 덩치가 큰 것을 일부러 고생해서 만들었을까요? 틀림없이 본국으로부터 곡물류나 액체 등을 대량으로 운반해 온 것으로 생각됩니다. 호시즈카고분의 규모 등으로 보아, 수십 명 또는 그 이상의 집단으로 생각됩니다. 신중하게 준비해서 점토와 모래의 낮은 습지대를 개척하면서 신천지에 뿌리를 내려간 그들의 모습이 연상됩니다"라며 추리를 즐기듯이 말하고 있다.

스에무라고요적군의 오바데라유적에서는 '5세기 초두'에 스에키가 구워졌다고 하는 데 반해 이쪽의 호시즈카고분군에서는 '5세기 후반부터 6세기 중기의 한반도제 도질토기가 출토되고 있다는 것이다. 약 반세기 이상의 시간적 차이가 있음에도 불구하고, 도래인들이 갖고 들어온 토기의 이입은 이곳 야마토에서도 계속 진행되고 있었던 것이다. 하물며 토기만이 아니다. 그들의 토기에는 본국의 곡물류나 액체 등까지 들어 있었던 듯하다. '액체'는 어떠한 것인가 잘 알 수 없으나 '곡물류'라 함은 야채 등을 포함하는 종류였음에 틀림이 없다.

도래인의 루트

나는 사카이시 지역에서 아직 보고 싶은 것이 있었음에도 불구하고 스에무라 고요적군을 다루면서 너무 토기에만 집중한 듯한 느낌이 들었다. 그러나 내가 왜 그렇게 토기에 집착하는가 하면, 토기에 의해서 도래인의 존재와 행태 등을 추정할 수 있기 때문이다. 또한 이후에도 토기가 기본적 지표의 하나로 되기 때문에 이즈미나 카와치 지역에서 출토한 토기에 깊숙이 빠져들었던 것이다.

계속해서 조금 지역을 넓혀가며 신뢰할 수 있는 소장 고고학자들의 논고를 인용하면서 그러한 토기의 출토지와 집락 등에 관해서 조금 살펴보기로 하겠다. 먼저 다나카 키요미(田中淸美) 씨의 「5세기의 셋쯔·카와치 개발과 도래인」의 '3. 카와치호(湖) 주변에서 출토된 한식계 연질토기'에는 다음과 같이 씌어 있다.

오오사카부 안에서는 내 좁은 소견으로 89개소의 유적 또는 고분에서 한식계 연질토기가 출토되고 있다. 이것들을 옛 국(國) 단위로 보면 셋쯔가 11개소, 카와치가 57개소, 이즈미가 21개소로 카와치 지역이 압도적으로 많다. 카와치 지역에 있는 한식계 연질토기는 카와치호 주변부의 낮은 충적지(沖積地) 및 이코마(生駒) 서쪽 산기슭 아래의 선상지 위에 산재하고 있는데, 특히 옛 야마토강(大和川) 하류 지역의 충적지 위에 조밀하게 분포하는 경향이 있다.

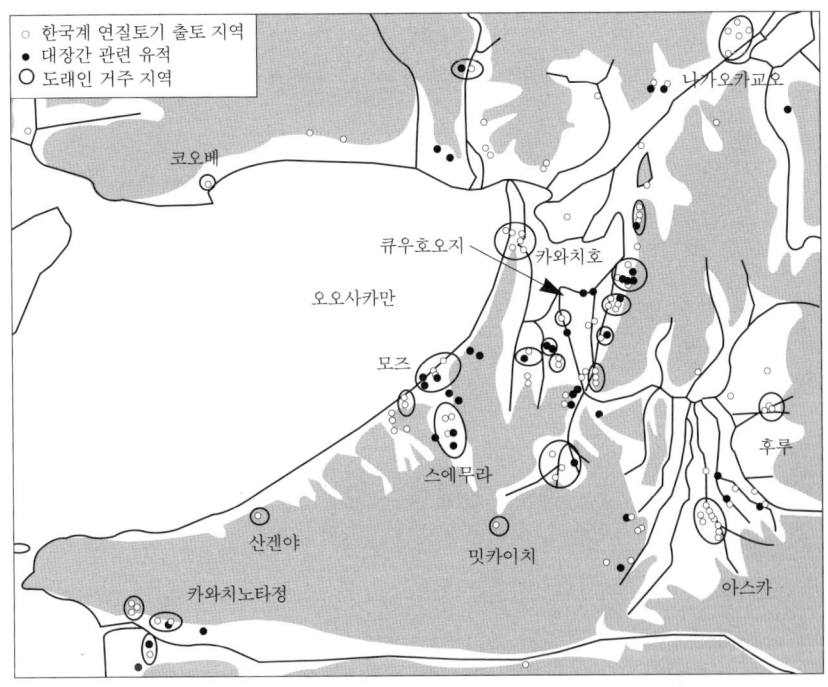

한국계 연질토기의 분포

이 논문은 1989년 12월에 발행된 오오사카 역사학회의 『히스토리아』 125호에 발표된 것이다. 또한 1994년 12월에 간행된 미즈노 유우(水野祐) 감수 '야마토왕권과 교류의 제상'의 『고대왕권과 교류(5)』에 수록된 사다모리 히데오(定森秀夫) 씨의 「도질토기를 통해 본 킨키와 한국」의 '3. 킨키(近畿)지방에서 출토된 도질토기'에는 다음과 같이 씌어 있다.

킨키지방의 도질토기와 관련된 유적수는 연질의 한식계 토기나 초기 스에키를 포함해서 1987년에 효오고현(兵庫縣) 17유적, 오오사카부 76유적, 쿄오토부 16유적, 나라현 29유적, 와카야마현 11유적, 시가현(滋賀縣) 13유적이다. 이 가운데 유적이 가장 많은 오오사카부를 타지역과 비교하면, 예를 들어 나가사키현(長崎縣)의 42유적(그 대부분은 대마도에 분포), 후쿠오카현의 39유적으로 한반도에 가장 가까운 곳보다 많다고 말할 수 있다. 이것은 유적조사가 행해진 곳의 과다에 의한 것일지도 모르겠으나, 오오사카부는 북부 큐우슈우에 필적하는 위치를 점하고 있음을 알 수 있다.

그뒤 하마구치 요시오(浜口芳郎) 씨가 집성한 「하라다(原田)유적의 한식계 토기·도질토기에 관해서」에 의하면 1992년 당시에는 효오고현 19유적, 오오사카부 94유적, 교토부 17유적, 나라현 34유적, 와카야마현 26유적, 시가현 24유적으로 각 부현(府縣) 모두 증가하고 있는데 여기서도 그 압도적인 밀도는 오오사카부에 분포되어 있다. 금후에도 발굴조사에 의해 새로운 자료가 출토되리라 생각되는데, 킨키지방 중에서도 오오사카부에 그 수가 많은 것은 변함이 없을 것이다.

"각 부현(府縣) 모두 증가하고 있다"라고 하나 그 증가 추세는 이러한 종류치고는 상당히 비약적이다. 그만큼 발굴조사가 증가했다고 할지도 모르겠지만, 그렇다고 해도 예를 들어 오오사카부의 경우 1987년에 76유적이었던 것이 1992년에는 94유적으로 늘고 있다. 시가현 등에서도 유적수가 13에서 24개소로 늘어나는 형편이다. 특히 이즈미·카와치·셋쯔로 이루어진 오오사카 연안은 세토나이카이(瀬戸内海)를 통해 들어오는 도래인들의 일단의 종착점이었기 때문에 유적수가 많은지도 모르겠다. 어찌 되었든 앞서 아직 89개소의 유적밖에 모르고 있던 다나카 키요미 씨는 앞의 논문에 이어 다음과 같이 쓰고 있다.

그 중에서도 야오시의 큐우호오지 키타(北)·미나미(南)유적, 오오사카시 나가하라(長原)·시로야마(城山)유적, 카시와라시(柏原市)의 오오가타(大縣)유적에서는 5세기 초두부터 후반에 걸친 무렵의 초기 스에키 또는 스에키에 동반된 한식계 연질토기가 다량으로 출토되고 있다. 더욱이 그 시기의 굴립주와 집안에 아궁이를 만들어 붙인 부뚜막〔竈屋〕이 있는 건물을 비롯해서 철을 만들었음을 시사하는 단야로(鍛冶爐, 대장간 화로)·철찌꺼기〔鐵滓〕·풀무의 일부가 출토되었다. 또 특수한 제사의 존재를 연상시키는 말머리〔馬頭〕가 출토된 우물과 도랑 등 5세기 이전의 카와치 지역에서는 볼 수 없었던 이른바 도래계의 유구·유물이 확인되고 있다.

이것들 이외에도 후루이치고분군의 미야야마(宮山)고분 및 나가하라고분군 북쪽에 위치한 시로야마 4~6호분에서는 도질토기를 비롯해서 한식계 연질토기가 공헌(供獻) 또는 부장(副葬)되어 있거나 토기관(土器棺)으로 전용되고 있어서, 고분의 피장자는 도래인 또는 도래인과 밀접한 관계에 있었던 사람으로 추정된다. 이상의 유구·유물은 야마토천 하류 지역의 낮은 충적지에 5세기 무렵 도래인이 거주했다는 것을 뒷받침하는 것으로 생각되고 있으나 도래인의 고지(故地)와 거주에 관한 구체적인 상황에 대해서는 불명확한 점도 있다.

1,500여 년이 지난 옛날의 일이기 때문에 어쩔 수 없이 구체적인 상황을 확실히 알 수는 없을 것이다. 위에 인용한 논문들은 이른바 학술논문으로 쓰여진 것이기 때문에 우리에게는 아무래도 친밀감이 적고 어려운 면도 있다. 그렇다고 해도 타나카 씨의 논문은 상당히 구체적이고 중요한 것이기 때문에 조금 더 인용해 보기로 하자.

다음으로 한식계 연질토기 중에서도 비교적 자료가 많은 오오사카부 내에서 출토된 평저발(平底鉢)에 대해서 약간의 검토를 덧붙여 두고 싶다. 현재 오오사카부 내에서는 43개소의 유적(집락, 고분, 스에키가마)에서 85점의 한식계 연질토기인 평저발(일부 초기 스에키를 포함)이 출토되고 있다. 이러한 유적들을 옛 국(國) 단위에서 보면 다음과 같다.

셋쯔국 森小路, 淀川河床, 難波宮跡, 安曇寺, 大阪城, 高麗橋附近, 郡家川西, 郡, 垂水南, 五反島

카와치국 茄子作, 奈良井, 中野, 南野米崎, 鬼塚, 城山, 長原, 芝ヶ丘, 久寶寺北, 久寶寺南, 小阪合, 八尾南, 高屋, 高安郡川 16號墳, 大縣, 大縣南, 國府, 狹山, 一須賀 11號墳

이즈미국 四ッ池, 大仙中町, 小坂, 大庭寺, 伏尾, TK 73號窯, TK 87號窯, TK 305號窯, 信太山 2號窯, 石才南, 三軒家

즉 카와치가 20개소로 가장 많고 셋쯔·이즈미는 11개소로 같다. 이들 유적에서 출토된 평저발의 소속 시기는 4세기 후반대까지 거슬러 올라갈 가능성이 있는 고탄시마(五反島)유적, 코쿠부(國府)유적과 6세기 전반경의 코오리(郡)유적, 아즈미사

(安曇寺)유적, 이치스가(一須賀) 11호분을 비롯해 7세기 초엽의 오오가타미나미 (大縣南)유적 등을 제외하고는 5세기의 범주 안에 넣을 수가 있다.

지금 본 것은 이른바 한식계 연질토기 중에서 셋쯔·카와치·이즈미에 있는 평저발이 분포된 지역이다. 결국 출토된 토기수로는 셋쯔가 12점, 카와치가 41점, 이즈미가 31점인 것이다. 지금 현재는 틀림없이 유적수와 함께 이들의 출토 숫자도 증가되어 있을 것으로 생각되는데, 타나카씨는 논문의 마지막 '6. 정리'에 다음과 같이 쓰고 있다.

이상 5세기 무렵의 카와치호 주변의 낮은 충적지 및 우에마치대지(上町臺地) 북쪽의 개발에 있어서는 한반도의 남부 지역(낙동강 유역의 가야 지역)을 고지(故地)로 하는 도래인이 관여하고 있었다고 생각되어지는 것에 관해 고고자료를 토대로 한 가지의 견해를 기술해 보았다. 그 중에서도 큐우호오지키타(久寶寺北)유적을 비롯해서 카와치의 낮은 지대에서 출토된 한식계 토기는 가야 지역의 도질토기나 연질토기와 흡사한 것이 많은 것 같다. 도래인의 생활용구라고 생각되어지는 한식계 토기의 배경에는, 그들의 거주가 연상됨과 동시에 제방(堰)이나 호안(護岸) 시설에서 보여지는 새로운 토목기술도 그들의 손에 의해 전해졌다고 생각된다.

타나카 씨의 논문은 「5세기에 있어서 셋쯔·카와치의 개발과 도래인」이라는 표제에서도 알 수 있듯이 당연히 그들 도래인에 의해 제방과 호안시설 등이 건설되었다는 사실을 고고자료를 기초로 해서 쓰고 있으나, 여기서는 그들의 생활용구인 토기에 관해서만 살펴보았다. 그 제방이나 호안시설 등에 대해서는 뒤에 별도로 다루기로 하겠다.

다음에 역시 오오사카시 문화재협회연구원인 소장 고고학자 이마즈 케이코 (今津啓子) 씨가 쓴 「도래인의 토기-한국계 연질토기를 중심으로」라는 논문이 있다. 타나카 씨 등의 논문과 대체로 비슷하지만, 그 가운데 '한국계 연질토기와 도래인 집단'이라는 제목 아래 '2. 도래인 거주 집락의 변천과 도래인의 루트'에 매우 중요한 글귀가 있기 때문에 그것만을 보아두기로 하자. 출토된 토기를 통해 본 '도래인 거주 집락의 영고성쇠〔消長〕'라는 소제목을 붙이고 그것을 1, 2, 3기로 나누고 있는데 여기에서는 2, 3기만을 인용하기로 하겠다.

2기의 단계에 도래인들은 지리적으로 가까운 관계에 있는 북부 큐우슈우에 상륙했다고 생각되는데, 이곳은 야요이시대부터 계속해서 교류가 있던 지역이기 때문에 곧 수긍이 갈 것이다. 그러나 이 시기에 이미 도래인들 사이에서는 키나이(畿內)에 관한 정보가 있었다고 보여지며, 아스카지방에 도래인의 거주 집락이 이미 형성되어 있었다.

3기가 되면 갑자기 도래인 집락이 증가하는데 3-1기와 3-2기에는 도래인 거주 집락이 위치하는 장소에 차이가 보인다. 3-1기에는 세토나이카이 연안의 해변이나 하천 연안과 카와치호 남쪽 조금 대륙으로 들어간 곳, 더욱이 산을 넘어 후루(布留)처럼 야마토분지와 비와(琵琶)호반, 키노천(紀ノ川) 하구, 그리고 이즈미의 센보쿠(泉北) 지역에 집락이 출현한다. 이것은 도래인이 세토나이카이를 경유해서 키나이에 도달한 것을 의미하고, 그 도달한 지점이 하나는 키노천 하구이며 또 다른 하나는 오오사카만 남쪽 해안부로 문헌에 보이는 스미요시쯔(住吉津)로 추정되는 항구라고 생각된다.

쿠사카베 마사요시(日下雅義) 씨는 『고대 경관의 복원』에서 스미요시쯔에서 이소바쯔로(磯齒津路)를 통해 동쪽으로 가는 루트를 추정하고 있는데, 그 길을 좇아 가면 후루이치(古市)고분군에 도달할 수 있다. 이 고분군의 주변에 야오미나미(八尾南)·우리와리(瓜破)·나가하라·큐우호오지·오오가타 등의 도래인 집락이 있었다. 이 루트는 나니와(難波)의 호리에(堀江, 땅을 파서 만든 강)가 뚫리게 될 때까지는 주된 루트였다고 추정된다. 또한 야마토를 거슬러 올라가면 후루(布留)의 집락에 도달할 수 있다.

야마토분지에 들어가려면 또 하나의 루트인 키노천을 거슬러 올라가 후루로 가는 길처럼 야마토천(大和川)이 편리했을 것이다. 또한 스미요시쯔에서 해안선을 따라 내려오면 모즈고분군에 도달하게 되고, 이 주변에 스에무라나 오바(大庭) 등의 집락이 있었다.

이에 반해서 3-2기에는 키노천 하구에 전기(前期)에 이어서 집락이 영위된 것과 카와치호 연안의 우에마치대지 북단부나 현재의 이코마 서쪽 산록의 히가시오오사카시(東大阪市) 동부, 또한 이치스가와 밋카이치(三日市)의 내륙부에도 집락이 영위되게 된다. 이들 집락에 도달하기 위해서는 카와치호로 들어오는 것이 가장 편리하다. 그리고 카와치호로부터 야마토천·이시천(石川)을 거슬러 올라가면 이치스카나 밋카이치의 집락에 도달할 수가 있다.

이렇게 볼 때 3-2기의 단계에는 카와치호를 통하는 루트가 정착된 것이 아니겠는가 추정된다. 이러한 일들은 우에마치대지 북부에 있었다고 생각되는 나니와 호리에 또는 나니와쯔(難波津)의 개발에 의한 새로운 루트의 성립을 연상시킨다. 나오키 코오지로(直木孝次郎) 씨도 『나니와쯔와 나니와의 호리에』에서 주요 항구를 가리키는 쯔(津, 나루)의 위치가 어떤 시기에는 스미요시쯔에서 나니와쯔로 이동한 것은 아닐까라고 추정하고 있다. 이 어떤 시기가 어쩌면 3-2기가 아니었을까 생각된다.

이처럼 연질토기의 기종(器種) 구성으로 판별할 수 있는 도래인 거주집락의 변천을 조사함으로서 도래인의 루트도 추정할 수 있는 것이다.

도래인의 생활용구로서의 한식계 또는 한국계 토기 및 집락, 그리고 그들의 루트까지 살펴보았다. 지금까지 본 타나카 씨, 사다모리 씨, 이마즈 씨 등의 논문은 어느 것이나 모두 한국남부에서 출토된 토기와의 비교를 기초로 하고 있다. 예를 들면 「일본과 한반도의 연질토기」「일본 출토의 한국계 연질토기」「한반도의 연질토기」라는 식이다. 그러나 상세한 도판(圖版)까지 수록된 그 논문들은 학술적인 면에 너무 지나친 탓에 여기에서는 생략할 수밖에 없었다.

하지만 그렇다 하더라도 우리들로서는 셋쯔·카와치·이즈미에 있는 토기에 대한 것은 대체로 알 수 있게 되었다고 생각한다. 그래서 제3부에서는 토기 이외에 아직 살펴보지 못한 도래인이 남긴 고분이나 신사 등의 유적에는 어떠한 것이 있는지 살펴보도록 하자.

제3부 사카이시의 한국문화 유적

고대한국에서 몰아친 기술혁신의 파도

앞에서 『사카이의 문화재』에 실린 다음과 같은 내용을 인용한 적이 있다.

닌토쿠천황릉 후원부의 매장시설에 관해서는 알 수 없습니다만, 1872년 9월의 풍수해로 인하여 전방부의 일부가 무너져 내려 장지형 석관을 넣은 수혈식 석실이 발견되었다고 합니다. 당시의 기록은 석실 안의 유물을 묘사하고 있고 금동으로 장식한 단갑과 미비부주, 그 밖에 철칼 20구 정도와 유리그릇도 있었던 것 같습니다. 미국의 보스턴박물관에는 닌토쿠천황릉에서 출토되었다고 알려진 수대경, 환두대도, 말갖춤, 말방울이 있습니다. 거울과 환두대도는 훌륭한 대륙 제품으로 그것들이 닌토쿠료오고분에서 출토된 것이 확실하다면 1872년 발견 당시에 몰래 반출된 것으로 생각됩니다.

어떠한 식으로 해서 '몰래 반출된' 것인지는 알 수 없지만 참으로 애석하기 그지없는 일이다.
그리고 나는 위의 내용을 인용하면서 다음과 같이 적은 일이 있다.

대저 고분이라는 것은 어떠한 형태이며, 고분에서 출토된 유물이 어떠한 것인가 하는 것이 매우 중요하다. 고고학자들은 그것에 의해 특히 당시의 생활용구, 제사용

닌토쿠천황릉

구로 쓰이던 토기 등에 의해 그 고분이 언제 만들어졌고 또한 피장자가 누구인가를 추정할 수 있기 때문이다. 그러한 의미에서 1872년 9월, 풍수해에 의한 것이기는 하나 발굴조사를 금하고 있는 닌토쿠천황릉의 출토품이 일부 밝혀졌다는 것은 대단히 중요한 일이 아닐 수 없다. 10여 년 전에 보스턴박물관에 소장되어 있던 그 출토품을 토오쿄오국립박물관에서 기획·전시한 일이 있었다. 나도 즉시 가서 보았는데 눈에 확 띄는 유물들이었다. 거울과 환두대도는 훌륭한 대륙 제품이라고 했으나 그것들은 모두 고대한국의 백제와 가야 등의 고분에서 출토된 것과 흡사한 것이다. 유물에 관해서는 전 조선합동전기주식회사 사장을 지낸 오구라 다케노스케 씨가 당시 한국에서 수집한 유명한 '오구라 컬렉션(현재 토오쿄오국립박물관 소장)'이 있다. 그가 수집한 유물 중에서 수대경 등은 1971년 백제의 고도 한국의 공주에서 발견된 무녕왕릉에서 출토된 것과 똑같은 것이었다.

그렇게 기술하기는 했으나 나는 왠지 모르게 어딘가 부족하고 뒷맛이 개운치 않다는 느낌이 들었다. 왜냐하면 수대경 등이 한국의 공주에서 발견된 무녕왕릉에서 출토된 것과 꼭 같은 것이라고 했으나, 그 실물이 어떤 것인가를 보여주는 것은 불가능했기 때문이다. 말하자면 실증성이 결여된 것이다.

실제로 나는 그 글을 쓰면서 서가의 자료를 빼서 보는 일을 반복하면서 그에 관한 사진을 찾으려고 노력하고 있었다. 토오쿄오국립박물관에서 열린 「유물의 고국 방문」 전시회를 찾은 것도 전시회 도록에 무엇인가 있을 것이라고 생각했기 때문이다. 하지만 결국 그것은 발견하지 못하고 위의 글을 그대로 발표할 수밖에 없었다.

그러나 사람일이란 참으로 묘한 것이다. 이 원고를 쓰기 위해 다시 사카이시를 방문하지 않으면 안 되었는데, 우연히 어떤 전시회의 도록을 접하게 되었다. 그 책은 1982년 10월 사카이시박물관에서 열린 「하니와와 철기구(鐵器具)가 말한다―거대 고분과 그 주변」이란 전시회의 도록이었는데, 놀랍게도 그 도록에는 '전(傳) 닌토쿠료오고분 출토'라고 적힌 보스턴박물관 소장의 유물 사진이 여러 점 실려 있었다. 더욱이 그 가운데에는 한국의 무녕왕릉에서 출토된 수대경 등과 똑같은 모양의 것까지 나와 있었다. 나는 1982년 당시 그 전시회를 직접 가 보았으나 그것을 까맣게 잊고 있었던 것이다.

여기에서 다시 닌토쿠료오고분에서 출토한 유물을 다루려는 것은 그것들의 실증적 사진을 독자들에게 보이고 싶었기 때문이다. 그 사진들은 뛰어난 대륙 제품으로 소개되었던 거울·환두대도와 함께,

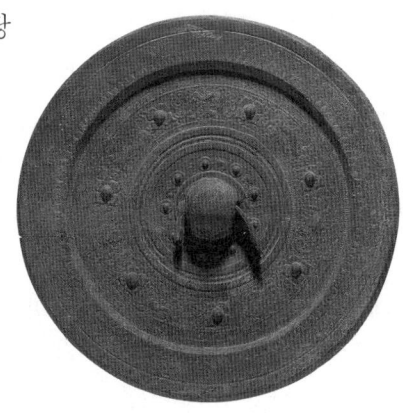

무녕왕릉 출토 수대경

역시 보스턴박물관에 소장되고 있는 닌토쿠료오고분에서 출토했다는 말방울과 삼환령(三環鈴) 등이 컬러사진으로 책머리를 장식하고 있었다. 또한 컬러사진 가운데에는 1872년 발견 당시에 '모사(模寫)' 되었다고 하는 미비부주와 단갑 등도 나와 있었다.

이때의 모사가 소박한 스케치 정도라고 나는 생각했었으나 모리 코오이치(森浩一) 씨의 「천황릉 고분을 생각한다」에 의하면 그 모사그림은 카시와기 마사노리(柏木政矩)라는 화가가 석실 안에서 직접 그린 것으로 금동장(金銅裝)이라는 색채까지 밝힌 매우 정밀한 그림이라고 한다. 그리고 도록에는 컬러사진에 이어 흑백사진이 죽 나열되어 있었는데, 흑백사진에도 닌토쿠료오고분에서 출토되었다는 수대경과 무녕왕릉 출토의 수대경이 상하로 나란히 소개되어 있었다. 이 도록이 흥미로운 것은 곳곳에 한국에서의 출토품이 소개되어 일본에서 출토된 것들과 비교할 수 있었다는 점이다. 수대경에 이어서 모사된 미비부주와 단갑에 대해서는 고대 가야국이었던 한국 경상남도 동래군 연산리(현 부산시 연제구 연산동)에서 출토된 미비부주와 단갑이 나란히 나와 있는 식이었다. 그리고 말방울과 삼환령에 대해서도 한국 출토의 말방울과 삼환령을 대비시키고 있는데, 물론 그것들은 모두 그 '고향'이 같음을 의미하는 것으로 생각된다.

또한 나는 앞에서 "카와치의 노나카고분군에서도 거의 완형의 도질토기가 출토되고 있다"고 했으나, 그때 카와치의 노나카고분에서 출토된 횡신판병유단갑(橫鋲板鋲留短甲)과 경갑, 미비부주 등의 사진도 도록에 나와 있었다. 이 노나카고분의 미비부주를 나라현 고조오시(五條市)의 네코즈카(猫塚)고분에서 출토된 미비부주와 대비시키고 있다. 이 네코즈카고분에서 출토된 미비부주는 『고조오시의 문화재』에 "금동장 소찰(小札)과 철지(鐵地) 소찰을 조합한 미비부주로, 대륙·한반도로부터 키노천을 거쳐 고죠오의 땅으로 전해진 것이다"라고 언급되었던 바로 그 유물이었다.

그 밖에도 일본에서 출토한 것과 대비되는 한반도 출토의 유물사진으로는 환두대도, 말 모양 띠고리〔馬形帶鉤〕, 곧은쇠〔鐵鋌〕 등 끝이 없으나, 한 가지 확실히 인상적인 것은 닌토쿠료오고분을 비롯해서 이들 고분에서는 갑주·철칼·말갖춤 등의 철제 무구가 많이 출토되고 있다는 사실이다. 예를 들면 카와치 미야

콘다야마고분군

마정(美山町)의 쿠로히메야마(黑姫山)고분에서는 갑주가 24령(領)이나 출토되었다. 또한 카와치의 오오진료오(應神陵)고분의 배총(陪塚)으로 알려진 아리야마고분에서도 철칼 77자루, 철검 8자루, 창날(槍先) 48자루, 세모진 창(矛) 4자루와 철화살촉(鐵鏃)이 1,612개나 출토되고 있었다.

이렇게 엄청난 양의 철제 무구가 출토되다니, 도대체 어떻게 된 것일까? 더욱이 그것들은 거의 모두가 고대한국에서 전해진 것이 대부분이다. 도록『하니와와 철기구가 말한다─거대 고분과 그 주변』의「해설」제1장 '무기는 말한다'에 다음과 같이 씌어 있다.

오오사카만 연안의 서남쪽 대지 위에 일본에서 최대 규모인 닌토쿠천황릉을 비롯한 모즈고분군이 분포하고 있다. 더욱이 동쪽 이시천(石川) 유역에는 오오진천황릉을 맹주로 하는 후루이치(古市)·콘다야마(譽田山)고분군이 분포하고 있다. 이들 고분군은 모두 5세기에서 6세기에 걸쳐 축조되었고 그 거대한 모습은 오늘날 코훈시대 중기 모습의 일단을 전하고 있다. 중기 고분의 한 가지 특색이라 말할 수 있는 방대한 양의 철제 기구가 부장(副葬)된 것은, 코훈시대 전기에 보이는 강한 제사적 성격으로 보아 무력을 배경으로 한 군사적 성격이 매우 강한 사회로 이행되었음을 말해주고 있다. 그 과정은 거대 고분과 그 주변에서 출토되는 대량생산 형태의 단갑과 철화살촉 등에 의해 엿볼 수 있다. 리츄우천황릉(履中天皇陵) 배총인 시치칸(七觀)고분 등에 보이는 유해 매장시설을 갖고 있지 않은 고분에 매장된 방대한 양의 철제 무구는 그것들을 뒷받침하는 중요한 자료일 것이다. 또한 분구에 세워져 있는 하니와에도 그 사회의 변천과 무기구의 변화가 선명하게 나타남과 동시에 코훈시대 중기의 사회구조를 나타내는 것이라 할 수 있다.

실제로 코훈시대 중기로 일컬어지는 5~6세기는 일본열도의 일대 변혁기였다. 그것은 철기(鐵器)·무기(武器)에 의한 정복사회가 아니었을까라고까지 생각될 정도이다. 어찌 되었든 여기서 문득 생각난 것은 이것 역시 앞에서 본『스에키의 개시를 찾아서』의 제1항 서두이다.

"이 방을 아나가마라 하고 이 가마에서 구워진 일본 최초의 그릇을 스에키라 부른다. 한반도에서 바다를 건너 그릇을 굽는 새로운 기술이 센보쿠구릉(泉北丘陵)에 전해졌을 때 세계 최대의 대왕묘군이 그곳에서 가까운 언덕 위에 만들어지고 있었다"라는 내용이다.

'세계 최대의 대왕묘군'이라는 것은, 물론 닌토쿠료오고분을 비롯한 모즈고분군을 가리키는 것이다. 그리고 이어서 이 모즈고분군의 '모즈(百舌鳥)'라는 지명이 1889년 4월 1일의 시정촌제(市町村制) 시행 전까지는 '쿠다라(百濟)·하지(土師)'였다는 내용도 생각났다. 그런데 앞에서 인용했던『스에키의 개시를 찾아서』에는 계속해서 "도래도공들이 한국의 도질토기의 기술을 갖고 센보쿠구릉에 발을 들여놓았을 때는 한반도로부터 다종다양한 기술의 도입이 본격화되는 시대이기도 했다. 철 소재의 이입, 야금 기술의 혁신에 의한 무기·무구·농구의 대량 생산, 기마 풍습과 말갖춤 생산을 대표로 하는 새로운 공예 기술의 도입 등 기술 혁신의 파도가 밀려온 것이다. 스에키 생산 또한 그 일환으로 생각할 수 있다'라고 씌어 있었다. 즉 앞에서 다룬 모즈(쿠나라 · 하지)고분군의 축조 등도 그러한 기술 혁신의 일환으로 생각할 수 있을 것이다.

그 일에 대해서는 『하니와와 철기구가 말한다-거대 고분과 그 주변』의 「해설」 '제2장 대륙 · 반도와의 교류'에 다음과 같이 씌어 있다.

> 중국대륙 · 한반도와의 교류는 코훈시대로 이어내려져 왔는데, 코훈시대 전기에 있어서 대륙과 한반도 여러 나라와의 관계는 아직 명확하지 않은 부분이 많다. 서기 369년경 한반도 남부에 성립했다고 하는 미마나일본부(任那日本府)와 404년 대방군(帶方郡)에서 왜군이 패하여 물러갔다고 기록한 고구려 광개토대왕비(416년)의 비문 해명의 제문제 등 아직 많은 수수께끼를 남기고 있다.

분명히 그와 같은 사실은 아직도 커다란 수수께끼로 남아 있기는 하다. 그러나 한편으로는 여기에서 말하는 '미마나'의 한국어 발음 '임나'는 토오쿄오대학 교수를 지낸 동양사학자 시로토리 쿠라키치(白鳥庫吉) 씨나 아유가이 후사노신(鮎貝房之進) 씨 등에 의해서 한국어의 '임나(임의 나라)' 즉 '주군(主君)의 나라'였음이 분명히 밝혀져 있다. 그리고 고구려 광개토왕 비문에 있는 '왜(倭)' 역시 토오호쿠(東北)대학 명예교수(동아시아사 전공)인 이노우에 히데오(井上秀雄) 씨의 『고대 조선사』나 『왜 · 왜인 · 왜국』 등에 의하면, '倭'라 함은 일본열도의 '왜'가 아니라 8세기에 만들어진 『일본서기』에 보이는 '任那', 즉 고대한국의 가야(伽倻 또는 伽羅)의 남단부에 있었던 '倭'라는 사실이 이미 밝혀져 있다. 나도 가야 남단의 다도해인 거제도 등을 방문하고 나서 이노우에 씨의 설이 맞다고 확신하고 있지만, 이것에 대해서는 새로운 연구에 기대하는 바가 크다.

또한 『하니와와 철기구가 말한다-거대 고분과 그 주변』의 '제2장 대륙 · 반도와의 교류'에는 계속해서 다음과 같은 내용이 씌어 있다.

> 코훈시대 중기에 들어서서 이들 여러 나라와의 교류를 나타내는 것으로 금동 제품의 증가를 예로 들 수 있다. 금동 제품은 이미 코훈시대 전기의 니이야마(新山)고

분에서 출토된 금동제 투조허리띠꾸미개〔金銅製透彫帶金具〕가 알려져 있다. 5세기 이후에 보이는 박재품(舶載品, 移入品)으로 생각되는 오오진천황릉의 배총 마루야마(丸山)고분에서 금동제 투조안장꾸미개〔金銅製透彫鞍金具〕, 리츄우천황릉의 배총인 시치칸(七觀)고분 출토의 금동제 허리띠꾸미개〔金銅製帶金具〕, 후나야마(船山)고분 출토의 금동제 관모(金銅製冠帽), 닌토쿠천황릉 전방부에서 출토되었다고 전해지는 금동제 횡신판병유단갑과 미비부주 등은 대륙·한반도 여러 나라의 문물의 수입뿐만 아니라 새롭게 진보된 문화나 기술이 적극적으로 들어오고 있었다는 것이다. 이러한 것은 같은 시기의 고분에서 출토된 말갖춤류의 증가와 아울러 사카이시 센보쿠구릉(현 센보쿠 뉴타운)에서 볼 수 있는 스에키의 옛 가마터군에서도 알게 되는 것이다.

5~6세기의 고대에 있었던 일을 가볍게 '교류'로 단정하는 것에도 문제가 있지만, '수입(輸入)'이라는 말은 더욱 더 문제가 있다. 그래서 나는 이 '수입'이라는 표현에 항상 '이입(移入)'이라는 주를 달고 있지만 원래 고대 당시의 한반도에는 그러한 금동 제품을 만들어서 수출하는 회사 따위는 없었다. 뿐만 아니라 일본에도 그것을 수입하는 상사(商社) 따위는 없었던 것이다. 나는 이미 수차례에 걸쳐 고대에 있어서 그러한 문화가 들어왔다고 하는 것은 바로 '그 문화를 가진 사람들이 도래했다는 것'이라고 밝힌 바 있다.

앞에서 예로 든 『스에키의 개시를 찾아서』에서 본, 한반도에서 바다를 건너 사카이시 남부로부터 이즈미시 등에 걸쳐서 펼쳐진 센보쿠구릉에 1천 기가 넘는 스에키의 스에무라고요적군을 남긴 공인들도 그와 같아서, 그들은 이른바 모즈고분군을 남긴 권력적 호족에 수반되어 바다를 건너온 바로 그들이었던 것이다. 그와 같은 사실은 지금까지 본 닌토쿠료오고분을 비롯한 모즈고분군에서 출토된 유물을 통해서도 분명해지는 것이다.

스에키를 굽던 사카이의 도래인

 앞에서 모즈고분군에서의 출토품을 다시 살펴보았으나, 이번에는 사카이시 지역의 신사와 사원 등에 대해서 조금 살펴보기로 하겠다. 나는 지금까지 개별적으로 사카이 지역의 여러 곳을 돌아보고 있었다. 사카이시 교육위원회도 그 중의 한 곳으로, 1995년 5월 2일에 나는 다시 사카이시 시청 안에 있는 시 교육위원회를 찾은 일이 있었다. 내가 사카이시 교육위원회를 방문한 것은 20여 년 만의 일로, 그동안 시청건물은 물론 주변 길가의 모습도 꽤 변한 듯했다. 특히 시청의 경우는 21층 높이의 의젓하게 우뚝 선 신청사로, 코소오토오(高層塔, 고층탑)라고 불리고 있었다. 예전의 4, 5층 규모의 시청과는 전혀 다르게 주위 전체를 압도하는 건물이었다. 그리고 신청사의 21층에는 360도를 조망할 수 있는 로비가 있었다.
 그 신청사의 8층인가에 시교육위원회가 있었는데, 그곳에서 사회교육부 교육과 문화재보호계장인 이시다 오사무(石田修) 씨를 찾았다. 이시다 씨 외에 내가 20여 년 전에 이곳을 방문했을 때 갓 대학을 졸업하고 교육과에 발령이 난 오쿠다 유타카(奧田豊) 씨와 반갑게 재회하게 되어, 두 분에게 여러 가지로 신세를 지게 되었던 것이다. 오쿠다 씨는 사카이시박물관의 학예과장으로 일하다가 1995년 4월부터 사카이시 시립매장문화센터 참사로 일하게 되었다고 했다. 그동안 20여 년이란 긴 세월이 지나가 버린 것이다.

나는 이시다 씨로부터 사카이시박물관에서 펴낸 『사카이의 문화재-지정문화재편』 등을 받았고, 또한 함께 근무하는 사회교육부장 나카타니 무네히로(中谷宗弘) 씨와 사회교육과 참사 카와이 타다시(河井忠) 씨를 소개받아 여러 가지 이야기를 나눌 수 있었다. 주로 이곳의 고분에서 출토된 '하니와투구(埴輪冑)'가 사카이시의 상징물이 되어 있을 정도로 문화재보호의 어려움이 많다는 등에 관한 이야기를 나누었다. 예를 들면 내가 살펴보려고 했던 리츄우천황릉고분의 배총인 시치칸(七觀)고분 등도 이미 고분으로서는 소멸되어 버렸다는 것 등이었다.

모즈의 모토정(本町)에 있으며 시문화재 애호의 상징물이 된 하니와투구가 출토된 '이타스케고분' 등도 국가지정문화재로 되어 있으나 이미 소멸해 버릴 위기에 처해 있다는 것이다. 이타스케고분에 관해서는 『사카이의 문화재-지정문화재편』에 다음과 같이 씌어 있다.

닌토쿠천황릉의 동남쪽 고뵤오야바(御廟山)고분의 서남쪽에 위치하고, 전방부가 서쪽으로 향해 있는 전방후원분이다. 분구의 전체길이는 146미터, 후원부의 직경 90미터, 높이 10.5미터, 주변 도랑[周壕]의 폭이 약 30미터로 분구 중앙에 잘록한 부분이 있다. 예전에는 방형분(方形墳)을 포함하는 배총을 여러 기 동반하고 있었는데, 현재는 모두 소멸되어 버려 남아 있지 않다. 1955년 벽토(壁土) 채굴로 인해 고분이 파괴되었을 때, 시민들에 의한 고분 보존운동이 일어나 그해 말 '사적'으로 가지정(假指定)되었다. 또한 그 당시 후원부에서 충각부주형(衝角付冑形) 하니와가 발견되었는데 이것이 현재 사카이시 문화재 애호의 상징으로 되어 있다.

배총이 소멸되어가는 상태에 있는 것은 같은 국가지정문화재인 모즈세키운정(百舌鳥夕雲町)에 있는 나가쯔카(長塚)고분도 마찬가지이다. 이쪽에는 키쯔네즈카(狐塚)고분, 하라야마(原山)고분 등 이름이 알려진 배총이 있었으나 지금은 아무것도 남아 있지 않다.

시교육위원회 사회교육부를 나선 나는, 21층에 있는 전망로비까지 올라가보기로 했다. 물론 구경도 하고 싶었고 또 다른 이유는 사카이시에 살면서 오오사카에 있는 청구(青丘)문화홀을 주재(主宰)하고 있으며 에도시대(江戸時代)의

『조선통신사왕래』 등의 저자인 신기수(辛基秀) 씨와 만나기로 한 약속 때문이었다. 시간이 조금 일러서인지 신씨는 아직 나와 있지 않았다. 나는 사방이 커다란 유리로 되어 있는 전망로비에서 실제로 360도 동서남북 모두를 바라다 볼 수 있는 기회를 갖게 되었다. 내 시야에 제일 먼저 눈에 들어온 것은, 인구 80여 만 명인 사카이시 거리의 동부와 거기에 가로놓여 있는 거대한 닌토쿠료오고분을 중심으로 한 고분군이었다. 로비에 비치되어 있는 안내물을 펼치자 사진과 함께 사방에 대한 설명이 다음과 같이 씌어 있었다.

사카이시는 고분 등의 문화재뿐만 아니라 중세로부터 '자유도시(自由都市)'로 알려진 곳이기 때문에 참고로 소개해 보고자 한다.

北-오래된 거리, 전통이 살아 숨쉬는 곳

한신고속선(阪神高速線)의 서쪽과 전차가 지나는 큰길 주변은 에도시대 초기의 민가인 야마구치가문(山口家)의 주택과 옛 소총 만들던 대장간(舊鐵砲鍛冶屋敷), 1871년에서 1881년까지 사카이현청(堺縣廳)이 있던 니시혼간사(西本願寺) 사카이별원(堺別院), 큰 소철나무와 사카이사건으로 유명한 묘오코쿠사(妙國寺) 이외에 사원과 칼·향을 파는 가게 등의 낡은 건물이 남아 있고, 지금도 자전거 등의 전통산업이 이어져 내려오고 있다.

북동쪽 야마토천변에 있는 센코오(淺香)정수장의 약 8천 그루의 철쭉은 '철쭉터널지나기'로 유명해서 일반에게 공개되어 많은 사람들로 붐빈다.

東-도심에서 신도심을 바라본다

사카이의 정문 난카이코오야선(南海高野線) 사카이히가시역(堺東驛)의 바로 동쪽에 모즈고분군 가운데 일곱 번째 규모의 전방후원분인 한제이천황릉(反正天皇陵, 다데이야마(田出井山)고분이라고도 함)과 재앙을 막는 기원(方除祈願)으로 알려진 카타타가이(方違)신사가 있다. 그리고 동쪽 후방에 오오사카부 4대 녹지공원의 하나인 오오이즈미(大泉)녹지가 있으며, 동남쪽 방향인 나카모즈(中百舌鳥) 지역은 신도심으로 도시 기반정비 등이 계속되고 있다. 근처에는 수령(樹齡) 800년 전후의 큰 녹나무(大楠)와 '쯔키미제(月見祭)'라는 축제로 유명한 모즈하치만궁과, 대대로 마을의 정사(庄屋)를 맡아보던 호농(豪農)의 저택인 타카바야시가문(高林家)의 저택이 있다.

南-옛날의 낭만과 푸르름과 문화의 만남

닌토쿠천황릉을 비롯한 대소 40여 기로 이루어진 모즈고분군과 다이센(大仙)공원은 사카이의 관광 핵심이다. 고분 주위에서는 고대의 낭만을, 박물관과 다실(茶室)·도시 녹화(綠化)센터·일본정원 등에서는 문화와 신록의 만남을 즐길 수 있다. 뒤쪽의 녹음이 울창한 센보쿠구릉에는 사쿠라이(櫻井)신사, 타지하야히메(多治速比賣)신사, 호오도오사(法道寺) 등 국보나 중요문화재로 지정된 사사(社寺)가 있고, 남서쪽에는 지혜(知惠)의 문수(文殊)·수험기원(受驗祈願)의 에바라사(家原寺), 고대 신대(神代) 건축 양식의 하나인 오오토리(大鳥)신사 등 중요한 문화유산이 있다.

西-바다와 함께 약진(躍進)

사카이는 중세 무렵에 아시아나 유럽제국과의 교역으로 경제·문화가 모두 번영했다. 센노 리큐우(千利休, 1522~1591년)와 연고가 있는 난슈우사(南宗寺), 루손스케자에몬(呂宋助左衛門, 아즈치모모야마·에도시대에 활약한 사카이의 무역상)의 옛집이라고 전하는 다이안사(大安寺) 등 당시의 옛 모습이 연상된다. 근대에 이르러 메이지시대에는 하마데라공원(浜寺公園)이 일본에서 최초로 백사청송(白砂青松)의 공원으로 문을 열어 오늘에 이르고 있다. 주민의 기부에 의해 지어진 목제 양식 등대(洋式燈臺)인 등대는, 옛 사카이항에 현존하는 일본에서 가장 오래된 것이다. 오늘날 바다에 연한 지역에는 근대화 공업지대, 그리고 옛 사카이항 주변에는 워터프런트(waterfront)의 정비계획이 있다.

동서남북을 바라보면서 나에게 가장 인상적이었던 것은 고대와 관련해서 아무런 언급도 하지 않았던 서쪽의 조망(眺望)이었다. 서쪽을 바라보니 오오사카만 연안의 바다가 바로 눈앞에 펼쳐져 있어서 나는 "음, 저곳으로부터……"라고 혼잣말을 하며 어떤 감개(感慨)를 느끼지 않을 수 없었다. 요컨대 고대의 오오사카만 연안인 그곳은 바로 도래인 집단이 바다를 건너왔던 도래 입구[港]였다. 물론 모두 같은 시기가 아니라 몇 번에 걸쳐서 들어온 것이지만, 대체로 세토나이카이를 통해 들어오는 도래 루트는 오오사카만 연안인 이곳이 하나의 종착점이었음에 틀림없다.

그들 도래인 집단은 세토나이카이 연안에서 츄우고쿠(中國), 사이고쿠(西國), 그리고 하리마(播磨)로도 밀도 있게 퍼져 나갔으나, 그 중에서 역시 오오사카만 연안인 이곳에 상륙한 사람들이 가장 강력한 집단이었을 것으로 생각된다. 그리고 그들은 이즈미・카와치・셋쯔로 퍼져 나갔는데, 그것에 대해서는 이즈미(和泉)가 쿠다라(百濟)・하지(土師)였을 무렵의 모즈고분군이나 그곳의 센보쿠구릉에 1천 기가 넘는 스에무라고요적군을 남긴 것을 통해서도 알 수 있다.

나는 서쪽 창문 앞에 놓인 의자에 앉아 파도가 잔잔한 바다를 바라보면서 그러한 생각을 하고 있었는데, 인기척이 느껴져 돌아다보니 신기수 선생도 로비에 와서 동쪽을 바라보고 있었다. 우리 둘은 즉시 인사를 나누고 로비에 있는 찻집에 들어가 차를 한 잔 마시고 곧 나오게 되었다. 나와 신선생은 시청 앞에서 택시를 타고 최종 목적지인 사카이시의 동남쪽, 오오사카부 사야마시(狹山市)에 가까운 카타쿠라(片藏)의 사쿠라이신사로 향했다. 가는 도중에는 토오키키타(陶器北), 쯔지노(軮之), 우에노(上之)라는 지명이 있었는데 쯔지노에는 이것 또한 스에무라고요적군과 관계깊은 '토오키센즈카(陶器千塚)'가 있었고 우에노에는 스에아라타(陶荒田)신사가 있었다.

여기서 먼저 경내 면적이 1,657평인 스에아라타신사부터 살펴보자. 이 신사는 '토오키대궁(陶器大宮)'이라고도 불리는 오래된 신사이다. 아마도 메이지시대 이후의 신사통합 때부터가 아닐까 생각되어지는데, 그 밖에도 경내 말사(末社)로서 야마다(山田)신사, 벤자이텐사(辨財天社), 오오타사(太田社) 등이 있다. 사무소에서 받은 '스에아라타'신사의 유래를 적은 『유서서(由緖書)』에 의하면 다음과 같이 쓰어 있다.

스에아라타신사는 스진(崇神)천황 7년(서기전 90년)에 창건된 것으로 엔기식 내사(서기 90년 제정)의 고사(古社)입니다. 스사노오노미코토(素盞嗚尊)의 10대 자손 오오타타네코노미코토(大田禰古命)가 칙명을 받들어 야마토국(大和國) 오오미와노오오카미(大三輪大神)를 봉재(奉齋)하는 큰 신[大神主]이 되셨을 때 조상의 신령(神靈)을 받들어 제사를 지내기 위해 이곳 스에무라(陶村), 즉 치누노아가타

스에아라와신사

(茅淳縣, 지금의 사카이시 부근) 토오키향(陶器鄕)의 오오타숲(大田森)에 사(社)를 건립한 것이 당사(當社)의 기원입니다. 당사의 부근에 고대인의 집락터와 부근에 살았던 호족들의 분묘라고 생각되는 토오키센즈카(陶器千塚)가 현존하고 있습니다만, 현재는 센보쿠 뉴-타운 등의 토지개발에 의해 그 일부밖에 남아 있지 않습니다. 스에아라타신사는 도기(陶器)의 수호신으로서도 이곳 스에무라(陶邑)라는 중요한 땅에 진좌(鎭座)되었던 것으로 추정되고 있습니다.

신사명 '스에아라타'의 유래는 제신인 타카미무스비노미코토(高魂神命)의 5대손인 쯔루기네노미코토(劍根命) 이후에, '아라타노아타이(荒田直)'라는 사람이 나와서 조상의 봉재를 담당하게 되었으므로, 지명인 '스에(陶)'와 인명인 '아라타(荒田)'를 따서 '스에아라타'로 이름지어진 것입니다. 그 이래로 당사는 토오키향의 씨신으로서 전국민의 존경이 두터웠고, 한편으로는 도기의 생산을 맡은 업자의 수호신으로서 또한 의식주(생활의 신)의 수호신으로서 숭배를 받고 존경을 받아 연연히 제사가 이어져 온 것입니다.

물론 '스진천황 7년(서기전 90년)'이라든지 '스사노오노미코토의 10대손'이라고 하는 것은 허구적 전설에 지나지 않지만, '타카미무스비노미코토'가 토오키향의 씨신이었던 것만은 틀림이 없을 것이다. 더군다나 이 토오키향에 대해서는 같은 『유서서』의 「추기(追記)」에 다음과 같이 씌어 있다.

토오키향(陶器鄕)은 코훈시대부터 헤이안시대에 이르기까지 오랜 세월에 걸쳐서 생활필수품인 스에노우쯔와(陶器, 스에키)를 굽던 도공들의 집락으로, 확인된 가마터는 모두 130여 곳에 이르고 있습니다.…… 이처럼 귀중한 유적이기 때문에 오오사카부 고문화기념물 등을 보존 현창(保存顯彰)하는 규칙에 의해 '토오키산요터(陶器山窯跡)'라는 사적으로 지정되었습니다. 토오키향은 옛날에는 '오오무라향(大村鄕)'이라고 했고 코오조오지촌(高藏寺村)·후카사카촌(深坂村)·덴엔촌(田園村)·쯔지노촌(辻之村)〔이상은 니시토오키촌(西陶器村)〕, 우에노촌(上之村)·키타촌(北村)·후쿠다촌(府久田村 또는 福田村)·이와무로촌(岩室村)〔이상은 히가시토오키촌(東陶器村)〕 등의 여러 마을로 나누어져 있었습니다.

이렇게 보면, 토오키향·토오키촌은 상당히 넓은 지역이었던 것 같다. 쯔지노촌의 쯔지노에 토오키센즈카고분이 있었고, 지금도 그 가운데 하나인 고뵤오야마고분이 남아 있다. 이 고분에 대해서는 사카이시 교육위원회에서 발간한 『사카이의 문화재』에 다음과 같이 씌어 있다.

이 고분이 존재하는 일대는 '토오키센즈카'라고 불립니다. 원래는 글자 그대로 '센즈카(千塚)'라고 불릴 정도로 많은 무덤이 있었을 것으로 생각됩니다. 현재는 몇 기밖에 남아 있지 않습니다(이것도 지금은 거의 소멸되어 있다). 직경 15미터 전후의 원분으로 5세기 말에서 6세기에 걸쳐서 집중적으로 축조되어진 것입니다. 그 가운데에서도 이 고뵤오야마고분은 전방후원분의 형태로 서쪽을 향해 있는 전체 길이 30미터, 높이 약 4미터로, 센즈카고분군 중에서 가장 커서 이 부근 일대의 수장자(首長者)의 무덤으로 생각되어집니다.

그 밖의 고분에서 특기할 만한 것은 고뵤오야마고분의 가까이에 있던 작은 원분

〔小圓墳〕 1기인데, 이것은 학계를 놀라게 한, 일본에서 최초로 발견된 카마도즈카(カマド塚, 화덕총)로 화장(火葬) 가마가 있는 매장시설입니다. 즉, 스에키의 생산 가마와 같은 구조를 삼나무의 통나무로 만들고 사체를 내부에 안치해서 분구(焚口)에서 연료를 태워 시신을 화장하는 방법입니다. 일본의 화장은 『속일본기』에 의하면 승려인 도오쇼오(道昭)가 8세기 초에 야마토에서 행한 것이 최초라고 되어 있습니다. 그렇지만 그보다 1,000년이나 오래된 것입니다. 토오키센즈카는 스에키 제작 공인들과 관계가 있는 고분군으로 화장과 분묘라고 하는 합리적인 시설은 스에키가 마을 응용한 것이 확실하나, 화장의 풍습이 자생한 것인지 그렇지 않으면 이미 대륙에서 불교가 전해져서 그에 따라서 행해진 것인지는 명료하게 밝힐 수 없습니다. 그러나 전자일 가능성이 강한 것으로 생각됩니다.

갑옷, 투구, 철제 무기 등의 부장(副葬)이 눈에 띄는 호족적 지배층 등의 모즈 고분군에 비해서 이쪽의 토오키센즈카고분군은 공인층 등의 무덤이었던 것 같다. 그리고 모즈고분군 가운데에서도 소멸된 것도 있지만 수십 기가 아직 고스란히 보존되어 있다. 그런데 이쪽 토오키센즈카의 무덤들은 거의 소멸되었고, 다만 한 곳 고묘오야마고분만이 남아 그 명맥을 유지하는 것은 왠지 쓸쓸한 느낌이 드는 것이었다.

타지하야히메신사 · 사쿠라이신사

이번에는 오오사카부 사카이시 지역에 있는 신사와 사원을 살펴보기로 하자. 먼저 앞에서 살펴본 스에아라타신사와 마찬가지로, 스에무라고요적군을 남긴 스에키 제작 공인들과 깊은 관계가 있는 타지하야히메(多治速姬)신사이다. 이 신사는 센보쿠 뉴-타운에 있고 신사의 본전(本殿)이 국가 중요문화재로 지정되어 있다. 또한 다음에 살피게 될 근처의 사쿠라이신사는 그 배전(拜殿)이 국보로 지정되어 있다.

거대한 고층아파트가 즐비하게 들어서 있는 센보쿠 뉴-타운 일대는 원래 구릉지였던 곳으로, 단지 사이 도로의 기복이 심하다. 이곳은 공원으로도 조성되어 있는데, 타지하야히메신사는 그 중에서도 아직 많은 수목이 남아 있는 높은 언덕 위에 자리잡고 있었다. 신사의 사무소에서 얻은 『타지하야히메신사 안내기』를 보니 훌륭한 문장으로 다음과 같이 씌어 있었다.

1963년 센보쿠 뉴-타운 조성 계획에 의해서 당사도 그 구역 내로 편입되어 아라야마(荒山)공원을 중심으로 푸른 산에 둘러싸인 유서 깊은 경승지로 변했다. 봄에는 벚꽃·산진달래, 여름에는 푸른 잎에 산두견새, 가을에는 낙엽과 연못 가에 비치는 저녁달, 겨울에는 많은 나무에 쌓인 설경과 사계절의 경치는 말할 것도 없고, 먼 경치로는 서쪽의 치누노우미에 떠 있는 아와지섬(淡路島)과 록코오(六甲), 동쪽의 콘고오(金剛), 카쯔라기(葛城)의 연봉(連峰), 가까이에는 뉴-타운의 장대한 모습이 전개되어, 근대 도시이면서도 1,500년 전의 가마터와 연못이 있고 자연과 인공미를 겸비한 하나의 커다란 낙원이다.

이 유서 깊은 신사의 신위(神威)를 보다 더 높이기 위해, 1965년 말부터 3개년에 걸쳐 거액의 비용을 들여 배전, 참집전(參集殿), 사무소 신관(神館)이 크게 개축되었다. 그리하여 약 2만 3천 제곱미터(약 7천 평)의 땅에 신구가 조화된 아름다운 모습이 드러나기에 이르렀다.

나와 신기수 선생이 이곳을 방문했던 날은 날씨가 개어 있었으나 유감스럽게도 바다 쪽은 날씨가 좋지 않아 치누노우미에 떠 있는 섬 등은 볼 수 없었다. 타지하야히메신사는 이 일대의 중심적 진수(鎭守)답게 먼저 본 스에아라타신사 이상으로 많은 경내 신사를 가지고 있었다. 그 경내사들은 모두 메이지시대에 합사(合祀)된 것으로, 그 합사에 관해서『타지하야히메신사 안내기』에는 계속해서 다음과 같이 씌어 있었다.

주제신(主祭神)은 여신(女神) 타지하야히메노미코토(多治速比賣命)로 순산(安産)・결연・재앙을 막는 수호신으로서 두터운 숭배를 받고 있다. 더욱이 곤겐(權現, 부처나 보살이 중생을 구하기 위해 여러 모습으로 나타나는 것 또는 그 모습, 신 자체를 가리킴)의 삼체(三體)도 합사되고, 특히 스가와라노미치자네(菅原道眞)가 학문의 신 '텐진사마(天神樣)'로 추앙되어 매월 25일에는 참례하는 사람이 줄을 이었다고 당사에 소장된 텐진연기(天神緣起)에 기록되어 있다. 또한 본전의 좌우에 자리잡고 있는 사카노우에사(坂上社)・카모다사(鴨田社)는 모두 엔기식 내사로, 메이지시대 말기에 히라이촌(平井村)・다이헤이지촌(大平寺村)으로부터 합사된 고사(古社)이다.

또한 경내 말사(末社)에 스미요시사(住吉社)・카스가사(春日社)・미와사(大神社)・쿠마노사(熊野社)・시라야마사(白山社)・후쿠이시사(福石社)・이나리사(稻荷社)와 와다촌(和田村)・후세오촌(伏尾村)으로부터 합사된 하치만사(八幡社), 오바촌(大庭村)으로부터 합사되어진 벤텐사(弁天社) 등 모두 800에 이르는 수많은

타지하야히메신사의 본전

신들이 진좌되어, 모두를 합쳐서 아라야마궁(荒山宮)이라 불린다.

그런데 합사되어 아라야마궁에 모셔진 수많은 신들이야 어찌 되었든 간에, 타지하야히메신사의 주제신인 '타지하야히메노미코토'는 과연 어떠한 존재였을까. 다른 수많은 신들과 마찬가지로 명칭만으로는 구체적으로 어떠한 것이었는지 잘 알 수 없을 뿐만 아니라, 긴 세월 동안 제신이 바뀌기도 했기 때문에 더더욱 알 수 없다.

그러나 사카이시 교육위원회에서 펴낸 『사카이시의 문화재』를 보면 그것에 대해 다음과 같이 씌어 있다.

이 신사의 제신은 타지하야히메로, 스사노오노미코토, 스가와라노미치자네를 함께 모시고 있습니다. '타지하야히메'라는 분은 야마토타케루노미코토(日本武尊)의 황후로, 그가 동정(東征, 동쪽을 정벌하는 것)할 때에 야이즈(燒津, 靜岡縣)의 적을 토벌하고 우라가스이도오(浦賀水道)를 건너려고 했습니다.

그때 그 땅의 바다신이 가로막아 배가 앞으로 나아가지 못하자, 황후는 물 위에 피첩팔중(皮疊八重)·관첩팔중(菅疊八重)을 겹쳐서 기도하면서 물 속으로 들어가

한국의 가옥과 닮은 사쿠라이신사의 배전

인신공양(人身御供)하여 바다신의 기세를 누그러뜨렸다고 『고사기』에는 씌어 있습니다. 아즈마국(東國, 일본 동부지방의 옛 이름)의 바다에 사랑하는 분을 위해 목숨을 끊었던 아름다운 황후가 어째서 이 언덕 위에 모셔지게 되었던 것일까요?

물론 이같은 내용은 허구적인 신화의 경지를 벗어나지 못하는 것이다. 『사카이시의 문화재』에는 계속해서 타지하야히메신사의 본래의 모습에 대해서는 다음과 같이 서술하고 있다.

사카이시의 남부 구릉이라 하면 장차 인구 18만여 명의 대주택지가 형성된다고 하는 센보쿠구릉의 입구에 가깝고, 그 정상에 우뚝 솟아 있는 지붕은 세간에서 흔히 '아라야마궁'이라 불리는 이 신사의 본전인 것입니다. 이 부근에서부터 사쿠라이신사 가까운 솔송나무의 구릉에 걸쳐서는, 500여 기의 고대 가마터와 50기 이상이나 되는 고분군이 있습니다. 아마도 먼 옛날부터 선진적인 기술자들이 많이 살아 번영했던 집락이 있었던 것을 상상할 수 있습니다.

결국 '500여 기의 고대 가마터와 50기 이상이나 되는 고분군'을 만들었던 사람들과 타지하야히메신사와는 밀접한 관계가 있다. 그것은 또한 '먼 옛날부터 선진적인 기술자들이 많이 살아 번영했던 집락'의 진수사(鎭守社)가 아니었겠느냐는 내용으로, 나 역시 그렇게 생각하고 있다. 그리고 그들이 모셨던 여신은 그들의 수호신이 되었던 것임에 틀림없다.

계속해서 이번에는 사쿠라이(櫻井)신사를 살펴보기로 하자. 이 신사는 타지하야히메신사와는 달리 그 제신이 누구인지 확실히 밝혀져 있다. 특히 사쿠라이신사의 배전은 일본의 국보로 널리 알려져 있다. 더욱이 배전의 건축법은 한국의 건축법과 무척 닮았다고 하는 이야기를 들은 적이 있다. 사실을 말하자면 나는 20여 년 전에도 이곳에 온 적이 있다. 당시 타지하야히메신사도 같이 방문했었는데 그때 두 신사에 관해서 내가 쓴 글을 소개하면 다음과 같다.

배전은 카마쿠라시대 초기에 세워진 신사의 배전으로서는 일본 최고(最古)의 건축으로 알려진 것이나, 간단히 말하면 한국에서도 일본에서도 볼 수 있는 장옥문(長屋門, 들보를 길게 한 문)과 같은 것이었다. 도리(桁行, 기둥 위에 걸치는 횡목의 단위) 5칸에, 양간(梁間, 대들보 길이)이 3칸으로 맞배집식〔切妻造〕을 바탕으로 하는 본기와를 올린 지붕으로 중앙 1칸이 메도우(馬道, 한국어로는 마도. 옛날 건물과 건물 사이에 두꺼운 판자를 걸쳐 놓고 복도처럼 통행했던 곳)라고 부르는 토방(土間)으로 이루어진 이른바 할배전(割拜殿)이라는 것이었다. 그 안으로 들어가 토방에서서 보면 천장은 색채가 없는 지붕 그대로였다. 한국의 가옥 구조와 무척 닮아서 나에게는 왠지 정겨운 느낌을 자아내게 했지만 이 신사의 제신은 오오진(應神)천황, 츄우아이(仲哀)천황, 진구우(神功)황후로 되어 있었다.

그들은 다른 많은 신사의 제신이기도 했기 때문에 특별한 일은 아니었다. 그러나 나는 궁사인 이노모리 쿠니토시(井守國俊) 씨로부터 신사의 제신을 해설한『사쿠라이신사의 유서약기(由緒略記)』를 받은 김에, 앞서의 사카이시 교육위원회에서 펴낸 『사카이의 문화재』의「사쿠라이신사」에 서술된 다음 대목을 들려주며 이것에 대해서는 어떻게 생각하는지 물어보았다.

「사쿠라이신사」에는 다음과 같이 쓰여 있었다.

"이 신사가 창건된 것은 유구한 먼 옛날로, 헤이안시대 초기의 법령집 『엔기식』의 신명장에도 나와 있습니다. 현재의 제신은 진구우황후와 오오진·츄우아이천황을 함께 모시고 있습니다만 옛날에는 사쿠라이씨(櫻井氏)의 조상을 받들던, 이른바 씨신이었다고 생각할 수 있습니다. 이 주변 일대의 산들에는 일본에서 가장 오래되고 또 최대의 규모라고 말할 수 있는 고대의 스에키가마터가 산재해 있고, 이러한 기술을 대륙에서 가지고 온 귀화씨족인 사쿠라이씨의 조상신을 받들어 모셨던 것으로 생각됩니다."

내가 위의 내용이 맞냐고 묻자, 이노모리 씨는 터무니없는 내용이라고 손을 내저으며 부정했다. 우리 둘의 대화는 다음과 같이 이어졌다.
"이 신사는 부사(府社) 승격 당시에 저의 조부가 부(府)에 제출한 신고서에 확실히 씌어 있습니다만 제신은,"
"오오진천황 등이군요."
"그렇습니다. 현재 이 부근에는 '사쿠라이'라는 이름을 내세우는 사람이 많습니다만……"
"그들도 모두 처음부터 일본인이었고, 소위 말하는 귀화씨족의 자손은 아니라는 말씀이군요."
"그렇습니다. 그렇습니다."
내가 노궁사에게 쓸데없는 것만을 묻고 있었다. 일반적으로 그렇게 믿고 있는, 또는 믿을 수밖에 없는 입장에 있는 궁사로서는 그 제신에 관해서 물어서는 안 되는 것이었다.
1995년 4월, 20여 년 만에 신기수 선생과 함께 사쿠라이신사를 찾았을 때에도 신사 전체를 대충 한번 보고 나서 그때의 노궁사가 아직 계실까 생각하면서 사무소 쪽으로 가 보았다. 가서 보니 신사의 궁사는 이미 바뀌어 있었으나 반갑게도 새 궁사는 나를 알고 있는 분이었다. 그는 내가 어느 문화회관인가에서 행한 강연을 들은 적이 있다며 나를 기억하고 있었다. 하지만 나는 그 강연 중에 사쿠라이신사에 대해 앞서와 같은 내용을 언급했을 것임이 틀림없으므로 조금 묘한 기분이 들었다. 그러나 새 궁사는 상냥한 노인으로 혼자 웃으면서 빠른 어조로 여러 가지를 내게 이야기해 주었다.

그것은 그가 나의 묘한 마음을 헤아렸기 때문인지도 모르겠으나 새로운『사쿠라이신사유서약기』와 함께 건네는 명함을 보니, 선대(先代)와 같은 성을 써서 이노모리 세쯔(井守節)라고 씌어 있었다. 그리고 우리가 묻지도 않았는데 그 자신은 타지하야히메신사 쪽에서 온 데릴사위라고 소개했다.

나는 왠지 서먹서먹한 기분이 들어 얼른 궁사와 헤어지고는 신 선생과 함께 대절한 택시를 탔다. 그리고 달리는 택시 안에서 막 받아온『사쿠라이신사유서약기』를 펼쳐 보았다. 상당히 긴 내용으로 서두 부분과 국보인 배전 부분에는 다음과 같이 씌어 있었다.

당사의 창립은 아득히 먼 옛날의 일로, 사기(社記) 및 여러 문헌에 이 지방에 거주하는 사쿠라이아손(櫻井朝臣)의 일족이 그들의 조상인 타케시우치노스쿠네노미코토(武內宿禰命)를 봉안한 사실이 기록되어 있다. 스이코(推古)천황 5년(597)에 하치만궁을 합사해서 니와다니(上神谷)하치만궁이라고도 불리며, 오오진천황·츄우아이천황·진구우황후를 봉안하고 있다.

예부터 이즈미국 오오토리군 카무쯔미와향(上神鄕)의 총진수(總鎭守)로서, 다이고(醍醐)천황이 재위하던 967년에는 격(格)이 가장 높고 관폐사(官幣社)의 반열에 오르게 되었다. 역대 황실은 이 신사를 두텁게 숭경(崇敬)해서 일이 있을 때마다 그때그때 기원을 드리고 신령(神領)으로서 장전(壯田)을 기부했다고 한다.

이전에 선대로부터 받은 것은『사쿠라이신사의 유서약기(櫻井神社の由緖略記)』이고, 이번에 새 궁사로부터 받은 것은 '의(の)'를 생략한『사쿠라이신사유서약기(櫻井神社由緖略記)』라는 이름의 책으로, 내용 역시 예전의 것하고는 상당히 다른 것이었다. "사기 및 여러 문헌에는 이 지방에 거주하고 있던 사쿠라이아손(櫻井朝臣) 일족이 그들의 조상인 타케시우치노스쿠네노미코토를 봉안했다"라는 내용으로 보아 사쿠라이 일가의 장(長)인가가 '아손〔朝臣, 8성(八姓)의 제2위에 해당하는 칭호〕'에 올랐을 것이라는 사실은 알겠으나, 그들의 조상이 '타케시우치노스쿠네노미코토'라고 기록한 것은 어찌된 일인지 잘 알 수가 없었다.

그렇다고 하더라도 전에 받았던 책과는 달리, 『사카이의 문화재』에 언급된 "이 주변 일대의 산과 들에는 일본에서 가장 오래되고 최대의 규모라고 일컬어지는 고대의 스에키가마터가 산재해 있고, 이와 같은 기술을 대륙에서 이입한 귀화씨족인 사쿠라이씨의 조상신을 모신 것일 것이다"의 그 사쿠라이씨, 즉 사쿠라이씨 일족에 대해서 분명히 씌어 있었다.

또한 경내의 말사 등에 대해서나 신사의 건축으로서는 최고라고 하는 배전에 대한 것까지 상세히 적혀 있었다. 이것도 이 신사에 있어서는 중요한 것이기 때문에 그것을 인용하면 다음과 같이 씌어 있다.

케이오우(慶應) 4년(1868) 신불(神佛) 분리에 즈음해서, 불상·불구·경권(經卷) 등은 카타쿠라(片藏)의 킨후쿠사(金福寺)로 이관하고, 아미타당(阿彌陀堂)은 따로 호케사(法華寺)에 양도했다. 또 종루(鐘樓)는 미코시야도리(神輿庫, 신위를 모신 가마를 수납하는 곳)를 개조해서 현재에 이르고 있다. 1871년(메이지 5년) 향사(鄕社)로 모시고, 1908년에서 1910년에 걸쳐 옛 니와다니촌(上神谷村) 내의 쿠니신사(國神社) 외 9사를 합병했다. 1917년 배전이 특별보호건조물(特別保護建造物)로 지정되고, 1928년에는 그 해체수리가 행해졌다. 또 1931년에는 중문(中門) 등을 신축하고, 더욱이 1941년에는 사무실을 이전·개축하여 경내 정비를 완성해서 신사의 면모를 일신했다. 이듬해 1942년에는 오오사카부의 부사(府社)로 승격되어 한층 신위의 존엄을 더했다. 전후 1951년에 문화재보호법의 시행을 토대로 당사의 배전은 1953년 11월 14일 오오사카의 신사건축으로서는 스미요시대사(住吉大社) 본전 4사와 함께 일본의 국보건조물(國寶建造物)로 지정을 받았고, 1978년에는 지붕을 교체하는 등 보존 수리가 행해졌다.

국보인 배전은 카마쿠라시대 전기(1185년)의 건축물이다. 목조 맞배집 구조 본기와(本瓦葺)를 올린 건축물이다. 이른바 구가법(構架法)이라 불리는 오래된 축조법으로, 지붕의 경사가 완만하고 처마는 둥근 기둥 위에 주주목(舟肘木, 배 모양 도리)으로 힘을 받치고, 벽은 기둥과 기둥 사이에 큰 대들보(大虹梁)를 걸치고, 마고(蟇股, 개구리 뒷다리 형상의 조각) 두 개를 놓아 그 위에 대들보를 걸치고, 다시 마고를 놓고 동목(棟木, 마룻대로 쓰는 목재)을 올렸다.

내부는 중앙을 토방(土間, 봉당)의 통로(馬道)로 한 할배전(割拜殿)으로 좌우 사이는 판자를 대거나 붙이고 천당호(棧唐戶, 문짝의 일종)를 넣고 있다. 이 배전의 특징은 각 부분에 간소하고 명쾌한 카마쿠라 건축 수법을 나타내고, 특히 벽장식인 이중으로 된 대들보 마고의 조형이 웅장해서 신사 배전으로서는 최고의 건축이다.

위의 내용으로 신사의 배전에 대해서는 잘 알 수 있다. 그리고 이 신사도 또한 합사가 되어 신사가 9사나 되었다. 더욱이 그 중에 쿠니(國)신사, 야마이(山井)신사는 본사인 사쿠라이신사와 함께 엔기식 내사였다. 그리고 그 신사들은 모두 배전과 마주하는 사쿠라이신사 본전의 뒷산에 모여 있었다.

그 뒷산에 어쩌면 고분이 있었던 것은 아니었을까 하고 생각되기도 했으나, 그것이야 어찌 되었든 간에 사쿠라이신사에서는 매년 10월 초에 일본의 무형문화재로 지정되어 있는 향토예능(鄕土藝能)인 '코오도리' 라는 것이 봉납되어 있다. '코오도리' 란 원래 지금은 합사가 된 쿠니신사에 봉납되는 신사무용(神事舞踊, 신에게 제사 지내는 무용)이었던 것이다.

일본 최초의 대승정, 백제계 교오키

우리들은 사쿠라이신사를 벗어나 택시를 타고 곧바로 센보쿠(泉北)고속철도의 이즈미가오카(泉ヶ丘)역에 도착했다. 여기서부터는 각각 다른 방향의 전차를 타야 했기 때문에 사카이시에 사는 신기수 선생과 나는, 이미 날이 저물어 있었으므로 그 역사의 1층에 있는 선술집에서 맥주 한 잔을 하게 되었다.

거기서 신 선생은 가까이에 살고 있다는 전 아사히신문 기자 이나가키 토요히코(稲垣豊彦) 씨에게 전화를 걸었다. 술 한 잔 하자는 신 선생의 전화를 받고 이나가키 씨는 곧바로 나와 주었다. 이나가키 씨는 전부터 나의 이 유적기행 일에도 많이 협력을 해주고 있어서 나도 잘 알던 분이었다. 또한 언젠가 사카이시 로터리클럽에서 주최했던 나의 강연회를 주재한 분도 바로 이분이었다.

우리들은 함께 맥주잔을 손에 쥐고 안부를 주고 받았는데, 그때의 주된 화제가 된 것이 바로 나와 신 선생이 방금 다녀왔던 사쿠라이신사에 관한 것이었다. 나는 두 사람을 향해서 다음과 같은 것을 이야기했다.

1994년 4월 14일 NHK TV의 「수세공일본(手仕事日本)」이라는 짧은 프로그램에서 '이즈미의 빗(和泉櫛)'이라는 것이 소개된 일이 있었다. 유감스럽게도 나는 그것을 처음부터 볼 수는 없었는데, 여하튼 백제에서 그 빗을 만든 기술자들이 상륙한 그곳에 그들을 모신(그렇다고 하면 그 기술자들의 수장이었을 것이다) '야시나(八品)신사'라는 것이 있다는 내용이었다.

그런데 내가 이 원고를 쓰기 위해 이즈미시를 방문해서 야시나신사에 관해서 이곳 저곳 물어 보았을 때, 그 신사에 관해서 아는 사람은 전혀 없었다. 특히, 이즈미시의 중심적 신사인 시노다묘오진(信太明神)의 히지리(聖)신사를 방문했을 때에도 그러한 신사는 이곳 이즈미시에는 없다는 말을 분명히 전해 들었던 것이다. 나의 이러한 의문을 들은 이나가키 씨는 조사해 보겠노라고 약속했다. 그리고 나서 우리들은 헤어져서 나는 토오쿄오로 돌아왔는데 2, 3일 후에 마치 내 뒤를 좇아오듯이 이나가키 씨로부터 편지가 날아왔다.

놀랍게도 그 야시나신사는 내가 이미 방문했던 오오사카부 카이즈카시(貝塚市)의 니시키노하마(二色ヶ浜)라는 곳에 있었다. 이나가키 씨가 편지에 동봉한 어딘가에서 복사한 구분(區分) 지도를 보니, 그곳은 난카이(南海)전철 본선인 니시키노하마역에서 가까운 곳으로 야시나신사의 이름도 분명히 나와 있었다. 요컨대 나는 '이즈미의 빗'이라는 타이틀만 보고 야시나신사가 이즈미시에만 있을 것으로 생각하고 있었던 것이다.

'이즈미'라는 곳은 '이즈미국(和泉國)'을 가리키는 것이므로 카이즈카시 역시

야시나신사

이즈미국에 속함에도 불구하고 어설피 생각하고 만 것이었다. 굳이 억지를 쓰자면 이즈미에는 이즈미사노, 이즈미오오쯔 등과 같이 '이즈미'가 붙은 지명이 많았기 때문에 오히려 그렇게 생각했는지도 모르겠다.

그것이야 어찌 되었든 간에, 이번 방문에서는 사카이시의 에바라지정(家原寺町)에 있는 에바라사(家原寺) 등의 지역을 찾아보기로 예정하고 있었으나, 나는 텐노오지(天王寺, 지명)·아베노(阿倍野)의 숙소를 서둘러 나와서 우선 카이즈카의 야시나신사를 찾아보기로 했다.

이나가키 씨가 보낸 지도에 있는 그대로 난카이전철 본선의 니시키노하마역에서 내려서 백제에서 빗을 만드는 공인들이 상륙했다고 하는 해안 쪽을 향해서 걸어가 보았다. 가는 도중에 어떤 사람에게 한 번 묻기는 했지만 야시나신사는 바로 찾을 수 있었다. 신사 주위에는 새로 집들이 들어서 있었고, 거리 또한 새롭게 조성된 곳이었다. 야시나신사는 그 지역에서는 유일하게 구릉 위에 위치하고 있었다. 신사의 토리이 옆에 카이즈카시 교육위원회가 세운 간판에는 「야시나신사와 코기향(近義鄕)」이라는 제목으로 다음과 같이 씌어 있었다.

> 신사의 창건은 확실하지 않지만 아메노쿠시타마노미코토(天櫛玉命)를 제신으로 하고, 예부터 '빗의 신(櫛神)'으로서 일본전국의 나무로 빗을 만드는 공인과 상인들로부터 존경을 받아왔다. 사전(社殿)에는 봉납된 빗그림 액자(櫛繪馬)가 걸려 있고, 경내에는 석조로 된 분묘 쿠시즈카(櫛塚)가 조영되어 있다. '코기향의 빗'은 헤이안시대에 후지와라노아키히라(藤原明衡)가 저술한 『신원락기(新猿樂記)』에 '이즈미의 빗(和泉櫛)'으로서 소개되어 있는 이 지역의 특산물이다. 근처의 마을에는 '야시나(八品)'라는 이름의 근원이 된 전설도 남아 있다. 신사는 1910년에 미나미코기(南近義)신사로 합사되어 현재는 사와정회(澤町會)가 관리하고 있다.

나는 스에키 공인만이 아니라 빗을 만들던 공인들까지도 아메노쿠시다마노미코토라는 제신이 되어 모셔지고 있구나 하는 생각을 하면서, 신사의 토리이를 빠져 나와서 돌계단을 올라 신전을 한 바퀴 둘러보았다. 신전이 위치한 곳은 주위의 평지보다 조금 높은 언덕으로 되어 있었기 때문에 이곳도 원래는 고분이 아니었을까 하는 생각을 하기도 했지만, 그렇다고 해도 "미나미코기신사에 합사되었다"라는 기술에도 불구하고 여전히 사전이 이곳에 남아 있는 것은 어찌된 일인가라는 의문이 생겼다. 더구나 신사의 주위는 새로운 민가가 들어서서 경내가 좁아져 있었으나 빈틈없는 관리 탓인지 주변은 깨끗하게 청소되어 있었고, 사전 왼쪽의 쿠시즈카도 깔끔하게 서 있었다.

합사된 야시나신사가 지금도 여전히 그곳에 남아 있는 것은 쿠시즈카의 조영에서 알 수 있듯이 예부터 일본 전국의 빗 제작자와 상인에게 존경받아 왔으며, 그러한 존경이 현재도 여전히 계속되고 있기 때문인지도 모르겠다. 또한 야시나신사가 합사되었다고 하는 미나미코기신사는 현재 카이즈카시 오오지정(王子町)에 속하는 곳인데, 이곳은 앞에서 보았듯이 원래 신라에서 도래한 씨족인 '코기(近義)씨족'이 있던 땅이었다.

'코기'와 미나미코기신사가 있는 오오지정의 '오오지(王子)'라는 지명이 어떤 관계에 있는지는 잘 모르겠다. 하지만 하시모토 시게조오(橋本繁造) 씨의 『도래인의 발자취－오오사카라는 지명을 거슬러 올라가』를 보면, "코기는 도래지명이라 생각할 수 있는데 코기씨의 거주가 그 발단이라고 생각된다"라고 적고 있다. "신라·백제 등에서 국왕을 '칸키(干岐)' 또는 '칸키(旱岐)'라 불렀기 때문에 그것이 전와되어 '칸키'가 '콘키'로 되고, 그 차자(借字)로서 '코기(近義) 또는 콘기·코기(近木)'로 적게 된 신라의 왕칭에 연유된 지명으로 생각된다"라고 풀이하고 있다.

야시나신사에 이어서 나는 백제계 교오키(行基)가 태어난 사카이시 에바라사를 찾았다. 내가 이곳을 찾은 것은 물론 이번이 처음은 아니었다. 왜냐하면 이미 몇 차례 언급했듯이 나는 교오키에 관해서 『교오키의 시대』(아사히신문사 발행)라는 장편뿐만 아니라 몇 권의 책을 저술했기 때문에 지금까지 몇 번인가 방문한 적이 있었다. 그러나 이번에 방문한 것은 참으로 오래간만의 일이었다. 1만 6천 평의 경내를 소유한 에바라사는 지원(支院, 본사 경내의 작은 절) 등의 정비가 진행되어 예전에 비해 상당히 바뀐 모양이었다. 특히 동쪽의 작은 언덕 위에 우뚝 솟아있는 새롭게 조영된 3층탑은 석양에 눈이 부실 정도로 빛나고 있었다.

내가 에바라사를 찾았을 때도 역시 사카이시에 사는 신기수 선생과 동행했는

에바라사 본당

데, 우리들은 동쪽 문으로 들어가 본당〔文殊堂〕에서부터 개산당(開山堂), 교오키즈카(行基塚) 순으로 둘러보았다. '교오키즈카'는 '교오키탄죠오즈카(行基誕生塚)'라고도 불리는 분묘로, 어째서 이것이 분묘가 되는지는 알 수 없었다. 하지만 나라시대의 민중불교자로 훗날 일본 최초의 대승정에 오른 교오키가 여기에서 태어난 때는 한국에서 백제에 이어 고구려가 멸망한 서기 668년경이었다.

교오키는 앞에서 살펴본 바와 같이 백제계 타카시씨족의 타카시노사이치(高志才智)의 아들이었는데 무슨 이유에서인지 그가 태어나고 자란 곳은 교오키의 외가인 에바라(家原)였다. 어머니는 '코니히메(古爾比賣)'라는 분으로 그녀의 아버지, 즉 교오키의 외조부는 하치다노오비토토라미(蜂田首虎身)라고 하는 약사(藥師, 의사)로 하치다씨 역시 타카시씨와 같은 '백제계 씨족'이었다. 교오키는 그 외가에서 교육을 받고 나서 15세에 출가하여, 당시 소가(蘇我)씨족의 씨사에서 관사(官寺)로 바뀌어 있던 야마토아스카(大和飛鳥)의 호오코오사(法興寺,

飛鳥寺)에 들어가, 도오쇼오〔道昭, 역시 백제계로 후나(船)씨족 출신으로 일본 법상종(法相宗)의 원류〕에서 '법상대승(法相大乘)과 이타(利他)의 행(行)'을 배웠다.

교오키의 스승이 되었던 도오쇼오는 당시 고승의 한 사람으로 그가 죽자 유언에 의해 그의 유해는 화장되었는데, 이것이 일본에 있어서 화장(火葬)의 시초라고 한다.

나카오 타카시(中尾堯)·이마이 마사하루(今井雅春)가 편찬한 『일본명승사전(日本名僧辭典)』에는 도오쇼오에 관해 다음과 같이 씌어 있다.

호오코오사에서 후진을 지도하고 있던 도오쇼오는 이윽고 자신의 가르침을 실천하려고 이곳 저곳을 돌아다니며 길가에 우물(당시에는 우물이 매우 적었다고 한다)을 파기도 하고 교통의 요지에는 나룻배를 설치하거나 다리를 만들기도 했다. 쿄오토부(京都府) 야마시로국(山城國)의 우지교(宇治橋), 야마자키교(山崎橋)는 그가 만든 다리로 알려져 있고, 오오사카의 스미요시구(住吉區)에 있는 연못 도오쇼오지(道昭池)도 그가 만든 것이라 한다. …… 도오쇼오가 천하를 돌아다닌 것은 10년 남짓한 기간이었는데, 이윽고 조정의 칙청(勅請)에 의해 선원(禪院)에 머물게 된다.

'칙청'이라 함은 그와 같은 사회적 행동을 금지시킨 것으로, 교오키는 33세가 되던 서기 700년에 스승 도오쇼오가 죽자 이즈미의 고향으로 돌아가 우선 자신의 생가를 민중을 위한 사원(에바라사)으로 바꿈과 동시에 도오쇼오의 뜻을 이어받아 본격적인 민중불교자로서의 길을 걷기 시작했다.

후지모토 아쯔시(藤本篤) 씨가 펴낸 『오오사카부의 역사』에는 「교오키의 사적(事跡)」이라는 항이 있는데 다음과 같이 씌어 있다.

교오키는 당시 관사에 안주하는 관승이 민중의 구제보다도 국가에 봉사하는 것에 싫증이 나서 민간에 나와 구세사업과 교화에 힘썼다. 그 때문에 민중은 그를 대단히 존경했고 그가 가는 곳마다 그의 뒤를 따르는 사람이 수천을 헤아릴 정도로 대단히 많았으며 다투어 예배했다고 한다. 또한 그의 제자도 곳곳에 매우 많았는데, 그 제

교오키가 민중과
함께 쌓았다는 흙탑

자라 칭하는 사람들 중에는 주법(呪法)을 행하여 민심을 어지럽힌 사람도 있었다.

그래서 관에서는 요오로오(養老) 원년(717) 4월에 교오키와 그 제자의 포교·전도를 일체 금지시켰으나, 이미 민중 사이에 깊이 뿌리를 내린 그의 힘은 금령(禁令) 정도로는 쉽게 억누를 수 없었다고 한다. 그의 교화사업은 이러한 민중의 힘을 이용한 권업(勸業, 산업을 권장함)과 연결되어 있다.

『속일본기』에 의하면 교오키는 "몸소 제자를 이끌고 위험한 곳에 다리를 만들고 제방을 쌓았다. 그것을 들은 사람들은 모두 와서 협력했다"라고 기록되어 있는데, 때문에 대규모의 토목공사에 착수하더라도 금방 완성했다고 전해지고 있다. 키시와다시(岸和田市)의 쿠메다지(久米田池)는 교오키가 만든 센슈우 최대의 연못으로, 그 밖에도 카와치(河內) 제일의 연못인 사야마지(狹山池, 南河內郡狹山町)를 비롯해서 그의 지도로 만들어진 연못이나 제방·송수관 등이 대단히 많다. 『교오키연보』에 의하면 지역별로 다음과 같은 공사가 행해졌음을 알 수 있다.

카와치 狹山池·古林溝·大庭堀川·高瀨堤桶·韓室堤桶·(茨田堤桶)
이즈미 土室池·長土池·薦江池·檜尾池·茨城池·鶴田池·久米田池溝·物部田
        池溝·神前船息所(港)

行基四十九院一覧

	院（寺）	所在	行基年譜 行基年齢	行基年譜 建立年	備考
1	大修惠(高藏)院	和泉國大鳥郡大村里	三八	慶雲二	堺市
2	恩光寺	大和國平群郡庄室村	四九	靈龜二	奈良縣
3	隆福(登美)院	大和國添下郡登美村	五一	養老二	奈良市
4	石凝院	河內國河內郡日下村	五三	四	東大阪
5	喜光(管原)寺	石京三條坊	五五	六	奈良市
6	清淨上(古渚)院	和泉國大鳥郡葦田里	五七	神龜元	堺市
7	尼院	和泉國大鳥郡日下部	五七	元	堺市
8	久修園(山埼)院	河內國交野郡一條內	五八	二	枚方市
9	檜尾池院	和泉國大鳥郡和田鄉	五九	三	堺市
10	大野寺	和泉國大鳥郡大野村	六〇	四	堺市
11	尼院	和泉國大鳥郡大野村	六〇	四	堺市
12	善源(川堀)院	攝津國西成郡津守村	六三	天平二	大阪市
13	尼院	攝津國西成郡津守村	六三	二	大阪市
14	船息院	攝津國兎原郡宇治鄉	六三	二	神戶市
15	尼院	攝津國兎原郡宇治鄉	六三	二	神戶市
16	高瀬橋院	攝津國嶋下郡穂積村	六三	二	茨木市
17	尼院	攝津國嶋下郡穂積村	六三	二	茨木市
18	楊津院	攝津國河邊郡楊津	六三	二	川西市
19	挾山池院	河內國丹比郡狹山里	六四	三	大阪府
20	尼院	河內國丹比郡狹山里	六四	三	大阪府
21	崑陽施院	攝津國河邊郡山本	六四	三	伊丹市
22	法禪院	山城國紀伊郡深草鄉	六四	三	京都市
23	河原院	山城國葛野郡大屋村	六四	三	京都市
24	大井院	山城國葛野郡大井村	六四	三	京都市
25	山埼院	山城國乙訓郡山前	六四	三	京都市
26	隆福尼院	大和國添下郡登美村	六四	三	奈良市
27	枚方院	河內國茨田郡伊香村	六六	五	枚方市
28	薦田尼院	河內國茨田郡伊香村	六六	五	枚方市
29	隆(久米多)院	和泉南郡下地田	六七	六	岸和田
30	深井尼院(香琳寺)	和泉國大鳥郡深井	六七	六	堺市
31	吉田院	山城國愛宕郡	六七	六	京都府
32	沙田院	攝津國住吉	六七	六	大阪市
33	吳坂院	攝津國住吉郡御津	六七	六	大阪市
34	鶴田池院	和泉國大鳥郡凡山田	七〇	九	堺市
35	頭陀(菩提)院	大和國添下郡失田岡本	七〇	九	生駒市
36	尼院	大和國添下郡失田岡本	七〇	九	生駒市
37	發菩(泉橋)院	山城國相樂郡大狛村	七三	一二	京都府
38	隆福尼院	山城國相樂郡大狛村	七三	一二	京都府
39	泉福院	山城國紀伊郡石井村	七三	一二	京都府
40	布施院	山城國紀伊郡石井村	七三	一二	京都府
41	尼院	山城國紀伊郡石井村	七三	一二	京都府
42	大福(御津)院	攝津國西成郡御津村	七七	一六	大阪市
43	尼院	攝津國西成郡御津村	七七	一六	大阪市
44	難波度院	攝津國西成郡津守村	七七	一六	大阪市
45	枚松院	攝津國西成郡津守村	七七	一六	大阪市
46	作蓋部院	攝津國西成郡津守村	七七	一六	大阪市
47	報恩院	河內國交野郡楠葉鄉	八二	一二	枚方市
48	長岡院(菅原寺西岡)		八二	一二	奈良市
49	大庭院	和泉國大鳥郡上伸鄉	八二	入滅直後	堺市

셋쯔　有部池·長江池溝·比賣嶋堀川·白鷺嶋川·吹田堀川·高瀨大橋·長柄橋·
　　　中河橋·堀江橋
　이렇게 해서 교오키는 셋쯔·카와치·이즈미 삼국의 농업의 발달과 산업의 진흥, 교통의 편리를 위해 힘쓴 것이다.

　교오키에 의한 그러한 시설들은 현대에도 여전히 남아 있는데, 예를 들면 쿠메다지에 관해서는 앞에서 보았듯이 지금도 매년 10월에 그 연못의 물을 관개용수 등으로 이용하는 것에 대한 감사의 뜻을 담은 축제 '교오키제(行基祭)'가 행해지고 있다. 더욱이 후지모토 씨도 계속해서 언급하고 있지만 교오키의 사적은 그것만이 아니다. 그 중에서도 가장 유명한 것은 '교오키49원(行基四十九院)'이라고 하는 사원의 조영에 관한 것이다. 49사원의 일람표를 참고하기 바란다. 그러나 먼저 주의해야 하는 것은 교오키가 38세 때에 만든 오오스에원(大修惠院, 코오조오원(高藏院))이다. 이 사원은 지금은 사카이시 센보쿠(泉北) 뉴-타운 안의 코오조오사(高藏寺)로 남아 있는데, 오오스에의 '스에(修惠)'라 함은 스에키(須惠器)의 '스에(陶)'를 일컫는 것으로 이것은 스에키를 만들던 공인과 노동자들을 위해 만들어진 것이었다.

　한편 그 당시는 나라(奈良)의 수도 헤이죠오쿄오(平城京)가 조영되고 있었던 때로,『아스카·나라불교연표』712년의 항에 "제국(諸國)의 역민(役民), 돌아오는 도중에 굶어 죽는 이가 많았다. 이때 교오키가 보시실(布施室)을 설치했다"라고 기록되어 있듯이, 교오키는 그러한 사람들을 위해서 사원(院)을 각지에 계속해서 만들고 있다. '제국의 역민'이라 함은 헤이죠오쿄오를 짓기 위해서 여러 지역에서 징용된 사람들을 일컫는 것으로, 그들은 사역 기간이 끝나자 고향에 돌아가는 비용도 받지 못하고 그대로 쫓겨났기 때문에 굶어죽는 사람이 많았던 것이다. 교오키가 설치한 '보시실'이라는 것은 이들 역민을 위한 무료숙박소와 같은 곳으로, 이것이 후에 사원이 되거나 절로 되기도 하였다.

　일람표에 의하면 오오노사(大野寺)와 같이 '寺'가 붙은 곳은 세 개 정도 있으나, 현재 사카이시 도토오정(土塔町)에 있는 오오노사를 찾아가 보면 근처에 작은 피라미드와 같은 흙탑(土塔)이 있음을 알게 될 것이다. 이 흙탑도 예를 들면

에바라사 안에 있는 휴게소, 도라이안

호오류우사(法隆寺)의 5층탑 등과는 달리, 민중을 위해 교오키가 그 민중들과 함께 만들었던 것이었다. 얼핏 보면 이상한 모양의 인상적인 흙탑이지만, 그 탑을 자신들의 것이라 생각하며 만들었을 당시 민중의 심정을 생각하면, 탑 앞을 좀처럼 떠나기가 어렵다는 것을 느끼는 것이다.

이외에도 교오키를 개산(開山, 사원이나 종파를 처음으로 창립함)으로 하는 사원은 전국에 흩어져 있는데, 타무라 엔쵸오(田村圓澄) 씨의「교오키와 승니령(僧尼令)」에 의하면 그와 같은 사원들은 토오쿄오·하치오오지시(八王子市)에 있는 타카오산(高尾山) 약왕원(藥王院)이나 치바시(千葉市)의 치바사(千葉寺) 등을 비롯해서 208사(寺)에 이르고 또 교오키가 만들었다고 하는 불상을 가진 사원도 32사에 이르고 있다.

일본 전국 각지에 있는 것들 가운데 먼 곳에 있는 것들은, 아마도 교오키의 제자들이 교오키의 이름을 빌어 그렇게 만든 것으로 생각되고 있다. 또한 이와나미서점(岩波書店)에서 펴낸 일본어사전『광사원(廣辭苑)』에는, 교오키와 관련된 '行基圖, 行基茸, 行基燒' 등의 단어가 실려 있을 정도이다.

특히 그 중에서 '교오키도(行基圖)'라고 하는 것은 가장 오래된 일본국 지도로 여겨지고 있다. 1982년 6월 5일자『토쇼(圖書)신문』에 이마이 테쯔오(今井哲夫) 씨가 쓴 "최초의 일본지도/통일국가의 출현을 느끼게 하는 교오키도"라는 기사가 실려 있는데, 이 지도는 여러 가지 문제가 있지만 확실한 것은 이 간고(簡古, 수식이 없고 예스런)한 교오키도가 최초의 일본지도라고 씌어 있다.

에바라사를 둘러보던 나와 신기수 선생은 교오키가 참으로 대단한 사람이라는 등의 이야기를 나누면서 넓은 에바라사의 경내를 한 바퀴 둘러보고 또한 여기저기 눈을 돌려 멈춰서기도 하면서 들어왔던 북쪽의 동문과는 반대 방향인 남쪽 대문의 출구를 향해 걸어갔다. 그리고 작은 못의 한가운데에 입상으로 만들어진 교오키상 가까이까지 왔을 때, 신 선생이 마침 그 주변을 무언가를 생각하며 걷고 있던 승복차림의 테라니시 히로아키(寺西浩章) 씨를 나에게 소개시켜 주었다.

나는 이곳 에바라사의 주지 테라니시 류우겐(寺西龍愿) 씨와는 한두 번 만난 적이 있었는데, 지금은 대승정이 되셨지만 노령이기 때문에 그의 아들인 히로아키 씨가 대행하고 있는 듯했다. 히로아키 씨는 내가 쓴 장편 『교오키의 시대』 등을 이미 읽고 있어서인지 왠지 초대면과 같은 느낌은 들지 않았다. 잠시 후 우리들은 교오키상의 맞은편 동쪽의 완만한 작은 언덕 위에 새롭게 만들어진 참례자 휴게소로 안내되었다. 그런데 이 휴게소의 이름이 '도라이안(渡來庵, 도래암)'이라는 것에 놀랐다. 이름만으로도 그러한 이름을 붙인 히로아키 씨의 조선 도래문화에 대한 이해 정도를 알 수 있어서 나는 대단히 즐거워졌다. 더구나 우리들은 그 가게(庵)와 나란히 서 있는 에바라사와 교오키에 관한 여러 가지 자료와 『옛날의 사카이』 등의 책까지 히로아키 씨로부터 받을 수 있었다. 그리고 무엇보다도 좋았던 것은 '도래암'이란 곳에서 차를 마시면서 기분좋은 한때를 보낸 것이었다.

카난정의 신라촌과 신라 문화유적

셋쯔·카와치·이즈미의 이즈미, 즉 이즈미국을 돌아보고 카와치의 카와치국에 이르게 되었다. 지금까지 살펴본 이즈미와 마찬가지로 이곳 카와치 역시 고대한국의 문화유적이 농후한 곳이다. 지금부터 카와치의 미나미카와치(南河內) 지방이라 불리는 곳부터 살펴보기로 하자. 이 지역은 이른바 '치카쯔아스카(近つ飛鳥)'라고 불리는 곳으로 카난정(河南町), 타이시정(太子町), 톤다바야시시(富田林市), 하비키노시(羽曳野市) 등이 이 지역에 포함된다.

나는 1995년 7월 초 장마가 끝나기 직전 무렵의 무더운 어느 여름 날, 킨테쯔선(近鐵線) 오오사카아베노바시역(大阪阿倍野橋驛)에서 카와치나가노행(河內長野行)을 타고, 톤다바야시시의 키시역(喜志驛)에서 내렸다.

'키시'라 함은 앞으로 방문할 셋쯔의 오오사카시 텐노오지(天王寺) 등에서 알게 되겠지만, 『신조오국어사전(新潮國語辭典)』에 "신라의 관칭(官稱)을 기초로 한, 상대(上代)에 한국에서 도래한 사람의 경칭(敬稱)으로 '길사(吉士)'에서 유래한 것"이라고 씌어 있다. 나는 키시역 앞에서 대절한 택시를 타고 콘고오(金剛)산록 이시천(石川) 유역의 미나미카와치군(南河南郡) 카난정으로 향했다. 이곳 카난정에서 타이시정에 걸쳐 이치스가(一須賀)고분군이 위치하고 있다.

카난정에는 이 고분군 때문에 지어졌다고 해도 과언이 아닌 '치카쯔아스카 풍토기의 언덕자료관'이 있어서 한두 번 방문했던 적이 있었는데, 1994년 3월에 자료관 근처의 동쪽 산에 새롭게 본격적인 오오사카부립(府立) '치카쯔아스카 박물관'이 건립되어 있었다. 그 대신 전에 있던 자료관은 없어지고 이곳의 관리사무소가 들어서 있었다. 치카쯔아스카박물관은 이곳 '치카쯔아스카 풍토기의 언덕' 전체를 관리하는 곳으로, 29헥타아르에 이르는 권내(圈內)에는 102기의 고분을 보유한 사적공원이 있었고 그 중심은 역시 이치스가고분군이었다.

지금부터 1972년에 발굴조사되기 시작한 이치스가고분군과 이곳에서 출토된 부장품 등을 살펴보기로 하겠다. 그에 앞서서 미나미카와치군 카난정에 있으며 일본의 사적으로 지정되어 있는 신라계의 킨잔고분과 시라키촌(白木村) 등 카와치에서는 보기 드문 신라계 문화유적을 살펴보기로 하자. 왜냐하면 카와치의 고대 문화유적은 백제계 또는 고구려계의 것이 대부분으로 알려져 있으나 어찌된 영문인지 이곳 카난정에만은 신라계의 것이 깊숙이 파고들어와 있었던 것이다.

앞에서도 인용한 적이 있는 하시모토 시게조오(橋本繁造) 씨의 『도래인의 발자취―오오사카의 지명을 거슬러 올라가서』에는 「카난정의 시라키와 마타니(馬谷)」라는 항이 있는데 그 논문에는 카난정의 지리적 위치와 함께 다음과 같은 내용이 씌어 있다.

신라식 표형분(瓢形墳, 雙圓墳), 킨잔고분 미나미카와치군 카난정은 콘고오산(金剛山)의 서쪽 산록에 전개된 땅이다. 동쪽은 콘고오산을 경계로 나라현 고세시(御所市), 남쪽은 미나미카와치군 치하야아카사카촌(千早赤阪村), 북쪽은 타이시정, 서쪽은 톤다바야시시에 접한다. 기름진 산야와 역사적 풍토를 가진 미나미카와치를 대표하는 지역이다. 카난정의 남부 치하야아카사카촌 부근은 『화명초』에는 "이시카와군(石川郡) 코무쿠향(紺口鄕)에 속한다"라고 기록되어 있고, 『지명사서(地名辭書)』에는 "현재의 나카촌(中村), 카와치촌, 시라키촌, 아카사카촌 등의 지역에 해당한다"라고 적혀 있다. 또한 남쪽에 '세리우다니(芹生谷)'가 있다. '세리타니'라고도 불리며, 지역 내 서쪽에 나베산(鍋山)·카마산(釜山)이라고도 불리는 킨잔(金山)고분이 있다.

킨잔고분은 일본 굴지의 신라식 표형 쌍원분이다. 좁은 협곡의 사이에 크고 작은 두 개의 언덕이 동서로 주축을 두고 서로 붙어 있는 고분 형식으로 큰 언덕은 동쪽

킨잔고분의 집 모양 석관

에, 작은 언덕은 서쪽에 있고, 현재는 중간의 움푹 들어간 부분에 민가가 있다. 그 서쪽에 횡혈석실의 입구가 보이고 작은 언덕에는 큰 돌을 쌓아올린 횡혈석실이 있다. 이 형식은 본래 신라 지역에서 자주 보여지는 표형분(쌍원분)과 같은 형식으로 이 주변에 신라계 도래인이 정착해 살았음을 보여 주는 실제적인 증거이다. 연대는 후기 고분기인 6세기 후반 내지는 7세기 초 정도로 생각된다.

위 글에서 인용된 『지명사서』라는 것은 요시다 토오고(吉田東伍) 씨의 『대일본지명사서』를 일컫는 것인데, 사실을 말하자면 나는 "일본 속의 한국문화" 『카와치』 부분을 쓰기 위해서 이곳 카난정은 20여 년 전에 친구인 오하라(小原) 씨 등과 함께 온 적이 있었다. 그러나 그때에는 세리우다니에 일본의 국가지정사적인 킨잔고분이 있다는 사실을 전혀 알지 못했다.

치카쯔아스카박물관에서 구한 박물관 간행 『치카쯔아스카사진집』에 실려 있는 킨잔고분의 항공사진을 보니 상당히 큰 고분으로, 고분 안의 돌널(石棺)도 두껍고 훌륭한 것이었다. 계속해서 「카난정의 시라키와 마타니」에는 다음과 같이 씌어 있다.

시라키촌의 촌명(村名)의 유래와 신라계 도래인의 거주 현재의 미나미카와치군 카난정 시라키(白木)는 1889년까지 '시라키촌(白木村)'으로서 존속되었다. 고서(古書)『오오사카부전지(大阪府全志)』에는 '시라키'라는 촌명에 대해서 "시라키는 신라라고 하는 나라의 뜻과도 통할 뿐만 아니라, 북방에 타타라(多多羅)라고 하는 지명(地名)이 있다. '타타라'는 신라의 성읍의 이름이다. '타타라쯔(蹈鞴津)'라는 이름은 신라에 있다. 그렇다면 틀림없이 옛날에 귀화한 신라인이 살았기 때문에 그 이름이 생겼을 것이다"라고 씌어 있다.

이상의 인용문과 같이 '시라키'는 '신라'의 차자(借字)이고, 시라키의 '타타라쯔'라는 지명은 현재 한국의 경상남도 '다대포(多大浦)'에 해당하는 옛이름이다. 시라키촌의 진수로서 나중에 타케미쿠마리(建水分)신사에 합사된 고즈텐노오사(牛頭天王社, 白木神社)가 있다. 고즈텐노오신사는 신라에서 온 도래의 신(神) 스사노오노미코토를 받드는 신사이기 때문에 지명, 신사명, 앞에서 말한 고분 등에서도 일찍부터 신라계 도래인이 정착했음을 짐작케 한다.

코마인(高麗人, 고구려인) 정착의 땅, 마타니(馬谷) 앞에서 나온 '세리우다니'라는 집락으로부터 한 계곡을 사이에 두고 마타니집락이 있다. 우메천(梅川) 지류인 마타니천 상류 계곡의 사이에 있다.『오오사카부전지』에는 다음과 같이 씌어 있다.

"마타니는 코마타니(高麗谷)에서 전와된 것이다.『신찬성씨록』의 「카와치국제번(河內國諸蕃)·미정잡성(未定雜姓)」에 '코마비토(狛人)'는 코마국(高麗國, 고구려의 의미) 스무키왕(須牟祁王)의 후손이라는 기록이 보이고, '狛', '高麗'는 훈(訓)으로 '코마'라고 읽는다. 아마도 코마국 사람들이 이 땅에 거주함으로 해서 그 이름이 붙은 것이 아니었을까?"

'마타니'는 '狛人(코마비토)=高麗谷(코마타니)'로 연상('코마타니'의 '코'가 탈락된 것?)된다. 마타니에 코마국, 즉 고구려계 도래인이 정착했던 것이리라.

카난정에 고구려계 도래인이 정착한 땅이 있었다는 사실도 이번에 처음 알게 된 것으로, 20여 년 전에 이곳에 왔을 때에는 당시 오오사카부 톤다바야시시 시사(市史)편찬실장으로 있던 네자케 타로오(禰酒太郎) 씨로부터 들어서, 단지 '시라키'라는 곳이 있다는 것만은 알고 있었다.

그 '시라키'에 관해서는 『카난정사(河南町史)』에도 다음과 같이 씌어 있다.

예부터 시라키·나가사카(長坂)·이마도오(今堂)의 세 부락을 총칭해서 '시라키 삼향(三鄕)'이라고 한다. 이곳이 성립되기까지 많은 역사를 간직하고 있지만, 근세 초(17세기)부터 '시라키촌(白木村)'이라는 하나의 촌락으로 내려오고 있다.
스미요시(住吉)신사에 전하는 신대기(神代記)의 이코마칸나비산본기(生駒神奈備山本紀)에 '카와치국 시라키사카(白木坂)'라는 이름이 자주 등장한다. 천 수백 년 전의 먼 옛날에는 '시라키'라는 이름이 널리 이 지방을 가리키는 이름이었을지도 모른다.
나가사카의 북부에 '타타라(多多良)'라고 하는 지명이 있었는데, 중세에 이 땅에서 세력을 갖고 있던 '타타라'는 한국의 신라왕족이 귀화한 것으로, '시라키'라는 이름이 이때부터 생겨났다고 하는 설도 있다. 안에이(安永) 무렵(1780년경), 이마도오촌(今堂村) 출신의 학승(學僧) 하쿠요오(白庸) 법사의 소전(小傳, 약력을 적은 간단한 전기)에, "카와치 이시카와군 시라키(新羅, 白木)에서 태어나다……"라는 구절이 있다. 이것은 당시에도 '新羅'라는 문자를 사용했던 사람이 있었다는 뜻이다.
앞에서 기술한 '타타라'라고 불리고 있던 땅에, 중세까지 '타타라촌'이라고 하는 곳이 있었다. 타타라센켄(千軒)의 고전(古傳)은 가공(架空)의 이야기가 아닌 것이다. 숲에 둘러싸인 신사(神祠)가 서쪽 대지에 세워지고, 사람들이 '타타라궁'이라고 불렀다. 나가사카촌이 그들(도래인)을 '시라야마곤겐(白山權現)'이라 받들고 메이지시대 초기까지 제사를 모셔 왔다. 1880년의 『사사명세장(社寺明細帳)』에는 '시라키(白木)신사'로 바꿔 부르고 제신을 '시라야마오오카미(白山大神)'로 개칭하고 있다.

본시 '신라(新羅)'에서 유래한 시라키(白木), 시라야마(白山), 시라기(白城), 시라코(白子)라는 명칭은, 일본 전국의 여기저기에 산재해 있다. '타타라(多多良 또는 多多羅)'라는 이름 역시 그와 같다. 예를 들면 쿄오토부(京都府) 타나베정(田邊町)에도 '타타라'라는 곳이 있어서 그곳의 조상신을 모셨다고 하는 니이미야(新宮)신사가 있는데, 큐우슈우의 후쿠오카현(福岡縣)이나 야마구치현

(山口縣)의 호오후(防府)에도 '타타라'라고 불리는 해변이 있다. 또 큐우슈우의 사가현(佐賀縣)과 나가사키현(長崎縣)의 경계에는 '타라다케(多良岳)'라는 산도 있다.

이러한 '타타라'·'타라'라는 이름의 유래에는 두 가지 설이 있다. 먼저 고대 한국에서 훗날 백제를 거쳐 신라로 흡수되었던 가야제국의 한 나라인 '다라(多羅)'에서 온 것이라고 한다. 또 한편으로는 일본의 츄우고쿠(中國)지방에서 칸사이지방에 걸쳐 세력을 떨쳤던 대호족인 오오우치(大內)씨족의 조상, 즉 일본에 불교를 전했다는 백제 성명왕(聖明王)의 세 번째 아들이었다는 린쇼오(琳聖)태자가 일본으로 도래해서 '타타라씨(多多良氏)'가 된 것에서 유래했다고도 한다.

그 린쇼오태자가 어떻게 해서 타타라씨가 되었는지는 정확히 알 수 없지만 여하튼 이곳 카난정에서는 '타타라궁'이 '시라야마곤겐'이 되고, '시라키신사'로도 되어 있다. 20여 년 전에 친구 오하라 씨 등과 함께 이곳 시라키신사 유적을 방문했을 때의 일에 관해서 "일본 속의 한국문화" 제2권『카와치』의 부분에 다음과 같이 쓴 일이 있다.

시라키에 도착해서 차에서 내리자마자 친구 오하라 씨는 주변을 돌아보고는 양손을 높이 들어올리며 "정말 좋은 곳이군요"라고 말했다. 나도 동감이었다. 주변에는 비닐하우스 등이 있는 산과 밭으로 되어 있었는데 그것들이 저녁놀 속으로 조용히 지고 있었다.

우리들이 내린 곳은 카쯔라기(葛城)의 산허리 가까이에 있는 집락 안 좁은 길로, 길 옆에는 작은 냇가가 있어서 맑은 물소리를 내고 있었다. 잠시 후 그 냇가를 따라 맞은편 길에서 털실로 짠 두건과 같은 것을 쓴 몸집이 작은 노인 한 분이 지팡이를 짚고 조금 부자연스러운 발걸음으로 이쪽을 향해 왔다. 그분은 톤다바야시시 시사(市史) 편찬실장 네자케 씨가 미리 전화를 해두었던 그의 소년 시절 은사로, 『카난정사』의 편자이기도 한 향토사학자 하야시 후사오(林惣夫) 씨였다.

하야시 씨는 안경 밑 부분에 하얀 붕대를 붙이고 있었는데, 한달 쯤 전에 눈수술을 하고 퇴원을 한 지 얼마되지 않았음에도 불구하고 일부러 나와주셨다. 우리들은 선 채로 인사를 나누고 나서 곧바로 하야시 씨를 따라 타타라궁이라고도 하는 시라

하야시 후사오 씨 댁의 연꽃무늬 수막새

키신사로 향했다.

가는 도중에 하야시 씨는 길 양옆에 하얗게 펼쳐져 있는 비닐하우스 등을 손으로 가리키며 "이것들은 모두 다 '가지' 입니다."

"이곳의 가지는 '시라키가지' 라고도 부르는데 중앙시장에서도 꽤 유명합니다"라며 세세한 것들까지 우리들에게 설명을 해주셨다.

그러자 "예에, 가지까지 '시라키(新羅, 白木)' 입니까?" 하고 친구 오하라 씨는 내 쪽을 힐끗 쳐다보면서 재미있다는 듯이 웃었다.

오하라 씨가 그런 식으로 웃는 것은 나름대로 의미가 있었다. 그는 자신의 나라 일본 속에 내가 말하는 고대한국의 문화유적이 너무나 많은 데에 조금 싫증을 내면서도 좋아하는 여행을 망치고 싶지 않아 이렇게 함께 걷는다든지, 참고서적 등까지 알려 준다든지 하면서 가끔 묘한 말을 하고서는 반놀림조로 반론을 펴기도 했던 것이다.

꾀꼬리 등이 어지러이 날고 있는 덤불 사이의 비탈길을 내려가자 산록과 마주한 계곡이 나왔는데, 그쪽의 대지는 계단식 논과 밭이 되어 있었다. 마침 농부들이 '이모도야(芋土屋)' 라고 부르는 저장소에서 모아 두었던 감자를 캐내고 있는 모습은 매우 진귀한 광경이었다.

밭두렁길을 걸어서 그 사람들 옆을 지나려는데

"이곳입니다"라고 말하며 하야시 씨는 한 계단 높은 대지 위의 숲 쪽을 가리켰다. "이곳이 타타라궁, 즉 시라키신사가 있던 곳입니다만 지금은 이렇게 되어 있습니다."

나는 "아, 그렇습니까, 아무것도 남아 있지 않군요" 하고 주변을 둘러보면서 조금은 황당해 하며 말했다. 옛날의 모습을 간직하고 있어 보이는 것은 아무것도 없었다. 단지, 작은 숲이 하나 거기에 있을 뿐이었다.

그러자 하야시 씨는 "하지만 주변을 보십시오. 나라시대의 포목기와[布目瓦, 천으로 눌러 무늬를 만든 기와] 등등 아직 남아 있는 것이 있을지도 모릅니다"라고 성급한 나를 나무라듯이 말하고는 계속해서 "이곳에는 일찍이 마쯔노사키(松崎)라는 성새(城塞) 유구(遺構)도 있었고, 가까이에는 토우노우에(塔の上)라고 하는 지명도 있어서 오래된 기와나 토기 등이 많이 나왔습니다"라고 말했다.

그런 이야기를 듣고 나는 번쩍 정신이 들어서 그곳의 풀숲을 좌우로 헤쳐 보니 과연 풍화된 기와조각이 흩어져 있는 것이 보였다. 우리들은 각자 몸을 구부리고 그야말로 열심히 주변을 찾아보았다. 더욱 정신을 바짝 차리고 보니 바로 발 밑 밭두렁의 흙더미 안에 기와조각이 잔뜩 묻혀 있었다. 그 속에서 무늬가 선명한 조각을 많이 발견해낼 수 있었다.

우리들은 한참을 그곳에 머무르다가 시라키집락 안에 있는 하야시 씨 댁에 들러 차를 마시면서 하야시 씨가 소장하고 있던 옛 기와 등을 볼 수 있었다. 그 기와들은 하쿠호오시대의 기와였는데 야마토의 오래된 절터 등에서 출토되고 있는 백제계의 옛 기와와 너무나 흡사한 것이었다.

쿠다라향에서 이치스가고분군으로

나는 톤다바야시시 키시역에서 택시를 타고 가면서 20여 년 전에 왔을 때에는 확인할 수 없었지만, 그뒤에 혹시나 하는 생각에서 이 고장에 대해 자세히 알고 있을 듯한 운전사에게, 근처에 '시라키(白木)신사'라는 곳이 없는지를 물어보았다. 그러자 그는 "글쎄요, 시라키신사라고 하는 것은 없습니다만, 이치스가(一須賀)신사라는 것은 있습니다"라고 대답했다. 나는 그러면 그쪽으로 가 주십사 하고 부탁했다. 왜냐하면 이치스가신사라면 이치스가고분군에 대응하는 것임에 틀림없다고 생각했기 때문이었다.

이치스가신사에는 바로 도착했다. 신사는 쿠스노키 마사시게(楠木正成, 1294~1336년)의 시대에는 성새(城塞)의 일부였다고 하는 조금 높은 대지 위에 있었는데, 거기서는 사무소가 보이지 않았지만 본전과 경내가 잘 정돈된 신사였다.

경내에 세워져 있는 「이치스가(壹須何)신사 유래」라고 적힌 게시판에는 이 신사의 제신명(祭神名)이 죽 적혀 있었다.

당사의 기원은 분명치 않지만 「도회씨신명고증(渡會氏神名考證)」 등에 기록되어 있듯이, 아마도 소가(蘇我)의 본지족(本支族)이 그 조상의 묘로써 종파의 시조인 이시카와노스쿠네(石川宿禰)를 모신 것이라고 생각된다. 엔기식 내사로, 또한 『대일본신기지(大日本神祇誌)』에는 '속명으로 이치카와묘오진(今俗云市河明神)'으로,

『카와치명소도회(河內名所圖繪)』에는 "이치스가신사는 이치스가촌에 있는 엔기식 내사로 텐진(天神)이라 칭한다. 이 마을 다이가쯔카촌(大ケ塚村)의 토착신(産土神)이다"라고 기록되어 있다.

요컨대 이치스가(壹須何 또는 一須賀)신사는 '소가씨의 본지족(本支族)의 조상묘'였다고 하는 것인데, 그렇다고 한다면 역시 이치스가고분군과 밀접한 것임에 틀림없다. 먼저 이치스가고분군에 대하여 살펴보아야 하겠지만, 그것은 조금 뒤로 미루고 나는 타고 있던 택시로 내친 김에 이시천(石川) 서안의 톤다바야시시 지역에 있으며, 원래 니시코리군(綿部郡)에 속한 니시코리(綿織)신사 등을 찾아보기로 했다.

1984년 10월 16일자 『아사히신문』 오오사카판에 "미나미카와치의 유적 보존을/무너져가는 분구(墳丘). 고대인의 절규…/시집(詩集)에서 개발을 고발/톤다바야시시의 고교 교사/25편의 『도래인의 마을』"이라는 제목의 머릿기사가 나왔는데 그것의 서두 부분은 다음과 같이 씌어 있다.

"미나미카와치에 남은 고대 유적을 개발 등의 파괴로부터 지키자." 오오사카부 톤다바야시시에 사는 여류시인(교사)이 이와 같은 짙은 호소를 담은 시집을 출판했다. 『도래인의 마을』이란 시집으로 고대에 대륙에서 도래해 온 사람들이 남긴 고분군과 옛 절〔古寺〕을 평이한 문체로 노래함과 동시에 주택개발 등에 의한 사적의 파괴를 날카롭게 고발하고 있다.

우연히 이 기사를 접한 나는 특히 '도래인의 마을'이라는 단어가 마음에 들어서 즉시 두 부를 주문해서 사 보았다. 시집은 첫부분의 「도래인의 마을」을 비롯해서 총 25편으로 되어 있었는데, 그 첫머리는 다음과 같이 시작되고 있다.

「도래인의 마을」

나의 고향 미나미카와치

이치스가신사

이시천(石川)의 흐름에 따라 열려진 점재(点在)하는 마을들
후지이데라(藤井寺)
후루이치(古市)
아스카(飛鳥)
코마가타니(駒ヶ谷)
오오토모(大伴)
니시코리(綿織)
마을(町)과 촌의 이름은
4세기 말경부터 한국인들이 여기로 도래했음을 밝혀 주는 유서깊은 지명
『신찬성씨록』에 의하면
도래씨족은 미나미카와치에 거주한 씨족의 7할을 점했다고 한다
눈초리가 째진 듯한 미소녀나
쓸쓸한 망명귀족인 청년과
베를 짜는 여자, 절의 목수, 도기나 철기의 기술자들이

속속 건너온
이 비옥한 땅
고향인 신라나 백제의 땅과 어딘가 닮은 스산한 따뜻함과
밝은 분위기가 가득한 이 땅에
정착해 살았다
고향을 그리워하는 마음은 잘라내고

또한「니시코리(錦織)」라는 시의 1연만을 보면 다음과 같이 되어 있다.

「니시코리」

이시천의 급류는
이 마을에서 흐름이 완만해지고
미나미카와치의 평야가 펼쳐진다
초여름의 태양이 눈부시다
톤다바야시시 니시코리 · 카와니시(川西) · 코오다(甲田)
이시천의 서쪽 강변 단구(段丘)의 마을들은
6세기 쿠다라향(百濟鄕)이라고 불리고 있었다

내가 방문하는 니시코리신사는 예전에 니시코리군 쿠다라향이었던 톤다바야시시 코오다(甲田)에 있었다. 5천 평 정도된다는 경내의 긴 참배길〔參道〕을 걸어서 본전에 이르렀다. 잘 정리되고 꽤 화려한 본전이란 느낌이 들었고, 그 왼쪽 바로 앞에「중요문화재 니시코리신사본전」이라는 게시판이 세워져 있었는데 거기에는 다음과 같이 씌어 있었다.

니시코리신사가 존재하는 지역은 원래 카와치국 니시코리군에 속하고 신이 진좌(鎭坐)하는 곳은 최북단에 해당한다. 니시코리라는 지명은 옛날 이 지역에 거주했던 백제의 도래인이 능직(綾織, 여러 가지 무늬를 바탕에 짜넣은 비단의 하나)과 면

니시코리신사

직(綿織)을 조정에 헌상한 것에서 유래한다.

당사는 야마토천의 지류인 이시천의 계곡에 위치했기 때문에 예부터 카와치국의 3미쿠마리사(水分社, 建水分神社, 美具久留美魂)의 하나로 '카미노미쿠마리(上之水分)'로 칭해졌고, '니시코리천황(爾之古里天皇)' 등으로 불리며 널리 신앙되어져 왔다. 1907년 5월에 현재의 명칭으로 바뀌었다.

니시코리는 니시코리(綿織, 면직)라는 의미로 생각되나, 니시코리천황이라고 하는 것은 도대체 누구를 지칭하는 것이었을까 하고 의구심을 갖고 있었다. 그러던 차에 하시모토 시게조오 씨가 쓴 『도래인의 발자취―오오사카의 지명을 거슬러 올라가다』의 「니시코리 부민(部民)의 땅, 니시코리(綿部)」를 보니 다음과 같이 씌어 있었다.

니시코리군의 도래계 호족인 니시코리노무라지(綿織連)씨족과 지명의 유래 카와치국 미나미카와치의 니시코리군은 이시천의 동남부에 위치하는데, 『화명초』에는 '니시코리(爾之古里)'라고 훈(訓)으로 읽히고, 『군명고(郡名考)』에는 '니시키베'라고 읽히고 있다. 쿠다라(百濟) · 아마베(余部)의 두 향으로 이루어지고, 대부분이 현재의 톤다바야시시 동남부 및 카와치나가노시 지역에 해당된다.

북쪽은 탄난군(丹南郡), 동쪽은 이시카와군, 남쪽은 키이국(紀伊國) 이토군(伊都郡), 서쪽은 이즈미국 오오토리(大鳥) · 이즈미군에 접하고, 이시천은 군(郡) 남부의 콘고오산지(金剛山地) · 이즈미산지를 발원지로 해서 여러 천이 합쳐져 이시천을 이루고, 퇴적평야를 형성해 서북쪽으로 굽이굽이 돌아가 야마토천으로 합류하는 미나미카와치의 근본이 되는 하천이다. 이 군은 옛날부터 동 · 서 두 코오야카이도오(高野街道)가 합류하고, 키미(紀見)고개를 넘어서 키이국 코오야산(高野山)에 이를 뿐만 아니라 이즈미카이도오가 분기되는 교통상의 요충지였다. 이 땅에 정착해서 번영했던 도래씨족으로서는 『신찬성씨록』의 「카와치국제번」에 "니시코리노무라지는 백제 근초고왕(近肖古王)의 후손"이라고 적혀 있어, 이곳에서 면직을 업으로 하며 살고 있었던 것으로 생각된다.

니시코리군(綿部郡)이라는 군명(郡名)의 유래는 니시코리베〔綿織部, 베(部)는 야마토조정시대의 직업 집단〕의 부민이 집락을 형성했던 것에서 유래한다고 생각할 수 있다.

니시코리와 '니시코리천황'이 어떠한 관계인가를 이제 조금 알 수 있게 되었는데, 한편으로는 니시코리군 쿠다라향이었던 이곳에는 백제의 왕릉과 같은 구조를 가졌다고 하는 석실을 드러낸 카메이시(龜石)고분이 있고, 또한 백제에 있었던 것과 같은 명칭을 가진 오간사(烏含寺, 오함사), 즉 신도오폐사(新堂廢寺) 유적이 있다. 이 오간사에 대해서는 카도와키 테이지(門脇禎二) · 미즈노 마사요시(水野正好)가 편찬한 『고대를 생각한다—카와치 아스카』에 수록된 키타노 코오헤이(北野耕平) 씨의 「화려한 불교문화」에 상세히 설명되어 있는데 거기에는 다음과 같은 대목이 있다.

가까운 곳의 연못 이름에 남아 있는 '오간사'에 주목해서 이 절터가 본래 '오간사'라고 불렸을 것이라고 최초로 제창했던 사람은 후지사와 카즈오(藤澤一夫) 씨이다. 이 절 이름의 유래를 백제사원과 연결지은 것은 백제 부여 지역의 현지조사를 통해서 얻어진 후지사와 씨의 수십 년에 달하는 연구 축적을 높이 평가해야만 한다.

즉 이 '오간사'의 원류는 한국 충청남도 보령군 미산면(嵋山面) 성주리(聖住里)에 먼 옛날에 조영되었던 백제사원의 하나인 북악 오함사(北岳烏含寺)에서 유래했다는 견해이다. 백제의 오함사는『삼국사기』에도 등장하는 것으로, 백제 최후의 수도였던 사비(泗沘, 현재의 부여)에서 서북서쪽으로 약 30킬로미터 떨어진 곳에 절터가 위치하고 있다.

쿠다라향, 즉 쿠다라촌(百濟村)에는 그들의 고분이나 사원유적만이 아니라『일본서기』비다쯔(敏達)천황 원년 4월조에는 "이 달에 쿠다라오오이(百濟大井)에 궁을 지었다"라고 되어 있다. 또『오오사카부전지(大阪府全志)』의「이시카와쿠다라촌(石川百濟村)」을 보면 "비다쯔천황의 쿠다라오오이궁은 이곳에 있었을까"라고 하는 기록이 있다. 이것도 상당히 흥미로운 것이지만, 그러나 니시코리군 쿠다라향에 대해서는 이 정도로 해두고 지금부터는 당초 목적대로 이시천 동쪽 해안의 카난정에서부터 타이시정에 걸쳐서 펼쳐져 있는 이치스가고분군으로 이동하기로 하자.

먼저 이치스가고분군과 묘역(墓域)은 어떠한 사람들의 것이었을까에 관해서 살펴보자. 앞서 본『고대를 생각한다―카와치아스카』에는 미즈노 마사요시 씨가 쓴「카와치아스카의 아야(漢)·아야히토(韓人)의 분묘」라는 논문이 들어 있다. 그것에 의하면 이치스가고분군은 '옛 이시카와·니시코리군의 도래계 씨족의 묘역'이 아닐까라고 적고 있다. 이것은 이시카와(石川, 지명)의 소가씨족과 관계가 있는 것은 아닐까라고 하는 것과 대립되는 것이다.

이치스가고분군에서는 어떠한 것들이 출토되고 있는지부터 살펴보기로 하자. 앞에서도 조금 언급했듯이 오오사카부 교육위원회에 의한 이치스가고분군의 발굴조사는 오래 전부터 시작된 것으로 그 조사가 하나의 절정에 이른 때는 1980년대에 들어서고 나서부터였다.

그 당시의 신문보도에 의하면 먼저 1982년 3월 5일자『마이니치신문』에 "순

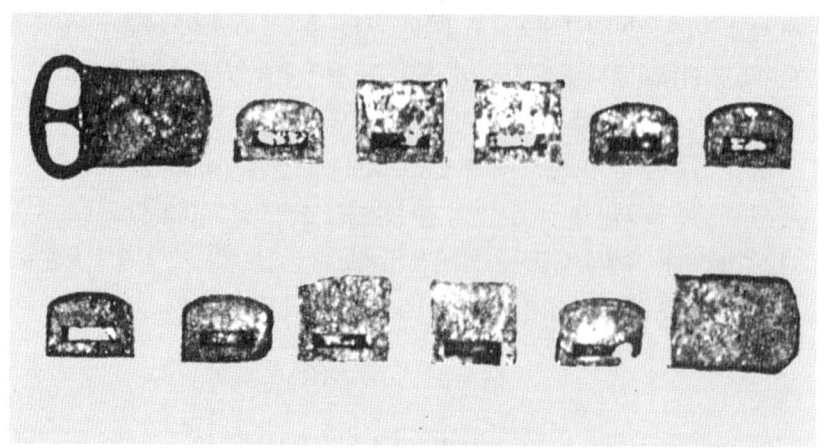

순은제의 허리띠꾸미개

은으로 만들어진 허리띠꾸미개〔帶金具〕 출토/오오사카·타이시정의 토기야마(伽山)분묘/나라시대 초기/피장자 친왕급(親王級)인가/정창원 보물과 흡사"라는 커다란 머릿기사가 나왔다. 계속해서 동년 3월 13일자 『요미우리신문』에는 "도래인의 금박구두/6세기의 야마토조정/백제의 기술자인가?/동(銅)에 금도금, 유리구슬도/오오사카·이치스가고분군에서 조각"이라는 역시 커다란 머릿기사가 실렸다.

이 『요미우리신문』의 기사는 『마이니치신문』에도 같은 13일자 기사로 "이번에는 「금동(金銅)」의 구두/은벨트가 발견된 곳 가까이서 출토/조각 복원으로 판명/한국으로부터의 수입품"이라고 나와 있었다. '은벨트'라 함은 앞 기사의 '순은으로 만들어진 허리띠꾸미개'를 말하는 것인데 우선 그 기사부터 살펴보면 다음과 같이 씌어 있다.

쇼오토쿠타이시(聖德太子)나 비다쯔(敏達), 요오메이(用明), 스이코(推古)천황 등 소가계(蘇我系) 천황릉이 밀집해 있어서 '왕릉의 골짜기'로 불리는, 오오사카부 미나마카와치군 타이시정 시나가라(磯長)계곡의 나라시대 초기(8세기 초반)에 축조된 것으로 보여지는 분묘에서, 과대(銙帶, 꾸미개를 붙인 혁대)의 순은으로 만든 장식꾸미개 11점이 4일까지의 조사로 발견되었다. 순은제 과대는 전국에서 출토된 예가 없고 정창원에 소장된 보물 중에 유사품이 한 점 있을 뿐이다.

발굴조사를 맡고 있는 오오사카부 교육위원회는 타이호오(大寶) 원년(701)에 시행된 타이호오령(大寶令)의 의복령에 은장식꾸미개를 붙인 허리띠는 "왕 또는 친왕(親王, 천황의 형제·자매와 아들·딸의 칭호)이나 1~5위의 귀족밖에 착용을 허락할 수 없다"라고 규정되어 있는 것 등으로 보아, 피장자는 친왕이나 거기에 준하는 귀인(貴人)으로 추정하고 있다. 따라서 문헌학자에게 피장자를 밝혀줄 것을 의뢰함과 동시에, 금후의 발굴에서는 묘지(墓誌) 등의 발견에 노력하고 있다.

교육위원회의 발표에 의하면 발굴현장은 타이시정 토키야마(伽山, 지명)에 위치한 토키야마유적(야요이시대—헤이안시대) 동쪽 끝의 토키야마분묘로, 비다쯔천황릉의 북쪽 약 150미터 지점이다. 오오사카부 톤다바야타이시선(富田林太子線)건설에 앞서서 작년 12월 말부터 발굴조사가 행해져, 지난 달 22일부터 과대가 출토되기 시작하였다고 한다.

기사는 계속 이어지고 있었으나, 이 기사를 본 나는 곧 오오사카부립 센보쿠(泉北)고고자료관을 방문해서 그곳의 교육위원회 문화재보호과주사 노가미 죠오스케(野上丈助) 씨로부터 그 순은제 꾸미개의 사진을 얻을 수 있었다. 계속해서 13일자『마이니치신문』의 '금동의 구두'라는 부분 기사에는 다음과 같이 씌어 있다.

오오사카부 교육위원회는 1969년에 발굴한 오오사카부 카난정 이치스가고분군의 맹주적 원분(6세기 중엽)에서 출토된 금동얇은조각〔金銅薄片〕의 복원을 간고오사(元興寺)문화재연구소(나라시)에 의뢰하고 있었는데, 12일까지의 연구로 의식용 신발〔履〕임이 밝혀졌다. 코훈시대의 금동제 신발은 쿠마모토현(熊本縣)·에다후나야마(江田船山)고분에서 출토된 것을 포함해서 몇 가지 예밖에 없다.

출토 현장은 앞에서 순은제 허리띠꾸미개가 발견된 토키야마분묘에서 남쪽으로 약 1킬로미터 지점으로, '왕릉의 계곡'에 접해 있는 도래계 씨족의 본거지이다. 이 원분에서는 순금귀걸이나 금동으로 만들어진 환두대도 몸통의 머리 부분 등도 발견

환두대도 머리 부분
(오오사카부 카난정 이치스가 고분군 원분 출토)

드리개딸린 둥근 귀걸이
(이치스가 B7호분 출토)

되고 있는데 교육위원회는 금동제의 신발을 포함한 이들 부장품이 한반도로부터의 직수입품으로 보고 있다.

내가 계속해서 주장하고 있듯이 '한반도에서의 직수입품'이라는 표현은 적절하지 않다. 당시 고대한국에는 '순금귀걸이나 금동으로 만들어진 환두대도'와 '금동으로 만들어진 신발' 등을 만들어 '수출'하는 회사가 있었을 리 없고, 일본에서도 그것을 '수입'하는 상사 따위는 없었기 때문이다. 그것들은 모두 다 고대의 권력적 호족들이 한국에서 도래할 때에 직접 가지고 들어온 것임에 틀림이 없다.

오오사카부립 치카쯔아스카박물관에서는 1994년도 춘계 기획전으로서 「광채의 복원-코훈·아스카시대의 기술을 찾아서」를 개최했는데, 그때의 도록에 지금 살펴본 순금제 귀걸이와 금동으로 만들어진 신발〔履, 沓〕등의 모조품이 컬러사진으로 실려 있었다. 모두 다 왕이 사용하던 것으로 당시의 일반 민중과는 아무런 관련이 없는 호화로운 것이다.

그런데 이 이치스가고분군이 어디의 어떤 사람들의 것이었을까에 관해서 내가 지금까지 보아 온 기사에는 아무렇지도 않게 쇼오토쿠타이시나 비다쯔, 요오메이, 스이코 천황 등의 소가씨계 천황릉이 밀집해 있는 왕릉의 골짜기라고 해서, '소가씨계'의 것이라고 하고 있다. 그러나 앞에서 언급한 미즈노 마사요시씨의「카와치아스카와 아야(漢)·아야히토(韓人)의 분묘」에 의하면, "미나미카와치의 남부(옛 이시카와·니시코리군)의 도래계 씨족을 추적해 가보면 그 시좌(視座)에 등장하는 것이 이치스가고분군이다"라 하고 고분군에 대해서 다음과 같이 쓰고 있다.

옛 이시카와·니시코리군의 도래계 씨족의 묘역을 이치스가고분군으로 할 때, 이 두 군(郡)에 속하면서 서로 밀접한 관련이 있었을 것으로 생각되는 카쯔라기씨(葛城氏)·소가씨의 묘역은 확실하지 않다. 이치스가고분군 제2호 고분처럼 금동장식관·금동장식신발 등을 부장하는 탁월한 횡혈식 석실분이 이 고분 내에 보인다. 이러한 고분은 군(群) 내에 있는 하나의 분묘일 뿐으로 카쯔라기씨·소가씨를 피장자로 할 수도 없고, 오히려 그 석실의 형태나 부장품으로 보아 도래계 씨족 중에 통솔적 위치에 있는 자를 피장자로 해야만 하지 않을까 생각된다.

이치스가고분군은 이시천에 접한 서쪽 부근에서 오르는 고분군이 아니고, 본래는 타이시정에 속하고 북쪽의 하무로(葉室) 지역으로부터 올라와 이르게 되는 고분군으로, 그 하무로 지역에 소재하는 하무로고분군은 몇 기에 지나지 않으나 규모는 대

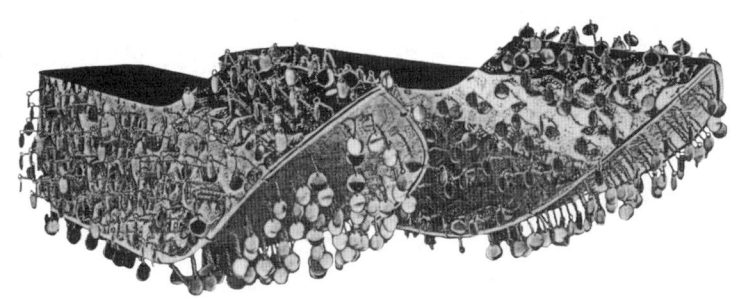

금동제 신발 모조품(이치스가 WA1호분 출토)

단히 큰 탁월한 존재이다. 이 고분군이 도래계 씨족과 깊은 관계가 있는 카쯔라기씨·소가씨의 씨상묘(氏上墓)라고 하는 해석도 가능하겠다. 그렇지만, 다른 유력한 가족의 분묘가 여기에 동반되지 않는다는 점을 고려한다면 카쯔라기씨·소가씨가 아니라 도래계 씨족 중에 각별한 취급을 받던 사람의 묘역이라고 하는 쪽에 개연성이 인정될 것이다.

똑같이 타카이다(高井田)횡혈군·히라오야마센즈카(平尾山千塚)고분군과 관련된 카와치노후미(西文)·후나씨계(船氏系) 도래씨족 등의 배경이 되는 후루이치군(古市郡)의 오키나가씨(息長氏), 하지히군(丹比郡)의 와니씨(和邇氏), 시키군(志紀郡)의 시키노아가타누시가문(志紀縣主家)의 후기 고분군도 역시 반드시 각각 그들 땅의 씨상묘라고 할 수 없다. 왜인계(倭人系) 씨족과 도래계 씨족의 사이에 절연(截然, 구별이 확실함)한 묘제(墓制)의 차이를 볼 수 있는 것이다.

처음 부분의 이치스가고분군이 옛 이시카와·니시코리군에 있는 도래계 씨족의 묘역이라고 한 것(그것의 옳고 그름은 별도로 하고)은 알겠으나, 나중에는 무엇을 말하고 있는지 잘 알 수 없는 부분이 있다.

제목인 「카와치아스카와 아야(漢)·아야히토(韓人)의 분묘」에서 '아야(漢)'라 함은 백제·아야계(阿耶系, 아야는 가야를 말함) 도래인 아야히토(漢人)집단〔야마토노아야(東漢)·카와치노아야(西漢)〕의 '아야(漢)'를 가리키는지 한(漢, 중국) 민족이라고 하는 '아야(漢)'를 가리키는지도 잘 알 수 없다. 예를 들면 '카쯔라기·소가씨가 아니라 도래계 씨족 중의 사람'이라고 하고 있지만 그 카쯔라기·소가씨는 도래계가 아니라고 단언할 수 있는 것일까? 그것보다 "왜인계 씨족과 도래계 씨족의 사이에 절연한 묘제상의 차이가 보여진다"라고 했는데 그것은 도대체 어떻게 '절연'한 차이가 있다는 것일까? '왜인계 씨족'이라고 하는 말도 처음으로 듣는 것으로 이것에 관해서는 지금부터라도 잘 생각해 보기로 하자.

제4부 카와치아스카·타이시정의 한국문화 유적

도래계 씨족과 왜인계 씨족

 이번에는 킨테쯔선의 후루이치역(古市驛)에서 택시를 탔는데, 이시천을 건너 코마가타니역(駒ヶ谷驛)을 지나 이시천의 지류이며 『만엽집』에 "아스카천에 단풍잎이 흐르니 카쯔라기(葛城)의 산에 나뭇잎이 이제 지는가보다"라고 묘사된 카와치의 아스카천을 건넜다. 그리고 나서 타케노우치카이도오(竹內街道)라고도 불리는 타케우치노미치(竹內道)로 들어가, 지금도 오오사카부 하비키노시(羽曳野市) 아스카로 되어 있고 '치카쯔아스카'라고도 불리는 카와치아스카의 본거지에서 타이시정(太子町)의 이른바 '왕릉의 계곡'을 찾아가 보기로 했다.
 그러나 그 전에 바로 앞에서 본 『고대를 생각한다―카와치아스카』에 나와 있는 미즈노 마사요시(水野正好) 씨의 「카와치아스카와 아야(漢)·아야히토(韓人)의 분묘」에서 의문점이 있었던 것에 대해서 다시 한 번 살펴보기로 하자. 미즈노 씨는 그의 논문에서 "미나미카와치의 남부(옛 이시카와·니시코리군)의 도래계 씨족을 추적해 나가면 그 시좌(視座)에 등장한 것이 이치스가고분군이다"라 하고 다음과 같이 쓰고 있었다.(중요한 부분이기 때문에 중복되기는 하지만 다시 한 번 보기로 하자)

 옛 이시카와·니시코리군의 도래계 씨족의 묘역을 이치스가고분군으로 할 때, 이 두 군에 속해서 서로 깊이 관련되었을 것으로 생각되는 카쯔라기씨·소가씨의 묘역은 확실하지 않다. 이치스가고분군 제2호 고분처럼 금동장식관·금동장식신발 등을 부장하는 탁월한 횡혈식 석실분이 이 고분 내에 보인다. 이러한 고분은 군 내의 하나의 분묘로서 존재할 뿐으로 카쯔라기씨·소가씨를 피장자로 할 수도 없고, 오히려 그 석실의 형태나 부장품으로 보아 도래계 씨족 중에 통솔적 위치에 있는 자를 피장자로 해야만 하지 않을까 생각된다.

이치스가고분군은 이시천에 접한 서쪽 부근에서 오르는 고분군이 아니고, 본래는 타이시정에 속하고 북쪽의 하무로 지역으로부터 올라와 이르게 되는 고분군으로, 그 하무로 지역에 소재하는 하무로고분군은 몇 기에 지나지 않으나 규모는 대단히 크고 탁월한 존재이다. 이 고분군이 도래계 씨족과 깊은 관계가 있는 카쯔라기씨·소가씨의 씨상묘라고 하는 해석도 가능하겠지만 다른 유력한 가족의 분묘가 여기에 동반되지 않는다는 점을 고려한다면 카쯔라기씨·소가씨가 아니라 도래계 씨족 중에 각별한 취급을 받던 사람의 묘역이라고 하는 쪽에 개연성이 인정될 것이다.

똑같이 타카이다횡혈군·히라오야마센즈카고분군과 관련된 카와치노후미·후나씨계 도래씨족 등의 배경이 되는 후루이치군의 오키나가씨, 단삐군의 와니씨, 시키군의 시키노아가타누시 가문의 후기 고분군도 역시 반드시 각각 그들의 땅의 씨상묘라고 할 수 없다. 왜인계 씨족과 도래계 씨족의 사이에 절연한 묘제의 차이를 볼 수 있는 것이다.

미즈노 씨의 의견에 대해, 앞에서 나는 "카쯔라기씨·소가씨가 아니라 도래계 씨족 중의 하나라고 하고 있지만 그 카쯔라기씨·소가씨는 도래계가 아니라고 단언할 수 있는 것일까? 그것보다 왜인계 씨족과 도래계 씨족의 사이에 절연한 묘제상의 차이가 보여진다고 했는데 그것은 도대체 어떻게 '절연'한 차이가 있다는 것일까? '왜인계 씨족'이라고 하는 것도 처음으로 듣는 것으로"라는 예를 들면서 지금부터 살펴보자고 했었다.

우선, 후자인 '묘제'에 대해서 보기로 하자. 『나라현립 카시와라고고학연구소 설립 50주년기념/발굴·야마토의 고분전』(도록)을 보면, 「야마토의 중기 고분」에 대해 다음과 같이 씌어 있다.

미야야마(宮山)고분은 중기 전반의 예이지만 석실 내에서는 삼각연신수경(三角 緣神獸鏡)이나 단갑(短甲)의 조각과, 많은 활석제 곱은옥(滑石製勾玉) 그리고 활석 제 모조품이 출토되고 있습니다. 이것에 대해서 중기 후반에 속하는 우와나베고분 은 주변 도랑의 바깥쪽에 소형 고분이 나란히 서 있고, 그 고분 가운데 6호분에서는 대량의 철화살촉(鐵鏃)이 출토되었으며, 5호분에서는 초기의 말갖춤인 윤등(輪鐙, 말을 탈 때 발을 올리는 등자, 발걸이)이 포함되어 있었습니다. 이처럼 5세기 중엽 이후에는 한반도로부터의 새로운 문화의 영향이 부장품에 먼저 나타났고, 그리고 5 세기 후반 이후에 새로운 매장시설인 횡혈석실이 들어오게 된 것입니다.

'들어오게 된 것'이라고 씌어 있으나, 그것이 물론 '수입'되었다고 하는 것도 아니며 그러한 새로운 매장시설의 묘제만이 단독으로 바다를 건너온 것도 아니 었다. 그것은 그와 같은 묘제를 가진 집단이 새롭게 도래해 왔다는 것을 의미하 는 것에 불과하다.

횡혈식 석실이 들어온 뒤에 그 묘제는 일본전국으로 전파되어 갔다. 예를 들 면 전기한 미즈노 마사요시 씨의 「카와치아스카와 아야·아야비토의 분묘」에도 나와 있는 미네카즈카고분(峯ヶ塚) 역시 횡혈석실을 갖는다. 그것에 관해서 미 즈노 씨는 다음과 같이 쓰고 있다.

하비키노시 카루사토(輕里)에 소재하는 미네카즈카고분 등은 규모가 웅대한 후 기 전방후원분으로, 이중으로 도랑을 두르고 횡혈석실을 갖추었다. 천황릉으로 지 정되어 있지는 않지만 능묘(陵墓)에 필적하는 규모를 가진다. 닌켄(仁賢)·세이네 이(清寧)천황릉으로 추정되는 대형 전방후원분이 근접해 있다는 사실과 이중 도랑 의 성격 등으로 보아 천황릉 내지는 황친묘(皇親墓)로 간주될 만한 존재이다.

내용으로 보아 설령 이 고분이 '황친묘'가 아니라고 하더라도, 미즈노 씨가 말 하는 '왜인계 씨족'의 것이라 하는 것만은 확실하다.

미네카즈카고분에 대해서는 나중에 부장품에 대한 것 등에 관해서 조금 상세 히 살펴보게 되는데, "왜인계 씨족과 도래계 씨족의 사이에 절연한 묘제상의 차이가 보여진다"라고 했음에도 불구하고 어째서 이 고분은 도래계 씨족·도래인이 가지고 온 '횡혈석실을 갖춘' 묘제로 되어 있는 것일까?

도대체 '왜인계 씨족'이라고 하는 '왜인'은 어느 곳에서 온 사람들이었을까? 이것에 대해서는 나도 「왜인이란 무엇인가」와 「신라 침공의 '왜'는 어디에서 왔는가」(『다시 보는 고대의 일본과 조선』) 등의 논고가 있는데, 여기에서는 그것보다 나라국립문화재연구소의 고고학자인 타나카 타쿠(田中琢) 씨의 『왜인쟁란(倭人爭亂)』을 보는 편이 나을 듯싶다.

이 『왜인쟁란』은 일본의 원주민인 이른바 죠오몬인과 야요이인에 관한 것을 고고학자의 눈을 통해서 전면적으로 다룬 것인데, 그 책의 마지막 결론 부분에 해당하는 「이 책에서는 무엇을 보았는가」에 다음과 같이 쓰어 있다.

기원전 4세기에서 기원후 5세기까지 800년을 초월하는 시간 사이, 본 책에서는 일본열도의 대지 위에서 전개된 왜인(倭人, 일본어로 와진)의 역사를 보았다. 그것은 쌀생산과 금속가공의 기술을 가진 사람들이 한반도로부터 바다를 건너 일본열도에 상륙해서 각지로 퍼져나가 혼슈우(本州)의 여러 섬과 여기저기에 사는 죠오몬인과 접촉하는 것에서부터 시작되었다.

그들과 죠오몬인과의 사이에는 새롭게 건설한 마을의 주위에 도랑을 둘러파서 마을로의 침입을 막으려고 하는 긴장관계가 있었다. 기원전 4세기에서 기원전 3세기 무렵의 일이었다. 이렇게 해서 혼슈우 여러 섬과 각지에 정착해서 쌀을 생산하며 확산되던 '왜인'은 그 마을 주위로 더욱더 생활권을 확대해 갔다.

이것을 보아도 알 수 있는 것은 '왜인'이 어디에서 왔으며 어떠한 사람들이었는가 하는 점이다. 그것은 한반도에서 바다를 건너 일본열도에 상륙해서 확산되어 나아가 혼슈우의 여러 섬과 각지에 정착해 쌀을 생산하며 확산되던 '왜인', 즉 벼농경의 야요이시대를 연 '야요이인'에 지나지 않는 것이다.

그 이후 더욱더 새로워진 코훈시대의 도래인이 더해지게 되는데, 앞에서 미즈노 씨가 '카쯔라기씨·소가씨가 아니라 도래계 씨족 중의'라고 한 것에 관해서 나는 "카쯔라기씨·소가씨는 도래계가 아니라고 단언할 수 있는 것일까?"라고 한 일이 있다. 다시 말하면 카쯔라기씨와 소가씨가 도래인이 아니라고 단언할 수는 없다는 것이다.

우선 마쯔모토 세이쵸오(松本淸張) 씨의 「야마토의 조상(祖先)」을 보면, "호족인 헤구리씨(平群氏)는 고대 한국어인 '스구리(村主)'에서 왔다.……카쯔라기씨(葛城氏)도 '카라쯔키(韓津城)'에서 전와된 것은 아닐까 생각한다. 쯔(津)는 '～의(の)'라는 의미의 조사이고, 키(城)는 한국어에서도 '기(キ)' 또는 '쟝(チャン)'이다"라고 씌어 있다. 이것은 지명에 유래하는 것이므로 제쳐 두더라도 오오와 이와오(大和岩雄) 씨의 「하타씨(秦氏)・카쯔라기씨・소가씨」에 의하면, 고대사에 있어서 유명한 호족인 카쯔라기노소쯔히코(葛城襲津彦)는 한반도 남단부에 있던 "왜인의 수장(더욱 확실히 쓴다면 '왜왕')이라고 보는 것이 설명하기 쉽다"라고 하며 다음과 같이 쓰고 있다.

모토이다 키쿠지(本位田菊士) 씨의 말처럼 소쯔히코가 한반도계 이민(移民)이었다면, 야마토왕권에서 소쯔히코를 조상으로 하는 카쯔라기노오미(葛城臣)의 세력이 이노우에 미쯔사다(井上光貞) 씨도 쓰고 있듯이 '천황을 업신여길 정도의 것'이 되는 것은 무리가 아니었을까. 또한 카쯔라기노소쯔히코와 관련되는 하타노오미(波多臣)・코세노오미(許勢臣)・키노오미(紀臣)들의 전승상(傳承上)의 조상이, 모두 한반도와 관계를 가지는 것에서도 이들 씨족의 조상이 한반도의 '왜왕'과 관계가 있었기 때문에, 타케노우치노스쿠네(建內宿禰)의 후예씨족 연보(年譜)로 카쯔라기노소쯔히코와 연결시킨 것은 아니겠는가 하고 추측할 수 있다.

닌토쿠(仁德)천황의 황후 이와노히메(磐之媛, 소쯔히코의 딸)는 천황이 야타노히메미코(八田皇女)를 비(妃)로 삼은 것에 화가 나서, 야마시로국(山城國)의 쯔즈키오카(筒城岡)에 궁을 지었다고 『일본서기』는 쓰고 있다. 『고사기』는 쯔즈키(筒木)의 아야비토(韓人), 노리노미(奴理能美)라는 사람의 집에 머물렀다고 기록하고 있다. '아야비토'의 집이 '쯔즈키궁'인 것이다.……아야비토의 집(쯔즈키궁)에서 죽은 이와노히메의 아버지가 소쯔히코라는 사실로도 소쯔히코의 실태를 추측할 수가 있다. 카쯔라기노쯔부라노오오미(葛城圓大臣)의 딸로, 유우랴쿠(雄略)천황의 비가 된 카라히메(韓媛, 세이네이천황의 생모)라고 하는 이름도 미시나 쇼오에이

소가씨 및 동계의 씨족 약계도

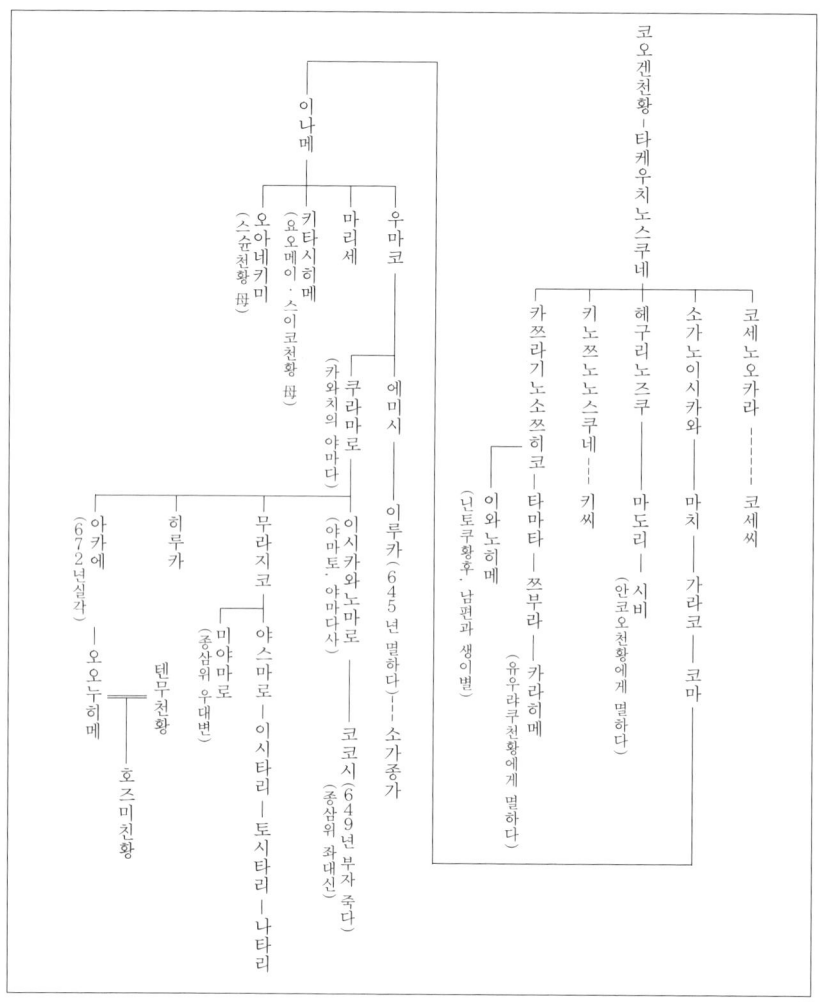

(三品彰英) 씨가 지적하듯이 한반도와의 관계를 나타내는 것이리라.

여기서 말하는 미시나 씨의 지적이라는 것은, 그의 저서인 『일본서기 조선관계기사 고증』(상)에 있는 내용이다. 오오와 씨는 계속해서 카쯔라기씨와 소가씨와의 관계에 대해서 다음과 같이 쓰고 있다.

카쯔라기노오미와 소가노오미의 밀접한 관계에 대해서는 스이코기 32년 10월조에 소가노우마코(蘇我馬子)는 "카쯔라기현은 모토노오미(元臣)의 본거지로, 따라서 그 현 이름을 따서 성명으로 했다"라고 진언한 것으로 되어 있다. 또한 『우에노미야쇼오토쿠법왕제설(上宮聖德法王帝說)』에 쇼오토쿠타이시가 세운 7사(七寺) 중에서 카쯔라기사(葛木寺)는 카쯔라기노오미에게 하사되었다고 하는 것에서 소가노우마코는 카쯔라기노오미를 칭하고 있었다고 생각할 수 있다. 쿄오교쿠(皇極) 원년조에도 "소가노오오오미에미시(蘇我大臣蝦夷), 자신이 조묘(祖廟)를 카쯔라기의 타카미야(高宮)에 세우고 천자의 춤〔八佾の儛〕을 추었다"라고 하였다.

시다 쥰이치(志田諄一) 씨가 쓴『고대 씨족의 성격과 전승』에도 "우마코는 카쯔라기노오미우마코(葛木臣馬子), 또는 소가카쯔라기노오미우마코(蘇我葛木臣馬子)라고 불렸을 가능성이 있다"고 했다. 그 이유로써 우마코는 카쯔라기현이 '모토노오미의 본거지'라고 하고 있기 때문에 "우마코의 시대에는 본거지가 소가(蘇我)로 옮겨져 있었다. 그리고 새로운 본거지에 의해 소가노오미로, 또한 옛 성(姓)에 의해 카쯔라기노오미로, 또는 새로운 본거지(本據地)와 옛 본관(本貫)을 나란히 해서 소가카쯔라기노오미로도 불렸을 것이다'라고 적고 "소가씨는 분명히 카쯔라기계(系)에서 나왔다고 알려져 있다"라고 하였다. 오오타 아키라(太田亮) 씨의『성씨가계대사전』제2권에도 소가씨는 카쯔라기씨에서 분리되어 나왔다고 하며, 이노우에 미쯔사다(井上光貞) 씨의『일본의 역사』(3)에는 소가씨를 카쯔라기씨와 동족으로 보고 있다.

또한 카도와키 테이지 · 미즈노 마사요시 씨가 편찬한『고대를 생각한다—카와치아스카』에는, 권말에 쿠로이와 쥬우고(黑岩重吾) 씨의 특별기고「콘키왕 일족(아스카베신사)의 겉과 속의 역사」가 실려 있다. 기고문의 내용은 이제부터 내가 방문하고자 하는 카와치아스카의 본거지, 하비키노시 아스카의 아스카베(飛鳥戶)신사의 제신인 백제에서 온 콘키(昆支 또는 琨支)왕족에 대해서 언급하고 있다. 그런데 그는 소가씨가 이 콘키왕족에서 나온 것으로 추정하며 다음과 같이 쓰고 있다.

유우랴쿠(雄略)천황부터 케이타이(繼體)·킨메이(欽明)천황조의 소가씨의 동향을 새롭게 고치고 있던 중에, 아무래도 소가씨의 조상은 콘키왕(昆支王)의 자손들이 아닐까 하고 생각하게 되었습니다. 10년쯤 전의 일입니다. 소가씨에 관해서는 조상을 모쿠라만치(木刕滿致, 백제계 목만지)라고 하는 유명한 카도와키 테이지씨의 설이 있습니다. 다만 10년전 쯤에 내가 단순하게 생각했던 것은 모쿠라만치는 백제 코오로왕(蓋鹵王, 개로왕)의 권신(權臣)이고, 콘키왕(백제 곤지왕)은 그 동생입니다. 당연히 콘키왕 쪽이 위치가 높습니다. 더욱이 모쿠라만치보다도 앞서서 일본에 건너오고 있습니다. 그러한 면에서 소가씨의 조상이 콘키왕이라고 하는 설을 1978년의 『일본 속의 한국문화』 37호의 좌담회에서 말했습니다.

현재는 조금 생각이 바뀌어 모쿠라만치가 콘키왕의 자손들의 데릴사위로 들어와 두 세력이 합체(合體)되어 소가씨의 조상이 탄생했다고 생각하게 되었습니다. 이러한 것은 문헌의 점과 점 사이의 공백을 메우는 상상력의 소산입니다. 그야말로 역사의 이면을 말하고 있는 것입니다만 단지 소가씨의 계보상의 조상은 이시카와노스쿠네(石川宿禰)로 되어 있고, 이 '이시카와'가 카와치의 이시카와(石川, 지명)라는 사실은 틀림이 없다고 생각하고 있습니다.

상상력의 소산이라고 했지만 문헌의 점과 점 사이의 공백을 메우는 작업은 쉬운 일이 아니다. 단지 상상력만으로는 어쩔 수 없는 탓이기도 하지만, 쿠로이와씨는 그래서 글의 말미에 다음과 같이 쓰고 있다.

차제에 소가씨의 계보에 기재되어 '소가노마치(蘇我滿智)'라고 되어 있는, 카도와키씨가 말하는 모쿠라만치의 존재를 무시할 수 없게 되었습니다. 아니, 그렇다기보다는 그의 존재감이 커져 온 것입니다. 그렇기 때문에 백제 무녕왕의 형제인 콘키왕의 아들도 무시할 수 없습니다. 그래서 여러 가지 생각을 한 끝에 현재로서는 460년대에 카와치아스카에 와서 유우랴쿠천황의 인정을 받아 세력을 확보하고 있던 콘키왕의 자손들과 470년대 후반에 일본으로 건너온 모쿠라만치가 합체되어, 어떤 의미에서는 데릴사위 형식으로 도래계 왕자가 된 세력이 카쯔라기의 본종가를 멸망시킨 후 카쯔라기로 옮겨와서 소가씨가 되었다는 설로 바뀌고 있습니다.

결국 아스카베신사 즉 콘키왕의 아들은 둘로 나뉘어 역사의 표면에서는 아스카베노미야쯔코(飛鳥戶造)가 되고, 역사의 이면에서는 소가씨를 형성하는 씨족이 된 것입니다. 이것에 대한 방증(傍證)으로서 카와치아스카의 남쪽에 소가계의 대왕묘가 모여 있음을 지적해 두고자 합니다. 카도와키 씨의 설에 의하면, 소가노이나메(蘇我稻目)의 딸 키타시히메계(堅鹽媛系)의 대왕묘이고, 그녀의 일족이 이 주변에 있었던 것이 아니겠는가라는 것이 됩니다. 그렇지만 키타시히메를 배출한 것은 카와치아스카에 남은 콘키왕의 자손들이라는 것이 나의 의견입니다.

지금까지의 카도와키 테이지 씨의 설, 즉 소가씨가 백제 8대 성씨의 하나였던 목씨(木氏)의 모쿠(라)만치에서 나온 것이라고 한「소가씨의 유래(出自)에 대해서」가 쓰여진 것은, 1971년 12월에 간행된『일본 속의 한국문화』제12호였다. 이후 카도와키 씨 이외에도 같은 내용의 글을 발표해 오고 있지만, 그것에 대해 가장 상세하고 명백하게 밝힌 논문은 1991년에 간행된 쿄오토부(京都府) 문화박물관에서 편찬한『고대 호족과 조선』에 수록된「소가씨와 도래인-쇼오토쿠타이시를 둘러싸고」였다.

카도와키 씨의 설은 이미 정설로 되어 버렸기 때문에 언급하지 않겠지만, 다만 앞서의「소가씨와 도래인-쇼오토쿠타이시를 둘러싸고」에 "혈맥(血脈)으로 말한다면 아버지 쪽도 어머니 쪽도 모두 소가씨의 순혈통으로 된 최초의 왕족이 쇼오토쿠타이시인 것이다"라는 대목이 있다.

지금까지 살펴본 것으로 카쯔라기씨나 소가씨가 모두 어디에서 왔고, 어떠한 자였는가에 관해서 대충 알게 되었을 것이라고 생각한다. 미즈노 씨가 말하고 있듯이 왜인계 씨족과 도래계 씨족의 분묘를 절연하게 나눈다는 것은 정말로 무리라는 것이다.

카와치아스카와 백제 왕족

 나는 카와치아스카천을 건너 야마토아스카를 향하는 일본 최초의 관도(官道)라고 하는 타케우치노미치(竹內道)로 들어섰는데, 내가 이 길을 걷는 것은 이번이 처음은 아니었다. 20여 년 전부터 나는 헤아릴 수 없을 정도로 이 길을 더듬고 있는데, 코마가타니(駒ヶ谷)의 집락에는 풍격(風格)이 있는 집들이 많고 '금동(金銅)'이라고 하는 표찰(標札)이 눈에 띄는 것도 예전과 마찬가지였다.
 '코마가타니'라는 지명은 매우 오래된 것으로 고대일본에서는 '고구려'를 '코마(高麗)'라고 했고, 또 한반도 전체를 가리켜 '코마'라고도 한 것에서 유래한 것은 아닐까 생각하고 있다.
 타케우치노미치는 의외로 좁은 길이었는데 잠시 걸으니, 왼쪽 언덕에 모리모토(杜本)신사가 있었다. 이 신사에 관해서는 하비키노시 교육위원회에서 발행한『역사의 산책길-하비키노시 부근의 사적과 문화재』에 다음과 같이 쓰어 있다.

 코마가타니 집락의 한가운데에서 북쪽으로 조금 비킨 방향에 위치한 미야야마(宮山)에 진좌해 있는 엔기식 신명장에 기록된 고사(古社)로, 제신은 후쯔누시노미코토(經津主命)·후쯔누시노히메미코토(經津主姬命)의 부부 신이다. 신사에 전하는 말에 의하면 후쯔누시노미코토의 14대 손에 해당하는 '이하와케노미코토(伊波別命)'가 이시천의 동쪽에 살았는데, 이 부근에 후쯔누시노미코토의 분묘가 있었기 때문에 이것을 수호하기 위해 미코토를 받들고(이른바 고대신라의 신묘(神廟) 형식을 모방한 것인가-원문 그대로임에 주목) 그 이후는 이하와케노미코토의 자손이 대대로 신직(神職)으로서 봉사하며 이 땅에 살았고, 헤이안 초기인 코오닌(弘仁)시대(810~823년) 무렵에는 '야하기노이미키(矢作忌寸)' 라고 칭해졌지만 조정의 공식 기록에서는 야하기노이미키라고 하는 씨족은 보이지 않는다. 그러나 헤이안시대에는 카와치 콘다(譽田)에 사는 씨족이었던 마사무네노이미키(當宗忌寸)의 씨신이었던 마사무네신사(현 콘다하치만신사 경내의 엔기식 내사)와 함께, 제례시에는 조정에서 칙사가 참석해서 예를 드렸다고 하는 취지의 기록이 있는 것으로 보아 신격(神格)이 높았던 것은 사실이다.

본전의 전면에 있는 한 쌍의 하야토석(隼人石)은 매우 드문 형식의 것으로, 신라의 경주에 있는 김유신묘를 수호하는 십이신상(十二神像) 중의 '자(子)' 또는 '해(亥)' 와 아주 닮은 인신수면(人身獸面)의 석상이다.

이 신사는 원래는 콘고오린사(金剛輪寺)와 궁사(宮寺, 신사에 부속하는 사원)의 관계를 유지했고, 난보쿠쵸오시대(南北朝時代, 1333~1392년)에는 남조의 쵸쿠간사(勅願寺, 천황의 명에 의해 세운 사원)가 되었다. 그런데 병화(兵火)를 입어 소실되어 버리고, 센고쿠시대(戰國時代, 1467~1568) 말기 오다 노부나가(織田信長)의 카와치 공격 때에도 병화를 입었다. 1993년의 산사태 이후 산꼭대기를 깎아 평지화해서 오늘에 이르고 있다.

신라의 김유신묘의 언저리를 에워싸는 십이신상의 그것과 아주 닮은 인신

모리모토신사의 하야토석

수면상이, 어째서 모리모토신사에 있는 것인지 흥미롭다. 하지만 그것보다 더 흥미로운 것은 '모리모토'라고 하는 신사 이름이다.

'모리(杜)'는 '친쥬노모리(鎭守之森, 진수의 숲과 사원)'의 '모리(森·杜의 일본음이 모리)'라고도 하는 것으로 지금 살펴본 『역사의 산책길』의 권말에 「향토 근방의 지명과 그 유래」가 있는데, "코마가타니는 코마촌(狛村)·모리모토〔杜本, 머리(頭)가 있는 곳의 뜻〕라고도 불린다"라고 되어 있다. 야마가타현(山形縣)의 쯔루오카시(鶴岡市)에는 남서부에서 그곳으로 이주해 온 사람들이 전한 말에 조상의 무덤에 참배하는 것을 '모리마이리〔森(杜)參り〕'라고 하는 곳이 있다. 이 경우의 '모리'라는 것은 앞에서도 언급했듯이 한국어의 '머리(頭)'라는 것으로, 이것에 대해서는 키타큐우슈우(北九州)대학 교수인 아라키 히로유키(荒木博之)씨의 「모리(森)와 머리(頭)」에도 씌어 있다. 고대에서는 원래 조신묘(祖神廟)였던 '친쥬노모리〔鎭守之森(杜)〕'라는 신사도 '모리(頭)'라고 했던 것으로 『만엽집』에도 신사를 '모리(神祉)'라고 한 예가 나온다.

요컨대 '모리모토(杜本)' 신사라는 것은 본시 '모리모토(頭本)' 신사라고 하는 것이었다. 그렇게 본다면 백제계 도래인들에 의해 점령되어 있었다고 생각되는 미나미카와치 일대에는, 앞에서 본 신라계의 그것과 마찬가지로 이쪽 코마가타니에는 고구려계 사람들에 의해 하나의 거점이 만들어져 있었을지도 모른다. 더욱이 코마가타니의 고분으로서는 호오켄토오야마〔寶劍(奉獻)塚山〕고분이 있는데, 도검(刀劍), 금반지〔金環〕, 가마 모양 토기, 스에키 등이 출토되고 있다. 이것으로 보면 피장자는 상당한 호족이었음이 틀림없다.

모리모토신사에서 타케우치노미치를 따라 동쪽으로 더 나아가면 그곳이 카와치아스카의 본거지로 지금도 하비키노시 아스카로 되어 있는 곳이다. 야마오 유키히사(山尾幸久)의 「카와치아스카와 도래씨족」을 보면 "카와치아스카의 문화는 백제의 왕족과 관계가 있다는 자각을 가진 사람들에 의해 창조된 백제색이 강한 문화였을 것이다"라고 씌어 있다. 그 왕족·백제 콘키왕을 제신으로 하는 아스카베신사가 이곳에 있다.

그런데 코마가타니도 그러했지만, 이곳까지 오면 싱싱한 잎을 드리운 포도밭이 더욱 눈에 띄게 된다. 이제부터 살펴보게 되는 아스카센즈카(飛鳥千塚)가 있는 하치부세산(鉢伏山)의 남쪽 사면을 비롯해서 고분군의 주변은 거의 포도밭이 되어 있다. 이 부근은 이른바 '카와치포도'의 본거지로도 알려진 곳으로, 이 포도의 뿌리가 또한 '한국'이라고 하는 꽤 재미있는 연구가 있다. 이것은 고대의 「카와치아스카문화」와는 관계가 없지만 이것도 잠시 살펴보기로 하자.

1987년 1월 10일자의 『요미우리신문』(오오사카판)에는 "오오사카포도의 뿌리는 한국/71세에 박사논문/히데요시(秀吉) 침공시에 갖고 돌아오다/야마나시(山梨) 전래설을 부정"이라는 머릿기사로 다음과 같이 쓰여 있다.

토요토미 히데요시가 조선 침공 때에 가지고 온 품종이, 오오사카포도의 뿌리라고 한다. 오오사카부 카시와라시 농협의 기술지도원인 71세의 코데라 마사시(小寺正史) 씨가 2년 걸려서 이러한 논문을 정리했다. 이 논문은 야마가타현(山形縣)에서 전래되었다고 하는 이제까지의 정설을 뒤집는 것으로, 이것이 평가되어 이번에 오오사카부립대학에서 농학박사 학위를 받았다.

코데라 씨는 치바오오조노(千葉大圓)대학 원예학부를 졸업하고 오카야마(岡山)대학 강사 등을 거쳐 1953년에 오오사카부 부청에 들어갔다. 1963년에 하비키노시 농업기술센터가 생기자 과수(果樹)과장을 역임했고, 퇴직 후인 1975년부터 시농협에서 포도 재배의 기술지도를 계속하고 있다.

논문은 「오오사카부에 있어서 포도 재배의 역사적 변천에 관한 연구」이다. 부립대학의 나카가와 마쇼오이치(中川昌一) 농학부장의 지도를 받아, 코데라 씨는

가마 모양 토기

아스카베신사

40년 가까운 연구생활의 성과를 400자용 원고용지 280매에 정리했다.

일본에서의 포도 재배의 기원은 카마쿠라시대까지 거슬러 올라가고, 견당사(遣唐使)가 갖고 돌아온 기술이 야마가타현에 뿌리를 내렸다고 생각된다. 오오사카에는 텐쇼오(天正) 연간(16세기 말)에 톤다바야시 부근에서 재배가 시작되었다고 하는 기록이 『카와치명소도회(河內名所圖會)』에 남아 있다.

이것과는 별도로 히데요시의 시대에는 쿄오토의 쥬라쿠다이(聚樂第, 히데요시가 쿄오토에 조영한 대저택)에서 왕성하게 재배되었고, 메이지시대까지 칸사이(關西) 지방 각지에서 재배되었던 '무라사키 포도'라고 하는 품종이 있어서 현재 카시와라시 안도오정(安堂町)의 농가에서 그와 비슷한 종류의 품종을 재배하고 있다. 코데라 씨는 이것과 야마나시산(山梨産)인 코오슈우(甲州)포도의 색채와 성분을 비교해서 양자가 완전히 별개의 것임을 밝혀냈다.

또한 야마가타현은 오랜 세월 동안 포도 재배 기술이 다른 현으로 유실되는 것을 금지하고 있었기 때문에, 무라사키포도는 야마가타현에서 전래된 품종이 아니라 시기적으로 볼 때 토요토미 히데요시의 조선 침공(1592~1598년)의 시기에 갖고 들어온 씨(種)를 포로가 재배해서 퍼뜨렸다고 추정하고 있다. 같은 시기에 오오사카에서 포도 재배가 시작되고 있다는 점에서 오오사카포도의 뿌리는 '한국의 무라사키포도'라는 결론을 내리고 있다.

그렇다고 한다면 이 포도 역시 일본 최초의 자기(磁器)가 토요토미 히데요시의 조선 침공시에 강제로 끌려 온 도공들에 의해 큐우슈우·사가(佐賀)의 아리타(有田)에서 만들어진 것과 같은 식의 것이 되고, 그러한 포도의 생산이 고대한국으로부터 바다를 건너온 도래인들이 집락을 이루고 살던 이곳(카와치)에 집중되어 있는 것도 무슨 인연과 같은 느낌이 든다. 그러나 그것은 제쳐 두고 오랜만에 방문한 아스카베신사를 살펴보기로 하자.

아스카베신사는 역시 포도밭으로 되어 있는 작은 언덕 위에 세워져 있었는데, 카사이 토시미쯔(笠井敏光) 씨의「카와치아스카 역사산책」에 '아스카베신사는『엔기식』으로 하면 묘오진대사(名神大社)이지만 지금의 사당(祠)을 보고서는 상상도 할 수 없는'이라고 쓴 것처럼 변함없이 초라한 사당에 불과했다. 본전이 되어 있는 사당 쪽은 조금 풍격이 있는 돌담으로 되어 있고, 그곳의 돌계단 앞에「아스카베신사」라고 쓰인 동판(銅板)으로 된 게시판이 세워져 있는데 다음과 같이 씌어 있다.

아스카베신사는 아스카 상단(上段)의 한쪽 모서리에 진좌하는 엔기식 내사의 묘오진대사로, 유우랴쿠천황조에 도래했다는 백제계 아스카베(飛鳥戶) 일족의 조상신인 아스카오오카미(飛鳥大神, 백제의 콘키왕)를 받들고 있다. 헤이안시대 초기에는 자손인 쿠다라노스쿠네(百濟宿禰)와 고하루아소미(御春朝臣)들의 조력에 의해서 테이칸(貞觀) 원년(859) 8월에 무위(無位)에서 정4위(正四位)의 지위를 수여받았고, 다음해 10월에 '관사(官社)'로 되었으며, 겐케이(元慶) 4년(880) 8월에는 봄 가을의 제례비(祭禮費)로서 신령전(神領田) 1정(一町)이 지급되었다. 현재의 본전은 남쪽으로 향한 노송나무껍질로 지붕을 올린 일간사식(一間社式)으로, 아름다운 자태를 간직하고 있다.

이 아스카베신사의 제신은 한때 스사노오노미코토로 바뀌기도 했을 뿐만 아니라, 이전에는 지금 본 게시판도 없었으나 지금은 원래대로 돌아가 있는 것이다. 그것 역시 백제계 씨족의 집단 거주지였던 카와치아스카 등에서만 볼 수 있는 일임에 틀림이 없다.

이 아스카베신사와 함께 이곳에서 볼 만한 것으로 주변의 고분군이 있다. 신사의 북동쪽에 보이는 하치부세산에 있는 아스카센즈카 등이 그것으로, 하치부세산 경사면의 포도밭 사이에서도 횡혈석실이 노출되어 있는 것이 보이고 농가의 헛간이 되어 버린 것도 있었으나 지금은 어떻게 된 일인지 그것도 볼 수 없게 되었다.

사실을 말하자면 내가 이곳을 처음 방문한 것은 1971년 12월에 나온 "일본 속의 한국문화" 제2권의 『카와치』 부분을 쓰기 위해서였다. 그때는 앞에서 인용한 하비키노시 교육위원회에서 발간한 『역사의 산책길-하비키노시 근방의 사적과 문화재』의 편찬자이며 동 시교육위원회의 참사이기도 한 후루타 미노루(古田實) 씨의 안내를 받아, 하치부세산에 있는 고분 등을 죽 둘러보았던 것이었다.

후루타 미노루 씨는 하비키노시뿐만이 아니라 미나미카와치 일대의 고대 문화유적에도 정통한 살아 있는 사전과 같은 인물이었다. 후루타 씨는 몸소 '향토사연구회'를 만들어 수십 회에 걸쳐 시민들과 함께 유적답사를 하고 있었다. 그리고 그때마다 안내를 위한 인쇄물을 만들었다.

나는 그 인쇄물들을 듬뿍 받아 들고 왔었는데, 때로는 그것을 '후루타문서'로써 인용하곤 했다. 지금 살펴보고 있는 카와치아스카와 아스카베신사에 대해서 이른바 '후루타문서'를 인용해 나는 다음과 같이 쓴 일이 있다.

기기(記紀, 『고사기』와 『일본서기』)의 기록에 의하면, 유우랴쿠천황조에 쿠다라(百濟)에서 귀화한 백제 왕족 콘키왕이 아스카베노미야쯔코(飛鳥戸造)의 조상으로서 그 본거를 둔 곳이다. 그러나 한국의 『삼국사기』의 기록으로 고증해 보면, 약간 거슬러 올라가 인교오(允恭)천황조(5세기)로 추정된다. 그리고 '아스카베노미야쯔코'는 조상신을 제사지내는 씨신으로서 아스카베신사를 만들고, 씨사로서 아스카산 쇼오린사(常林寺)를 테라산(寺山)의 남쪽 기슭에 조영하고 있다.

또한 아스카베 일족은 6세기에서 9세기에 걸쳐서까지 이 부근에 살고 있었는데 6~7세기에는 하치부세산으로부터 테라산, 아스카산에 걸친 남측 북쪽 중턱에 수많은 횡혈식 석실의 후기 고분군을 조영한 것이었다. 즉 동쪽으로부터 이마이케히가시(今池東)고분군, 오오코오고분군, 신이케니시(新池西)고분군, 니이미야(新宮)고분군, 쓰카하라(塚原)고분군 등이다.

이 부근은 전에도 쿄오토대학의 우에다 마사아키(上田正昭) 씨 등과 함께 온 적이 있었는데, 그때에는 주변 일대가 거의 포도밭이었다. 지금 언급한 고분군이 있는 산도 거의 포도밭이었는데, 우에다 씨 등과 함께 왔을 때에는 아직 포도에 잎이 나지 않았기 때문에 우리들은 그 가운데 한자명이 없이 그저 오오코오고분군(왕후(王候), 일본음 오오코오)라는 뜻의 고분명이었을까)이라 불리는 고분들이 줄지어 늘어서 있는 산까지 올라가 보았다.

가는 곳마다 횡혈석실이 노출되어 있었는데, 특히 해발 200미터나 되는 산의 능선에 죽 이어져 있는 고분의 열(列)은 무덤치고는 정말로 훌륭한 것들이었다. 고분이 있는 곳까지 올라가 보니 눈 아래로 펼쳐지는 미나미카와치 일대의 광경도 또한 볼 만한 것이었는데, 왼쪽의 계곡 사이에 보이는 소가씨족의 본향(原鄕)이었다고 하는 야마다(山田)의 집락도 보기 좋았다. 나는 고분 주위의 풀숲에 앉아 이런 곳에 훌륭한 분묘를 만든 사람들의 고대에 있어서 문화적인 힘의 크기를 매우 절실히 깨닫게 되었다.

그러나 그 고분군은 현재는 거의 소멸되어 버렸다. 현대의 개간·개발이 그곳까지 미치고 있었다는 것이지만 지금까지 간신히 남아 있는 것도 상당수 있다. 타이시정 교육위원회에서 구한 『왕릉의 골짜기·시나가다니(磯長谷)고분군-타이시정의 고분묘』에 있는 「아스카센즈카」를 보면 그 고분군에 관해서 다음과 같이 쒸어 있다.

아스카센즈카(飛鳥千塚) 킨테쯔선(近鐵線) 타이시역(太子驛)이 있는 하비키노시

아스카 일대는 치카쯔아스카라고 불리고, 관도(官道)인 타케노우치카이도오가 통과합니다. 아스카센즈카는 이곳 북쪽의 하치부세산 남쪽 기슭 일대에, 6세기 후반부터 7세기 중엽에 걸쳐서 축조된 군집묘입니다. 고분의 형식이나 근처에 쿠다라(百濟)의 콘키왕을 제사지내는 아스카베신사가 있는 것 등으로 보아, 『신찬성씨록』 「카와치국제번」에 '백제(百濟) 콘키왕(昆支王)'으로서 이름을 남기고 이 땅에 거주했던 '아스카베노미야쯔코' 등 도래씨족의 분묘지라고 생각되고 있습니다.

수년 전에 오오사카부 교육위원회에 의한 분포조사에서 분구(墳丘) 지름이 수십미터에 달하는 횡혈식 석실을 내부 주체로 하는 약 50기의 고분이 확인되었습니다만, 이미 전후(戰後)의 개간으로 많은 고분이 파괴·소멸되어 있었습니다. 현재 이 고분군은 그 분포에 의해 네 개의 지군(支群)으로 크게 나누어지는데, 이하 그 개략에 대해서 언급하겠습니다.

제1군   아스카집락 내의 구릉에 분포하는 일군(一群)입니다. 현존하는 것은 8기로, 대부분이 자연석을 쌓은 양수식(兩袖式) 횡혈석실입니다만, 거의 파괴되어 있어서 상세히는 알 수 없습니다. 아스카센즈카에서는 오래된 것이 많은 것 같습니다.

제2군-칸논즈카지군(觀音塚支群)   집락의 북쪽인 후치부세산에서 뻗은 세 구릉의 사면에 분포하고 있는 일군입니다. 현존하는 것은 약 20기로 서쪽 방향에 자연석을 쌓은 횡혈석실이 분포하고 있습니다만, 동쪽 끝의 구릉에는 칸논즈카고분(지름 12미터, 높이 3미터의 원분)이 있습니다. 내부 주체는 안산암(安山岩)을 잘라 다듬어 만든 크고 작은 돌을 교묘하게 조합해서 만들어진 널방의 구석 쪽에 횡구식(橫口式) 석관을 만들어 붙인 횡혈식 석실로, 널방과 널길의 사이에 문짝을 끼웠다고 생각되어지는 널문이 있고, 백제 묘제의 영향이 강했다고 생각되어집니다.

이 칸논즈카고분의 석실 입구의 안산암을 잘라 다듬어 놓은 돌〔切石〕은 실로 대단한 것이었다. 나는 1995년 8월 초에 아스카베신사를 방문했을 때에도 택시를 타고 그 고분까지 찾아갔다. 그러나 그날은 특히 더워서 고분이 있는 산중턱까지 걸어 올라갔지만 고분까지 올라가 보는 것은 불가능했다.

이 고분에 대해서는 카사이 토시미쯔(笠井敏光) 씨의 『카와치아스카의 역사산책』에도 "안산암을 잘라 다듬어 쌓아 놓은 기술은, 7세기 전반에 이미 자력으로 이와 같은 기술을 분묘에 사용했던 도래계 씨족, 아스카베씨(飛鳥戶氏)의 모습을 생각나게 한다. 앞방(前室)과 널길을 갖추고, 석곽부의 앞에는 제단을 만들어, 자손들로부터 전별품(餞別品, 길 떠나는 사람에게 선사하는 금품이나 노래 등)을 받고 있었던 것이다. 양쪽 벽에 모자이크 형태로 짜 맞춘 것은 너무나도 훌륭하다"라고 씌어 있었다.

계속해서 「아스카센즈카」에는 제3군과 제4군에 관해서 다음과 같이 씌어 있다.

제3군 - 오오코오지군   타이시역의 북동쪽에 해당하는 신이케(新池)의 북동쪽 구릉의 산등성이에 있는 일군입니다. 예전에는 30여 기가 있었습니다만 현존하는 것은 13기뿐입니다. 이 일군은 자연석을 쌓은 횡혈석실로 널문을 가진 고분이 많이 보입니다. 오오코오 8호분만이 다듬은 돌로 만들어졌고, 붙박이로 된 횡구(橫口)석관의 전면에 널길을 만든 것입니다만, 칸논즈카고분보다 더 간략화된 구조입니다. 널길 입구부의 천장석에는 문짝을 끼웠다고 여겨지는 도랑이 파져 있고, 벽면의 일부에 회반죽을 사용한 것 등 특이한 예로 보아 칸논즈카와 함께 백제 묘제의 영향이 강하게 보여집니다.

제4군 - 도오노타니(堂の谷)지군   신이케(新池)의 동쪽 방향의 구릉에 있는 일군으로, 현존하는 것은 12기입니다. 거의가 자연석을 쌓은 것인데, 수부(袖部)에 확실하지 않은 가늘고 긴 횡혈석실을 갖고 있습니다. 도오노타니 9호분은 다듬어진 돌로 만들어졌지만 제2, 3군에서 보여진 횡구식 석관이나 널문을 가진 예는 이 지군에서는 보이지 않습니다.

지금까지 백제에서 도래한 콘키왕의 자손인 아스카베씨족들에 의해 조영된 아스카센즈카고분군을 살펴보았는데, 현존하는 고분은 50여 기를 헤아린다. 그리고 「아스카센즈카」의 마지막에 '아스카의 석관' 이라고 하는 항이 있다. 이것은 앞에서 본 미즈노 마사요시 씨의 "왜인계 씨족과 도래계 씨족의 사이에 절연한 묘제상의 차이가 보여진다"라고 하는 것과, 다음에서 살피게 될 이른바 '왕릉의 골짜기' 시나가다니(磯長谷)고분군과도 관계가 있기 때문에 마지막으로 이것을 보아두고자 한다. 그 내용은 다음과 같다.

아스카의 석관　아스카센즈카의 제4군(도오노타니지군)의 남서에 접한 신이케(新池)의 남쪽 방향의 구릉에서 1931년에 발견되었습니다. 관 몸통(棺身)과 뚜껑(蓋) 두 개의 돌로 이루어진 집 모양(家形) 석관입니다만, 줄을 거는 돌기(繩掛突起)가 없는 퇴화한 것입니다. 관 몸통은 길이 193.9센티미터, 폭 75.7센티미터, 높이 48.4센티미터, 내법(內法)의 깊이 21.2센티미터입니다. 이 석관은 석실에 수납되어 있지 않고 주위는 자갈로 보호되어 있으며 관 안에 남녀 2체(二體)의 인골이 남아 있는데 그 밑바닥에는 목탄이 전면에 깔려 있었습니다.

　본 분(本墳)은 분명히 아스카센즈카에 속한 것이지만, 시나가다니의 고분과 닮은 점이 많이 있음을 지적할 수 있습니다. 먼저 첫번째로 석관의 형식이 후타고즈카(二子塚)고분의 석관과 닮아 있고, 그 다음으로 석관 직장(直葬)은 붓타지(佛陀寺)고분과, 세 번째로 자갈에 의한 석관 보호가 마쯔이즈카(松井塚)고분과, 네 번째로 석관의 규모가 쇼오토쿠타이시묘 내의 하시히토(間人)황후의 석관과, 다섯 번째로 목탄을 깐 점에서 토기야마(伽山)유적의 고분과 각각 닮아 있습니다. 이러한 점으로 미루어 본분의 축조도 7세기 중엽에 가까운 시기라고 할 수 있습니다. 군집분 중에 속했다고는 하지만 이치스가고분군과 같은 형태이고, 시나가다니고분군과 깊은 관련을 가진 중요한 것입니다.

　백제에서 도래한 콘키왕에서 나온 아스카베씨족들의 것이라는 '아스카의 석관'이 시나가다니의 고분과 많이 닮았다고 하는 것과 시나가다니고분군 역시 도래계 씨족의 것으로 생각되는 아치스고분군과도 깊은 관련을 가진 것이라는 점에 주목해야 할 것이다.

왕릉의 골짜기를 찾아서

 이번에는 카와치아스카의 본거지였던 하비키노시 아스카의 남쪽에 이웃해 있으며 '시나가(科長)'라고도 쓰는 타이시정(太子町) '시나가다니(磯長谷)'를 살펴보기로 하자. 이곳은 '왕릉의 계곡'이라고도 불리는 곳으로 그것은 이곳에 '쇼오토쿠타이시묘(聖德太子廟)'로 되어 있는 에이후쿠사(叡福寺)뿐만 아니라 왕릉으로 알려진 고분이 몇 개나 있기 때문이다.
 먼저 하시모토 시게조오(橋本繁造) 씨의 『도래인의 발자취-오오사카 지명을 거슬러 올라가다』의 「카와치아스카의 왕릉의 계곡」에 나타난 이곳의 지형과 지명에 관해 살펴보면 다음과 같이 쎠어 있다.

 이곳의 동부는 니죠오산(二上山)의 산록 구릉지로 동쪽은 야마토(大和)의 타이마정(當麻町)에 접하고, 중앙을 아스카천이 서쪽으로 흐르고 전체로는 분지형을 이루고 있다. 아스카천 연안을 따라서 타케노우치카이도오가 지나가고 있어서 고대 이래로 야마토(大和)로 가는 요충지였다. 널길에는 6세기 말부터 7세기에 걸친 천황릉과 쇼오토쿠타이시묘 등이 흩어져 있어서 시나가다니의 '왕릉의 계곡'이라 불리는 땅이다. 타이시성에는 원래 타이시촌(太子村)이 있었다. 쇼오토쿠타이시묘의 소재가 이곳의 마을 이름의 유래로 시나가촌(磯長村)이 야마다촌(山田村)과 합병해서 지금의 타이시정으로 바뀌었다.

이치스가고분군 0-6호분

이 주위를 왕릉의 계곡이라 부르는 것은 고대 대왕(大王)의 오쿠쯔키(奧津城, 묘소)가 있었기 때문이다. 이곳에는 비타쯔·요오메이·스이코·코오토쿠(孝德)천황의 능묘가 있고 시나가다니고분군을 형성하고 있다. 또한 가까이에 이치스가(一須賀)고분군도 있어서, 이 땅의 고대 대호족인 소가씨나 역시 소가씨 계열인 이시카와씨(石川氏)의 근거지이기도 했다. 서남부에 있는 토기야마유적의 귀인(貴人)의 옛 무덤에서 1982년에 도래인과 관계 있는 순은제 과대꾸미개가 발견되었다.

나는 이곳 타이시정을 20여 년 전부터 타케우치노미치(竹內道)를 따라 수없이 방문했었다. 그러나 뒤에서 언급할 야마다(山田) 지역의 붓타지(佛陀寺)고분과 로쿠탄사(鹿谷寺)는 방문하고 있었지만 시나가다니의 이른바 '왕릉의 계곡'은 왠지 가보고 싶지 않아서 그냥 지나치곤 했던 것이다.

나는 지금까지 거의 '왕릉' 즉 천황릉이라 불리는 것은 가능한 한 언급하지 않으려고 해왔었는데, 이 '왕릉의 계곡'도 그런 이유가 있었기 때문이다. 하지만 신뢰할 수 있는 고고학자들에 의하면 이곳의 고분이 모두 천황릉으로 불리는 것인지 어떤지 잘 모른다는 것이다. 예를 들어 일반적으로 '닌토쿠천황릉' 또는 '오오진천황릉'이라 불려지고 있었던 것이, 근년에는 '오오야마(大山)고분' 또는 '콘다야마(譽田山)고분'으로 고분이 위치한 곳의 지명을 붙여 불리고 있다고 한다.

나 역시 일반적으로 불리는 고분명을 따라 부르고 있으나 이 '능묘'에 관해서는 앞의 「코마가타니에서 카와치아스카의 본거지로」를 쓰고 있던 1995년 8월 5일자 『아사히신문』에 "천황릉의 학술공개를/전후 50년 내일을 찾아서"라는 제목의 사설이 실렸다. 기사에는 "고대사의 수수께끼를 감추고 있는 천황릉을 학술조사로 공개하라. 문화재로서의 보전에 만전을 기하라"라고 20여 년에 걸쳐서 전국의 고고학자들이 주장해 왔다고 하며 다음과 같이 씌어 있었다.

  현재 궁내청이 황실의 재산으로서 유지·관리를 맡고 있는 능묘는 전국에 900여 개소 정도 있다. 그 중에서 고분으로서 고고학의 대상이 되는 것은 약 240여 개소이다. 능묘의 대부분은 이미 헤이안시대부터 방치되어 그 피장자를 알 수 없게 되어 있었다. 메이지시대에 당시의 정부는 에도시대부터의 연구 성과 등도 짜맞추어 일일이 천황릉을 결정했고, 궁내청은 그것들을 그대로 계승해 나갔다. 그러나 현재의 고고학계에서는 이런 식의 능묘 지정은 거의 모두가 잘못된 것이라는 것이 정설로 되어 있다. 유력한 학자 중에서도 고대 천황릉 중에서 정확한 것은 텐지(天智)천황릉과 텐무(天武)천황릉 두 곳뿐이라고 하는 사람도 있다.

  이같이 능묘라고 여겨지고 있는 고분이 타이시정 시나가다니의 '왕릉의 계곡'에는 "쿠다라오오이(百濟大井)에 궁을 지었다"라고 하는 비타쯔(敏達)천황을 비롯해서 요오메이(用明)·스이코·코오토쿠천황릉의 4기나 집중되어 있을 뿐만 아니라 그 밖에도 쇼오토쿠타이시, 타케다노미코(竹田皇子, 비타쯔천황의 아들)의 능묘라고 여겨지고 있는 것도 있다. 그것에 대해서는 앞에서 인용한『왕릉의 계곡·시나가다니의 고분군』의 '6~7세기의 황실·소가씨의 약계도(略系圖)'를 보아도 잘 알 수 있다고 생각한다.
  이 '약계도'를 보고 먼저 생각나는 것은 앞에서 보았던 동 고분군에 대한『마이니치신문』의 "쇼오토쿠타이시나 비타쯔, 요오메이, 스이코 등 소가계 천황릉이 밀집해 있는 왕릉의 계곡"이라는 기사와, 그리고 카도와키 씨의 글을 인용한 "혈맥으로 말한다면 부계도 모계도 모두 소가계의 순수 혈통을 가진 왕족이 쇼오토쿠타이시인 것입니다"라는 기사이다.

또한 이 '약계도'의 왼쪽에는 킨메이(欽明)천황과 이와노히메(石姬)와의 사이에서 태어난 비타츠천황과 그의 아들 코오토쿠천황이 있는데, 어찌된 일인지 코오토쿠의 어머니는 공백으로 되어 있어 알 수 없다. 그리고 그 둘 사이에서 태어난 아이도 공백으로, 그 다음에 '치누(茅渟)왕―코오토쿠천황'으로 되어 있는 것이다. 치누왕의 '치누'라 함은 '치누노우미', 즉 오오사카만을 가리키는 것으로 그 아래의 코오토쿠는 '카루노미코(輕皇子)'라고도 불리고 있었던 것이다.

이 '카루노미코'에 대해서는 작가이며 또한 뛰어난 고대사가이기도 했던 마쯔모토 세이쵸오(松本淸張) 씨의 고증이 있지만 그것은 나중에 살펴보기로 하고, 하여간 그러한 일들도 있어서 나는 이번에 처음으로 타이시정사무소를 방문해 보기로 했다. 사무소가 위치한 곳은 카와치아스카의 본거지 하비키노시 아스카의 아스카베신사로부터 타케우치노미치를 사이에 두고 남쪽에 가까운 곳으로, 이곳도 넓은 의미의 '치카쯔아스카(近つ飛鳥)', 즉 카와치아스카로 되어 있는 곳이다.

타이시정은 1만여 명의 인구가 사는 마을이다. 관청의 청사는 새로 지어진 듯 크고 멋진 건물로, 나는 그곳 3층에 있는 교육위원회를 찾아가 문화재담당인 타카가미 히데아키(高上秀明) 씨를 만나, 『왕릉의 계곡―시나가타니고분군』과 『만요오(万葉)의 고향―타이시정』「타이시정 가이드북」 등의 안내서를 손에 넣었다. 『만요오의 고향―타이시정』의 실제 저자는 정립(町立) 타케노우치카이도오 역사자료관 관장인 우에노 카쯔미(上野勝巳) 씨로, 언뜻 보기에는 가이드북과 함께 매우 잘 만들어진 책이라 생각되었다.

『만요오의 고향―타이시정』에는 이치스카고분군에 대해서도 여러 페이지에 걸쳐 서술하고 있다. 그것의 처음 부분과 제일 끝부분을 주의깊게 보면 다음과 같다.

타이시정 하무로(葉室)에서 카난정(河南町) 동쪽의 산들에 걸쳐 있는 부근의 구릉에는 200여 개의 고분이 있고, 이치스카고분군이라 불리고 있습니다. 이것은 야오시(八尾市)의 타카야스센즈카(高安千塚), 카시와라시(柏原市)의 히라오야마센즈카(平尾山千塚)와 함께 카와치의 3대 군집묘로 대단히 중요한 가치를 가지고 있습

6~7세기 황실 소가씨의 약계도

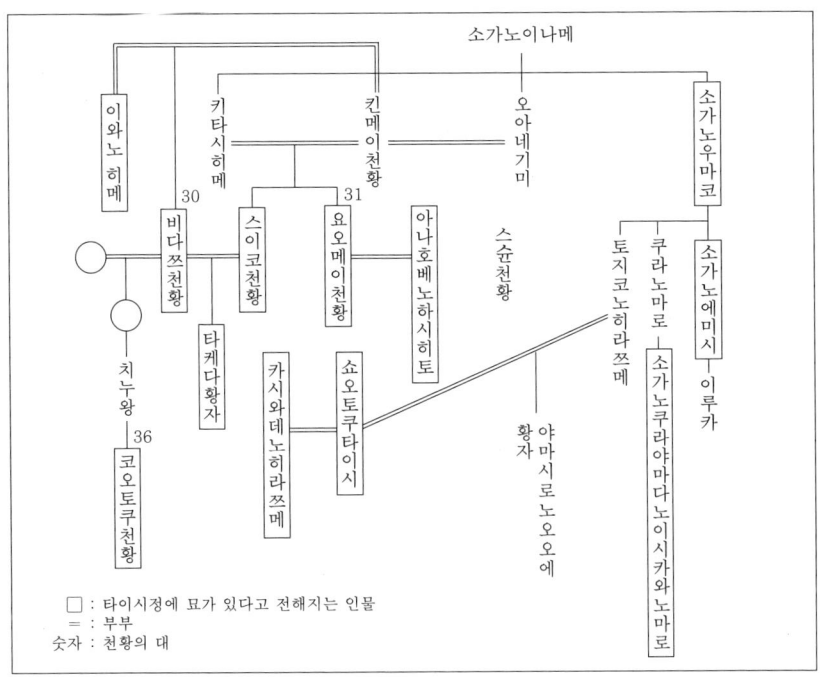

니다.

그런데 이치스가고분군을 형성하는 200여 개의 고분의 개략을 보면, 고분의 외형은 대부분이 지름 10~20미터인 작은 원형의 고분으로, 내부 주체도 소수의 토광묘(土壙墓) 이외에는 거의가 자연석을 이용한 횡혈석실입니다. 석실 내에 보관되어 있는 관은 조립식 집 모양 석관과 목관이 사용되었고 한 방에 2, 3체 합장한 고분이 많이 보입니다. 부장품은 스에키 · 하지키 · 말갖춤 · 철칼(鐵刀) · 금반지 · 은반지 등이 중심이지만 그 중에는 금동제의 신발이나 동전(古錢)을 부장하고 있던 고분도 있습니다. 여기서 이치스가고분군 중에서 두세 개의 고분을 예시해 보겠습니다.

그 예시라 함은 물론 학술적인 것으로 어렵기도 하기 때문에 생략하기로 하고, 마지막 부분의 결말 비슷한 내용만을 보도록 하겠다.(고분군의 학술적 분포

도나, 횡혈석실의 실측도 등도 생략했다)

　이치스가고분군 중에는 시나가다니고분과 아주 유사한 고분이 있습니다만, 양자는 각자의 유사에 그치지 않고……이것들은 모두 양 고분군이 보다 밀접한 관계가 있음을 보여 주는 것이라고 말할 수 있습니다. 천황릉을 중심으로 한 시나가다니고분군에는 내부 주체 등 불명확한 것이 많아서 그것을 밝히기 위해서라도 이치스가고분군이 가지는 의의는 중요합니다.
　다음으로 이치스가고분군의 피장자에 대해서 살펴보면, 그 구조나 출토 유물 중에 축소 모형인 취반구(炊飯具, 취사도구) 등이 있는 것으로 보아 한반도에서 건너온 도래인들로 생각됩니다. 그렇다고 하면 이치스가고분군은 타이시정 내에 있는 시나가다니고분군이 전술한 바와 같이 소가계의 천황이나 소가씨의 족장급인 것에 대해서 이치스가고분군 역시 소가씨와 관계가 깊었던 도래인의 분묘지라고 생각할 수 있습니다.

　이러한 것을 보고 나는 "소가씨는 천황가였다"라고 했던 사카구치 안고(坂口安吾) 씨의 설을 떠올리지 않을 수 없었다. 사카구치 씨도 마쯔모토 세이쵸오(松本淸張) 씨와 같이 작가이며 뛰어난 고대사가이기도 하다. 그것에 관해서는 책의 서두에 생전에 그 사카구치 씨를 방문했을 때의 일을 시작으로 쓰고 있는 한토오 카즈토시(半藤一利) 씨의 문예춘추사에서 펴낸『고대일본의 일곱 가지 불가사의』「아스카의 환상을 탐정(探偵)한다」에 상세히 나와 있다. 「아스카의 환상」이라는 것은 사카구치 씨의 고대사 논고의 하나이다. 또한 소가씨가 천황가였다라는 것에 대해서는 이시와타 신이치로(石渡信一郎) 씨의『소가노우마코(蘇我馬子)는 천황이었다』등에도 분명히 씌어 있다. 그러나 그에 관해서는 접어 두고 이치스가고분군으로 다시 돌아가 살펴보기로 하자.
　이것 역시 이치스가고분군과 밀접한 관련이 있는 것으로 치카쯔아스카박물관에서 간행한『치카쯔아스카 사진집』의「치카쯔아스카 풍토기의 언덕─이치스가고분군」에는 다음과 같이 씌어 있다.

코훈시대 후기의 군집 무덤인 이치스가고분군의 남반부 20헥타아르를 매수, 정비해서 1986년 6월부터 공원으로 개장했다. 현재 치카쯔아스카박물관의 부지를 포함해서 약 30헥타아르에 달한다. 공원 내에서는 산등성이에 횡혈석실이 나열된 모습을 각 산책로나 전망대로부터 관찰할 수 있다.

이치스가고분군은 전체로 본다면 응회암으로 된 조립식 집 모양 석관의 출현 빈도가 높고, 출토 유물로는 금으로 만들어진 드리개 딸린 둥근 귀걸이, 금동제 신발, 취사도구의 축소 모형 등 한반도계의 문물이 포함되어 있다.

지금 살펴본 이치스가고분군은 시나가다니 남서부에 관한 것으로, 나는 역시 타이시정 교육위원회에서 입수한「타이시정의 안내지도」를 손에 들고 이번에는 전에도 가본 적이 있는 이치스가고분군의 북동부 야마다(山田)에 위치한 붓타지고분부터 찾아보기로 했다. 붓타지고분은 붓타사(佛陀寺)라는 절의 경내에 있었기 때문에 유래한 명칭으로 수풀 속에 덜렁 석관만 드러낸 그 고분은 이전과 변함없이 그곳에 있었다.

그리고 붓타사·하타가(秦家)의 토방(土間)에서 보면 액자틀처럼 보이는 스이코천황고분도 변함없이 그곳에 서 있었다. 다만 이전에 왔을 때와 달리 하타가문의 문패가 '하타 히데카즈(秦秀和)'로 바뀌어 있었다.

이곳 시나가다니에는 고대에 남쪽 인근의 카난정에서 살펴보았던 '시라키(白木)'와 마찬가지로 역시 신라계의 지명으로 생각되는 '하타향(波多鄕 또는 秦鄕)'이 있었는데, 현재는 붓타사 서남쪽의 '히타(畑, 본래는 타이시정에 병합된 하타촌(畑村))'로 되어 있지만, 그것과 붓타사의 하타씨와 어떠한 관계

붓타지고분 사적비

가 있는지에 대해서는 알 수 없다.

오오사카부 지정사적인 붓타지고분에 관해서는 앞에서 인용한 『만요오의 고향—타이시정』에 다음과 같이 간단한 설명이 나와 있다.

붓타사 경내에 있는 응회암을 파내어 만들어진 횡구식(橫口式) 석관이다. 피장자는 타이카개신(大化改新)에서 활약했고 그뒤 모반죄로 문초당해 자살한 소가노쿠라야마다노이시카와노마로(蘇我倉山田石川麻呂)의 무덤이라고 전하고 있다.

붓타지고분이 쿠라야마다노이시카와노마로(倉山田石川麻呂)의 무덤으로 전승되고 있지만, 실제로 『왕릉의 계곡—시나가다니고분군』의 「붓타지고분」에는 "출토된 벽돌[塼]과 석관의 형식 등으로 보아 이 고분이 시대적으로는 쿠라야마다노이시카와노마로가 몰락한 7세기 중순경에 속한 것은 확실합니다"라고 쒸어 있다.

어찌 되었든 토오쯔아스카(遠つ飛鳥, 먼 아스카의 뜻)인 야마토아스카(大和飛鳥)에 있던 소가씨와 이쪽 '치카쯔아스카' 인 카와치아스카에 있던 소가씨와는 어느 쪽이 본종가인지 잘 모르겠지만, 645년 야마토아스카의 소가씨를 멸한 타이카개신 쿠데타의 일익을 담당했던 쿠라야마다노이시카와노마로의 생애는 매우 비극적이었던 것 같다. 타이시정의 이른바 '왕릉의 계곡' 에는 그러한 소가씨의 전승이 현저하게 남아 있고, '소가노우마코의 묘' 라고 하는 것까지 있다.

소가노우마코의 무덤은 야마토아스카의 저 유명한 이시부다이(石舞臺)고분(『일본 속의 한국 문화유적을 찾아서』 제2권 참조)이라는 것이 정설이지만 『왕릉의 계곡—시나가다니고분군』의 「소가노우마코의 묘」에는 "타이시정 타이시(太子)의 무코우쇼오지(向小路)의 동쪽 끝 가까이에 일다층탑(一多層塔)이 있고, 오래 전부터 그 땅의 사람들에 의해 소가노우마코즈카(蘇我馬子塚)라고 전해지고 있습니다"라며 다음과 같이 쒸어 있다.

이 작은 탑이 전하는 대로 우마코의 묘라고 하기에는 모든 점에 무리가 있습니다. 다만 흥미있는 점은 바로 가까이에 소가씨의 전설을 가진 고분이나 절이 많다는 것과 또한 타이시정에는 전술한 바와 같이 소가계 천황의 분묘가 많은 것 등 소가씨와 깊은 관련을 가진 땅이라는 것을 생각하면, 후세의 사람들이 소가노우마코의 공양탑(供養塔)으로서 이 석탑을 만든 것은 아니었을까 하고 생각할 수도 있습니다.

나도 그와 같았을 것으로 생각하고 있다. 요컨대 '왕릉의 계곡'은 백제 8대 성(姓)의 하나인 목씨(木氏)에서 나왔던, 소가씨의 영향이 그만큼 현저했기 때문인 것이다.

계속해서 이번에는 붓타지고분의 북동부에 위치하고 있는 코오토쿠천황릉고분을 살펴보기로 하자. 본시 이 고분이 코오토쿠천황의 무덤인지 어떤지는 모르겠지만 코오토쿠는 야마토아스카에 있던 소가씨가 다이카개신의 쿠데타로 멸망한 후 등장한 천황으로, 그에 관한 것은 『왕릉의 계곡-시나가다니고분군』의 「코오토쿠천황릉」에 다음과 같이 씌어 있다.

나카노오오에노오오지(中大兄皇子)·후지와라노카마타리(藤原鎌足)·소가노쿠라야마다노이시카와노마로들은 645년 소가노에미시(蘇我蝦夷)·소가노이루카(蘇我入鹿)를 공격하는 타이카개신을 단행합니다. 그뒤 여제(女帝) 코오교쿠(皇極)를 대신해서 천황의 동생인 카루노미코(輕皇子)가 추대되어 제36대 코오토쿠천황으로서 왕위에 오르게 됩니다. 천황은 나니와(難波)의 나가라(長柄)에 궁을 지어 타이카개신의 대사업을 추진하게 됩니다. 중국의 당(唐)을 모방해서 율령국으로의 추진을 시작하게 되지만 후에 천황은 개신의 실력자인 나카노오오에노오오지와 불화를 일으키게 되어 왕위에 오른 지 10년 만에 쓸쓸히 나니와궁에서 죽게 됩니다.

나는 코오토쿠가 살해되었을 것으로 생각하고 있는데, 코오토쿠천황 역시 소가노쿠라야마다노이시카와노마로와 마찬가지로 종말에는 비극적인 인물이 된 것이었다. 둘 다 타이카개신을 위한 희생자로도 생각할 수도 있는데 위에서 말하는 '카루노미코'는 도대체 어떤 사람이었을까?

앞에서 보았던 '6~7세기의 황실·소가씨의 약계도'를 다시 한 번 살펴보자. 코오토쿠의 아버지는 비타쯔천황이라고 되어 있지만, 그의 어머니는 공백으로 남아 있었다. 그의 아들도 공백으로 되어 있고, 그 다음은 '-치누왕-코오토쿠천황'으로 되어 있다.

대체로 '치누왕(茅渟王)'이 어떠한 사람을 가리키는지는 잘 모르겠지만, 코오토쿠가 '카루노미코'라고 하는 것은 잘 알려져 있다. 그리고 '카루노미코'는 그밖에도 있었는데, 이 카루노미코의 '카루'에 대해서 마쯔모토 세이쵸오 씨는 「야마토의 조상」에 다음과 같이 쓰고 있다.

기기(記紀)에 의하면 코오겐(孝元)천황은 '카루(輕)의 사카이하라궁(境原宮)'에 있었다고 한다. '카루'라는 곳은 타케치군(高市郡)으로 지금은 카시하라시(橿原市)에 속한 곳이다. 이 카루라는 지명으로부터 카루노미코와 카루노타이시(輕太子), 카루노오오이라쯔메미코(輕太郎皇女)라는 이름이 나온다. 카루는 '카라(韓)'이다. 이 부근의 야요이유적으로 유명한 '카라코(唐古)'유적도 '唐'이 아니고 '韓(가야)'에서 유래한 이름으로 생각된다. 호오류우사 일대를 이카루가(斑鳩)라고 부른다. '카루(カル)'에 접두어 '이(イ)'가 붙은 것일까?

한편 '카루노미코'의 '카루(輕)'는 한국어인 '칼(刀)'에 유래한다는 설도 있다. 그러나 마쯔모토 씨가 말하는 타케치군의 카루(輕)지방에는 '카라히토지(韓人池)'도 있었다고 하는 지방이기 때문에, 역시 '카라(韓)'로부터라고 하는 편이 설득력이 있다고 생각된다. 어떻든 간에 코오토쿠천황릉고분 등도 발굴조사가 허가되면 그에 관한 것도 조금은 알 수 있게 될지도 모르겠다.

지금까지 아스카센즈카고분에서부터 시나가다니고분군까지 줄곧 고분만 살펴보았기 때문에 이제 이쯤에서 다른 곳을 살펴보려고 하나, 내친 김에 한 가지 더 시나가다니고분군 중의 카스가고분을 살펴보기로 하자. 그 이유는 백제 콘키왕과 연관되어 있음이 확실한 아스카센즈카고분군과 시나가다니고분군이 어떠한 관계에 있었는가 하는 것을 더욱 알고 싶었기 때문이다.

카스가고분은 미나미카와치군 타이지정 중앙부의 카스가로, 원래는 카스가촌(春日村)이라 되어 있던 곳이다. 물론 그곳은 시나가다니의 중앙부이기도 하다. 『왕릉의 계곡-시나가다니고분군』에는 카스가고분에 대해 다음과 같이 쓰어 있다.

　타이시정 카스가 북쪽의 킨테쯔 미나미오오사카선(南大阪線)에 북으로 접하는 구릉의 중턱, 바꾸어 말하자면 타이헤이즈카(太平塚)고분에서 북서로 약 200미터 지점에 이 고분은 위치하고 있었습니다만, 쇼오와시대 초기에 파괴되었습니다. 그러나 그 석실은 대단히 독특한 것으로 문헌을 토대로 조금 언급해 보겠습니다.
　카스가고분의 석실은 안산암을 잘라 다듬은 돌로 건축되었는데, 널길 안쪽에 널방을 만들지 않고 붙박이의 횡구식 석관을 가지고 있는 것으로, 그 규모는 널길의 높이 약 1.15미터, 폭이 약 1.2미터, 석관 내법(石棺內法)의 높이 약 0.82미터, 길이 2.1미터에 이릅니다만 유물은 남아 있지 않습니다. 이 형식은 당시 백제고분과 비슷한 점이 많은데 널길에 접해서 널방을 만들지 않고 직접 횡구식 석관을 안치하는 예는, 톤다바야시시의 카메이시(龜石)고분에 보여집니다. 또한 횡구식 석관으로서는 타이시정에서도 붓타지고분이나 마쯔이즈카(松井塚)고분의 예가 있습니다만, 그러나 본분의 구조와 거의 유사한 고분으로서는 북서쪽으로 불과 0.5킬로미터 떨어진 하비키노시 아스카에 분포하는 아스카센즈카 중의 오오코오 8호분과 칸논즈카(觀音塚)고분이 있고, 본분도 이것들과 같은 모양으로 7세기 전반에 축조된 도래계 씨족의 분묘라고 생각되어집니다. 이들 횡구식 석관의 분포는 이 지역에 있어서의 특색이라 말할 수 있습니다.

　더욱이 마쯔이즈카고분의 횡구식 석관은 현재 에이후쿠사(叡福寺)에 보관되어 있음이 『만요오의 고향-타이시정』에 사진과 함께 "붓타고분 가까이에 있는 민가의 뒤뜰에서 우물을 파는 작업중에 발견되었습니다. 출토된 인골에서 피장자는 두 사람이고, 아스카시대 중순의 천황급 귀인이었을 것이다"라고 쓰어 있다.
　모처럼 이곳까지 왔기 때문에 역시 지금 본 마쯔이즈카고분의 횡구식 석관이 보관되어 있다는 에이후쿠사를 방문하지 않고 갈 수는 없었다. 에이후쿠사는 부계도 모계도 모두 소가씨의 순수 혈통을 가진 최초의 왕족이었던 쇼오토쿠타이시묘를 수호하는 향화소(香華所)로서 만들어졌다고 생각된다. 그 무덤에 관한 것이 『만요오의 고향-타이시정』에 다음과 같이 소개되어 있다.

에이후쿠사(정면이 태자묘).
에이후쿠사에 있는 마쯔이즈카고분의 석관(원 안)

　에이후쿠사의 북쪽에 있는 지름 5미터의 원분이다. 내부는 돌로 만든 횡혈식 석실로 안쪽에 태자(太子)의 어머니인 아나호베노하시히토(穴積部間人)황후의 석관이, 그 앞에 쇼오토쿠타이시의 비(妃)인 카시와데노히라쯔메(膳郎女)의 옻칠을 한 관을 둔 두 개의 관대(棺台)가 안치되어 있었다는 점 때문에 '3골 1묘(三骨一廟)'라 불리고 있습니다. 후에 코오보오대사(弘法大師)를 비롯한 많은 고승이 묘 내에서 수업했다고 전해지고 있어 일본 불교의 성지로서 중요한 위치를 차지하고 있습니다.

　물론 지금 현재 그 무덤 안에 들어가 보는 것은 궁내청에 의해 엄격하게 금지되어 있다. 그러나 일본의 중요문화재로 지정되어 있는 넓은 경내 안에 산재해 있는 에이후쿠사의 성령전(聖靈殿)이나 다보탑(多寶塔), 그리고 경내에 지붕을 덮어 보관되어 있는 마쯔이즈카고분의 횡구식 석관 등은 모두가 한 번 볼 만한 값어치가 있는 것이다.
　사원으로서는 또한 타이시정 야마다의 니죠오산(二上山) 중턱에 로쿠탄사(鹿谷寺)가 있다. 이 절은 내가 20여 년 전에 앞에서도 소개한 후루타 미노루 씨와 함께 와 본 적이 있는데 이 절에 관해서 이른바 '후루타문서'에는 다음과 같이 씌어 있다.

로쿠탄사는 타케노우치카이도오의 중간 지점인 이와야고개(岩屋峠)로 나오는 3차로에 위치한 지조오도오(地藏堂, 지명)에서 북쪽으로 50미터의 니죠오산 중턱에 있는데, 13층 높이의 석탑과 동굴불(洞窟佛)이 현존하고 있다. 이들 유물은 부근의 석질(石質)과 아주 똑같고, 모두 응회암으로 이루어져 있다. 이것들은 모두 하쿠호오시대부터 나라시대에 걸쳐서 한국으로부터 귀화(그 당시에는 후루타 씨도 아직 이렇게 쓰고 있다)한 불교 관계의 석공들에 의해 그곳의 돌을 파내어 만들어진 것으로 생각된다.

그러나 그것보다 나에게 흥미로웠던 점은 이 절의 이름이 '鹿谷'의 일본한자음의 훈독인 '시카타니'도 아니고, 음독인 '로쿠코쿠'도 아니고 고대 한국어 그대로인 '로쿠탄(록단)'이라는 것이다. 이 '탄(谷)'은 따로 '탄(丹)'이라고도 되어 있는데, 일본에는 아직 '谷'자를 '탄'이라고 부르는 곳이 이외에도 여러 곳 있다.(『일본 속의 한국문화 유적을 찾아서』 2권 p. 113 역자 주 참조)

이 점에 대해서 어느 독자로부터 편지를 받았던 적이 있는데, 내가 예를 든 것으로서는 이를테면 이시카와현(石川縣)·노토(能登)반도의 변두리에 해당하는 스즈시(株洲市)의 탄자키(谷崎)횡혈고분이 있다.

와니계 후미씨족의 사이린사

이제 타이시정과 하비키노시 동쪽 일대를 벗어나 이번에는 미나미카와치의 중심이 되어 있던 하비키노시 지역의 중앙부를 살펴보기로 하자. 이 지역은 유명한 후루이치(古市)고분군 등이 있는 후루이치(古市)의 땅인데, 우선 후루이치사(古市寺)라는 별명을 갖는 와니계(王仁系) 씨족의 후손 후미씨(文氏)의 씨사였던 사이린사(西琳寺)부터 살펴보기로 하자.

이곳에서도 하비키노시 교육위원회의 후루타 미노루 씨가 집필하고 동 시교육위원회에서 간행한 『역사의 산책길 – 하비키노시 근방의 사적과 문화재』의 신세를 지게 되는데, 이 책은 견학자(見學者)들을 위해 만들어진 것으로 먼저 책의 처음에 있는 「하비키노약사(羽曳野略史)」부터 살펴볼까 한다. 왜냐하면 내가 지금까지 언급한 적이 없었던 카와치에 있어서 죠오몬시대부터 야요이시대로의 변천 외에, 코훈시대에 들어와서부터의 도래씨족에 관한 것이 연대에 좀 문제점은 있지만 꽤 정확하게 적혀 있다고 생각하기 때문이다. 요컨대 하비키노시 지역을 중심으로 한 미나미카와치의 총론 같은 것으로, 후루타 씨의 글을 인용한 후에 나는 각론에 들어가려고 하는 것이다.

조금 긴 인용이 되겠으나 참아주길 바란다. 물론 괄호 안도 원문 그대로이다.

하비키노 근방에 사람이 살기 시작한 것은 지금으로부터 약 1만 년 전인 구석기

시대〔무토기(無土器)시대라고도 한다〕말기쯤으로, 그 장소는 이시천 세이류우(淸流)의 바로 서쪽에 있는 후루이치코우대지(古市國府臺地) 위와 하비키노구릉의 중간과 낮은 쪽의 구릉 위였다고 생각된다. 그 당시 유적으로서 발견되고 있는 것은 후루이치코우대지 북쪽 끝인 '코우(國府)유적'과 노나카대지(野中臺地)의 아오야마대지(靑山臺地) 부근을 들 수 있다. 그때부터 원시인들은 니죠오산이나 모토이치(本市)의 아스카이마이케(飛鳥今池) 부근에서 채취한 돌을 이용해서 석기를 생산하고 생활도구로 사용하고 있었던 것이다. 무토기문화(無土器文化)에 죠오몬시대의 유적도 존재했다고 생각되지만 현재까지 발견되지 않고 있다.

그뒤 기원전 3세기쯤(약 2,300년 전) 한반도 남부를 거쳐 키타큐우슈우(九州) 방면에 전해진 야요이시대 문화(고대한국의 문화로 쌀 생산과 금속 문명을 지님)는 세토우치(瀨戶內)지방에서부터 동쪽으로 전파되었고, 멀지않아 카와치(河內)지방으로도 파급되어 온 것이다. 그 주된 원인으로는 진시황제의 중국 통일 및 전한(前漢) 무제(武帝)의 국토 통일에 따른 한반도로의 영토 확대라는 대사건의 여파를 받고 있었다는 것을 부정할 수 없을 것이다.

하비키노 근방에 야요이문화의 파도가 밀어닥친 것은 야요이 중기 무렵으로 이시천에서 그리 멀지 않은 쯔보이(壺井)유적을 발단으로 이윽고 히가시한다(東阪田)·키시(喜志)의 대지 위에 집락이 형성되었다. 그리고 계속해서 후루이치·타카무로(高室)·쿠라노우치(藏の內)·니시샤쿠도(西尺土)의 대지 위나 구릉의 경사지에 야요이집락이 영위되고 있었던 듯하다. 하지만 야요이 말기인 3세기 초기 무렵 카와치 일원에 서쪽으로부터 동진해 오던 새로운 무력 집단과의 사이에서 꽤 규모가 큰 전투가 일어났던 흔적이 있고, 각지의 강을 끼고 있었던 집락은 일시적으로 구릉 위나 산지의 내부로 대피하지 않을 수 없었던 것 같다.

이와 같은 형식의 집락을 고지성 방어 집락(高地性防禦集落)이라 부르고 있다. 이 시대의 그러한 집락유적으로서는 모토이치(本市) 부근에 코마가타니(駒ヶ谷)의 이부라(五十村)유적과 쯔우호오사(通法寺)의 고미네야마(御嶺山)유적이 있으며 근교에는 카시와라시의 타카오야마(高尾山)유적과 카난정의 이치스가유적이 유명하다.

여기서 말하는 '서쪽으로부터 동진해 오던 새로운 무력 집단'이라고 하는 것은 '3세기 초반'이라는 연대에 문제가 있기는 하나, 야요이시대의 뒤를 이어 코훈시대를 만들어낸 사람들을 말하는 것으로 생각된다. 그리고 "4세기 중순 무렵에는 오오진천황이 카와치에 진출해서 나카쯔히메를 비로 삼으며 군림해서, 이윽고 오오진계(應神系) 카와치왕조의 본거지로 바뀌었다"라고 하며 그 코훈시대에 대해 다음과 같이 이어서 쓰고 있다.

4세기 말부터 5세기 전반에 걸쳐서 하비키노·후지이데라 주변에는 철기와 말갖춤을 주체로 한 후루이치고분군의 능묘가 하비키노 구릉의 중간 또는 아래쪽 단구(段丘)와 후루이치코우대지 위를 이용해서 V자형으로 축조되어 갔다. 후루이치고분군은 최고 전성기인 북지군(北支群)과 후기(5세기 후반~6세기 전반)인 남지군(南支群)으로 이루어져 있다는 것을 덧붙여 두고 싶다.

오오진천황릉·나카쯔히메릉·오오쯔카야마(大塚山)고분 등을 중심으로 한 후루이치고분군은 합계 50여 개의 대소 고분으로 이루어져 있다고 할 수 있다. 이들 후루이치고분군은 하지베(土師部)의 족장인 하지노무라지(土師連)와 그 공인들을 중심으로 해서 5세기 전반에 한반도 남부로부터 도래한 와니계 씨족 및 백제 진손왕(辰孫王)을 시조로 하는 왕씨(王氏) 일족의 문화인·기술자 집단에 의한 토지의 개발활동과 크게 관련이 있다고 생각된다. 특히 향토의 개발과 관계 깊은 것이 후루이치대구(古市大溝, 대구는 큰 개천의 뜻)라 불리는 후루이치용수로(古市用水路)로, 후루이치고분군의 축조와 병행해서 조성되어진 듯하다. 이 수로는 고분 축조를 위한 여러 물자의 운송이나 관계용수의 도수로(導水路)로서 향토 근방의 개발에 폭넓게 활용되었다고 추정되어진다.

더욱이 이 주변에는 도래계의 후미씨(후루이치)·우마씨(馬氏, 샤쿠도)·쿠라씨(쿠라노우치)의 와니계 씨족 이외에 '진손왕계'인 시라이〔白猪, 훗날의 후지이씨(葛井氏), 후지이데라(藤井寺)〕·후나씨(노나카)·쯔(津)씨〔타카와시(高鷲)·쯔도오(津堂) 부근〕의 문화인 집단을 비롯해서, 기술자 집단으로서의 하지씨의 각 씨가 반거(蟠踞, 뿌리를 내리고 근거지를 확보하여 세력을 떨침)하게 된다. 이시천에서 동쪽인 코마가타니지구에는 5세기 후반에 백제에서 도래한 콘키왕 일족의 자손인 아스카베노미야쯔코 일족이 입거(入居)해서 그들에 의해 카와치의 코훈시대의 문화는 형성되었던 것이다.

여기에서 말하는 도래계 집단이 모두 '문화인 집단' 과 '기술자 집단' 이었다는 것에도 문제가 있겠지만, 이시천으로부터 동쪽의 치카쯔아스카(近つ飛鳥) 또는 카와치아스카(河內飛鳥)의 본거지에 있어서의 백제 콘키왕 일족에 관한 것이나 이른바 '왕릉의 계곡'의 시나가다니 등은 먼저 살펴봤던 그대로이다. 지금 살펴본「하비키노약사」에서 볼 수 있는 씨족의 대부분은 모두 고대한국 특히 백제에서 도래한 사람들뿐이다. 그리고 그들도 또한 이 하비키노시 지역이나 주변 지역에 많은 고분이나 유적을 남기고 있는 것이다.

그 시조인 와니(王仁, 왕인박사)라고 하는 사람은 백제로부터 『천자문』이나 『논어』 등 일본에 처음으로 문자를 전달했다고 알려져 있고, 토오쿄오의 우에노(上野)공원 등에도 '王仁博士' 라는 비석이 세워져 있다. 와니가 어떠한 학자였는지 하는 것은 이제부터 서서히 살펴보게 되겠지만, 그 와니를 시조로 하는 사람으로서는 후미씨, 우마씨, 쿠라씨 등 많은 씨족이 나뉘어져 나오고 있다.

앞에서 보았던 타카시씨족도 와니씨족 중의 하나였지만, 그 중에서도 가장 유력한 씨족은 카와치노후미씨(西文氏)였다. 그것은 후루이치에 있는 동 씨족의 씨사였던 후루이치사라고도 불리는 사이린사의 규모를 보아도 알 수 있다고 생각한다. 사이린사는 메이지시대 초기에 폐사되어, 현재에는 주위에 집들이 주욱 들어선 작은 절이 되어 버렸다. 그러나 그다지 넓지 않은 경내에 들어가 보면 왼편에 거대한 탑심초(塔心礎)가 남아 있어서 눈이 번쩍 뜨이게 한다. 5층탑의 심초였다고 하는 이것은 긴 변의 길이가 3.2미터, 작은 변의 길이가 2.8미터, 높이가 1.95미터, 중량은 추정해서 2.8톤에 달하고 또한 기둥구멍(柱穴)에 '찰(刹)' 이라는 글자가 있는 것으로 보아 나라(奈良) 호오류우사(法隆寺)의 그것보다도 큰 일본 최대라고 말해지는 것이다.

이와 같은 탑심초 하나만 보더라도 예전에는 이 사원이 어느 정도의 대가람(大伽藍)이었는가를 우리들은 미루어 짐작할 수 있다. 하비키노시 교육위원회 주사 카사이 토시미쯔(笠井敏光) 씨의 호의로 손에 넣은『하비키노시사(羽曳野

市史)』제3권의 「사이린사터」에는 이 사원에 관해서 다음과 같이 씌어 있다.

쇼오와시대 초기에 이시다 모사쿠(石田茂作)가 아스카시대 사원 유적의 하나로서 주목해서 카마쿠라시대 중기의 『사이린사문영주기(西淋寺文永注記)』라는 그 지방에 전해져 오는 후세의 가람의 옛 지도를 토대로, 강당·탑·중문·회랑·남대문·서문의 배치를 복원해서 처음으로 호오키사식(法起寺式) 가람으로 추정했다.

사원이 창건된 유래에 관해서 『사이린사문영주기』에는 전승에 따라서 킨메이천황 20년(559) 기묘년(己卯年)에 후미노오비토아시코(文首阿志高)와 그의 아들인 시야코(子彌高) 등이 건립했다고 하나 이시다 씨는 가람배치와 출토된 지붕기와의 연대를 통해 아스카시대 중기 이후라고 추정했다. 그뒤 여러 설 중에서도 킨메이천황 20년부터 간지(干支)를 한 순번 내려서 스이코천황 27년(619)인 을묘년에 맞추는 것이 유력해졌다. 개기(開基, 사원을 창립한 사람)에 대해서는 주기에 적혀져 있듯이 도래계의 유력 씨족으로서 이 지역에 거주했던 카와치의 후미씨, 즉 카와치노후미씨의 씨사라고 해석하는 것에 이론은 없는 것 같다.

『하비키노시사』에 의하면 사이린사는 그뒤에도 오오사카부 하비키노시교육위원회에 의한 조사로 사원의 남서부에 있는 회랑 유적이라 판단되는 초석의 근석(根石)이 확인되었고 또한 사원의 북쪽 끝에 해당된다고 생각되는 도랑을 검출했다고 한다. 그리고 그 유구(遺構)가 거의 밝혀져 있다고 하면서 끝으로 사원의 「의의(意義)」에 대해서 다음과 같이 쓰고 있다.

사이린사가 카와치노후미씨의 씨사로 창건되었다는 전제로써 『서기(書紀)』외에 『고사기』「오오진단(應神段)」에 백제로부터 와니(王仁)의 도래를 전하고, 카와치노후미씨는 그 후예로서 문서를 정리하는 후미노오비토(文首)의 직책에 있었음을 지적할 수 있다. 카마쿠라시대 중기의 태정관부(太政官符, 당시 최고 중앙관청이 지방에 하달한 문서)에 의하면 사원의 사지(四至, 네 경계)는 "동쪽은 아스카노쇼오(飛鳥の庄), 서쪽은 하비키산(羽曳山), 남쪽은 키시노쇼오(岐子の庄), 북쪽은 콘다(譽田)천황릉 북쪽"으로 상당히 넓었다는 사실을 보여주고 있다.

에도시대에는 부근의 안칸료오(安閑陵)고분이라 전하는 곳에서 출토된 유리그릇이나, 코쿠부(國分) 마쯔오카야마(松岳山)고분에서 출토된 후나시오오고(船氏王後)의 묘지(墓誌)를 사보(寺寶)로 정했을 정도로 융성했다. 대표적인 도래계 씨족의 창립 사원으로서 가람의 세부적인 규모와 내용의 해명이 기대되며 동시에 시가지 안의 유적으로서 환경보호에 대한 각별한 노력이 요구된다.

사이린사는 와니계 씨족의 대표적인 존재였던 카와치노후미씨의 씨사에 걸맞는 대단히 넓고 큰 사원이었던 것 같다. 에도시대 안칸료오(安閑陵, 高屋築山)고분에서 출토되었다고 하는 유리그릇이나 마쯔다케야마고분에서 출토된 묘지가 어째서 이 사이린사에 있었는가 하는 것도 재미있지만, 그것보다 더 놀랄 만한 것은 카마쿠라시대 중기의 문서에 표시된 사원 경계의 광대함이다.

예를 들어 '남쪽은 키시노쇼오' 라고 하는 한 가지를 보더라도, 현재 킨테쯔전차로 후루이치로부터 키시(喜志)까지는 하나의 역이 있을 정도의 거리이다. 이와 같은 광대한 사원을 씨사로 삼고 있던 와니계 씨족의 후미씨는 물론이고, 그 시조인 와니라는 사람은 도대체 어떤 사람이었던 것일까?

후미씨족들의 조상 와니는 여러 가지 의미에서 고대한국의 백제로부터 건너온 도래인으로서는 가장 유명한 사람 중의 한 사람이다. 계속해서 후미씨족의 씨신사와 함께, 그 조상의 묘소 · 고분에 대해서 함께 생각해 보기로 하자.

왕인박사의 무덤을 둘러싼 논쟁

　와니씨의 분묘와 씨신사(氏神寺)에 관해서는 확실한 정설이 없으나, 일반적으로 사이린사라는 광대한 가람의 씨사를 갖고 있던 와니계 씨족·카와치노후미씨의 조상인 와니의 분묘는 키타카와치(北河內)의 히라카타시(枚方市) 후지사카오하카타니(藤坂御墓谷)에 있다고 되어 있다. 이것은 한국과 일본의 학자들 모두가 그렇지 않겠는가 하고 인정하는 것이지만, 나는 그러한 의견에 대해 분명히 반대하고 있다.
　나는 22년 전(이 글은 1996년에 씌어짐)인 1973년, 잡지 『현대의 눈(現代の眼)』 6월호에 그 당시 아직 직감에 지나지 않아 설명이 충분하지 못했던 것이었을지도 모르겠지만 「와니와 후루이치고분군의 수수께끼」(『일본 고대사와 한국문화』에 수록)라는 논고를 쓴 일이 있다.
　와니의 분묘라는 것에 관해서 우선 히라카타시 시교육위원회에서 편찬한 『히라카타시의 문화재』에는 다음과 같이 씌어 있다.

　쿄오호오(享保) 16년(1731) 쿄오토(京都)의 유학자 나미카와 고이치로(竝川五一郎)가 히라카타시(枚方市) 카도노정(禁野町)의 와다사(和田寺)에 남아 있는 옛 기록에서, 와니의 무덤이 후지사카무덤 골짜기(藤坂御墓谷)에 있다는 것을 알아냈다. 그리고 이 땅을 답사해서 자연석으로 된 입석(立石)을 발견하고 이곳을 와니박사의 무덤이라 했다. 이것이 '와니즈카(王仁塚)'라고 불린 최초의 일이다. 입석 옆에는 이곳의 영주였던 히사가이이나바모리세이슌(久貝因幡守正順)이 세웠다는 '와니박사지묘(王仁博士之墓)'라는 비석이 있다. 또한 분세이(文政) 10년(1827), 옛 궁가(宮家)의 하나인 아리스가와노미야(有栖川宮)가문의 신하 이에무라 마고우에몬(家村孫右衛門)이 경내에 아리스가와노미야가 직접 쓴 '박사왕인분(博士王仁墳)'이라는 비석을 세웠다.

이러한 연유가 있는 관계로『히라카타시의 문화재』에는 "1965년 12월에 뜻있는 사람들이 무덤의 양옆에 홍백의 매화를 심었으며, 현재도 매년 가을에 한·중·일 3국이 친선으로 합동위령제를 현지에서 열고 있다"라고 쓰여 있다.

물론 나도 현지를 방문해서 그 '자연석 입석'을 보았다. 그러나 그것을 가지고 우리들이 카와치의 호족이었던 후미씨족의 조상으로, 4세기 말 일본에 도래했다는 와니의 무덤이라고 하는 것이 가능한 일이겠는가? 나미카와 씨가 보았다는 옛 기록이 어떠한 것인지 잘 모르겠지만, 여러 가지로 미루어 보아 나로서는 아무래도 그렇게 생각되어지지 않는다.

와니에 대해서는 각 사서(史書)에서 볼 수 있다. 그 중에서 가장 간단한 타카야나기 미쯔토시(高柳光壽)·타케우치 리조오(竹內理三) 씨가 쓴『일본사사전』의「와니」에는 다음과 같이 쓰여 있다.

> 고대 전설상의 백제에서 온 도래인이다. 한나라 고조(高祖)의 자손이라 한다. 4세기 말 오오진(應神)천황 때에 내조(來朝)했다.『논어』10권과『천자문』1권을 전하고, 태자 우지노와키이라쯔코(菟道稚郎子)의 스승이 되었다.

전설상이라고 했으므로 그것 역시 확실치 않다. 어쨌든 이렇게 본다면 와니라는 학자가 혼자서 홀연히 도래한 것처럼 서술되어 있지만, 그러한 것이 아니라 와니를 포함한 하나의 큰 집단의 도래였던 것이다. 더욱이 그 와니씨에게서만 하더라도 카와치노후미씨를 비롯해서 쿠리스노오비토(栗栖首), 우마노후히토(馬史), 쿠라노오비토(藏首), 타카시노무라지(高志連), 사쿠라노오비토(櫻野首)

등의 씨족이 갈라져 나오고 있다. 이 씨족들이 와니계 씨족이라고 불리는 것으로, 그들은 모두 후루이치를 본관으로 하고 있던 사람들이었다. 그 중에서 중심이 되어 있던 씨족이 광대한 가람인 사이린사를 씨사로 하고 있던 후미씨족인데, 그 조상인 와니의 분묘가 어째서 후루이치에서 40킬로미터나 떨어진 키타카와치의 히라카타시에 있다고 하는 것일까? 나는 이해할 수가 없다.

'와니'라고 불리는 것도 이상하다. 정상적인 일본어라고 한다면 '王仁'을 오오진 또는 오오닌으로 읽어야 하는 것이다. '와니'라 함은 누구누구라고 하는 고유명사가 아니라 한국어의 '왕님(王任)'이 아니었을까라고 나는 생각하고 있다. 결국 '인(仁)'이 곧 '님(任)'이라고 하는 것은 형님(兄任)할 때의 존칭 '님'인 것이다.

내가 처음 이와 같은 내용을 발표했을 때에는 누구도 관심을 가진 학자가 없었지만, 그뒤 10년 정도가 지나고 나서 내 의견에 대해 찬성하는 학자도 나오고 있다. 예를 들면 1984년에 나온 이시하라 스스무(石原進)·마루야마 타쯔히라(丸山龍平) 씨의 『고대 오우미(近江)의 조선』을 보면, 고고학자인 마루야마 씨는 시가현(滋賀縣) 오우미의 비와호반(琵琶湖畔)에 펼쳐져 있던 와니(和邇)씨족에 관하여 다음과 같이 쓰고 있다.

　和邇를 '와니'로 읽는다면『일본서기』오오진천황 16년 조의 와니키타리(王仁來り, 왕인이 오심)에 보이는 왕인(王仁)과 통하고 있다. 이 왕인에 관해서 김달수 씨는 "왕인은 일본어로는 보통 '오오진' 또는 '오오닌'으로 발음해야 하는데 어째서 '와니'라고 읽는 것일까? 이것은 한국어의 '왕님(王任)' 즉 '임금님'이라는 뜻이다"라고 하였다. 和邇의 경우도 이와 같다고 생각되나 다른 관점에서 다루어 보고 싶다.

　그 '다른 관점'이라 함은 같은 책에서 찾을 수 있다. 요컨대 와니(王仁, 王任)라는 것은 '와니(和邇, 丸邇, 和珥)'라고도 표기되는 것으로, 오우미나 야마토에도 퍼져 나갔던 그 사람들은 모두 같은 씨족에서 유래했던 것이다. 마쯔모토 세이쵸오 씨는 "와니(和珥)는 王仁을 일본식으로 표기한 것이리라"(「야마토의 조상」)라고 하였는데 나도 그의 의견에 동감하고 있다.

와니와 그 집단에 대한 의문은 그것만이 아니다. 우선 와니는 백제에서 『천자문』과 『논어』 등 일본에 처음으로 문자를 전했고, 황태자 우지노와키이라쯔코의 스승이 된 학자로 생각되고 있다. 하지만 4세기 말에 도래했다고 하는 와니 집단의 시대에는 중국 양(梁)나라의 주흥사(周興嗣)가 편찬했다고 하는 『천자문』이 아직 존재하지도 않았다. 또한 와니가 처음으로 일본에 문자를 전했다고 하는데, 중국의 『수서(隋書)』「왜국전(倭國傳)」에 의하면 왜(倭)는 "백제에 있어서 불교를 구득(求得)하고 처음으로 문자가 있었다"라고 기록되어 있다. '백제로부터(百濟よリ)'가 아니라 '백제에 있어서(百濟じ於いて)'라는 표현에 주의해야 한다. 일본의 사학자들은 중국의 사서(史書)에 관해서라면 시시콜콜 살필 정도로 대단하지만, 무슨 연유인지 『수서』 「왜국전」의 이 대목에 대해서는 모두 입을 다물어 버리고 있는 것이다.

와니계 씨족의 조상이 되어 있는 와니는 지금 현재도 일본에 문자를 전한 사람으로서 '博士王仁' 또는 '王仁博士'라고 쓰인 비석이 토오쿄오·우에노(上野)에도 있을 뿐만 아니라, 오오사카부 내에는 그의 무덤으로 알려진 것이 세 곳이나 된다. 그 하나는 앞에서 본 타카시씨족의 씨신이었던 타카이시시의 타카이시신사이고, 두 번째는 사카이시 미쿠니가오카(三國ヶ丘)의 카타타가이(方違)신사에 합사된 무카이(向井)신사이다.

이 두 개의 신사는 와니를 조상신 또는 제신으로 모시고 있기 때문에, 그 나름대로 일리가 있을지도 모르겠다. 하지만 그 중에서 가장 유력한 것이 세 번째로, 그것은 앞서의 히라카타시에 있는 것이다. 그래서 히라카타시에서는 그 와니의 무덤과 연관된 '와니공원'이라는 것까지 만들어져 있다.

대체로 고대에 있어서 분묘가 만들어지는 것은 그 본관지라는 것이 통칙(通則) 같은 것이다. 그런데 어째서 와니의 묘만은 후루이치의 본관지에서 40킬로미터 이상이나 떨어진 키타카와치의 변두리 히라카타에 있다고 하는 것일까?

와니계 씨족의 중심이라고 볼 수 있는 후루이치의 후미씨 등에 대해서는, 자주 언급한 바와 같이 사이린사와 같은 당대 제일의 대가람을 씨사로 하고 있었던 것만은 확실하다. 그럼에도 불구하고 그들의 조상인 와니의 분묘가 어째서 멀리 40킬로미터 이상이나 떨어진 히라카타지방에 마치 버려진 것처럼 세상에 흔코 흔한 작은 자연석의 입석으로 남아 있는 것일까? 와니의 분묘가 평범한 돌로 만들어진 입석이라는 것은 아무래도 이상한 생각이 든다. 따라서 나는 '왕님〔王樣〕'에 어울리는 고분이어야 할 와니의 분묘는 당연히 후루이치고분군 안에서 찾아야 한다고 생각하고 있는데, 문제는 와니의 분묘(고분)가 어디에 있는지 아직 알 수 없다는 데 있다.

뒤에서도 살펴보게 되겠지만 와니보다 약간 늦게 도래한 백제의 진손왕(辰孫王, 일본어로 '신손왕'. 진손왕의 분묘 역시 그 피장자가 확실치 않다) 계열의 씨족인 후지이씨(葛井氏) · 후나씨(船氏) · 쯔씨(津氏)들의 분묘와 고분은 대체로 확실히 밝혀져 있다. 하지만 와니의 경우는 후미씨를 비롯해서 이른바 '와니계 씨족'이라 할 수 있는 계열의 씨족조차 알지 못하고 있다. 따라서 와니 또는 그 집단의 분묘를 살펴보려면, 그것은 어차피 오오진천황릉고분 등을 포함하는 후루이치고분군 안에서 찾아야 한다는 것이 내 생각이다.

이 일에 관해서는 모리 코오이치(森浩一) 씨와 나, 나오키 코오지로오(直木孝次郞) 씨 등이 함께 참가했던 「와니계 씨족과 그 유적」을 주제로 한 좌담회에서 모리 씨는 다음과 같이 말하고 있다.

　　고고학에서 가장 중요한 문제는 아까부터 화제가 되고 있는 여섯 개 씨족(후미씨 등의 카와치의 와니계 씨족)입니다. 이 여섯 개 씨(氏)의 중심적 거주지, 즉 본관을 복원해 보면 그 본관지는 일본에서도 유수한 규모라고 알려진 후루이치고분군의 한가운데 또는 그 주변으로 집중되는 것입니다. 이것이 가장 큰 문제점이라고 생각합니다.

그리고 모리 씨는 "그 거주지와 고분의 존재 방식을 보면 대체로 거주지에 가까운 곳에 만듭니다"라고 하면서 아스카 · 후지와라쿄오(藤原京) 등을 예로 들면서 계속해서 다음과 같이 말하고 있다.

　　이것은 일본만이 아니라 한국에서도 그렇습니다. 경주에 수도가 있으면 경주의 바로 옆에 고분군을 만듭니다. 부여에 도읍이 있으면 부여에 고분군을 만든다고 하는 것이 어떻게 보면 하나의 경향이라고 할까, 통칙 같은 것이지요. 그렇다면 보통 일본 고대사가 취하고 있는 입장처럼 야마토에 정치 기반이 있었지만 카와치평야를 개발했다는 이유로 이 시기에 후루이치에 고분만을 만든다고 하는 것은 역시 검토의 여지가 있는 것이 아닐까요? 더욱이 그 고분군이라고 하는 것이 조금 전에도 말했듯이 그야말로 넓은 의미의 와니계 씨족의 거주지와 너무나도 일치하고 있다는 것입니다. 그러한 측면의 문제들이 가장 흥미로울 것 같습니다.

이렇게 보면 점점 더 '카와치왕조'라는 것을 무시할 수 없게 될 뿐만 아니라 후루이치의 '후루(古)'라는 것도 한국어의 '후루(都, 벌)'에서 온 것이 아닐까 하는 생각이 든다. 하지만 그것은 접어 두고, 여전히 후루이치고분군 중에 어느 것이 와니 및 와니계 씨족의 것인지는 알 수 없다. 그러나 다만 한 가지 말할 수 있는 것은 오오진천황릉고분의 피장자가 실제로는 누구인지 모르는 것처럼 후

공중에서 본 오오진천황릉고분

루이치고분군 중에서 누구누구의 고분이라 하는 것도 그것이 누구의 무덤인지는 어느 것도 확실히 밝혀지지 않았다는 것이다.

그렇지만 어쨌든 엄숙한 자태로 후루이치고분군이 그곳에 있다는 것만은 누구도 부정할 수 없는 사실이다. 더욱이 그것은 이른바 카와치왕조와도 관계 있는 일본 유수의 대고분군인 것이다. 따라서 당연히 그 가운데는 유명하고 중요한 고분도 많은데, 그 중에서도 대표적인 것이 '콘다야마(譽田山)고분' 또는 '콘다 고뵤오야마(譽田御廟山)고분'이라고도 불리는 하비키노시 콘다(譽田)에 있으며 오오진천황릉이라고 불리고 있는 거대 고분일 것이다.

그 오오진천황릉고분을 중심으로 한 몇 개의 고분을 살펴보기로 하겠는데, 먼저 하비키노시 교육위원회에서 편찬한 『역사의 산책길―하비키노시 근방의 사적과 문화재』에는 다음과 같이 씌어 있다.

오오진천황릉고분은 오오토리(大鳥)고분의 바로 남쪽에 있고, 북쪽을 향해서 삼단으로 축조된 5세기 초기의 거대한 전방후원분이다. 후루이치 콘다 부근의 지형도를 보면 비전문가라도 쉽게 알 수 있을 것이라고 생각되는데, 동쪽 절반 부분이 대지 위에 있고 서쪽의 절반은 골짜기를 메워 축조되어 있다. 그 이유에 대해서는 동쪽에 있는 4세기의 소형 전방후원분인 후타쓰즈카(二つ塚)고분과 앞에서 말한 오오토리고분이 이미 초기에 존재하고 있었기 때문에 그것을 피하는 형태로 조성 공사가 실시되었던 듯하다. 또한 서쪽 골짜기를 흐르고 있던 '에가(惠我)의 나가에(長江)'라고 불리던 니시에가천(西惠我川, 이시천의 지류)의 유로(流路)를 부자연스러운 형태(오오진천황릉 서북쪽 모퉁이에서 직각으로 굽어져 있다)로까지 개수해 가면서 무리한 형태로 만들어졌다는 것이다.……

이 고분의 규모는 전방부의 폭 약 330미터, 후원부 지름 256미터, 분구 전체 길이 415미터, 주변에 폭 60~80미터의 도랑을 두르고 있다. 특히 이 능(陵)의 체적은 닌토쿠천황릉을 능가하는 세계 최대를 자랑하고 있다. 축조 초기에는 이중 도랑이었지만 중세 때 매몰되어 논이나 오목한 땅으로 남아 있다. 콘다하치만궁(譽田八幡宮)은 창건 초기에는 한국 신라의 조묘(祖廟) 형식을 흉내내어 후원부의 정상에 지어져 있었는데, 헤이안시대 후기에 현재의 땅으로 옮겨진 것이다.

실제로 오오진천황릉은 놀랄 만한 거대한 고분으로, 더욱 흥미로운 점은 그 앞에 있는 유명한 콘다하치만궁이 "창건 초기에는 한국 신라의 조묘 형식을 흉내내어 후원부 정상에 지어져 있었다"고 하는 것이다. 콘다하치만궁에 대해서는 조금 뒤에 살펴보겠지만, 이 오오진천황릉 고분은 궁내청의 엄중한 관리하에 있어서 발굴조사가 허락되지 않기 때문에 무덤에 어떤 것이 부장되어져 있는지는 전혀 알 수 없다. 그러나 다행이라고 해야 할까 오오진천황릉고분의 전방부 북쪽 안제방(內堤)의 바깥쪽에 있는, 이 고분의 배총 마루야마(丸山)고분에서 나온 부장품은 우리들도 볼 수가 있다. 마루야마고분은 지름 약 50미터, 높이 약 6미터의 원형 고분인데 그곳에서 출토된 부장품과 출토품은 지금 콘다하치만궁의 수장고에 보관되어 있어서 미리 신청하면 볼 수 있다. 그 출토품에 관해서는 『하비키노시사』「마루야마고분」의 항에 다음과 같이 씌어 있다.

모토이치(本市)의 콘다하치만궁에는 카에이(嘉永) 원년(1848)에

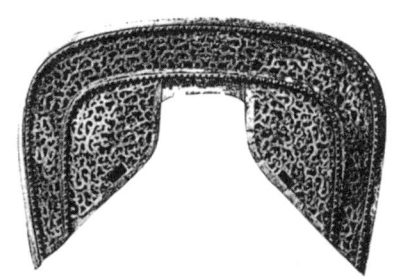

1호분 출토 안장 전륜과 후륜

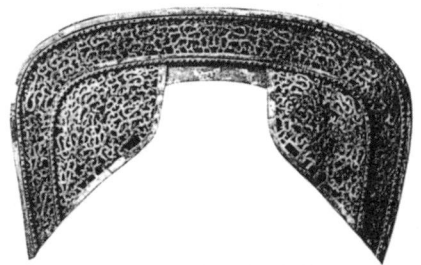

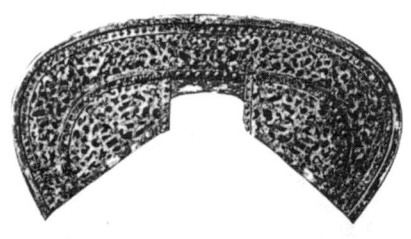

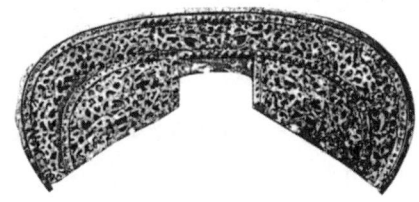

2호분 출토 안장 전륜과 후륜

출토되었다고 전해지는 유물이 소장되어 있다. 금동제 용문투조안장꾸미개〔龍文透彫鞍金具〕 2구(具), 철판 금도금꾸미개〔鐵地金銅張〕의 경판 붙은 재갈〔鏡板付轡〕 한 점, 금동제 보요(步搖) 붙은 장식꾸미개 약 300점, 허리띠꾸미개, 병유단갑(鋲留短甲), 사슴뿔로 만든 직호문칼꾸미개〔鹿角製直弧文刀裝具〕, 철칼, 쌍날칼을 꽂은 창 3자루, 편인장경식 철화살촉〔片刃長頸式鐵鏃〕 20점 등이 있는데, 이것은 1952년에 일괄해서 일본의 국보로 지정되어 있다.

마루야마고분의 출토품은 대단한 것으로 마치 에가미 나미오(江上波夫) 씨의 '기마민족 정복 왕조설'을 생각나게 하는 것이다. 금동제 용문투조안장꾸미개는 한국에서 도래한 것이라고 알려져 있지만, 『하비키노시사』에는 계속해서 "안장꾸미개는 역 U자형의 것과, 바깥 주위가 안쪽으로 휘어 있는 것의 두 종류로, 둘 다 S자형으로 휘어 있는 몸통에 네 개의 다리를 갖춘 용문(龍文)이 투조되어 있다"라 했다. 그리고 각 출토품의 세부에 대해 설명한 뒤 한 걸음 더 나아가 그 가치에 대해 다음과 같이 쓰고 있다.

이 고분의 말갖춤은 일본에 있어서 최고(最古)의 예에 속한다. 대륙에서 건너온 것으로 추정되는 것으로, 코훈시대에 있어서 대륙 및 한반도로부터의 문화와 기술 등의 전파 경로를 알 수 있는 중요한 유물이라고 할 수 있을 것이다. 마루야마고분의 축조 연대는 하니와 철화살촉, 사슴뿔로 만든 칼 꾸미개 등에서 보건대 5세기 중엽 이후 5세기 말엽에 축조되었다고 생각되어진다. 이 고분은 앞에서 설명한 것처럼 콘다야마고분의 안쪽 제방 바깥쪽 주축선(主軸線)에 접하도록 축조되어져 있고, 또 거의 같은 시기에 축조되었다고 생각되어지기 때문에 콘다야마고분과 밀접한 관계가 있는 고분이라고 말할 수 있다.

관공서의 공식적인 『시사(市史)』라고는 하지만, 고분의 말갖춤이 '대륙'에서 건너온 것이라고 약간 애매한 표현을 사용하고 있다. 이와 같은 일은 흔한 일이기는 하다. 그러나 코훈시대의 말갖춤과 허리띠꾸미개의 전문가인 나라현립 카시하라고고학연구소의 치가 히사시(千賀久) 씨는 「콘다마루야마고분의 말갖춤에 대해서」에서 말갖춤과 허리띠꾸미개 양쪽 모두에 용문이 새겨져 있는 것 등을 근거로 확실하고 구체적으로 다음과 같이 쓰고 있다.

　마루야마고분의 말갖춤과 허리띠꾸미개는 '백제→일본, 또는 백제→가야→일본, 그리고 고구려→백제(伽耶)→일본'이라는 루트를 따라 도래인들이 갖고 들어왔다고 추정할 수 있다. 이것은 그대로 5세기의 한반도에서 일본으로의 문물 및 도래자 집단의 유입 경로이다.

시로토리신사에서 카루사토까지

계속해서 오오진천황릉고분과 밀접한 관계에 있는 콘다하치만궁을 바로 살펴보려고 했으나, 앞에서 사이린사를 살펴보았으므로 먼저 그 씨신사를 보기로 하자. 그것은 후루이치사라고도 불렸던 사이린사가, 카와치노후미씨족의 씨사라고 했기 때문에 그 씨신사도 당연히 있어야 하기 때문이다.

이에 관해서는 앞에서도 소개한 적이 있는 20여 년 전의 '후루타문서'에 다음과 같이 씌어 있다.

후루이치라는 땅은 4세기에서 5세기에 걸쳐 백제국에서 귀화한 자손 카와치노후미씨의 본거지로, 그 씨사로서는 불교 고고학상에 있어서 일본전국에 그 이름이 널리 알려져 있는 사이린사(후루이치사)가 있다. 또 씨신으로서는 후루이치신사(현재의 시로토리신사)가 있는데, 제신 중에 야마토타케루노미코토(日本武尊, 시로토리 전설의 주인공) 외에 스사노오노미코토, 쿠시이나다노히메를 합사하고 있어서 이것은 귀화계임을 나타내고 있다.

후루이치(시로토리)신사는 사이린사의 서쪽으로 어림잡아 약 500미터, 킨테쯔 후루이치역에 인접한 작은 언덕의 대지 위에 있었다. 그러나 위의 내용에 비해 1984년에 나온, 역시 후루타 씨가 집필한 『역사의 산책길-하비키노시 근처

시로토리신사

의 사적과 문화재』의 「후루이치의 씨신 시로토리신사」에 의하면 그 내용이 더 상세하다고 해야 할까 약간 복잡하게 다음과 같이 씌어 있다.

후루이치신사는 후루이치역의 요시노(吉野) 방면행 플랫폼의 바로 동쪽에 인접해 있는 후루이치지구의 씨신이다. 이 신사는 원래 카루사토(輕里)지구의 서쪽 방향인 이키노타니(伊岐谷)에서 창건되어 '이키궁(伊岐宮)'이라고 불리고 있었다. 사원의 전승에 의하면 코오토쿠천황 때에 절터로 이키노타니에서 1정(一町) 2묘(二畝) 25보(二五步), 키자와시(階)에서 2반(二反) 2보, 미즈가키(水垣)에서 1반 6묘 26보, 쿠메(久米)에서 5반 3묘 16보, 바바사키(馬場先)에서 3반 8묘 26보, 토리이(鳥井)에서 8반 4묘 10보, 부타이다(舞台田)에서 6반 4묘 2보, 카리사키(空前)에서 6묘 29보, 칸누시다(神主田)에서 1반 4묘 8보, 합계 4정 2묘 24보를 하사받았던 것 같다.

그뒤 난보쿠쵸오시대와 센고쿠시대의 병화에 의해 점차 쇠퇴해서 미네즈카(峰塚, 峯ヶ塚)고분에 작은 절로 모셔지고 있었는데, 케이쵸오(慶長, 1596~1615년) 때의 대지진으로 붕괴되어 방치되었다. 그러다가 메이쇼오(明正)천황의 칸에이(寬

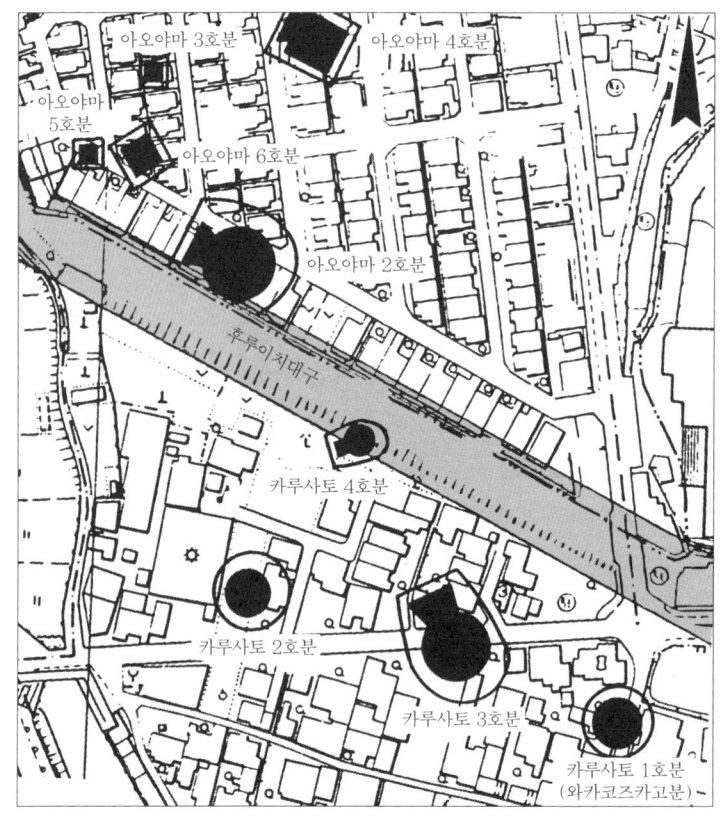

카루사토고분군 약도

永, 1624~1644년) 말기에 현재의 땅으로 옮겨 야마토타케루노미코토와 스사노오노미코토를 제신으로 하는 후루이치의 씨신으로 되었던 것이다.

현재의 절터는 6세기 후반 무렵의 서쪽에 면한 소형 전방후원분의 후원부에 상당하나, 이 분묘는 571년 카와치 후루이치에서 모가리(殯, 옛날에 귀인의 시체를 매장하기 전에 관에 넣어서 잠시 동안 빈소에 안치하던 일)를 행했다고 하는 『일본서기』의 기록으로 보아, 킨메이(欽明)천황의 빈릉(殯陵, 가매장 장소)으로 생각되고 있다. 이 신사에는 카루사토의 이키노타니에서 옮긴 야마토타케루노미코토와 후미씨의 씨사인 사이린사의 진수(鎭守)였던 도래계의 신 '고즈천왕(牛頭天王, 스사노오노미코토)'을 합사한 것으로 생각된다.

나도 잘 모르는 내용이 포함되어 있는데, 우선 시로토리신사의 땅이 "소형 전방후원분의 후원부에 상당하나"라고 한 부분이다. 이것은 『역사의 산책길』이 간행된 이후의 1986년에 하비키노시 교육위원회가 행했던 발굴조사에 의하면, 그러한 고분이 있었다고 하는 것마저 의심스럽게 되었다. 그러나 『하비키노시사』에 의하면 "다만 포함층(包含層)에서는 소량의 하니와 조각이나 코훈시대의 스에키, 하지키가 출토되고 있다"라고 되어 있기 때문에 더욱더 검토할 필요가 있는 것으로 생각된다.

그것은 그렇다 치고, 다음에 "이 신사는 원래 카루사토지구의 서쪽 방향인 이키노타니에 창건되어 '이키궁'이라고 불리고 있었다.……그뒤 미네즈카고분에 작은 절로 모셔지고 있었는데"라는 부분 역시 도대체 어떻게 되었다는 것인지 알 수 없다.

여기에서 말하는 하비키노시 카루사토지구에는 나중에 보게 되는 미네카즈카(峯ヶ塚)고분이나 시로토리즈카고분, 하카야마(墓山)고분 이외에, 물론 후루이치고분군 내에 속하지만 카루사토(輕里)고분군이라고 말해지는 것이 있을 정도로 많은 고분이 산재해 있는 곳이다. 『하비키노시사』「카루사토고분군」을 보면 지금까지 알려져 있지 않은 고분군이 소개되어 있는데 다음과 같이 씌어 있다.

1991년 4월부터 실시하고 있던 부도(府道) 옛 사카이(堺) 하비키노선 정비공사에 따른 사전 조사에서, 분구가 잘려나간 흔적이 있는 고분 2기를 검출했다. 또한 같은 해 8월에 후루이치대구의 남쪽 귀퉁이 부분을 조사한바, 도랑에 의해 분구가 파괴된 상태의 고분을 1기 확인했다.

이들 3기의 고분이 소재한 하비키노시 카루사토에 있어서는, 1980년에도 역시 분구가 잘려나간 고분의 흔적이 발견된 적이 있다. 이 고분은 이 지역의 지명을 따서 '와카코즈카(若子塚)고분'이라는 이름이 붙여지고, 현재는 지름 23미터의 원분으로 복원되어 있다. 와카코즈카고분을 비롯 신규 발견된 고분을 포함해서 새롭게 '카루사토고분군'으로 바꿔 부르고 그 발견 순서에 따라 1호분, 2호분이라고 했다.

카루사토고분군은 지형적으로 보면 해발 42미터의 산 중턱 단구상(段丘上)에 위치하며, 같은 단구에는 마에노야마(前の山, 시로토리즈카)고분과 하카야마(墓山)고

분이 입지한다. 또한 카루사토고분군의 북쪽에 위치한 후지이데라시(藤井寺市) 아오야마(靑山)에서 1977년에 역시 분구가 소멸된 고분의 흔적이 5기 발견되어 '아오야마고분군'으로 부르고 있다. 카루사토고분과 아오야마고분은 후루이치대구에 의해 분단되어 있지만, 지형으로 보아 원래는 하나의 고분이었을 것으로 생각하는 것이 좋을 듯하다.

그리고 1호분, 2호분, 3호분이라는 순서를 따라 그 유구(遺構)와 유물 그리고 의의에 대해 자세하게 쓰여져 있다. 예를 들면 2호분의 유물에 대해 다음과 같이 씌어 있다.

주구(周溝, 주변을 두른 개천)에서 출토된 하니와는 원통 하니와, 나팔꽃 모양(朝顔形) 하니와, 그리고 인물 하니와가 있다. 원통 하니와는 검은 얼룩무늬가 있기도 하지만, 총체적으로 검은 얼룩무늬가 없는 쪽이 많다.……스에키에는 뚜껑 있는 굽다리접시, 뚜껑 없는 굽다리접시, 잔뚜껑(杯蓋), 잔몸통(杯身), 그릇받침(器台), 독(甕)이 있다. 형상으로 본다면 TK 73형식에서 38형식까지 이른바 초기 스에키에 속한다. 고분은 5세기 전반쯤에 축조된 것으로 생각된다.

여기에서 말하는 이른바 '초기 스에키'는 말 그대로 고대한국에서 바로 유입된 도질토기가 아닐까 생각된다. 초기 스에키는 일본에서 가장 오래된 단계의 것으로 여겨지고 있는 것으로, 이 단계에서는 그릇 모양·문양·제작 방법 등 도질토기의 양상이 매우 농후해져서 전문가라고 해도 어느 쪽인지 구별하기 어려운 토기도 있다. 또한 다음의 3호분의 설명에 이어서 4호분의 유물의 토기에 대해서도 같은 해석이 가능하다. 4호분에서는 말갖춤 등도 출토되었는데 유물에는 다음과 같이 씌어 있다.

야요이시대의 한반도계 토기 분구에 둘러놓은 하니와는 원통 하니와 이외에 전방부에 방패 모양 하니와가 확인되고 있다. 방패 모양 하니와는 '이시미형(石見型)'이라 불리고 있는 것으로, 원통 하니와와 높이를 맞추기 위해 방패 모양의 원통부를 없앤 모양이다. 후원부에서 출토된 인물형 하니와의 안면에는 선각(線刻)을 넣고 가죽으로 만든 충각부주(衝角付冑) 같은 것을 머리에 쓰고, 오른손에는 활팔찌〔韝, 화살이 팔목에 닿지 않도록 보호하는 둥근 가죽〕, 등에는 화살통〔靫, 화살을 넣는 통〕을 메고 무장하였다.

전방부에서 출토된 스에키에서는 잔몸통 두 점, 잔뚜껑 네 점, 뚜껑 없는 굽다리접시·항아리〔壺〕·그릇받침이 각각 한 점씩 확인되었다. 특징으로는 TK 17 형식에 속하는 것이다. 하지키는 주둥이가 넓은 항아리·소형 항아리가 한 점씩 확인되었다.

그 밖에 주구에서 부장품으로 생각되는 말갖춤, 철화살촉, 손칼〔刀子〕이 출토되었다. 말갖춤은 철판금동도금〔鐵地金銅張〕한 f자형 판자를 댄 재갈이 한 조(組), 검릉형 말띠드리개〔劍菱形杏葉〕두 점, 금동제 장식판 한 점이 출토되었다. 재갈은 손잡이가 경판(鏡板)의 바깥쪽에 붙은 f자형 구조이고, 경판은 전체 길이 11센티미터 전후로 '〈'자 모양으로 휘었다. 지판(地板)과 연금(緣金)을 겹친 위에 금동판을 씌우는 방법으로 제작되었는데, 대갈못〔鋲〕의 수는 상당히 많다. 재갈 끝 둥근 부분〔銜先環〕의 처리 형태는 노출되어 있다.

이들 유물에 관한 것에 이어서, 다음에 '검릉형 말띠드리개'라는 것에 대해서도 해설되어 있는데 요컨대 그러한 말갖춤이 출토되었다는 것은 무엇을 의미하는 것인가. 간단히 말하면 이 카루사토고분군도 앞에서 살펴보았던, 역시 말갖춤이 출토한 오오진천황릉고분의 배총 콘다마루야마고분과 같은 계열에 속하는 것으로 생각된다는 것이다.

하지만 내가 여기서 카루사토고분군의 것을 비교적 세세하게 살펴본 것은 다른 어떤 의미가 있었기 때문이다. 그것에 관해서는 다음에서 보기로 하고 계속해서 4호분의 의의를 보면 다음과 같이 씌어 있다.

카루사토의 위치가 낮은 단구상에는, 와카코즈카고분이 단독으로 존재하는 것이 아니라 하나의 고분군을 구성하고 있었음이 판명되었다. 더욱이 현재 상태에서는 후루이치대구로 분단되어 있지만, 지형에서 보면 아오야마고분군도 동일군 안에 넣을 수 있다. 카루사토고분군은 5세기 중엽부터 축조되기 시작해서 6세기 초에 끝나고 있다. 고분의 모양이나 외부 시설에 각각 차이를 보이지만 계보를 더듬을 수 있는 집단묘로 생각하고 싶다. 특히 카루사토 3호분에서 출토된 하니와는 같은 저위단구상(低位段丘上)에 축조된 아오야마 1호분과 마에노야마고분에서 출토된 하니와와 흡사해서 같은 시기에 축조되었을 것으로 생각되어 두 고분의 밀접한 관계도 생각할 수 있다. 또한 카루사토 4호분과 같이 소규모이면서도 전방후원분을 만들고 말갖춤을 소지하고 있던 피장자는 수장에 종속된 무장한 인물을 떠올리게 한다. 더욱이 같은 고분에서 출토된 말 모양 하니와에 f자형 경판을 단 재갈이 표현되고, 투구·활팔찌 등을 장착하고 있는 인물형 하니와는 결국 무인(武人)의 존재를 뒷받침하는 자료로도 되었다.

여기에서 재미있는 것은 카루사토 3호분에서 출토된 하니와가 마에노야마고분에서 출토된 하니와와 유사하다는 점이다. 왜냐하면 코훈시대 중기 이후 같은 시대의 것이라는 사실을 말하는 것이지만, 마에노야마고분이라 함은 두말할 것도 없이 궁내청에서 야마토타케루노미코토의 능묘라고 해서 발굴조사를 금지하고 있는 카루사토 3정목에 있는 시로토리즈카고분을 가리키는 것이다. 이 고분이 코훈시대 중기부터 후기까지의 고분이라고 하는 것은, 『하비키노시사』「마에노야마고분」에도 분구부에서 채취된 '스에키의 그릇받침 밑부분(器臺底部)'을 통해서도 확실히 그렇다고 말할 수 있다.

오늘날에는 대체로 야마토타케루노미코토의 존재를 그대로 믿는 사람은 거의 없지만, 만약 믿는다고 하더라도 시로토리즈카고분과 야마토타케루노미코토와는 100년 이상이나 연대 차이가 나고 있는 것이다.

더욱이 나는 '이키궁(伊岐宮)'이라는 것이 어떤 것인지 모르지만 그 이키궁과 밀접한 관계에 있었다고 하는 시로토리즈카고분[시로토리릉(白鳥陵), 하쿠쵸오릉이라고도 함]은 앞에서 본 후루이치역 부근에 있던 '시로토리신사고분'이라고도 하고, 1992년 3월에 발굴조사 결과가 발표된 카루사토 2정목에 있는 미네카즈카고분이라고도 하고 있다. 그것에 관해서 『하비키노시사』에 다음과 같이 씌어 있다.

현재 마에노야마고분이 야마토타케루노미코토의 능묘라고 여겨지고 있지만, 그렇게 된 것은 1880년의 일로 그 이전은 시로토리신사고분이 야마토타케루노미코토의 카와치릉이라고 여겨지고 있었다. 이것은 단지 이키궁이 이곳에 있다는 것을 근거로 할 뿐으로, 옛 이키궁이 황폐해 버린 사실과, 기기(記紀)의 '카와치릉은 후루이치촌(古市村)' 이라는 기록을 근거로 에도시대 초기에 이곳으로 옮겨졌지만 고분이라 인식하기에는 조금 미약하다.……

한편 미네카즈카고분의 주변에는 이키궁 이외에 미야마에(宮前) 토리이(鳥居) 등 신사와 관계되는 구획명(小字)이 다수 존재하고 있는 것으로부터, 이키궁이 본래 이 주위에 있었다고 생각할 수 있고, 『성적도지(聖蹟圖志)』에는 '시로토리릉(白鳥陵)' 이라 명기되어 있다.

시로토리릉은 이 후루이치고분군 안에서도 변동되어 여러 가지 설이 있지만, 그 진상은 밝혀지지 않고 있다. 그가 실제 인물인지 어떤지도 불분명하고, 만약 존재했다고도 해도 각 고분과의 연대관(年代觀)에 차이가 생긴다. 과연 어느 것이 진짜 시로토리릉인 것일까? 금후의 조사에서 그것을 밝힐 수 있는 자료가 확인되어질 것인가?

물론 그것은 전승에 불과한 것으로 야마토타케루노미코토의 분묘로서의 고분 등이 있을 리 없기 때문에, 금후의 조사를 통해서도 그러한 자료가 확인되는 일은 없을 것이다. 그러나 그렇다고 해서 전승까지를 부정할 수는 없다. 그것은 '변동' 을 포함해서 그 나름대로 무엇인가 배경이 있었음에 틀림없다. 물론 어떠한 것이었는지는 알 수 없으나, 그것이야 어찌 되었든 물을 가득 채운 환호(環濠, 주변을 두른 도랑) 안에 청록의 수목이 무성한 작은 산 같은 시로토리즈카고분은 대단히 아름다운 경관이었다.

"보기 좋군요. 환경보전을 위해서라도 이 고분이 여기에 있는 것은 좋습니다만, 문제는 고분 속에 어떤 것이 부장되어 있는가 하는 발굴조사가 문제입니다."
라고 나는 함께 걷고 있던 하비키노시 교육위원회의 카사이 토시미쯔(笠井敏光) 씨를 향해 말했다.
"발굴한다고 해서 이 경관을 파괴해 버린다든지 하는 일은 없겠지요."
"예, 그렇고 말고요"
라고 카사이 씨도 고분의 산을 바라보며 대답했다.
"우선 들어가서 조사하는 정도는 허락해 주어도 괜찮겠지요."

그리고 여기서 한 가지 흥미깊었던 것은, 시로토리즈카고분이나 미네카즈카고분이 있는 이 땅이 '카루사토'라고 부른다는 사실이다. 이곳은 메이지시대 초기까지는 '카루바카촌(輕墓村)'으로 되어 있던 곳으로, 또한 가까이에는 원래는 시로토리즈카고분의 제사소(祭祀所)나 배례소(拜禮所, 신·불에게 공손히 절하는 곳)였던 '카루하카(輕狛迦)신사'라는 진수(鎭守)도 있다. 이 신사는 원래 고분과 마주보는 곳에 있었지만 지금은 그것이 다른 곳으로 옮겨져『역사의 산책길-하비키노시 근처의 사적과 문화재』를 보면 "이 신사가 전후(戰後) 만들어진 카루사토지구의 씨신인 카루하카신사이다"라 하고 다음과 같이 씌어 있다.

  이 신사는 '야마토타케루노미코토'를 주신으로 하거나 또는 스사노오노미코토(고즈천황)를 모시는 것이 당연한데, 전혀 다른 성질의 신이 모셔져 있는 것에는 놀라지 않을 수 없다. 즉 제신은 아마테라스오오미카미(天照大神)를 주신으로 하고 자오우곤겐(藏王權現)과 쿠마노곤겐(熊野權現)의 두 신을 합사해서 모두 세 신을 받들고 있는 것이다.

어떻게 해서 그렇게 되어 있다는 것인지는 시로토리즈카고분의 피장자처럼 알 수가 없다. 또한『역사의 산책길』의「카루사토라는 지명에 대해서」에는 다음과 같이 씌어 있다.

  쇼오와시대 초기 이전에는 '카루바카'라고 불렸지만, 종래의 실에서는 야마토타케루노미코토의 '카리하카(假墓)'가 전와되어 '카루하카(カルハカ)'로 되었다고 한다. 또 하나의 설은 인교오천황의 황태자인 '키나시카루노미코(木梨輕皇子)'의 분묘(현 시로토리즈카 혹은 미네카즈카고분의 피장자)가 있었기 때문에 '카루노미코노하카(輕皇子の墓)'에서 '카루노하카(輕の墓)'가 되고, 얼마 안 있어 '카루하카'로 되었다는 설이다. 어느 것이 맞는 것인지 현재로는 뭐라고 말할 수 없다.

"뭐라고 말할 수 없다"라는 것은 두 쪽 다 맞는 것이 아니기 때문이다. 무엇보다도 야마토타케루노미코토라는 인물이 존재했는지 어떤지도 불분명하기 때문에, 그의 가묘 역시 있었다고 할 수는 없기 때문이다. 다만 '키나시카루노미코'에 대해서는 앞에서 타이카개신의 쿠데타로 왕이 된 코오토쿠천황도 카루노미코였기 때문에, 그 '카루'에 대해서 마쯔모토 세이쵸오(松本淸張) 씨의 설을 소개한 바 있다. 여기에서 한 번 더 그것을 보면, 마쯔모토 씨는 「야마토의 조상」에 그것에 관해서 단적으로 다음과 같이 기술하고 있다.

> 기기에 의하면 코오겐천황은 '카루(輕)의 사카이하라궁(境原宮)'에 있었다고 한다. '카루'라는 곳은 타케치군(高市郡)으로, 지금은 카시하라시에 속한 곳이다. 이 카루라는 지명으로부터 카루노미코와 카루노타이시, 카루노오오이라쯔메미코라는 이름이 나온다. 카루는 '카라(韓)'이다.

하지만 또 한편으로는 카루노미코의 '카루'는 한국어의 '칼(刀)'에서 왔다는 설도 있다. 그러나 마쯔모토 씨가 말하는 타케치군은 백제・가야(가라)계 도래인인 아야(漢)씨족이 전인구의 8, 9할을 점하고 있었을 뿐만 아니라, 그 카루의 땅에는 '카라히토지(韓人池)'라는 연못도 있었다고 하기 때문에 나로서는 역시 마쯔모토씨의 설이 정확한 것으로 생각하고 있다.

그러면 카와치의 '카루사토(輕里)'도 원래는 카라사토(韓里) 또는 카라노사토(韓の里)가 아니었을까라는 것이 되는데, '카라(韓)'라는 말은 원래 고대한국의 남부 '카라(加羅・加耶)'에서 온 것으로, 고대일본에서는 그것이 점차 한국 전체의 호칭으로도 되게 된 것이다. 엔기식 내사인 궁내성니마스소노(宮內省坐園)・카라카미삼좌(韓神三座)의 소노카미일좌(園神一座)는 소후리(曾富利)의 '신라신'이고, 카라카미이좌(韓神二座)는 '백제신'이라고 되어 있다.

미네카즈카고분의 피장자와 그 출토품

후루이치고분군의 카루사토라는 곳은 카루사토고분군 등 주목해야 할 고분이 많은 곳이다. 일본 궁내청으로부터 야마토타케루노미코토의 '카와치의 능'으로 지정되어 있어서 분구에 들어가는 것조차 금지되어 있는 시로토리료오고분도 주목해야 하고, 거기서 서쪽으로 약 500미터 떨어진 곳에 있는 미네카즈카(峯ヶ塚)고분도 그러하다. 앞에서 조금 살펴보았듯이 원래는 미네카즈카고분이 '카와치의 능'으로 지정되어 있었다. 그러나 전방후원분치고는 규모가 그다지 크지 않다는 등의 이유로, 현재는 시로토리료오고분이 '카와치의 능으로 지정되어 있다.

고분의 중요함은 외형의 대소가 어떻든 간에 그것으로 내용적 크기까지 정할 수 없다는 사실은, 아스카의 타카마쯔즈카(高松塚)벽화고분이나 후지노키(藤ノ木)고분의 예를 보아서도 분명하다. 다만 다행스러운 것은 미네카즈카고분의 경우 그 지정이 바뀌게 되어 이윽고 발굴조사에 착수할 수 있었다는 사실이다. 히바키노시 교육위원회는 1987년부터 발굴조사에 착수하여 1992년 3월 26일에 발굴을 끝내고 조사 결과의 개요가 발표되었는데, 그 내용은 실로 놀랄 만한 것이었다.

1992년 3월 27일자 각 신문은 1면 톱으로 일제히 그 개요를 보도했는데, 먼저 각 신문의 머릿기사를 보면 다음과 같다.

"대왕릉급 부장품 2천 점/오오사카 하비키노 미네카즈카고분/초기 세 갈래 장식과 어패(魚佩, 생선 모양의 허리띠장식) 출토/피장자의 유골도/5세기 말/별도로 도굴되지 않은 석실"(『요미우리신문』)

"후지노키급의 부장품/하비키노시 미네카즈카고분/전국 통일기의 대왕릉인가? 큰칼 장식 등 2천 점/주(主) 석실의 위쪽에서"(『아사히신문』)

그리고 동시에 커다란 컬러사진과 미네카즈카고분이 있는 곳의 지도까지 나와 있었기 때문에 기사의 양은 한 면의 절반 이상, 또는 절반 정도에 달하고, 더욱이 '15면에 해설, 30·31면에 관련기사'(『요미우리신문』)까지 있었다. 그 가운데 비교적 평범하게 취급을 하고 있는 『마이니치신문』을 보면 "횡혈(橫穴)·수혈(竪穴)의 중층식(重層式) 석실/하비키노시 미네카즈카고분/부장 수천 점/한국·왕릉과 매우 흡사한 물건"이라는 머릿기사로 다음과 같이 씌어 있었다.

대왕급 고분으로 일컬어지는 오오사카부 하비키노시 카루사토 2정목의 미네카즈카고분(전방후원분)을 발굴하고 있던 동 시교육위원회는 26일 "5세기 말에 축조된 것으로, 횡혈식으로 생각되는 석실의 상부에서 별도의 수혈식 석실을 확인했다"고

발굴중인 미네카즈카고분

발표했다. 수혈식 석실 내부로부터 큰칼, 장신구 등 다수 출토품 이외에, 같은 시기의 한반도 왕릉에서의 출토품과 흡사한 은제 장식꾸미개도 발견되어 당시 카와치지방과 한반도와의 밀접한 교류가 있었음이 분명해지게 되었다. '중층식(重層式)' 전방후원분은 그 전례가 없어서 시교육위원회측은 "아직 해명되지 않았던 코훈시대 중기부터 후기로의 과도기 묘제(墓制)를 푸는 중요한 발견"이라고 하고 있다.

국가 사적으로 지정되어 있는 미네카즈카고분은, 분구부가 96미터이다. 대왕릉이 모여 있는 후루이치고분군의 남부에 있다. 또한 지금까지의 조사로 대왕급 고분에 공통되는 이중 도랑[濠]의 존재가 확인되고 있다. 분구부의 발굴은 작년 가을에 착수되어 후원부로부터 동서로 4, 5미터, 남북으로 2미터, 높이 약 1.5미터의 수혈식 석실을 발견했다. 일부 도굴된 흔적이 있어서 천장석은 사라져 버렸다. 석실 내부에서는 길이 90~120센티미터의 큰칼 15자루가 출토, 이 가운데 세 자루에는 높은 지위를 상징하는 '비틈환두(ねじり環頭)'가 몸통 앞부분에 붙어 있다.

생선을 모방한 금동제 장식품 어패와 정교한 은제 장신구인 세 갈래 드리개장식〔三叉形垂飾〕· 구슬류 등이 수천 점이나 출토되었다. 큰칼이 놓인 판(板)은 은제 꽃모양 장식 꾸미개(지름 3~5센티미터)로 장식되어, 한반도 백제의 무녕왕릉에서 발견된 목관 뚜껑의 양식과 같은 것으로 일본에서 최초로 출토된 예이다. 어패는 일본에서 가장 오래된 것으로, 나라현 이카루가정(斑鳩町)의 후지노키고분(6세기 후반)과 같은 양식이었다. 이러한 출토품을 통해서 시교육위원회는 고분의 축조 시기를 470~490년으로 추정하고 있다.

또한 석실 내에서는 두개골 조각과 치아 네 개도 발견되었다. 치아의 마모 정도로 보아, 피장자는 20~30세로 추정하고 있다. 시교육위원회는 후원부 남쪽에 횡혈식의 특징이 있고, 통로를 막은 폐쇄석(閉塞石)이 존재하는 것 등 땅속 레이더 조사의 결과 횡혈식 석실을 가진 고분으로 보고 있다. 그러나 이번 수혈식 석실의 침상면〔床面〕이 폐쇄석으로부터 약 5미터나 상부에 있었기 때문에 시교육위원회는 '중층식'으로 결론을 내렸다. 고분조사검토회의 쯔데 히로시(都出比呂志) 오오사카대 교수는 "중심적인 매장시설은 횡혈식 쪽으로, 피장자가 대왕급일 가능성이 한층 강해졌다"고 해서, 수혈식에는 그 가족이나 아주 친한 인물이 매장되었다고 보여진다.

중심적인 매장시설이 아직 발굴되지 않은 횡혈식 쪽이라고 하듯이, 아직 전부를 조사한 것은 아니지만 미네카즈카고분의 발굴조사결과에는 나도 물론 놀랐다. 그래서 나는 즉시 미네카즈카고분을 방문했다. 하지만 그것은 일단 제쳐 두고, 미네카즈카에 관한 신문기사를 좀더 보기로 하자.

역시 1992년 3월 27일자 『요미우리신문』에는 "미네카즈카 고분/ 5세기 국제교류를 반영/한반도의 영향이 짙다/ 조영·장식기술을 직수입"이라는 머릿기사로 다음과 같이 씌어 있었다.

오오진료오고분을 맹주로 하는 '대왕릉의 마을'이라 일컬어지는 오오사카·후루이치고분군의 전방후원분에서, 예외적으로 궁내청의 능묘 지정에서 빠져 있는 미네카즈카(峰ヶ塚, 峯ヶ塚)고분(오오사카부 하비키노시)의 발굴이 실시되었다. 한반도로부터의 영향을 강하게 받은 수혈식 석실이 출토, 후지노키고분의 뿌리라고도 말할 수 있는 다채로운 부장품군도 발견되어 금단(禁斷)인 천황릉 수수께끼의 한 부분이 드러났다.

나니와(難破)와 아스카를 연결하는 '고대의 국도 1호선' 타케노우치카이도오가 카와치평야의 동남단으로 뻗은 위치에 '하니우언덕(埴生坂)'이 있다. 『일본서기』에 리츄우천황이 나니와로부터 피해 나와 "나니와를 뒤돌아본다" 등으로 적혀 있는 곳이다. 미네카즈카고분은 이 언덕에 접해서 축조되어 있다. 이번 발굴로 그 시기는 5세기 말로 밝혀졌다. 에도시대 중기까지 시로토리전설로 알려진 야마토타케루노미코토의 능으로 생각되었으나, 그뒤 이 미네카즈카고분에서 동쪽으로 500미터 떨어진 '마에노야마(前の山)고분(시로토리료오고분)'으로 정정되었다. 이러한 연유로 미네카즈카고분은 위치·규모·형태 등으로 확실히 대왕릉급으로 생각되면서도 궁내청의 관할에서 벗어나 발굴할 수 있게 되었다.

이번에 발견된 수혈석실이 '한반도계'라고 말해지는 것은 그 그릇과 내용물 때문이다. 석실은 전체 길이에 비해 폭이 넓고, 돌의 배치는 두껍게 50센티미터의 자갈층으로 기초를 다진 후 안산암(安山岩) 흙덩이(약 사방 50센티미터)를 잘린 면이 밖으로 보이도록 쌓고, 벽면을 평평하게 맞춘 기법 등이 확인되었다. 이것은 한국의 경상남도(신라) 양산시 북정리(北定里) 고분군에서 보여지는 형태와 가깝다고 한

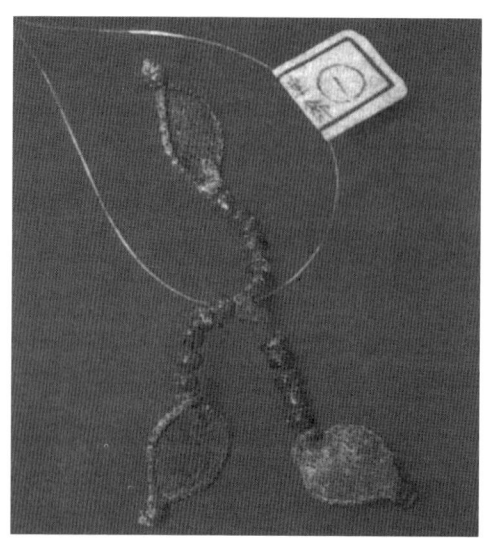

은제 세 갈래 형식의 드리개장식(미네카즈카고분 출토)

다. 동서 방면에 축조된 미네카즈카 석실의 서쪽 벽쪽의 나무상자 안에 큰칼 15자루가 한꺼번에 넣어져 있었는데, 이것도 한국의 김해시 대성동(大成洞)고분군 등 가야 지역에서 상징적으로 보여진다. 또 나라·후지노키노고분(6세기 후반)에서 발견된 도래품(渡來品)의 전형으로 보여지는 큰칼에 장식된 어패가 붙은, 은제 비틈 환두대도가 후지노키고분보다 100년 정도 앞서는 미네카즈카고분에서도 확인되었다. 어패는 지금까지 모두 여섯 군데에서 발견되고 있는데, 미네카즈카고분의 것이 가장 오래된 것이다. 한국에서도 경주시에 있는 신라의 고분 금관총 등에서 출토된 것으로 알려져, 5세기에 성행했다고 보여진다. 거의 같은 시기에 미네카즈카고분에서도 부장되었다는 것이 된다.

더욱이 이번에 일본전국에서 최초로 발견된 은제 세 갈래 형식의 드리개 장식은 은선(銀線)의 가공 기법이나 모조(毛彫, 털같이 가는 선으로 무늬나 글자를 새김)의 조금(彫金) 기술이 행해지고 있었기 때문에, 한반도로부터 직수입되었다고 보는 견해가 유력하다. 이것들과 유사한 금속장식이 미네카즈카보다 반세기 정도 늦은 백제의 무녕왕릉(6세기 전반)에서도 발굴되었다.

기사는 계속되고 있으나, 요약하면 어느 것을 보아도 한반도의 영향이 강하고 그 조영 및 장식기술이 직수입되었다는 것이다. 이 경우 우리들은 '한반도의 영향이 강하다' 또는 '~을 직수입하다'라고 하는 것을 어떻게 해석해야만 할지 망설여진다.

결국 고대 당시에는 수입과 수출 등의 무역은 없었던 것이기 때문에, '~을 직수입했다'는 것은 사람과 함께 직행했다는 것이 되고, '영향이 강하다'라는 것도 한반도에 있는 그것과 같은 것이라는 뜻으로 생각된다. 그렇다면 '5세기의 국제교류'라고 하는 것이 과연 어떠한 것이었는가 하는 문제와도 직결된다.

그것은 또한 곧바로 미네즈카고분의 피장자가 누구인가라는 문제와 연관되는데, 같은 해(1992년) 3월 27일자『마이니치신문』의 3면 종합뉴스란에는 "미네카즈카 고분의 피장자는/대왕가의 일원? 도래인??/횡혈석실의 조사가 요구된다"라고 머릿기사로 다음과 같이 씌어 있다.

미네카즈카고분의 피장자에 대해서는 아직까지도 여러 가지 설이 분분하다. 야마토타케루노미코토·세이네이(淸寧)·닌켄(仁賢)천황이거나 또는 그 아들을 비롯해서 여러 인물의 이름이 거론되어 왔다. 이번 조사에서는 이(齒)가 출토되었고 그다지 마모되어 있지 않았기 때문에 20, 30대일 가능성이 높다. 인교오천황의 첫째아들인 카루노미코의 무덤이라는 전승 외에, 닌토쿠천황의 손자인 마유와노오오키미(眉輪王)의 무덤이라는 견해도 있다.

『일본서기』와『고사기』456년 마유와노오오키미가 안코오(安康)천황을 사살함으로 이 때문에 유우랴쿠천황에게 살해당했다고 기술되어 있다. 그러나 나오키 코오지로오(直木孝次郞) 씨는 "천황을 죽인 자가 이처럼 정중한 방법으로 매장되었다고 생각하기는 어렵다"는 의문을 제기하고 있다. 또한 한반도와 교류의 측면에서 도래인이라는 설도 나오고 있다.

고대사에 견식이 있는 작가 쿠로이와 쥬우고(黑岩重吾) 선생은, 백제 무녕왕의 아버지라고도 하는 '콘키왕'의 이름을 거론한다. 콘키왕은 461년 고구려의 압박에 대해 원조를 구하기 위해 도래한 후, 약 15년 후에 백제로 돌아갔다고 알려져 있다. 쿠로이와 선생은 하비키노시에 있는 아스카베신사의 제신이 원래 콘키왕이기 때문에, 콘키왕이 일본 체재중에 사망했을 가능성을 지적하고, 카도와키 테이지(門脇禎二) 쿄오토부립대(京都府立大) 학장도 "도래인계의 지위가 높은 인물을 매장하고 있는 것은 아니겠는가"라고 말한다. 이것에 대해 사라이시 타이이치로(白石太一郞) 국립역사민속박물관 교수는 "후루이치시고분군은 대왕가(大王家)의 묘역으로, 대왕가의 일원이 매장되어져 있다고 생각하는 것이 자연스럽다. 키나이(畿内)는 5세기 후반부터 백제의 영향을 강하게 받고 있어서, 대왕급 묘에 백제계의 문물이 부장되어져 있어도 전혀 이상한 것이 아니다"라며 도래인설에는 부정적이다.

미네카즈카고분은 일본에서 최초로 확인된 '중층식' 고분이지만, 중심인물은 아직 발굴되지 않은 횡혈석실에 매장되어 있다고 추정된다. 발굴한 예가 거의 없는 이 시대의 '공백'을 메우기 위해 조사가 더 행해져야 한다는 목소리가 높아질 듯하다.

이 기사에도 또한 "5세기 후반부터 백제의 영향을 받고 있었고"라고 되어 있는데, 그것은 도대체 어떻게 된 일이라는 것일까? 하물며 "대왕급 묘의 문물이 부장되어 있어도 전혀 이상한 것은 아니다"라는 말은, 그것이 어째서 이상하지 않다는 것인지 알 길이 없다. 왜냐하면 본시 고고학자에게 있어서 고분이나 유적에 대한 중심적인 결정 수단은 그곳에서 출토된 부장품이기 때문이다. 또 한 가지 의문은 "미네카즈카고분은 일본에서 처음으로 확인된 '중층식' 고분이지만 중심 인물은 횡혈석실에 매장되어 있다고 추정된다"라고 하면서 왜 계속해서 발굴조사되지 않는가 하는 점이다.

1992년 4월 2일자『산케이신문』에는 "미네카즈카고분/피장자 논쟁에 일석"이라는 머릿기사가 나와 있는데 그 기사의 마지막 부분을 보면 "피장자를 생각함에 있어서 수혈식인지 횡혈식인지는 중요한 포인트이다. 그러나 석실의 확장조사는 문화청과의 협의를 거쳐 하지 않을 방침이다"라고 쓰어 있다. 도대체 무엇을 어떻게 하겠다는 것인지 앞뒤가 맞지 않아 이해할 수가 없다.

더 이상의 추궁은 어리석고 무모한 행동이 될지도 모르겠지만, 어쨌든 미네카즈카고분의 발굴조사는 비록 고분 전부가 조사된 것은 아닐지라도 야마토·아스카의 타카마쯔즈카벽화고분이나 나라·이카루가의 하지노키고분과 함께 정말로 고고학사상의 획기적인 발굴조사였다고 간주하지 않으면 안 된다.

그래서 나는 오오사카시의 어떤 호텔에서 열린 일본순환기학회(日本循環器學會)의 총회에서 강연하기로 되어 있기도 했기 때문에, 그 다음날 곧바로 카와치의 하비키노시 교육위원회를 방문했다. 그곳에서 문화재 담당 카사이 토시미쯔(笠井敏光) 씨와 오랫동안 만나지 못했던 후루타 미노루 씨도 만나서 그 해 새로

출간되었던 『역사의 산책길-히비키노시 근방의 사적과 문화재』를 받을 수 있었다. 나는 급한 대로 「사적 미네카즈카고분 발굴조사 개요」 등의 자료를 받았고, 또한 발굴조사중인 현장을 촬영한 비디오테이프 등도 얻을 수 있었다. 그뿐만이 아니라 카사이 씨는 자신의 차로 카루사토 2정목에 있는 미네카즈카고분까지 직접 안내해 주었다.

 미네카즈카고분은 그다지 높은 산처럼 되어 있지는 않았지만, 카사이 씨는 고분의 맨 위에까지 올라갈 때에 내 등을 손으로 받쳐가며 밀어주기까지 했던 것이다. 어렵게 분구 위로 올라갔을 때, 나는 확실치는 않았지만 이곳 '카루사토' 라는 곳에 대해 어쩐지 기억에 남는 것이 있었다. 그것은 "야마토의 '카루(輕)'는 '카라(韓)' 였다"고 한 마쯔모토 세이쵸오 씨의 말이 생각났기 때문이었다. 그렇다면 미네카즈카고분이 예전에 '카루바카(輕墓)' 라고도 불린 것도 '카라바카(韓墓)' 가 아니었을까 하는 생각을 하기도 했던 것이다. 이것도 미네카즈카고분을 직접 찾은 하나의 수확이었지만, 그것보다 더욱 큰 수확은 이날 카사이 씨와 잘 사귀게 되었다는 점이었다.

 이후 1995년에 들어와서 다시 새롭게 카와치를 둘러볼 때에도, 나는 카사이 씨로부터 자료뿐만이 아니라 여기저기 직접 안내도 받을 수 있어 큰 행운이었다. 다음에 살피게 되는 '하지(土師)의 마을' 을 방문했을 때에도 카사이 씨와 함께했음은 물론이다.

제5부 사쿠라이시의 한국문화 유적

도오묘오사텐만궁과 하지씨족

이제 더위도 서서히 물러서기 시작한 10월 중순의 어느 날이었다. 나는 킨테쯔전차(近鐵電車) 후루이치역(古市驛)까지 마중을 나와 주신 카사이 씨의 차에 올라, 즉시 도오묘오사텐만궁(道明寺天滿宮)과 도오묘오니사(道明尼寺)로 향했다. 전차역명으로 '도오묘오지(道明寺, 지명)' 또는 '하지노사토(土師の里)'로 되어 있는 이 부근 일대는 카와치에 있어서 하지씨족의 중심 근거지가 있던 곳이다. 우선 도오묘오니사는 나로서는 이번이 처음 방문이었다. 지금까지 나는 도오묘오사텐만궁〔아메노히나도리(天夷鳥)신사 또는 하지(土師)신사〕에는 두세 번 가 보았으나, 그 근처에 있던 이 도오묘오니사는 가본 적이 없었다. 나는 곧 이 사원이 비구니사원〔尼寺〕이었기 때문인지 아니면 암주(庵主)의 마음가짐에서인지는 알 수 없지만, 그 절 경내의 청렴한 분위기에 감동되었다.

여기에서 다시 『역사의 산책길—하비키노시 근방의 사적과 문화재』의 「도오묘오니사」를 보면 다음과 같이 씌어 있다.

도오묘오사텐만궁의 바로 서쪽에 근접하는 하지씨의 씨사로, 나라시대 초기에 창건된 이래 약 1400년의 법등(法燈)을 유지하고 있는 명사찰이다. 사전(寺傳)에 의하면 창건은 스이코 2년(594)으로 하지씨의 족장이었던 하지노무라지야시마(土師連八島)가 자기 저택의 일부를 절로 만든 것이 시초이고, 곧 아메노히나도리신사

〔天夷鳥神社, 하지신사라고도 하며 헤이안시대 전기(940년) 무렵에 도오묘오사텐만궁으로 개칭되었다〕로 진좌되어, 하지가오카(土師ノ丘, 지명)의 남쪽 낮은 지대에 시텐노오사식(四天王寺式) 가람배치로 본격적인 사원이 건립되어 갔다.

현재 도오묘오사텐만궁에 소장된 카마쿠라시대의 도오묘오사 옛 그림지도의 내용 및 텐만궁의 돌계단보다 80미터 남쪽에 잔존하는 도오묘오사의 탑 초석(塔礎石)에 의해서 당시의 성관(盛觀, 장관)을 마음속에 떠올릴 수 있다.

이 도오묘오사는 칸에이(寬永) 10년(1633), 이시천(石川)의 대홍수로 피해를 입었기 때문에, 돌계단 위의 신사 경내에 신궁사(神宮寺, 신사나 사원의 부속된 사원) 형식으로 병존(並存)하고 있다. 메이지시대 초기 신불분리령(神佛分離令)에 의해 신사에서 갈려나와 서쪽 지역〔乾堂〕으로 옮겼고, 타이쇼오(大正) 8년(1919) 3월에 천불식(遷佛式)을 거행해서 '도오묘오니사' 로서의 면목을 일신한 것이다.

종루문(鐘樓門)을 들어서면 우측에 위비당(位碑堂)·호마당(護摩堂)·동문(東門)이 있고, 좌측에 본당·고리(庫裡, 창고)·객전(客殿)이 나란히 놓여 있다. 본존은 헤이안시대 초기의 국보인 십일면관음(스가와라노미치자네의 작품이라고 전함)이고, 중요문화재 지정을 앞둔 관음(십일면)과 쇼오토쿠타이시상(카마쿠라시대)이 있다.

이것을 보고 알 수 있는 것은, 도오묘오니사는 도오묘오사텐만궁과는 일체(一體)의 것이었다는 사실이다. 그랬기 때문에 광대했던 명찰(名刹)로, 그것은 누문(樓門) 앞 통로의 왼쪽에 자리를 잡고 있는 탑초석군을 보아도 알 수 있다. 사이린사에서 보았던 거석(巨石) 정도는 아니었다고 해도 이만한 탑초석이 있다는 것은, 역시 대단히 큰 사원이었을 것으로 생각되었다.

그렇다면 하지씨의 족상이었던 하지노무라지아시마가 자신의 저택의 일부를 절로 만든 것이 도오묘오니사의 시초라고 하는 그 '족장' 이라는 자는 도대체 어떠한 사람인가 하는 것이 궁금해졌다. 그 하지씨도 또한 상당한 호족이었던 것 같은데, 계속해서『역사의 산책길-하비키노시 근방의 사적과 문화재』「도오묘오사텐만궁」을 보면 다음과 같이 쓰여 있다.

도오묘오니사의
당우

도오묘오니사의
옛 탑 초석군

　도오묘오 지역에서 내려 서쪽 방향으로 0.5킬로미터지점에 있는 엔기식 내사의 고사(古社)로, 『엔기식』에는 「아메노히나도리신사」라는 이름으로 나와 있다. 사전에 의하면 스이닌천황 시대에 순사(殉死, 주군이나 남편을 따라 죽음)를 금지하는 대신에, 하니와를 사용하면 좋겠다고 진언해서 채용된 노미노스쿠네(野見宿禰)가 그 공로로 인해 하지(土師)라는 씨(氏)와 토지를 하사받고, 그 본거지로 삼은 곳이 도오묘오사 근방의 하지노사토(土師の里)로 생각되고 있다.
　노미노스쿠네의 자손은 하지노무라지(土師連)로서 하지베(土師部)의 족장이 되었고, 5세기 무렵에는 후루이치고분군의 조영(造營)을 담당했던 것 같다. 이 하지씨가 조상신을 모신 곳이 아메노히나도리신사로, 제신으로서 아메노호히노미코토(天穗日命)·오오노히나토리노미코토(大夷鳥命)·노미노스쿠네를 받들고 있던 것이다.

이 하지씨들은 나라시대 말 텐오우(天應) 원년(781)에 씨신과 씨사를 남기고 한 부족 전부가 야마토의 스가와라(菅原)의 땅으로 이주해서 스가와라아손(菅原朝臣)이 되었다. 스가와라노미치자네(菅原道眞)는 숙모인 카쿠쥬니(覺壽尼)가 하지사의 주지(住職)를 하고 있었기 때문에, 어릴 때부터 여러 번 하지노사토를 방문하였다. 우대신(右大臣)인 스가와라노미치자네가 엔기(延喜) 원년(901) 큐우슈우(九州)로 좌천되었을 때에도, 이 하지사를 방문할 틈이 나기를 바라고 있었던 것이다. 미치자네의 사후 각지에서 천재지변이 계속해서 일어났을 때에 미치자네의 '타타리(印禍, 원령에 의해 재난을 당하는 일)'라 하며 소란스러웠고, 이것을 두려워한 조정에서는 미치자네를 복위시키기도 하고, '텐진제사령(天神祭祀令, 텐진은 미치자네를 모신 텐만궁을 가리킴)'을 공포(公布)해서 위령(慰靈)에 임했다. 즉 미치자네를 주신으로 하는 텐만궁이 각지에 조영되었을 때, 도오묘오사텐만궁으로 바꾸고 미치자네를 주신으로 삼고 아메노호히노미코토와 카쿠쥬니를 합사해서 새로운 본전을 지었고, 그 밖의 신은 원래의 궁사(宮社)에 합사되었다.

요컨대 도오묘오니사와 도오묘오사텐만궁과는 노미노스쿠네를 조상으로 하는 하지씨족의 씨사이며 씨신이었던 것이다. 그 하지씨는 나중에 스가와라씨로도 되었고, 그 씨족에서 나온 스가와라노미치자네가 '텐진(天神)'으로 추앙되는 커다란 존재가 되었기 때문에 하지신사는 미치자네가 주신이 되어 도오묘오사텐만궁으로 되었던 것이다.

그리고 원래의 제신은 궁사에 합사되었는데 도오묘오사의 '도오묘오(道明)'라 하는 것도 스가와라노미치자네의 호(號)에서 온 것이다. 한국의 '족보' 등에서도 흔히 볼 수 있는 것으로, 한 씨족에서 저명한 사람이 나오면 그 사람이 선조로 바뀌어 '주신'이 되기도 하며 씨족의 중심이 되기도 했던 것이다.

결국 신이 인간을 만들었다는 것이 아니라 인간이 신을 만들었다는 것이 되는데, 그렇게 해서 스가와라노미치자네를 모시는 텐진사(天神社), 텐만궁(天滿宮)이 전국 각지에 퍼지게 되었다는 것이었다.

내가 가서 본 것만 해도 본전류조(流造) 8.1평, 경내 면적이 2,342평의 교토(京都) 텐만궁이 있고, 또 이리모야식(入母屋造)의 본전이 27평에 지나지 않으나 경내지가 실제로 85,844평에 달하는 야마구치현(山口縣)의 호오후(防府)텐만궁 등이 있다. 물론 그 총본사라고 해야 할 하지신사가 도오묘오사텐만궁이 된 이곳도 상당한 규모이다. 이것도 본전은 곤겐식의 6평에 불과하지만 그 경내 면적은 12,058평에 이른다. 돌계단을 올라서 조금 높은 언덕의 대지 위에 위치한 신사의 넓은 경내에 들어서면, 참배자들이 끊임없이 찾아오는 듯 본전에서 손을 합장하고 있는 많은 사람들의 모습을 볼 수 있었다. 그 본전 가까이의 왼쪽으로 기억하는데, 나와 동행한 카사이 씨로부터 들어 안 것이지만 그곳에 '元宮土師社'라는 작은 표주(標柱)가 서 있는 하지신사가 있었다.

그야말로 본사였던 신사가 경내사로 바뀐 전형과 같은 것이었는데, 그곳에서 조금 앞쪽으로 나가면 창고 같은 곳에 놓인 '슈라(修羅, 큰 목재나 돌을 운반하는 수레)'를 볼 수 있다. 이것은 공사 등에 필요한 운반구로서, 소리(橇, 썰매)와 같은 것이다. 이 소리라는 것이 발견되었을 때에는 여느 때와 마찬가지로 신문 등이 대서특필했는데, 이것도 고분 등의 공사와 관련이 있었다고 하는 하지씨와 관계가 있다고 보여지기 때문에, 역시『역사의 산책길－하비키노시 근방의 사적과 문화재』를 보면 그 소리에 대해서 다음과 같이 씌어 있다.

도오묘오니사의 앞에서 서쪽 방향으로 150미터 나아가면 국도가 있다. 그 정면에 보이는 숲이 나카쯔히메릉(仲津媛陵)의 배총으로 지정되어 있는 '야시마즈카(八島塚)'인데, 그 고분을 오른쪽으로 돌아가서 보면 빈 터가 나온다. 이곳이 고대의 나무썰매인 '슈라'가 출토된 곳이다. 야지마즈카의 서쪽에는 나카야마즈카(中山塚) 등이 있고, 사이좋게 동서 방향으로 나란히 3기의 방분(方墳)이 놓여 있기 때문에 미쯔즈카(三つ塚)로 불리고 있다.

그 가운데 미쯔즈카와 나카야마즈카는 배총으로 지정되어 있는데, 나는 나카쯔히메릉과는 관계가 없고, 3기 모두 하지씨 족장의 분묘라고 생각하고 있다. 이것들은

도오묘오사텐만궁 본전

종전(終戰) 당시에는 공통으로 방형의 도랑을 두르고 있었지만, 사유지였기 때문에 메위져 택지로 바뀐 것이다.

1978년 4월 5일, 슈라는 야시마즈카와 나카야마즈카의 중간에 있는 도랑 밑에서 우연히 발견되었다. 호수의 바닥에 장방형의 토광(土壙)을 파서 대형 슈라는 남북 방향으로, 소형 슈라는 그 위에 걸친 듯한 형태로 동서 방향을 향해 묻혀 있었다.

그곳에서 바로 남쪽의 토지에서 하지베의 공인들이 살았던 집락유적이 발견되고 있고, 바로 북쪽인 나카쯔히메릉의 주정대(周庭帶)의 경사지에서는 다수의 하니와 가마가 발견되고 있었기 때문에 이 부근 일대는 코훈시대의 축조 센터임과 동시에, 하지베공인들의 유적으로 생각되므로 하지베의 족장을 추장(追葬) 형식으로 장사 지낸 분묘군 사이의 도랑 밑에 묻은 것으로 생각하고 있다.

'야시마즈카'의 '야시마'는 어디서 들은 적이 있다고 생각했는데, 바로「도오묘오니사」에서 보았던 '하지노무라지야시마'의 이름 '야시마'였다. 그 야시마즈카가 어떻게 해서 오오진천황의 부인이었다고 하는 나카쯔히메릉고분의 배총으로 되어 있는 것일까? 생각해 보면 재미있는 일이지만 그것은 차치하고, 지금까지 살펴본 대로 하지씨족은 상당한 호족이었을 뿐만 아니라 일본 고대사에 있어서 매우 커다란 존재였다고 생각된다.

그러면 그 하지씨족이 어떠한 씨족이었다는 것일까? '하지' 라고 하면 나 같은 사람은 금방 야요이토기의 뒤를 잇는 '하지키(土師器)' 가 생각나는데, 지금까지 본 것으로 미루어 보아 아무래도 고분에 매장된 하니와도 그 하지씨가 만들어낸 것 같다. 역시 하지씨는 고분의 축조 등과 관련이 있는 씨족이었다고 생각된다. 다시 『역사의 산책길—하비키노시 근방의 사적과 문화재』의 「후루이치고분군의 특색」을 보면 "후루이치고분군의 조영에는 도래계의 하지씨 및 부근에 거주했던 백제계 왕씨(王氏) 일족인, 도래인들의 활동과 깊은 관계가 있다고 생각되어진다"라고 씌어 있다.

백제계 왕씨에 대해서는 나중에 살펴보겠으나, 물론 '도래계' 라 함은 고대한 국으로부터 도래한 사람을 말하는 것이다. 그리고 야마토에 있는 대고분, 예를 들면 가장 오래된 전방후원분으로 알려진 하시바카고분도 그들에 의해 만들어진 것으로 생각되고 있다. '하시바카(箸墓)' 는 '하지바카(土師墓)' 일 것이라는 설도 있다. 『사쿠라이시사(櫻井市史)』제1장 「야마토와 사쿠라이」를 보면 하시바카고분(『일본 속의 한국문화 유적을 찾아서』제2권 참조)에 관해 다음과 같이

텐만궁 경내에 있는 슈라

하시바카

씌어 있다.

    스진(崇神)천황 10년 조(條)에 코오레이(考靈)천황의 공주 야마토토토히모소히메노미코토(倭迹迹日百襲姬命)가 미모로산(御諸山, 미와산을 일컬음)의 신, 오오모노누시노카미(大物主神)의 부인이 되었다는 유명한 신혼전승(新婚傳承)이 전해 내려오고 있다. 그녀가 젓가락으로 자신의 하복부를 찌르고 죽어, 오오이치(大市)에 묻혔으므로 사람들이 그 무덤을 '하시바카(젓가락무덤)'라고 불렀다고 한다. '하시바카'는 고대에 있어서 능묘(陵墓)의 축조나 장례 의식에 관여했던 하지씨(土師氏)의 이름을 따서 '하지하카(土師墓)'라고 했다는 매력적인 설이 있으나 지금은 그것에 대해서는 덮어 두기로 하자.

또한 『사쿠라이시사』 제10장 「고대 지명의 전승」에는 그에 관해서 다소 상세하게 다음과 같이 씌어 있다.

『일본서기』 스진기(崇神紀)에 "즉 젓가락으로 음문을 찌르고 죽었다. 곧 오오이치에 묻혔다. 그래서 당시 사람들은 그 무덤을 이름하여 하시바카라고 말한다"라고 한 하시바카는 오오이치의 하시나카(箸中)에 소재한다. 젓가락으로 음문을 찔렀다고 하는 것은 이른바 '하시바카(젓가락무덤)'라는 지명에서 생겨난 설화일 것이다. '하시'는 '하지(土師)'인가?……이 거대한 전방후원분은 틀림없이 하지씨의 뛰어난 축조 기술에 의해 만들어졌다고 생각된다. 즉 하지씨는 토목 공사, 조릉(造陵), 제사 의례, 군사(軍事) 등에 관계한 씨족이었다.
야마시로국(山城國) 야마시로정 오오쯔카야마(大塚山)고분 군집지(群集地)에 '하지(吐師)'라는 지명이 보이고, 카와치국 오오진천황릉고분을 중심으로 하는 후루이치·콘다고분군을 본거지로 하는 '하지(土師)'가 있고『화명초』의 하지향(土師郷)), 또한 이즈미국 닌토쿠천황릉을 중심으로 하는 모즈고분 군집지에도 유력한 '하지'가 존재하고, 현재에도 '하지'라는 지명을 전하고 있다.

여기서 말하는 '모즈고분 군집지'가 있는 곳은 원래 '모즈(百舌鳥)'라 부르는 곳이 아니라, 메이지 22년(1889)까지는 '쿠다라(百濟)·하지촌(土師村)'이었던 곳이다. 따라서 지명으로 '유력한 하지가 존재한 곳'은 아니었다는 것이다. 그런데 하지씨족은 제사와 의례뿐만이 아니라, 군사 등에도 관계한 유력한 씨족이었다는 사실이 또한 흥미롭다.
앞에서도 본 것처럼 하지씨족의 조상은 노미노스쿠네이지만, 그는 일본 씨름(相撲, 일본어로 스모오)의 조상이기도 하다. 타케우치 리죠오(竹內理三)·야마다 히데오(山田英雄)·히라노 쿠니오(平野邦雄)가 편찬한 『일본고대인명사전』의 「노미노스쿠네」를 보면, 노미노스쿠네가 당대의 장사 타이마노케하야(當麻蹶速)와 씨름을 해서 이긴 사건에 이어서 다음과 같이 쓰고 있다.

이즈모국(出雲國) 사람으로 하지노미스쿠네(土師弩美宿禰)에 유래한다(『播磨國風土記』)…… 스이닌천황 23년 7월 히바스히메(日葉酢媛)가 죽자 왕이 신하들에게 장례를 어떻게 치를까 물은바, 노미노스쿠네가 나서서 천황의 무덤에 산 사람을 묻는 것은 안 된다고 대답했다. 이즈모국에 사람을 보내어 하니베(土部, 토기 굽는 일을 하는 사람) 100명을 불러들여 직접 그들을 시켜 점토(埴)를 구해서 사람과 말 등의 여러 가지 흙인형(하니와)을 만들어 천황에게 바치고, 이후로는 산 사람을 순장하는 대신에 흙인형을 무덤 안에 놓을 것을 주상(奏上)했다. 천왕은 대단히 기뻐하며 노미노스쿠네를 불러 내 뜻도 바로 그러하다고 하므로, 그 다음부터는 이 흙인형을 '하니와(埴輪)'라 부르고 다른 이름으로 타치모노(立物)라고 했다. 그뒤로 천황의 명으로 능에는 산 사람 대신에 반드시 흙인형을 세우도록 했다.

노미노스쿠네가 죽은 곳은 하리마(播磨, 兵庫縣)의 타쯔노(龍野)라는 곳으로 『하리마국풍토기(播磨國風土記)』에는 "이즈모국 사람들이 무덤을 만들고 이즈모하카야(出雲墓屋)라고 불렀다"는 기록이 있다. 또한 타쯔노에 있는 니시미야야마(西宮山)고분이 노미노스쿠네의 무덤이 아닐까 생각되고 있으나, 그 고분을 발굴조사한 무라카와 유키히로(村川行弘) 씨에 의하면 고분의 횡혈석실로부터 거울, 검, 구슬, 무구, 관모를 비롯한 금도금된 유물과 가래(鐵鍬) 등의 철제품, 토기 등의 부장품이 많이 남아 있었다. 특히 한국에서 전해진 금제 귀걸이와 받침달린 장식항아리〔臺付子持裝飾壺〕는 훌륭한 것으로, 이 장식항아리는 동물의 모습 등과 씨름하는 장사의 모습 등도 장식되어 있어서 그 지역에 전하는 노미노스쿠네의 전설과 일치하는 점이 많아 흥미를 끈다고 한다. 그 고분이 만약 그렇다고 하면 하지씨가 '군사' 등에 관계했다고 하는 것과, 군사적 성격이 강한 씨족이었다는 나오키 씨의 말도 이해할 수 있을 것 같은 느낌이 들었다.

더군다나 나오키 씨의 「하지씨의 연구」에 의하면 하지씨에게는 사복(四腹, 배가 다른 4성)이 있는데, 하지씨 이외에 하지씨로부터 오오에(大枝 또는 大江)·아키시노(秋篠)·스가와라씨 등이 분리되어 나왔다고 되어 있다. 그 가운데 가장 많이 알려진 것이 스가와라씨이지만 노미노스쿠네신사 등이 있는 이나바(因幡, 鳥取縣)의 야죠오군〔八上郡, 후에 야즈(八頭)로 바뀜〕에는 오오에향(大江鄕)

이 있어서 그곳에는 오오에(大江)신사가 있다. 또한 야죠오군에는 '하지향(土師鄕)'이라는 지명도 남아 있어서 하쿠호오시대의 하지모모이폐사터〔土師百井廢寺跡〕 등도 남아 있다.

이처럼 당시 야마토에 있어서 중심적 존재였던 하지씨는 『일본고대인명사전』에 의하면 그 계열만 해도 백수십 개의 성씨가 보인다. 이른바 노미노스쿠네의 후손인 하지씨족은 이처럼 일본 전국으로 퍼져 나갔던 것으로, 예를 들면 토오쿄오의 아사쿠사(淺草)에서는 매년 200만이 넘는 사람들이 모이는 센소오사(淺草寺)의 아사쿠사삼사제(淺草三社祭)라는 축제가 열린다. 센소오사연기(緣起)에 따르면 제신은 히노쿠마하마나리(檜前浜成), 히노쿠마타케나리(檜前竹成), 하지나카시리(土師中知)라고 전한다. 토오쿄오도(東京都) 교육연구회에서 펴낸 『토오쿄오도의 역사산책』에는 그 제신의 유래에 대하여 "히노쿠마(檜前)란 야마토의 히노쿠마(檜隅)를 가리키는 것으로 아치노오미(阿知使主)의 아들 아야노아타이(漢直)의 본관지이며, 하지(土師)는 카와치의 하비키노를 그 본거지로 하는 백제계 사람들이 불렀던 이름〔氏〕이다"라고 씌어 있다. 또한 사이타마현(埼玉縣) 와시미야정(鷲營町)에는 와시미야(鷲營)신사가 있다.

1986년 9월 13일자 『요미우리신문』에 "와시미야라는 신사 이름은 2천 년 전 토기를 굽던 하시베(土師部)의 거주지로 개척되어, 그들이 받들던 신 하지노미야(土師宮)가 그 지방의 사투리로 전와된 것에 유래한다"라고 씌어 있다. 그것뿐만이 아니다. 칸토오(關東)지방에 있어서도 그것만이 아니다. 본시 무사시국〔武藏國, 현재의 토오쿄오도 대부분과 사이타마현(埼玉縣)·가나카와현(神奈川縣) 일부〕에서 이치노미야(一の宮, 신사의 격이 가장 높음)에 속하는 히카와(氷川)신사를 모신 것도 하지씨와 동일계 씨족이었다. 사이타마대학 교수 하라시마 레이지(原島禮二) 씨의 『고대 아즈마국(東國)의 풍경』에 의하면 그들이 모셨던 신은 나라시대 후반의 하세쯔카베노아타이후와마로(丈部直不破麻呂), 즉 무사시노스쿠네(武藏宿禰)라고 한다. 이 격높은 히카와신사는 현재도 사이타마현 오오미야시(大宮市)에 건재하지만, 동시에 니노미야(二の宮, 신사의 격으로 두 번째)에 속한다는 카나사나(金鑽)신사 역시 그들의 씨족을 모신 것이라며 하라시마씨는 계속해서 다음과 같이 적고 있다.

이 카나사나신사를 받드는 호족은 히카와신사를 모시는 무사시씨(武藏氏)와 같은 씨족이었다. 그리고 이치노미야와 니노미야의 주제신은 원래 스사노오노미코토인 것으로 생각되고 있다. 그 무사시씨는 일본씨름의 원조로 알려진 노미노스쿠네의 후예라는 하지씨(스가와라노미치자네 일족)나 이즈모씨(出雲氏)와도 같은 씨족 관계에 있었다.

하지씨족은 이처럼 그 동족의 계보까지 더듬어가면 한정이 없는 것이다. 다만 여기서 한 가지 주의(注意)해야 하는 것은, 그들 역시 카와치의 하비키노를 본거지로 했던 백제계 씨족이었다는 것이다.

콘다하치만궁의 성립과 마사무네신사

 이번에는 앞에서부터 계속 미루어 왔던 콘다하치만궁을 살펴보기로 하자. 콘다하치만궁과 밀접한 관계에 있으며, 콘다 고보오야마(譽田御廟山)고분이라고도 하는 오오진천황릉고분과 그 배총인 콘다마루야마고분에서의 출토품 등은 앞에서 살펴보았으나, 여러 가지 의미에서 중요한 콘다하치만궁에 관해서 늦었지만 살펴보지 않으면 안 된다.
 우선 앞에서 예로 들었던 『역사의 산책길-하비키노시 근방의 사적과 문화재』의 「콘다하치만궁」에는 다음과 같이 씌어 있다.

 하비키노시 콘다중학교의 서쪽을 지나 언덕길을 내려오면 작은 개울이 나온다. 이 개울은 우수이천(碓井川) 또는 호오죠오천(放生川)이라고 불리고 있는데, 그곳의 바로 앞 왼쪽에 8제곱미터 정도의 빈터가 있다. 이곳이 바로 먼 옛날부터 콘다지구의 씨신인 '마사무네(當宗)신사'의 옛 땅임을 아는 사람들은 매우 적은 듯하다.
 콘다하치만궁은 오오진천황릉고분의 후원부 바로 남쪽에 있고, 광대한 경내를 보유하는 원래 부사(府社)였던 곳이다. 이 신사는 571년 킨메이천황이 오오진천황릉의 후원부 정상에 설치한 신묘 형식(神廟形式, 한국 풍습의 잔재)의 소사(小社)였다. 그런데 헤이안시대 중기인 에이쇼오(永承) 6년(1051) 2월에 고레이제이(後冷泉)천황의 명에 의해 현재의 땅으로 옮겨졌다. 이때부터 동쪽으로 향한 사전으로 바꾸고, 역대 조정이나 카마쿠라막부〔미나모토노요리토모(源賴朝)〕와 무로마치막부〔미나모토노요시노리(義敎)〕의 보호를 받아서 점차로 융성하게 되었다. 그뒤 난보쿠쵸오(南北朝)시대와 셴고쿠(戰國)시대의 쟁란으로 다시 병화에 휩싸였으나, 콘다당(譽田黨) 일족에 의해 수호되어 큰 세력을 보전·유지하였으나 텐쇼오(天正年)에 오다 노부나가(織田信長)가 카와치후루이치를 공격할 때에 병화를 입어 소실되었다. 그러나 케이쵸오(慶長) 11년(1606)에 토요토미 히데요리(豊臣秀賴)가 카타기리 카쯔모토(片桐且元)를 보청봉행(普請奉行)에 명해서 재건한 것이 현재의 본전과 배전이다. 특히 배전은 천장에 가교〔棧〕의 흔적이 있음에도 불구하고, 천장판이 없어 미완성임을 나타내고 있다.

　제신은 혼다와케노미코토(品陀別命, 오오진천황)를 주신으로 하고, 츄우아이천황·진구우황후 이외에 스미요시삼신(住吉三神)을 받들고 있다. 이 신사는 에도시대 말기까지 나가노산(長野山) 고코쿠사(護國寺)와 병존하고 있었지만, 메이지시대 초기 '폐불기석(廢佛棄釋)'의 시기에 고코쿠사는 폐사되었던 것이다.

　이것으로 먼저 알 수 있는 것은 콘다하치만궁은 '콘다지구의 씨신'으로서 이곳에 있었던 것이 아니라 그 씨신은 '마사무네신사'였다는 사실이다. 그리고 콘

콘다하치만 경내의
마사무네신사

콘다하치만궁

다하치만궁은 원래 571년에 킨메이천황이 오오진천황릉의 후원부 정상에 설치한 한국풍의 신묘 형식의 소사였지만 나중에 헤이안시대 중기인 1051년 2월에 고레이제이천황의 명에 의해 현재의 땅으로 옮겨졌다는 사실이다. 또한 『역사의 산책길-하비키노시 근방의 사적과 문화재』의 「오오진천황릉」에는 "콘다하치만궁은 창건 초기에는 한국 신라의 신묘 형식을 모방해서 후원부 정상에 설치되었지만, 헤이안시대에 현재의 땅으로 옮겨진 것이다"라고 씌어 있다.

결국 오오진천황릉고분의 후원부 정상에 설치되었던 한국풍의 신묘 형식을 따른 작은 신사가, 현재는 오오진천황릉고분에 인접한 7,109평의 경내에 그 당시 유행하는 나가레식(流造, 전면의 지붕이 후면보다 긴 신사의 건축양식)의 본전을 갖추고, 이 지구의 씨신사였던 마사무네신사도 포함한 콘다하치만궁으로 되어 있는 것이다. 한국풍의 신묘 형식 또는 한국신라의 신묘 형식을 흉내내었다는 것에 관해서는 나중에 알아보기로 하고, 나는 그에 앞서서 광대한 경내를 한 바퀴 죽 둘러보기로 했다.

경내에서 제일 먼저 눈에 띈 것은, 앞에서 살펴본 오오진천황릉고분의 배총 콘다마루야마고분에서 출토된 일본의 국보 금동투조안장꾸미개[金銅透彫鞍金具] 등이 보관되어 있는 견고한 수장고(收藏庫)였다. 그 밖에도 경내의 한쪽 구석에는 지금은 경내사의 하나로 되어 있는 엔기식 내사 마사무네신사가 있고,

그 옆에는 「마사무네신사」라는 게시판이 서 있었는데 다음과 같이 씌어 있다.

    마사무네신사의 제신은 현재 스사노오노미코토로 되어 있으나, 당사는 한국의 낙랑군(樂浪郡)에서 도래한 '마사무네노이미키(當宗忌寸)'의 조상신인 '산요오노키미(山陽公)'를 모시고 있었던 것 같다. 마사무네노이미키의 자손에는 우다(宇多)천황의 조모의 정실(正室)이 역사상에 나타나 있다.
    그 옛 땅은 호오죠오천(放生川, 碓井川)과 히가시코오야카이도오(東高野街道)와의 교차점 북동쪽 구석에 8제곱미터 정도 남아 있다.

    한국의 낙랑군에서 도래한 마사무네노이미키라 함은 필시 『신찬성씨록』에 의한 것으로 생각된다. 어찌 되었든 마사무네노이미키라고 하면, 앞에서 살펴보았던 모리모토(杜本)신사와의 관계가 생각난다. 실제로『엔기식』제15권에는 '모리모토제(杜本祭)'와 함께 '마사무네제(當宗祭)'라는 것이 나란히 표기되어 있어서, 모리모토제(축제)에는 덧붙여서 오색 비단 각 2자(尺), 아키(安藝)의 목면(木綿) 4장, 바랜 베(曝布) 1장(丈) 등의 '미테구라(幣物, 신에게 바치는 제물의 총칭)'가 나타나 있고, "이것들을 여름은 4월, 겨울은 11월, 미나카미노사루(竝上申)에게 제사지내라. 미리 미테구라를 준비해 두고 쯔카히라(使等) 진발(進發)하라"고 씌어 있다. 한편 마사무네사이에는 덧붙여서 '오색 비단 각 6자, 아키의 목면 12장, 바랜 베 3장' 등 미테구라의 수가 많았을 뿐만 아니라, "이것들은 여름은 4월, 겨울은 11월에, 미나카미노토리노히(竝上酉)에게 제사지내라. 미리 앞에 미테구라를 준비해서 모리모토제의 쯔카이타요리(使便)에 참례하라"라고 씌어 있다. 이것으로 보면 마사무네신사 쪽이 상당히 격(格)이 높은 신사였던 듯하다.
    어쩌면 모리모토신사가 마사무네신사의 분사(分社)였을지도 모르겠지만, 그것이 어느 쪽이었든지 간에 콘다하치만궁은 엔기식 내사의 격이 높았던 마사무네신사 등도 포함하는 경내사의 하나가 된 것이었다.
    또한 콘다하치만궁의 경내에는 마사무네신사와 나란히 '스가공 기좌석(菅公祈座石)과 조선국왕 봉납 등롱(奉納燈籠)'이라는 것도 있다. 스가공(菅公)이라

콘다하치만궁 경내의 스가공이 앉아서 기도했다는 돌과 조선국왕이 봉납했다는 등롱

함은 스가와라노미치자네(菅原道眞)를 일컫는 말인데 그는 845~903년의 인물이기 때문에, 그가 '돌에 앉아서 빌었다(祈座石)'고 한다면 콘다하치만궁(1051년 성립)이 아니라 그 이전의 마사무네신사와 관련된 것임이 틀림없다. '조선국왕 봉납 등롱'이라고 하는 것은 분명히 한국에서 만들어진 등롱으로 생각되는데, 그러나 어째서 무엇 때문에 그것이 '봉납'되었는지는 알 수 없다.

콘다하치만궁이 원래는 오오진천황릉고분의 후원부 정상에 설치한 신사라고 하는데 그것에 대해서 살펴보기로 하자. 이것은 일본의 신궁·신사의 기원과도 깊이 관련되어 있는 것이다. 대개 한국의 신라 제1대왕은 '혁거세(赫居世)'라고 되어 있다. 혁은 이름이고, '거세(居世, 일본어로 '코세'로 표기)'라는 것은 '~님 (樣)'이라고 하는 정도의 존칭이다. 그 혁거세가 죽은 때는 기원 4년이었으므로 제2대 남해왕(南解王)이 기원 6년에 조상의 신묘를 받들게 되고, 이것이 487년에 '신궁(神宮)'으로 되었다고 한다.

『삼국사기』에 "소지왕(炤知王) 9년(487) 춘 2월에, 신궁을 나을(奈乙, 경주 나정)에 설치했다. 나정(蘿井)은 시조가 처음으로 탄생한 장소이다"라는 기록이 있다. 또한 그 이후 『삼국사기』의 기록을 보면, 국왕이 바뀔 때에는 자주 "왕은 친히 신궁을 모셨다"는 기록을 접하게 된다. 이것은 일본의 천황이 바뀌게 되면

'이세신궁(伊勢神宮)'에 참배하는 것과 같은 성격이었던 것 같다.

그런데 이세신궁에 관해서는 『일본고대 씨족과 왕권의 연구』의 저자 마에카와 아키히사(前川明久) 씨의 「이세신궁과 신라의 제사제(祭祀制)」라는 논고에 의하면 "신궁(일본어로는 진구우)이라는 칭호의 기원은 신라의 신궁에서 유래하고 있다"라 하고, 계속해서 "이세신사에 신궁의 칭호가 붙여져 이세신궁으로서 성립된 것은 6세기 후반, 바꾸어 말하면 비다쯔(敏達)천황조와 요오메이(用明)천황조의 초기에 걸쳐서일 것이다"라고 쓰고 있다. 신라의 신궁이 5세기 후반이었던 것에 대해서 일본의 신궁은 약 100년 후인 6세기 후반에 성립되었던 것이다.

이번에는 신궁과 같은 것이었던 '신사'는 과연 어떠했는가 하는 것을 살펴보기로 하자. 이것 역시 신라 제1대왕인 혁거세와 밀접한 관계가 있었다. 왜냐하면 앞에서 나는 혁거세의 거세(居世, 코세)는 '~님'이라고 하는 정도의 존칭이라고 했는데, 에도시대 후기의 고증학자인 반 노부토모(伴信友)의 『신명장고증(神明帳考證)』에 「신사를 '코소(小曾)'라고 하는 것」이라는 논고가 있듯이, 신사의 '사(社)'는 '코소(こそ)'라고도 했던 것이었다. 결국 이 '코소'는 '~님'이라고 하는 존칭으로, 무슨 무슨 '신사'라 하는 것은 본래 무슨 무슨 '신님(神樣)'이라는 의미였던 것이다.

이 '코소(社)'는 어디에서 유래하는 것인가 하면, 카나자와 쇼오자부로오(金澤庄三郎) 씨의 『일한(日韓)고지명의 연구』와 타키가와 마사지로오(瀧川政次郎) 씨의 「히메코소(比賣許曾)라는 신에 대해서」에도 나와 있듯이, 이것도 혁거세의 '거세(居世, 일본음 코세)'에서 온 말이다. 또한 '코세(居世), 코소(社)'가 '~님'이라는 정도의 존칭이었다고 하는 것에 대해서는 반 노부토모 씨도 예를 들고 있는 것으로, 『금석물어(今昔物語)』 제12권 열다섯 번째 이야기에 '후미코소(文古曾)'라는 말이 나와 있다. 이 경우의 '코소'는 후미씨에 존칭을 붙인 것(후미님)이었다.

내친김에 조금 더 살펴보면, 일본어의 '모리(森, 杜)'는 앞에서도 언급한 바와 같이 한국어의 '머리(頭)'에서 유래한 말이다. 요컨대 공동체·집락의 장(長, 頭)을 제사지내는 신사라는 뜻으로, 본래 신궁·신사와 분묘로서의 고분과는 밀접한 관계에 있었던 것이다. 또한 '야시로(社, 屋代 즉 신을 받드는 건물이나 신사를 말함)'로서의 신궁·신사는 그 분묘의 배소(拜所, 예를 드리는 곳)로써 생긴 것으로, 그러한 것에 대해서는 민속학자인 타니카와 켄이치(谷川健一) 씨도「신사는 무엇에서 유래했을까」에서 다음과 같이 쓰고 있다.

나는 일본 각지의 신사를 찾아다니는 일을 근래의 작업으로 삼고 있으나, 거기에서 하나 깨달은 것은 신사의 경내에 고분이 많다고 하는 사실이다. "신사는 성(聖)스럽고, 묘지는 추(穢)하다"라고 하는 '성예(聖穢)의 관념'에 사로잡혀, 신사 안에 묘지가 있는 것을 감추고 싶어하는 칸누시(神主, 신사의 신관)나 네기(禰宜, 칸누시의 다음 위치에 해당하는 신직 직위의 하나)도 있어서, 좀처럼 그 사실을 받아들이려고 하지 않는다. 그렇지만 이러한 관념 자체가 불교가 도래·보급된 이후의 일이었고, 그 이전에는 사자(死者)와 생자(生者)를 격리하는 성예의 관념이 있었던 것은 아니다.

일족의 선조나 그 지역 호족의 매장지를 예배하는 것은 당연한 것으로, 후대의 신도가(神道家, 일본민족의 전통적인 신앙가)들이 기피하고 있는 것과 같은 것은 전혀 아니었다. 신사의 기원이 고분에 있다고 하는 것은 내가 발견한 것이 아니다. 이미 에도시대 이후 많은 학자들이 지적하고 있는 것이다.

나 역시 일본 각지를 찾아다니면서 그처럼 신사와 함께 있는 고분을 많이 보아 왔다. 그러므로 콘다하치만궁이 원래는 오오진천황릉고분의 전방부 정상에 있던 소사였다는 사실은 그러한 전형(典型)의 하나인 것이다. 뿐만 아니라 다음에 살피게 되는 후지이데라시(藤井寺市)에는, 지금도 여전히 신사가 본전 등과 함께 고분 위에 의젓하게 올라 있는 곳도 있다. 그것은 다음에 살펴보기로 하고, 오오진천황릉고분이나 콘다하치만궁이 있는 하비키노시 콘다에는『일본서기』에도 등장하는 유명한 '쿠루마즈카(車馬塚, 伯孫埴馬傳承地)'라는 전승이 있다. 앞에서 본『역사의 산책길-하비키노시 근방의 사적과 문화재』에는 그 전승에 관해서 다음과 같이 쓰여 있다.

국도 170호선에서 나와, 바로 오른쪽으로 나아가 교차점을 비스듬히 횡단해서,

콘다중학교의 서쪽 맞은편에 있는 구도(舊道)의 우측에 보이는 방분이, 오오진천황릉의 배총으로 지정되어 있는 쿠루마즈카고분이다. 현재는 사방의 호수와 연못이 메워져 경작지로 되어 있지만, 제2차 세계대전 이전까지는 호수와 연못이 남아 있었다. 이 부근을 나는 타나베노후히토하쿠손(田邊史伯孫)의 '하니우마전승지(埴馬傳承地)'일 것으로 생각하고 있다.

『일본서기』유우랴쿠천황(재위기간 456~479년) 조에 코쿠부(國分)지구인 타나베(田邊)의 땅에 있던 백제계 도래씨족 중에 타나베노후히토하쿠손이란 사람이 밤길에 얼룩말을 타고 집으로 돌아오다가 콘다릉 가까이까지 왔을 때 우연히 붉은말을 탄 사람을 만나 말 달리기 시합을 하게 되었으나 지고 말았다. 그러나 붉은말을 탄 사람은 하쿠손이 자신의 붉은말을 갖고 싶어 한다는 것을 알고는 흔쾌히 얼룩말과 바꾸어 주었다. 다음날 아침 하쿠손이 마굿간을 들여다보자 붉은말은 어디가고 말 모양 하니와 즉, 하니우마가 있었다. 놀란 하쿠손이 하니우마를 쿠루마에 싣고 오오진릉까지 와 보니, 자신의 얼룩말은 하니우마 사이에서 풀을 먹고 있었다.

이것은 5세기 말 무렵 지방귀족들 사이에 승마의 풍습이 꽤 침투해 있었다는 사실과 오오진릉의 바깥제방에 말 모양 하니와가 있었다는 것을 말해주는 것이라 할 수 있다.

이 전승은 당시 승마의 풍습이 있었다는 사실을 알려줌과 동시에, 오오진천황릉고분의 배총 콘다마루야마고분에서 출토된 금동제 투조안장꾸미개 등의 말갖춤의 존재와도 대응하는 것임에 틀림이 없다.

노나카고분에서 니시하카야마고분까지

계속해서 하비키노시 지역으로부터 북쪽에 인접한 후지이데라시(藤井寺市) 지역을 살펴보기로 하자. 먼저 미리 한 가지 양해를 얻어야 되겠는데, 그것은 이 두 지역이 지금 현재는 행정구역상에 있어서 하비키노시, 후지이데라시로 나뉘어 있지만, 일찍이 고대에는 한 지역이었다고 해도 좋을 만한 곳이었다는 사실이다. 우선 이 두 시에 걸쳐 있는 대부분의 고분은 모두 '후루이치(古市)고분군'에 포함되어 있다. 따라서 두 시의 교육위원회에서 각각 발행한 고분 등에 관한 간행물에는 그 내용의 중복이 적지 않다. 예를 들면 오오진천황릉고분이나 미네카즈카고분 등에 있어서도 그러하다.

하비키노시와 마찬가지로 나는 후지이데라시 역시 1972년에 간행된 "일본 속의 한국문화" 제2권의 『카와치』 부분을 쓰기 위해 두어 번 방문한 적이 있었다. 그러나 지금 생각해 보니 그때에는 그저 한 번 스쳐 지나간 정도에 지나지 않았으나, 20여 년이 지난 지금에 와서 일본의 고고학은 더욱 진전되었고 여러 가지의 새로운 사실이 발견되었음은 말할 필요도 없다.

1995년 12월, 오래간만에 후지이데라를 방문했을 때도 참으로 많이 변해 있다는 것을 느끼지 않을 수 없었다. 예를 들면 후나(船)씨족의 씨사였던 야츄우사(野中寺) 등은 누문(樓門, 누각) 부근이 완전히 새로 만들어져 있어서 전에는 그렇지 않았던 붉은 누문이 눈부실 따름이었다.

나는 이곳을 방문하고 나서 백제 진손왕계의 후나씨족 등의 유적을 새롭게 다시 고쳐 쓰고 싶다는 생각을 하고 있었다. 나는 먼저 후지이데라시 교육위원회를 방문했다. 현재는 시청사도 새롭게 신축되어 있었고, 시교육위원회는 그 6층인가에 있었는데 어떻게 된 일인지 내가 방문하려는 문화재보호과는 거기서 조금 떨어진 낡은 목조건물 안에 있었다.

나는 그곳에서 문화재보호과 계장 아마노 스에요시(天野末喜) 씨를 만나 여러 가지 자료를 손에 넣을 수 있었다. 그것은 정말 엄청난 자료로 먼저 『신판 후루이치고분군』이라는 책은 사진과 그림이 들어 있는 부분이 200쪽 이상이나 되었으며 『후지이데라시 문화재 가이드북』, 「나가모치야마(長持山)고분의 석관」, 「역사전시안내」 등등의 책이었다.

나는 특히 앞에서도 언급했던 오오진천황릉고분처럼, 분구 위에 신사가 있는 후지이데라시 노나카 2정목에 있는 노나카미야야마(野中宮山)고분과, 그 근처에 있는 노나카(野中)고분을 먼저 보아야겠다고 생각하고 있었다. 두 고분 모두

노나카야마고분과 신사

아마노 씨로부터 받은 『신판 후루이치고분군』에 해설이 나와 있었다.

우선 「노나카미야야마고분」에 관해서는 앞에서도 보았던 『역사의 산책길—하비키노시 근방의 사적과 문화재』에 다음과 같이 씌어 있다.

　　노나카(野中)의 '후지이산 죠오슈우사(藤井山淨宗寺)'의 앞을 지나 시모다노미치[下田道, 노노우에(野野上)에서 노나카를 지나 콘다의 서쪽 입구로 통하는 길]로 나와 왼쪽(서쪽 방향)으로 꺾어 최초의 삼차로를 오른쪽(북방)으로 해서 들어가면, 곧 노나카미야야마고분에 이른다. 찾기 어려울 때에는 후지이데라 남쪽 공원인 노나카분원(分園)의 장소를 물으면 편리하다.

　　이 고분은 서쪽을 향해 2단으로 축조된 중형의 전방후원분으로 그 주위에 폭 20~30미터의 호수와 연못을 두르고 있고, 서쪽만 습지대처럼 되어 있다. 노나카분원은 이 고분의 전방부를 깎아내고 만들어진 것이다. 공원을 만들기 위해 이미 알려진 고분의 일부를 파괴하면서까지 건설한 것은 다시 한 번 고려해 보아야만 하겠다.

　　이 고분의 규모는 전방부의 폭 80미터, 후원부의 지름 92미터, 분구 전체 길이 105미터(깎아내기 이전은 135미터)로 전방부가 낮고 평평한 형식이다. 후원부는 비교적 높은 형식으로 정상에는 엔기식 내사인 노나카(野中)신사가 진좌하고 있다.

　　이 신사는 '고즈텐노오사(牛頭天王社)'라고도 불리며 제신은 스사노오노미코토인데, 아스카시대부터 헤이안시대 초기에 걸쳐서 노나카 부근에는 백제계 왕씨(王氏) 일족의 한 계열인 '후네노후히토(船史)'와 '후네노무라지(船連)'등의 일족이 거주하고 있었던 것이 문헌에 밝혀져 있기 때문에 아마도 후네노무라지의 조상신이었을 것으로 생각된다. 또한 이 고분의 봉토(封土) 안에는 야요이토기의 조각이 섞여 있고, 물가에서는 원통 하니와 열(列)을 확인할 수가 있다.

첫머리에 이 고분이 있는 장소에 대하여 꽤 상세히 씌어 있었지만, 멀리서 온 우리들로서는 책의 내용만으로는 잘 찾을 수 없었다. 그래서 주택이 밀집해 있는 길을 이쪽 저쪽 헤맨 이후에야 겨우 노나카미야야마고분을 찾아낼 수 있었다.

노나카미야야마고분은 고분이라고 하기보다는 신사(노나카신사) 그 자체로 생각되었다. 축조 당시에는 후원부 위에 있어서 평평한 전방부로부터 배례(拜

禮)를 받고 있었을 것으로 생각되지만, 그것이 나중에 점점 고분 전체를 덮을 만한 신사가 되었던 것 같다. 그곳에 「노나카미야야마고분」이라고 쓰인 후지이데라시·후지이데라교육위원회에서 만든 게시판이 없었더라면, 그것이 고분인지조차 전혀 알아차릴 수가 없는 그러한 것이었다.

이처럼 특이한 고분이기 때문에, 조금 번거로울지도 모르겠지만 그 게시판의 내용도 보아 두기로 하겠는데 다음과 같이 씌어 있다.

후루이치고분군 중앙부의 홍적 단구면(洪積段丘面)에 축조된 중간 규모의 전방후원분입니다. 분구는 후원부 지름이 크고 전방부가 발달되었으며 바깥제방도 분구를 따라 전방후원형으로 지어져 있어서 고식(古式)의 양상을 갖추고 있습니다. 이음돌 하나와의 열(列)이 보이고, 매장시설은 후원부 꼭대기에 판 모양의 할석(割石)이 어지럽게 흩어져 있는 것으로 보아, 수혈식 석실의 가능성을 짐작케 해주고 있습니다. 또 노나카신사를 개축할 때 동판(銅板)이 출토되었다고 전해지고 있습니다.

발굴조사 결과, 후원부 지름이 현재 상태보다 약 8미터 크다고 하는 것, 잘록한 부분에 거대한 조출(造出)이 있는 것, 전방부의 서쪽 바깥제방에도 하니와의 열(列)이 있는 것 등을 확인할 수 있었습니다. 또한 출토된 하니와는 모두 검은 반점이 있는 것으로 원통 하니와 이외에 집·키누가사(衣蓋, 비단을 씌운 자루가 긴 양산)·방패·항아리 모양 등의 기재(器材) 하니와와 물새·멧돼지 모양 등의 동물형 하니와가 다수 출토되었습니다. 또 주변의 개울 안에서는 중세에 우물이 있었다는 사실도 알 수 있었습니다.

이상의 것들로 보아 이 고분은 후루이치고분군 중에서도 초기에 만들어진 고분의 하나로 생각되고 있습니다.

물론 이 고분의 피장자를 모신 노나카신사의 제신이 백제에서 도래해서 이 부근에 거주하고 있던 백제의 '왕씨(王氏, 진손왕)' 일족의 분파(支族)인 후네노후히토와 후네노무라지 일족 등의 조상신이었다고 한다면, 그들의 도래 시기까지 대강 알 수 있게 된다. 즉 이 고분이 후루이치고분군 가운데서도 초기에 만들어졌다고 하면, 5세기 초에 해당되는 것임에 틀림이 없다.

다음으로 노나카미야야마고분에서 멀지 않은 곳에 위치한 노나카고분을 살펴보자. 이 고분은 노나카미야야마고분보다 조금 늦은 5세기 후반에 축조되었다고 알려져 있는데, 내가 이 고분에 흥미를 가진 것은 다음과 같은 일이 있었기 때문이었다.

1993년 초, 토오쿄오국립박물관에서는 「일본 출토 박재(舶載)도자기 – 한국 · 베트남 · 타이 · 이슬람전(展)」이라는 전시회가 열렸다.

먼저 여기에서 말하는 '박재(舶載, 일본어로는 하쿠사이)' 라고 하는 어휘에 대해서 조금 보아두기로 하자. 일본어사전『광사원(廣辭苑)』을 보면 다음과 같이 해설되어 있다.

① 배에 싣는 일. 배에 실어 운반하는 일.
② 외국에서 배에 실어 운반해 오는 일. 박래(舶來)

'舶載' 라는 용어는 고고학자 등도 자주 사용해 온 단어이지만, 그 단어의 사용에 있어서는 누가 · 어째서(어떠한 목적으로 배에 실어 옮겼는가)라는 것이 완전히 빠져 있다. 시대가 내려옴에 따라서 박재라는 단어가 '선물로써' 라는 의미로 쓰인 일도 있었을 것으로 생각된다. 그러나 고대한국의 경우에 있어서는 도래인들이 그와 같은 도기류를 일본에 정착해서 생산하게 될 때까지 당면한 생활용구로써 가지고 들어온 것임에 틀림없다.

전시회의 제목이 '한국 · 베트남 · 타이 · 이슬람' 에서 박재된 일본 출토의 도자기라고 했으나, 실상은 출토된 232건 가운데 186건이 한국의 것이다. 다시 말하자면 일본 각지에서 출토된 그것들의 대부분은 모두 한국에서 온 것이었다. 그 도자기들은 기원전 7세기라고 말해지는 도작(稻作, 벼농사) 농경시대의 무문토기(無文土器)에서부터 조선시대까지의 각 시대에 걸친 것으로, 그 중에서도 562년에 멸망한 한국의 가야토기가 가장 압도적이었다. 컬러사진으로 이루어진 도록『일본 출토 박재 도자기』의 권두를 장식하고 있는 것도 그 가야토기였다. 권두에 나온 그 사진은 합계 4장으로 권말에 있는 해설을 보면 "손잡이가 달린 다리붙은 항아리(把手付脚付壺) 2. 삼국 가야 5세기 오오사카부 후지이데라시

노나카고분·뚜껑[蓋] 2. 삼국 가야 5세기 오오사카부 후지이데라시 노나카고분 출토"라고 되어 있다. 그 전시회를 보고 난 뒤부터 나는 이 노나카고분을 꼭 방문해보고 싶다고 생각하고 있었다.

그런데 이 노나카고분 역시 주택가 사이에 끼어 있어서 좀처럼 찾을 수 없었다. 사람들에게 물어 물어 겨우 찾아가 보니 어떻게 된 일인지 이 고분은 주택 사이에 휑하니 놓여 있고, 정상부에 한 그루의 수목이 서 있고 풀만이 무성히 자란 황폐해 버린 분구가 남아 있을 뿐이었다. 그래서인지 노나카고분은 '우라야부(뒷덤불이란 뜻)' 고분으로도 불리고 있었다.

앞서 후지이데라시 교육위원회에서 받았던 『신판 후루이치고분군』의 「노나카(우라야부)고분」에 그곳에서의 출토품 등이 나와 있다. 그런데 놀라운 것은 고분의 초라함과는 달리 출토품은 매우 훌륭한 것이었다. 물론 노나카고분이 원래는 지금 본 것과 같이 초라한 모습은 아니었을 것으로 생각되나 고분에서는 가야토기만이 아니라 역시 가야에서 온 것이라고 생각되어지는 다량의 투구, 단갑, 무기, 무구까지 출토되고 있었다. 『신판 후루이치고분군』에는 다음과 같이 씌어 있다.

우라야부(노나카)고분은 후루이치고분군의 거의 중앙에 위치한 하카야마(墓山)고분의 후원부 북쪽에 있고, 주택에 둘러싸여 고요히 분구를 남기고 있습니다. 분구는 한쪽 변이 37미터의 2단으로 쌓아올린 방분(方墳)으로, 폭 약 2미터의 도랑이 에워싸고 있습니다.

1964년의 발굴조사로 다량의 투구와 갑주(甲冑)가 출토되어 주목을 받게 되었습니다. 출토품들은 분구 꼭대기 부분에, 못을 사용한 5열(列)의 나무상자에 넣어져 있던 것으로, 11령(領)의 갑주와 철제품 등 풍부한 부장품이 확인되었습니다. 특히 서쪽에서 2열째에 있는 나무상자에서는 적색안료(朱)의 산포(散布)가 확인되어, 사람이 매장되었을 가능성이 지적되고 있습니다. 또한 분구의 꼭대기 부분에서는 키누가사(衣蓋)·갑주·전통·화살통 모양[囲形] 등의 형상 하니와도 출토되었습니다. 동시에 원통 하니와 열(列)과 분구 사면의 이음돌이 확인되고 있습니다.

특히 철제의 무기·무구가 대량으로 출토된 점, 또한 30킬로그램이나 되는 곧은

쇠(鐵鋌)가 있었다는 점, 나무상자의 상부에 한반도 남부 가야 지역의 토기가 일괄로 놓여져 있었다는 점 등, 한반도와의 관계나 고분 제사의 모습을 읽어낼 수 있습니다.

조사를 전담한 키타노 코오헤이(北野耕平) 씨는 주체부(主體部)의 구조나 부장품의 검토를 통해, 이 고분의 축조는 5세기 후반 중엽에 가까운 시기라고 그 위치를 설정했습니다. 또 대형 고분에 부속(隨從)되는 소형 고분에서 특징적인 다량의 철제품이 매장되었다는 것에 주목해서, 피장자는 군사적 직장(職掌, 직무)을 담당한 인물로 추정됩니다. 이러한 특징은 코훈시대 중기 대왕권력(大王權力)의 조직화에 의한 것으로 생각되고 있습니다.

1990년의 조사에서는, 도랑의 동쪽에서 토교(土橋, 흙으로 만든 다리) 모양의 시설이 확인되고, 특히 제방의 이음돌 사면에서 4천 점을 넘는 활석제(滑石製) 모조품이 출토되었습니다.

후자는 분구 시설의 위쪽 면에서 확인된 낫(鎌) · 도끼(斧) · 손칼(刀子) 등의 모조품과는 그 구성을 달리해서, 구옥(臼玉) · 곱은옥 · 구멍이 있는 둥근판(有孔圓板) · 검(劍)의 형태로 구성되어 있었습니다. 이것은 분구 정상 부분의 도질토기와 함께 다양한 고분 제사의 양상을 전하는 것으로서 주목되어집니다. 또한 도랑(濠) 안에서 물새 모양 등의 형상 하나와가 출토되고 있습니다.

본분은 코훈시대 중기의 사회를 이해함에 있어서 대형 전방후원분의 해명뿐만이 아니라 주변 배총군(陪塚群)의 존재 방식, 특히 부장품이나 출토 상황의 이해에 중요한 열쇠가 된다는 것을 시사하고 있습니다.

다시 한 번 말하지만 그저 집 뒤에 있는 수풀처럼 변해 버린 이 노나카고분에서 나온 출토품은 그야말로 놀랄 만한 것이다. 특히 훗날 백제로도 또한 신라로도 되었다가 멸망한 고대한국의 가야와의 관계가 명백히 나타나고 있다는 사실에 큰 의의가 있다고 생각된다. 또한 이 고분이 코훈시대 중기의 사회를 이해하는 데 중요한 열쇠가 된다는 마지막 구절도 시사하는 바가 크다.

노나카고분은 후루이치고분군의 거의 중앙에 위치한 하카야마고분의 후원부 북쪽에 해당된다고 했으나, 이 고분은 하비키노시 지역 시로토리(白鳥) 3정목에 위치한 하카야마고분의 배총 4기 중의 하나이다. 나머지 3기는 니시하카야마(西墓山)고분, 무카우하카(向墓)고분, 죠오겐지야마(淨元寺山)고분으로 되어 있다. 대체로 하카야마고분은 노나카대지(野中臺地)의 남단에 있는 대규모의 전방후원분으로서 후루이치고분군 중에서 제5위를 점하고 있는 것이다. 그러나 오오진릉의 배총으로 궁내청의 관리 아래에 있어서 발굴조사를 할 수 없기 때문에 그 내부는 알 수 없지만, 이른바 대왕급의 분묘인 것만은 틀림이 없는 듯하다.

오오진릉의 배총인 하카야마고분이 또 4기의 배총을 가지고 있었다고 했으나, 그 가운데 니시하카야마고분을 잠시 보면 이 고분에서도 또한 대단한 부장품이 출토되었다. 『신판 후루이치고분군』에는 그것에 대해 다음과 같이 씌어 있다.

니시하카야마고분은 하카야마고분의 전방부 전면에 있는 죠오겐지야마고분의 남쪽 주택지의 발굴조사에 의해 발견되었습니다. 현재 그 모습을 볼 수는 없지만, 1988년의 발굴조사에서 다량의 철제품을 매장한 시설이 발견되어 신문이나 TV 등을 떠들썩하게 했습니다.

분구의 중앙에는 다량의 철제품을 간직한 시설이 거의 완전한 모습으로 확인되어졌습니다. 이 시설은 남북 약 7.8미터, 동서 약 3.2미터의 굴을 파서 그 안에 2열의 나무상자를 평행하게 묻어 두고 있습니다. 나무상자는 폭 약 80센티미터, 길이 약 5.5미터 정도로 못을 사용하지 않은 조립식 나무상자로 생각되어집니다.

동쪽의 시설에서는 칼〔刀〕·검〔劍〕·단검·창끝 등 철제 무기를 200점 이상 매장하고 있었는데, 그것은 크게 7군으로 나눌 수 있습니다. 나무상자의 작은 입구 부분에는 주로 단검이 놓여 있었고, 그 안에는 칼과 검이 양쪽 끝을 향해 놓여져 있습니다. 서쪽의 시설은 나무상자의 작은 입구 부분에 동쪽의 시설과 마찬가지로 주로 단검을 넣었고, 그 안쪽에 다량의 철제 농구(호미 끝 부분·낫)와 공구(도끼·끌·대패·손칼)를 넣고 있었습니다. 그 총수는 2천 점이 넘는다고 생각됩니다. 또한 도끼 모양과 낫 모양의 활석 모조품도 출토되고 있습니다. 그리고 두 나무상자의 사이에 창끝이 평행하게 놓여져 있는데, 인체 매장의 구조와 매우 똑같이 만들어져 있습니다. 출토된 다량의 철기 형태나 활석제 모조품의 존재, 원통 하니와의 특징 등으로 보아 이 고분은 5세기 전반에 속한다고 판단됩니다.

노나카고분

노나카고분 출토의
가야토기

 조사에서는 인체를 매장한 흔적이 발견되지 않았습니다. 그 가능성을 부정하지는 않지만, 한 변이 20미터로 추정되는 방분의 거의 중앙에 위치한 철기를 매장하는 시설이 본 분을 특징짓는 것임에는 변함이 없습니다. 결국 이 고분은 부장품을 매장하기 위해 축조된 '부장품 배총(副葬品陪塚)'으로 판단됩니다.
 그리고 고분의 구조(構造) 시기가 하카야마고분과 격차가 없고, 제방에 평행하게 축조된 점 등이 그 구조 요소로서 존재합니다. 출토된 부장품은 분명치 않은 대형 전방후원분인 하카야마고분의 부장품을 추정함에 있어서 대단히 중요합니다. 더욱이 다량의 같은 종류의 철제품이 매장된 것은 코훈시대 중기의 큰 특징으로서, 대왕권(大王權)의 구조나 사회를 해명하는 자료라고 말할 수 있습니다.

대왕권의 구조나 사회를 해명하는 자료라고 하는 것은, 앞서의 노나카고분에서 대형 전방후원분의 해명 운운하는 것과 거의 같은 것이다. 그렇다고 해도 앞에서 보았던 오오진릉의 배총인 콘다마루야마고분에서 출토한 말갖춤을 비롯해서 그와 같은 다량의 부장품 중에 어떻게 해서 이렇게 무기·무구·철제품이 많은 것일까?

콘다마루야마고분이 축조된 것은 '5세기 후반'으로 생각되고 있으나, 오오진릉의 배총이라는 하카야마고분과 또한 그 하카야마고분의 배총이라는 니시하카야마고분은 '5세기 전반'의 것으로 알려져 있다.

그때까지 도대체 무슨 일이 있었던 것일까? 어찌 되었든 이른바 코훈시대 중기에 해당하는 '5세기'는 그야말로 대단한 시대였고, 이 시대의 고분에서 출토된 유물만을 보는 한에 있어서는 마치 '센고쿠시대(戰國時代)'처럼 생각될 정도이다. 그것은 이른바 '카와치왕조(河內王朝)'와도 관계가 있지 않겠는가!

백제 진손왕계 씨족

오오사카의 아베노하시(阿倍野橋)에서 킨테쯔선을 타고 쯔씨(津氏)의 근거지였던 타카와시역(高鷲驛)의 다음 역인 후지이데라역(藤井寺驛)에서 내렸다. 타고 온 전차의 역 순서대로 한다면 쯔씨의 오오쯔(大津)신사부터 살펴보아야 하겠지만, 먼저 후지이씨(葛井氏)의 후지이사(葛井寺)부터 방문하기로 했다.

후지이사는 후지이데라역 앞의 상점가를 조금 걸어가면 바로 나온다. '12월 18일/마지막 관음법요(觀音法要)'라는 알림판이 비스듬히 세워져 있는 붉은 서문(西門)의 사각문(四脚門)은 변함없이 그곳에 서 있었다. 내가 그 사각문을 지나서 사원 안으로 들어간 것은 20여 년 만인 1995년의 일이었다.

앞에서 예로 든 하비키노시 교육위원회에서 펴낸 『역사의 산책길—하비키노시 근방의 사적과 문화재』를 보면 「순례가도의 종점 후지이사」라는 항이 있는데 후지이사에 관해서 다음과 같이 씌어 있다.

후지이사는 서국오번(西國五番, 서국에서 다섯 번째)의 예소(禮所)로 시운산 코오린사(紫雲山剛林寺)라는 이름을 갖는다. 이 절은, 오오진천왕조 말기에 백제에서 도래한 진손왕(辰孫王)의 자손에 해당하는 시라이노후히토(白猪史) 일족이 간쇼오(元正)천황기인 요오로오(養老) 4년(720)에 '후지이노무라지(葛井連)'라는 씨(氏)와 성(姓)을 하사받아, 쇼오무(聖武)천황기인 신키(神龜) 2년(725)에 씨사(氏寺)

로서 창건된 것이다. 텐표오(天平) 20년(748) 후지이노무라지노히로나리(葛井連廣成)의 저택에 납시어 하루를 묵고 귀경한 적이 있다. 이때 쇼오무천황은 히로나리(廣成) 부처(夫妻)에게 2~3계급 특진의 발령을 내렸다. 이것은 아마 국보인 천수관음(千手觀音, 텐표오 후기의 건칠상)의 개안(開眼, 불상 공양)과 관계가 있을 것이라고 저자는 해석하고 있다.

창건 초기의 후지이데라는 훨씬 동남쪽에 있었던 것 같은데, 난보쿠쵸오시대와 센고쿠시대의 쟁란으로 소실되어 버렸다. 그뒤 에도시대 초기 무렵에 옛 사원터였던 현재의 땅에 재건되었던 것이다. 현재 칸세이기(寬政期)의 남대문 · 납례당(納禮堂) · 25보살당(二五菩薩堂) · 쇼오오우기(承應期)의 종루 · 쿄오호오기(亨保期)의 본당 · 고리(庫裡, 절 부엌) · 객전(客殿) · 호마당(護摩堂) · 차료(茶寮)가 있다. '사각문(四脚門)'이라 불리는 서문(西門)은 케이쵸오(慶長) 6년(1601)에 토요토미 히데요리가 카타기리 카쯔모토(片桐且元)에게 명하여 재건시켰던 것으로, 에도시대 초기의 중요문화재로 지정되어 있다.

본당 서북쪽의 정원에는 유명한 시운등롱(紫雲燈籠)이 있다. 이 절의 영가(詠歌)는 카잔법황(花山法皇)의 어제(御製)가 사용된 것으로 유명하며, 본존인 국보천수관음은 비불(秘佛, 일반에 공개하지 않는 불상)로 취급되고 있다. 서문을 나와 상점가에서 오른쪽으로 나아가면 곧 후지이데라역이 나온다.

이것으로 보아도 후지이씨족의 씨사였던 후지이사는 상당히 큰 사원이었음을 알 수 있다. '후지이데라(藤井寺)'라는 지명도 이 '후지이사(葛井寺, 寺의 일본음이 데라)'에서 온 것임은 말할 필요도 없다.

그곳에서 조금 더 앞으로 나아가면 대규모의 카라쿠니(辛國)신사가 있는데 이 신사는 원래 후지이사와 같은 경계지역 내에 있던 것으로 생각된다. 카라쿠니신사는 원래는 '카라쿠니(韓國)'신사로, 이 신사는 후지이(葛井)씨족의 씨신사였던 것이다.

계속해서『역사의 산책길-하비키노시 근방의 사적과 문화재』의「카라쿠니신사」에는 다음과 같이 씌어 있다.

후지이데라역에서 내려 역 동쪽의 건널목을 건너서 오른쪽으로 돌아 역앞 상점가의 안으로 100미터 정도 가면 곧 카라쿠니신사 앞에 다다른다. 이 신사는 '카스가노모리(春日の社)'라고도 불리는데, 실제로는 먼 옛날의 나가노(長野)신사 · 카라쿠니신사 · 카스가신사를 합병한 것이다. 나가노신사와 카라쿠니(辛國, 韓國)신사는 엔기식 내사였다.

후지이사 사각문

제신은 아메노코야네노미코토(天兒屋根命, 후지와라씨의 먼 조상으로 카스가(春日)의 신), 니기하야히노미코토(饒速日命, 모노노베씨의 먼 조상)와 스사노오노미코토(도래씨족의 먼 조상)의 3신으로 되어 있다. 이 가운데 가장 오래된 것이 후지이노무라지의 조상신에 해당하는 스사노오노미코토이고, 다음으로 오래된 신이 5세기 중엽 이후에 에가나가노무라(餌香長野邑) 일대를 영유하고 있던 모노노베씨(物部氏)의 먼 조상인 니기하야히노미코토(나가노(長野)의 신)이다. 가장 새로운 신은 카스가의 신으로, 이것은 무로마치(室町)시대에 카와치를 수호하기 위해 군림한 하타케야마 모토쿠니(畠山基國)가 나라(奈良)에서 카스가의 신을 권청(勸請, 신불을 청하여 맞이함)해서 후지이데라의 서남쪽 대지 위에 카스가신사를 조영한 것이다. 현재의 사전(社殿)은 텐쇼오(天正) 때의 병화로 소실된 후에 재건된 것으로, 삼사(三社) 형식으로 되어 있고 모두 카스가식(春日造)의 극채색(極彩色)을 띠는 장려(壯麗)한 것이다.

카라쿠니신사 배전

이 신사에 대해 테이칸(貞觀) 9년(867) 2월 조(條)에는 "시키군(志紀郡) 카라쿠니의 신을 관사(官社)에 배열했다"라고 되어 있다. 경내에는 대단히 긴 승마장이 있고, '카라쿠니지(辛國池)의 옛터'와 북쪽에 부쿤다지(佛供田池)라고 불리는 후지이사와 관계 있는 연못터가 남아 있다.

여기에서 모노노베씨의 먼 조상[遠祖]이라고 하는 '니기하야히노미코토'와 후지와라씨의 먼 조상인 '카스가노카미(春日之神)'가 도래계였는지 여부를 알아볼 필요가 있으나, 일단 덮어두기로 하자. 이 카라쿠니신사에서 다시 조금 서남쪽으로 나아가면 그곳에 후나씨족의 씨사였던 야츄우사(野中寺)가 있다. 그리고 후나씨족의 씨신사는 분묘가 있는 마쯔오카(松岳)산록의 코쿠부(國分)신사이나 이것에 대해서는 뒤에서도 따로 살펴보기로 하자.

지금까지 쯔씨에 관한 것과 후지이데라를 씨사로 하고 카라쿠니신사를 씨신으로 하는 시라이노후히토, 즉 후지이씨족을 중심으로 후나씨에 대해서도 조금 다루어 보았다. 왜 이 세 씨를 살펴보았는가 하면 이들 세 씨는 이제부터 살펴보게 되겠지만 그들은 같은 일족이었기 때문이다.

후지이사는 오오진천황조 말기에 백제에서 도래한 진손왕의 자손에 해당하는 시라이노후히토 일족이, 간쇼오(元正)천황기인 요오로오 4년(720)에 후지이노 무라지의 씨와 성을 받았다고 되어 있다. 그렇다면 그 '진손왕'은 도대체 어떤 사람인가? 진손왕 역시 후루이치의 사이린사(西琳寺) 등에서 보았던 와니계 씨족의 조상 와니(王仁)와 같이, 카와치에 있어서 대단히 중요한 존재였다.

우선 타케우치 리죠오(竹內理三) · 야마다 히데오(山田英雄) · 히라노 쿠니오(平野邦雄) 등이 편찬한 『일본고대인명사전』에 있는 「진손왕(辰孫王)」의 항을 보면 다음과 같이 씌어 있다.

> 백제 귀수왕(貴須王)의 자손. 일명 지종왕(智宗王). 엔레키(延曆) 9년 7월의 일본에 있던 백제 왕씨(王氏)의 쿠다라노코니키시진테이(百濟王仁貞)들의 상표(上表, 임금께 표를 올림)에, 본계(本系)는 백제국 귀수왕의 자손이나 오오진천황이 카미쯔케누노씨(上毛野氏)의 먼 조상인 무장 아라다와케(荒田別)를 백제로 보내어 유식자(有識者)를 초청했을 때 귀수왕은 그의 자손인 진손왕을 보냈다. 천황은 특히 총명을 더해 황태자의 스승이 되었고, 이곳에 처음으로 서적을 전해 유풍(儒風)을 열어 문교(文敎)가 일어나게 되었다. 닌토쿠천황은 진손왕의 장자인 태아량왕(太阿良王)을 가까이 두었다고 한다.

이 내용은 797년에 완성된 『속일본기』에 의한 것으로 이것만으로도 진손왕의 도래는 여러 가지를 생각하게 한다. 예를 들면 당시의 오오진조(어쩌면 오오진정권이라고 해야 하지 않을까)와 백제왕조와는 어떠한 관계에 있었을까 하는 것 등이다. 앞에서도 소개한 적이 있는 '후루타문서'를 보면 진손왕에 관계된 '약식계보'가 제시되어 있고, 거기에서 나온 각 씨족에 대한 것까지 분명히 밝히고 있다. 그 계보는 오른쪽과 같다.

그리고 진손왕에서 나온 각 씨족의 씨신 · 씨사는 이렇게 되어 있다.

후지이씨족—카라쿠니신사 · 후지이사

후나씨족-코쿠부신사 · 야츄우사

쯔씨족-오오쯔신사 · 젠쇼오사터(善正寺跡)

앞에서 말한 '와니계 씨족'은 그 조상인 '와니' 즉 왕인에 관해서조차 잘 알려져 있지 않다. 또한 그 씨족인으로서는 후미씨(文氏)가 사이린사를 씨사로 하고 있었던 것은 확실하지만, 그 밖의 우마씨(馬氏)나 쿠라씨(藏氏) 등에 대해서는 그러한 것조차 모르고 있다. 그것에 비하면 와니보다는 조금 늦게 도래했다고 보여지는 진손왕의 경우는 마찬가지로 그의 분묘(고분)는 아직 밝혀지지 않았지만, 그로부터 시작된 씨족은 씨신 · 씨사뿐만 아니라 나중에 보게 되는 그 분묘(고분)까지 거의 확실하다.

'후루타문서'의 이 '약식 계보'는 쯔노무라지마미치(津連眞道, 스가와라노미치자네)의 '상표문(上表文)' 등에 의한 것이나, 한국의 『국사대사전』에 있는 「역대왕실세계표(歷代王室世系表)」 등과 비교해 보아도 상당히 잘 만들어져 있다.

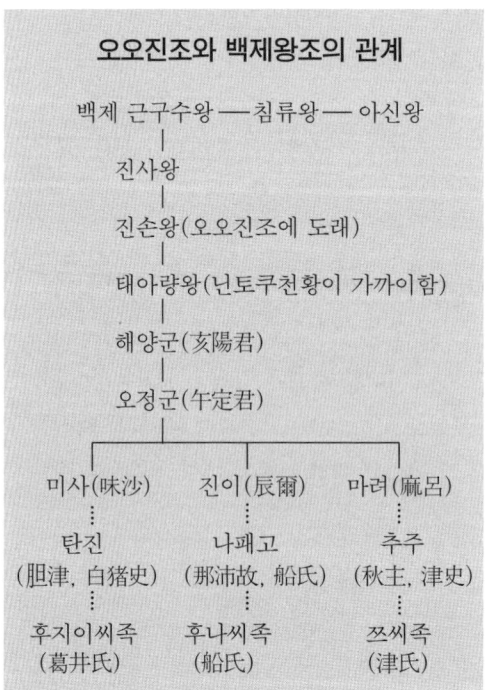

오오진조와 백제왕조의 관계

백제 근구수왕 —— 침류왕 —— 아신왕
　　　　　　　　　　｜
　　　　　　　　진사왕
　　　　　　　　　｜
　　　　　　　진손왕(오오진조에 도래)
　　　　　　　　　｜
　　　　　　　태아량왕(닌토쿠천황이 가까이함)
　　　　　　　　　｜
　　　　　　　해양군(亥陽君)
　　　　　　　　　｜
　　　　　　　오정군(午定君)
　　　　┌─────────┼─────────┐
　　미사(味沙)　　진이(辰爾)　　마려(麻呂)
　　　｜　　　　　　｜　　　　　　｜
　　탄진　　　　　나패고　　　　추주
　(胆津, 白猪史)　(那沛故, 船氏)　(秋主, 津史)
　　　⋮　　　　　　⋮　　　　　　⋮
　후지이씨족　　후나씨족　　　쯔씨족
　(葛井氏)　　　(船氏)　　　　(津氏)

백제의 근구수왕(近仇首王, 근구수는 일본어로 킨쿠스)은 제14대 왕이고, 그뒤 5대 왕으로 침류왕(枕流王, 침류는 일본어로 친루)이 나와 있다. 하지만 이 침류왕이 죽게 되자 후계인 아들이 너무 어렸기 때문에 근구수왕의 차남[仲子]이며, 침류왕에게는 숙부에 해당하는 진사왕(辰斯王, 진사는 일본어로 신시)이 제16대가 되어 17년 정도 재위하고 있었다.

그뒤의 왕위는 다시 침류왕의 후계자인 제17대의 아신왕(阿莘王)에게로 돌아갔다. 그리고 진사왕에게도 진손왕(辰孫王)이라고 하는 아들이 있었는데, 그가 지금 보아 온 『일본고대인명사전』이나 '후루타문서'의 '약식 계보'에 모습을 나타낸 '진손왕(오오진조에 도래)이다. 계속해서 그 다음이 '태아랑왕(仁德帝近侍)'이 되고 이어서 '해양군―오정군……' 이라는 식으로 이어지고 있다.

이 약계보를 보면 백제 왕조와 오오진조가 어떠한 관계에 있었는가를 생각하게 된다. 이 자료에 의하면 제16대 진사왕의 재위 기간은 385년부터 392년이기 때문에 그는 4세기 말에 살았던 사람이라고 할 수 있다. 따라서 오오진조에 도래했다고 되어 있는 그의 아들 진손왕은 4세기 말부터 5세기 전반에 걸친 사람이었음을 알 수 있다. 진손왕과 그 후손들은 처음에는 이 일본에서도 '진사왕―진손왕―태아랑왕'으로 모두 '왕'이 되어 있었지만, 그뒤에는 '해양군―오정군'으로 '군(君, 일본어로 키미)'이 되었다가, 그뒤에는 후지이씨족, 후나씨족, 쯔씨족이 제각각 나누어졌다. 여기에서 한 가지 특기할 만한 것은 오정군부터는 진이(辰爾, 일본어로 신지)가 나와 있는 것이다. 그는 『일본서기』 572년 비다쯔(敏達) 원년조에 나와 있듯이, 고구려에서 들어온 이른바 '토바노효오(烏羽の表)'를 해독해낸 것으로 유명하다. 그래서인지는 몰라도 그만은 왕진이(王辰爾), 즉 '王'이 되어 있는 것이다.

결국 그는 조부(父祖) 이후 '王'이 성(姓)이 되고, 또한 후나씨족의 조상이 되었다는 것이다. 계보의 흐름상에서 그 가운데 누군가가 무엇으로 유명하게 되면, 그 사람이 후손들의 조상이 되는 것은 한국의 계보에서도 곧잘 보여지는 예이다. 요약하자면 카와치의 그들은 모두 백제 제16대 왕인 진사왕에서 퍼져 나온 진손왕의 자손이었다고 하는 것이다. 백제의 본국인 한국에는 그러한 백제 왕족의 유적이 남아 있지 않지만, 이곳 일본에는 그들의 흔적이 이곳 저곳에 생생하게 많이 남아 있는 것이 이상할 뿐이다.

그러면 서두에서 조금 언급했던 쯔씨족의 씨신사인 오오쯔신사와 씨사라고 하는 젠쇼오지(善正寺) 유적을 살펴보기로 하자. 여기에서도 앞서 인용한 『역사의 산책길―하비키노시 근방의 사적과 문화재』를 번거롭지만 보아야 하는데, 우선 그 오오쯔신사가 있는 타카와시(高鷲)지구에 대해서 다음과 같이 씌어 있다.

오오쯔신사
배전

하비키노시의 서북부에 해당하는 타카와시 지구는, 타지히(丹比)의 중심지인 노(野)나 코오즈(郡戶) 부근에서 보면 북쪽의 시모테(下手, 낮은 지방)에 해당하는 곳으로 고대부터 중세에 걸쳐서는 '탄게(丹下, 丹比의 밑)'지방이라고 불렸던 곳이다. 이 부근에 거주하고 있던 고대의 씨족으로서는 후지이데라 근방의 후지이씨와 노나카(野中) 부근을 본거지로 하고 있던 후나씨들과 동족 관계를 유지하고 있던 쯔노무라지(津連) 일족이 있다. 쯔노무라지 일족에 속했던 영토이기 때문에 지대가 높은 타카와시 구릉 위의 한쪽 구석에 위대한 쯔씨의 신사인 오오쯔신사가 진좌하고 있다.

이 타카와시 구릉에는 유우랴쿠천황릉이라고 알려진 고분도 있는데, 그것은 접어 두고 그 '오오쯔신사'에 대해서 계속해서 살펴보도록 하자.

킨테쯔 타카와시역에서 남쪽으로 100미터 떨어져 있는 키타미야(北宮)의 대지 위에 있는, 엔기식 내사의 고사(古社)이다. 그 지방에서는 '탄게대사(丹下大社)'라고도 불리고 있다.…… 이 신사의 제신은 스사노오노미코토와 쿠시이나다노히메(櫛稻田姫)라 불리는 부부신과 '아메노히와시노미코토(天日鷲命)', 이 세 신을 받들고 있다. 예부터 "고즈텐노오(牛頭天王, 고대한국에서는 스사노오노미코토를 말함)를 받든다"라는 문헌의 기록이 있는 것으로 보아 도래계 씨족이었던 쯔노후히토(津史)

의 일족이 조상신을 모시기 위해 고즈텐노오사(牛頭天王社)를 창시했던 것으로 여겨진다. 그뒤 헤이안시대 중기 이후에 『고사기(古事記)』에 나오는 아메노히와시노미코토를 추가해 넣은 것이라고 저자는 생각하고 있다.

쯔노후히토 일족은 후지이데라의 후지이씨·노나카의 후나씨와 동족 관계를 갖는 도래계 문화인이다. 그들에 속한 영토는 쯔도오(津堂)·코야마(小山)·시마바라(島原)·미나미시마이즈미(南島泉)에서 키타미야(北宮)·미나미미야(南宮)를 지나 이가(伊賀)·노노우에(野野上) 부근까지라고 생각된다. '오오쯔(大津)'는 '위대한 나루터(津, 수상 운송과 관계 있는 씨족)'라는 뜻으로, 후루이치고분군의 축조 및 향토 근방의 개발에 관계 깊은 큰 개천인 후루이치대구가 카스가구릉과 타카와시 구릉의 가운데를 지나고 있다는 점에서도 그 관계를 짐작할 수 있다. 또한 동족 관계에 있던 후지이데라의 후지씨와 관계 깊은 카라쿠니신사와는 약 1킬로미터의 간격으로 거의 동서 방향에 나란히 세워져 있는 것 등도 주목해 두고 싶다.

위의 내용을 보아 '쯔씨'도 상당히 중요한 씨족이었던 것 같은데, 그것에 대해서는 씨사인 젠쇼오사(善正寺)를 보아도 잘 알 수 있으리라 생각된다. 『역사의 산책길-하비키노시 근방의 사적과 문화재』의 「젠쇼우사터」에는 다음과 같이 씌어 있다.

호오센사(法泉寺, 본래 야츄우사(野中寺)의 별원)를 나와, 남쪽으로 완만한 언덕길을 올라가면 약 300미터 지점에 '하비키주택 앞 교차점'이 나온다. 여기에서 왼쪽(동쪽)으로 꺾은 뒤 두 번째 십자로에서 오른쪽으로 다시 꺾으면, 그곳에 '젠쇼오사터'라는 사적 표시판이 서 있다. 하비키 2정목 2번지 전체와 시도(市道, 버스길)를 북으로 건넌 부근 정도까지의 동서 1정(東西一町)·남북 1정 반의 장방형의 땅이 고고학상에서의 젠쇼오사터이고, 또 다른 이름으로는 '하니유우폐터[埴生廢趾]'라고 불리는 곳이다.

이 절이 있었기 때문에 헤이안시대 초기의 고문헌에 '테라야마(寺山, 지명)'라고 표기되어 있는 것이리라. 테라야마 부근은 후지이(葛井)·후나(船)·쯔(津) 세 씨의 공동묘지라는 요지의 기록이 칸무기(桓武紀)의 엔레키 연간(延曆年間)에 나와 있다.

이 절은 백제 왕씨 일족(3씨) 가운데 '쓰노무라지(津連)' 일족의 씨사로서 하쿠호오시대(아마 텐무조가 아닐까?)에 창건된, 쌍탑을 가진 야쿠시사식(藥師寺式)으로 배치된 가람이었으나 헤이안시대 초기에서 중기에 걸친 실화 때문에 소실되어 그대로 폐사되어 있었다는 것이 1949년 무렵의 발굴조사로 판명되고 있다. 특히 금당(金堂)의 초석은 흰 마노석(瑪瑙石, 석영의 하나)이라고 하는 대리석(백회암에 가까운 것)이었다는 점 등 주목할 만한 사원터이다.

동·서 양 탑의 탑심초는 현재 쿠메노미코(來目皇子) 묘의 서남쪽에 있는 사원의 정원석(庭石)으로, 또 다른 하나가 하비키 1정목 4, 5번지에 있는 넓은 민가의 정원 안에 있어서 정원석으로써 제각각 이용되고 있다. 가능한 한 영구히 보존되기를 갈망한다.

그 사원의 탑심초가 어떠한 이유로 정원석이 되었는지는 알 수 없지만, 나 역시 영구 보존되기를 갈망하고 있다. 그것은 하쿠호오시대 사원의 중요한 역사적 자료이기 때문이다. 또한 이 사원에 대해서는 『하비키노시의 역사』의 「젠쇼오사터」에 상세한 발굴조사에 관한 내용이 유적·유구·유물로 구분하여 쒸어 있고, 탑심초가 정원석이 되어 있는 것도 적혀 있었다. 책의 마지막에 있는 '의의' 만을 보면 다음과 같이 쒸어 있다.

젠쇼오사는 본래 조영(造營) 씨족을 추측하는 자료로 『일본후기(日本後紀)』의 기사를 들 수 있다. 거기에는 즉 스가와라노미치자네가 엔레키 18년(799) 왕에게 상소문(上表)을 올렸다. 그 상소문에 "우리들의 선조인 후지이, 후나, 쓰씨 3씨의 묘지는 원래 카와치국 타지히군(丹比郡) 야츄우사에서 남쪽에 걸쳐 있고, 이름하여 '테라야마(寺山, 지명)' 라고 부르고 있습니다. 이 땅은 자손들이 대대로 침략받지 않도록 지켜왔습니다만, 최근 나무꾼들이 많이 모여 들어 묘역의 수목을 벌채하고 있기 때문에, 선조의 혼이 편안히 머무를 수가 없습니다. 부디 원래대로 금지하여 주십시오"라고 탄원을 하고 있다.

이 기사를 볼 때 젠쇼오사터가 테라야마라 불리는 도래계 씨족 집단의 묘역의 한

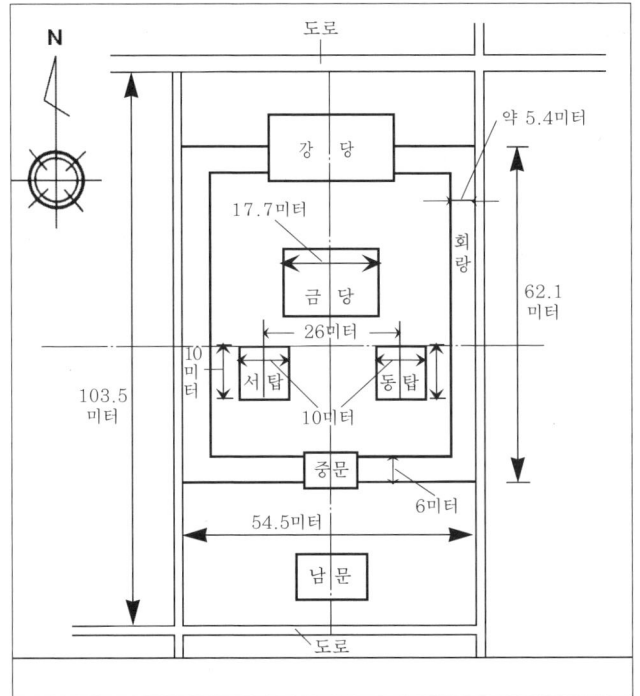

젠쇼오사터
가람배치 복원도

곳에 해당된다는 것은 분명하다. 하지만 주변의 여러 사원을 포함해서 누구의 씨사로 하는가에 대해서는 견해가 나누어져 있다. 후지이씨의 후지이데라는 확실하다고 해도 야츄우사를 후나씨의 씨사로서 생각해 온 통설에 대해서 노나카노무라지(野中連)들의 씨사라는 설이 있다.

그 결과 젠쇼오사를 후나씨와 연결하는 설 또는 쯔도오폐사(津堂廢寺)를 쯔씨의 씨사라고 하는 설 대신에 젠쇼오사야말로 쯔씨의 씨사라고 하는 등 아직 검토의 여지를 남기고 있다.

어느 쪽으로 생각하든 원래는 같은 씨족이었던 후지이, 후나, 쯔씨의 3씨 가운데 어느 한 씨족의 씨사였던 것만은 틀림이 없는 것 같다. 그런데 '테라야마'에 대해서 왕에게 상소문을 올린 것은 스가와라노미치자네이다. 그는 『일본후기』이전의 『속일본기』나 『엔레키교체식(延曆交替式)』 등을 편찬한 인물이다. 아사히신문사에서 편찬한 『일본역사인물사전』에는 그에 관해 다음과 같이 씌어 있다.

나라시대 말기·헤이안시대 초기의 공경(公卿, 옛날의 귀족)이다. 칸무천황의 측근으로 쯔노야마모리(津山守)의 아들이다. 엔레키 9년(790) 쯔노무라지에서 스가노아손(菅野朝臣)으로 새롭게 성을 하사받았다.

결국 그도 원래는 쯔씨의 일족이었던 것이다. 앞에서 본『일본후기』의 상소문은 물론 현대어로 고친 것이지만, 이것 또한 테라야마의 역사를 아는데 있어서 매우 중요한 문헌 자료이다.

야츄우사에서 코쿠부신사까지

앞에서는 후지이씨족의 씨사였던 후지이사에서부터 그들의 씨신이었던 카라쿠니(辛國, 韓國)신사, 쯔씨의 씨신이었던 오오쯔신사와 그들의 씨사였던 젠쇼오폐사터를 살펴보았다. 그 가운데 야츄우사를 씨사로 하고 코쿠부(國分)신사를 씨신으로 하는 후나씨족에 대해서는 뒤로 미루었던 것이다.

그래서 여기서는 우선 그 후나씨족의 씨사였던 야츄우사부터 살펴보기로 하겠다. 앞에서 예를 든 『역사의 산책길—하비키노시 근방의 사적과 문화재』의 「후나씨의 씨사 야츄우사」를 보면 다음과 같이 쓰여 있다.

츄우아이천황릉에서 고료오(御陵) 앞 교차점을 지나 남으로 400미터 나아가면 오른쪽에 세이류우산(靑龍山) 야츄우사가 있다. 이 절은 사전(寺傳)에 의하면 쇼오토쿠타이시와 소가노우마코가 건립한 것으로 '나카노타이시(中の太子)'라고도 하며, 카와치의 산타이시(三太子)의 하나로 여겨지고 있다. 그러나 가람 배치 등에서 보면 아스카시대 말기인 죠메이(舒明)천황기(640년 무렵)의 백제계 도래 씨족인 '후나노후히토오오고(船史王後)'의 만년(晩年)에 호오류우사식(法隆寺式)의 가람 배치로 창건되었던 것 같다.

일본 최고(最古)의 관도(官道)인 타케노우치카이도오와 마주 대하게 조영된 듯하고, 카이도오(街道) 가까이에 남대문터가 있으며 바깥 환상선(外環狀線)의 바로

아츄우사 경내의 초석군

북쪽에 중문(中門)이 있고, 오른쪽에 금당터〔원형의 구멍이 나 있는 초석군터(礎石郡趾)〕, 왼쪽에 탑초〔塔初, 대형의 원형 주좌(柱座)와 지주공(支柱孔) 세 개〕가 있고, 정면에 강당(講堂, 현재 본당의 소재지)이 설치되어 있다. 아스카시대에서 하쿠호오시대에는 후나씨 출신자가 주요 관직-특히 후나노후히토 도오쇼오(船史道昭, 僧道昭)는 유명-을 맡고 있었던 것 같다.

그러나 난보쿠쵸오시대 초기에 전쟁으로 소실되었고, 그 이후는 방치되어 있었다. 에도시대인 칸분(寬文) 원년(1661)에 지닌에모우리쯔시(慈忍惠猛律師)와 세이켄카쿠에이와죠오(政賢覺英和上) 등에 의해 재건되어, 진언율종(眞言律宗) 승려의 학문소가 설치되었다. 쿄오호오 연간에 야나기자와 요시사토(柳澤吉里) 등의 보호를 받아, 방장(方丈, 절에서 주지가 거처하는 방)과 관학원(觀學院)이 설치되었던 것이다. 현재의 본존은 약사여래지만 하쿠호오시대의 중요문화재인 미륵보살상, 카마쿠라시대의 중요문화재인 지장보살상이 있다. 이외에 문화재로서 방장·기숙사〔學寮〕·식당 등이 보존되어 있고, 횡구 석관(橫口石棺)인 오소메·히사마쯔(お

染·久松)의 묘가 남아 있다.

내가 야츄우사를 찾은 것은 20여 년 전부터 이번(1995년 12월)까지 서너 번은 되는데, 경내 안은 변함없이 차분하게 가라앉아 있는 좋은 느낌의 절이었다. 이 사원에는 지금 본 것과 같은 여러 가지 것들이 남아 있었지만 그 중에서도 역시 중요한 것은 미륵보살상이다.

이 작은 미륵보살상은 사진으로 보았을 때는 수수한 듯한 느낌이나, 실물은 의외로 귀여운 불상이다(절에 부탁하면 누구라도 볼 수 있다). 이 미륵보살상에 관해서 조금 더 상세히 보면, 『역사의 산책길―하비키노시 근방의 사적과 문화재』의 「중문의 미륵보살상(야츄우사)」에는 다음과 같이 씌어 있다.

야츄우사에 소장되어 있는 금동미륵상은 '사유반가상(思惟半跏像)'이라고 하는 타입으로, 아스카시대에서 나라시대 후반에 걸쳐서 상당히 많이 제작되어 있지만, '미륵어상(彌勒御像)'이라 하며 불상 자체에 명문(銘文)이 있는 것은 이 불상 정도이다. 명문은 원형인 대좌 최하부의 마루귀틀〔框〕의 둘레에 2자씩 31행으로 조각되어 있다. 그 명문은 "丙寅年四月大舊八日癸卯開記柏寺知識之等 中宮天皇大御身勞坐之時 誓願之奉彌勒像也 友等人數一百十八 是依六道四生人等此教可之也"라고 씌어 있다.

문장 속의 병인년은 텐지(天智) 5년(666)이고, '카야사(柏寺)'는 종래에는 타치바나사(橘寺)로 해석되고 있다. 필자는, 야마토아스카 '카야노모리(柏森)' 부근의 '카시와라사(柏原寺)'로 생각하고 있으나 확실한 것은 아니다. 나카노미야(中宮)천황에 대해서는 텐지천황·사이메이천황·코오토쿠천황의 하시히토황후 등 여러 가지 설이 있지만 학자에 따라 차이가 있다. 나는 사이메이(齊明)천황설을 취하고 있다. 명문의 의미는 "사이메이천황이 병에 걸렸을 때 카야사의 치시키(知識, 불교 귀의자)들이 평유기원(平癒祈願)을 위해 다수의 사람들의 뜻을 모아 발원(發願)하여, 천황의 몰년(沒年, 661년)에 조립·완성한 것이다"라고 해석되고 있다.

이 불상은 30센티미터 정도의 크기로 북위(北魏) 양식이 많이 남아 있고, 고전적으로 표현되어 아스카시대 불상과의 공통점이 보이기도 하지만 전체적으로는 하쿠호오시대의 특색이 잘 표현되어 있다.

이외에도 야츄우사는 경내에도 여러 가지 것들이 있는데, 어지간한 박물관 같다. 경내에 발을 들여놓으면 제일 먼저 눈에 띄는 것이 왼쪽 숲 가운데에 나란히 줄지어 놓여 있는 '카메이시(龜石)'라고도 불리는 탑의 심주초(心柱礎)를 비롯한 초석군이다. 초석은 심주초를 포함해 32개가 있는데, 심주초는 중앙에 지름 0.73미터의 둥근 구멍이 있고, 주위에 반원형의 지주공 세 개를 가지며, 심주공(心柱孔)의 측면은 둥근 형태의 사리혈로 되어 있는 매우 드문 것이다.

야츄우사와 인접한 노노우에하치만신사

그 앞에는 조립식 상자 모양의 횡구식 석관이 놓여져 있는데, 그것은 고분 속에 있던 석관을 밝은 빛 아래에서 보게 한다는 뜻이 담겨 있다. 더욱이 그 앞에는 매우 잘 만들어진 '조선석인상(朝鮮石人像)' 등도 서 있는데 그것이 어떻게 해서 이 사원에 있는지는 잘 모르겠다. 하지만 상자 형태의 집 모양 석관에 대해서는, 앞서의 『역사의 산책길-하비키노시 근방의 사적과 문화재』에는 그 것은 '히친죠이케니시(ヒチンジョ池西)고분의 석관'이었다 하고 다음과 같이 씌어 있다.

야츄우사 본당(龍護殿)의 바로 서쪽에 안치되어 있는 횡구식의 조립형 석관으로, 이것은 1945년 무렵 쿠메노미코 무덤의 서쪽 구릉 위에서 발견된 것으로 니죠오산(二上山)의 응회암(凝灰岩)을 다듬은 돌로 구성되어 있다. 측면·상면·저면에 각 2장, 안쪽 벽 및 입구 부분(돌로 된 문)은 각 1장으로 이루어져 있다. 이른바 '횡구식 석곽'의 부류에 속하고 야마토아스카의 타카마쯔즈카고분의 횡구식 석곽과 매우 닮아 있는 듯하다.

그 제작 연대에 대해서는 7세기 중기 무렵으로 추정되고 있지만, 그 발견 장소로부터 고찰하면 하비키노구릉의 북쪽 일대에서 아스카시대에 반거(蟠踞)하고 있던 백제 왕씨 일족(후지이 · 후나 · 쯔씨)과 관계 있는 인물의 분묘일 것으로 생각된다.

백제계 왕씨 일족(후지이 · 후나 · 쯔씨)과 관계 있는 인물이 어떠한 인물이었는지 잘 알 수 없고, 또한 어째서 그 횡구식 석곽만이 혼자 덩그라니 남겨진 채로 발견되었는지도 알 수 없다. 그러나 어찌 되었든 간에 그것이 후나씨족과 관계 있는 인물이었다고 한다면, 그 석곽이 지금 후나씨족의 씨사인 야츄우사 경내에 있다는 것은 단순히 우연이라고는 말할 수 없을 것 같다.

야츄우사에는 그 밖에도 아직 볼 만한 것이 많지만 후나씨족의 씨사에 관해서는 이 정도로 해두고, 이번에는 후나씨족 씨신이었던 코쿠부신사를 살펴보기로 하자. 그 전에 야츄우사 왼쪽의 언덕 위에 있는 신사 노노우에하치만궁(野野上八幡宮)에 대해서 잠깐 보아 두기로 하자.

사실을 말하자면 나는 전부터 그곳에 하치만궁이 있다는 것은 알고 있었다. 그러나 전국 도처에 산재해 있으며 원래 '야(八)하타(幡)' — 많은 하타(秦)라는

코쿠부신사

뜻-궁이었던 우사하치만궁(宇佐八幡宮)-이것에 대해서는 "일본 속의 한국문화" 제10권 『부젠(豊前), 분고(豊後)』에서 자세히 살펴보았다-에서 발(發)한 수많은 하치만궁의 분사까지 일일이 보고 있을 수는 없었기 때문에 그저 이곳에도 하치만궁이 있구나 하는 정도로 지나쳐 왔던 것이다.

하지만 이 신사의 기원은 하치만궁이 아니라, 이것도 후나씨족 또는 백제 진손왕계 씨족(후지이·후나·쯔씨)과 무관한 것은 아니었다. 『역사의 산책길-하비키노시 근방의 사적과 문화재』의 「노노우에신사(노노우에하치만궁)」에는 다음과 같이 씌어 있다.

> 야츄우사의 묘지에 인접한 조금 높은 언덕 위에 있는 조그마한 신사이다. 원래는 백제계 도래 씨족인 노노우에노무라지(野野上連)의 조상신인 스사노오노미코토(고즈천왕)를 모시고 있었지만, 전후에 오오진천황의 신령을 권청(勸請)해서 '노노우에하치만궁'으로 개칭된 것이다. 중세 때에는 쿠스노키(楠木) 측의 야츄우지성(野中寺城)의 파수대로서 이용되었던 곳이다.

놀랍게도 이 노노우에신사는 제2차 세계대전이 끝난 뒤에 비로소 하치만궁이 되었다. 세상일은 그 겉모습만을 보고는 알 수 없는 것이다. 노노우에노무라지가 어떠한 인물이었는가는 자세히 알 수 없지만 틀림없이 후나씨의 분족(分族)으로, 야츄우사가 있던 노노우에에 거주하고 있었기 때문에 노노우에씨(野野上氏)가 된 사람이었음에 틀림없다. 그렇다고 본다면 이 노노우에신사 역시 씨사인 야츄우사와 함께 후나씨족의 씨신사의 하나였던 것이다. 그리고 혹시 이 노노우에신사가 있는 조금 높은 언덕도 후나씨족의 누군가의 분묘였음에 틀림이 없다. 노나카고분만이 아니라 분묘에 야시로(屋代, 신사)가 만들어진 예는 다른 곳에서도 많이 볼 수 있기 때문이다.

그런데 후나씨족 본파〔本筋〕의 씨신인 코쿠부(國分)신사는 야츄우사에서 동쪽 방향으로 현재 카시와라시(柏原) 지역에 속한 야마토천 왼쪽 연안의 마쯔오카산(松岳山) 기슭에 있다. 이곳에는 유명한 마쯔오카야마(松岳山)고분군이 있다. 킨데쯔 코쿠부역(國分驛)에서 동쪽으로 15분 정도 걸어가 그곳에서 왼쪽의 산길로 향하는 곳에 「국가사적 마쯔오카야마고분-코쿠부신사」라고 하는 붉은 화살 표시가 붙은 표식이 서 있다.

마쯔오카야마고분에 오르기 위해서는 먼저 그곳 신사의 허가를 얻어야만 하는데, 나는 이전에 코쿠부신사를 방문해 수목이 울창한 마쯔오카산 정상의 미야마(美山)고분까지 올라간 적이 있었다. 그래서 이번에는 잘 정돈되고 사람의 그림자도 없는 신사의 경내를 죽 한 바퀴 둘러보기만 하고, 오래간만에 카시와라시 교육위원회를 방문하기로 했다.

그곳에서 사회교육문화계의 테라카와 칸(寺川款) 씨를 만나 「국가지정사적 마쯔오카야마고분」, 카시와라시 문화재가이드(2) 『마쯔오카야마고분』 등의 자료를 얻을 수 있었다.

후나시오오고노오비토의 묘지

마쯔오카야마고분군이 어떻게 해서 유명하게 되었는가 하면, 이곳에서 일본 최고(最古)의 『고사기』 이전 문장(文章)인 '후나시오오고노오비토(船氏王後首)'의 묘지(墓誌, 죽은 사람의 약력·사적 등을 돌에 새겨 그 무덤 앞에 묻는 것)가 출토되었기 때문이다. 하지만 그것만이 아니라 마쯔오카산의 정상부에 있는 전방후원분인 미야마고분의 조립식 석관에 사용된 돌 또한 코훈시대 초기의 특색 있는 것이었다.

먼저 카시와라시 문화재가이드(2)『마쯔오카야마고분』의 「석관」을 보면 다음과 같이 씌어 있다.

후원부의 정상에는 커다란 조립식 석관이 보입니다. 석관은 뚜껑과 바닥 각 1장, 측면 4장의 총 6장의 돌을 조립한 것으로, 바닥돌에는 머리나 몸의 부분에 얕게 판 흔적이 보입니다. 또한 뚜껑돌과 바닥돌은 견고한 화강암으로, 측면의 돌은 비교적 연한 응회암으로 만들어져 있습니다.

이 석관은 코훈시대 중기(5세기경)의 대고분에서 사용되고 있는 장지형(長持形) 석관이라 불리는 석관의 원형으로 생각되고 있고, 후루이치고분군과의 관계에서도 주목되어지는 석관입니다.

앞에서 본 야츄우사 경내에 놓여 있던 조립식 석관과도 같은 것인데, 전기 고분의 원형인 것이다. 계속해서 「석실과 부장품」 항에는 다음과 같이 씌어 있다.

조립 석관을 놓은 후, 그 주위에 안산암(安山岩)으로 된 판 모양의 돌을 쌓아올려 석관을 덮고 있는 것이 수혈식 석실입니다. 석실 위에는 뚜껑돌이 있었지만 지금은 보이지 않습니다. 이처럼 위에서부터 출입하는 수혈식 석실에 대해, 코훈시대 후기(6세기경)에 다수 보여지는 옆에서 출입하는 석실을 횡혈식 석실이라 부릅니다.
마쯔오카야마고분의 석실은 조사되기 이전에 이미 상당히 도굴되어 있었음에도 불구하고 곱은옥, 관옥, 작은 유리옥 등의 장신구나 벽옥 제품, 동화살촉〔銅鏃〕 등의 부장품이 다수 출토되고 있다. 그 중에서도 총중량 50킬로그램이나 되는 철제 무기·공구류의 출토량이 주목되고 있습니다.
또한 고분의 주위에는 원탑(圓塔) 하니와가 있고 석관의 형태 등으로 보아 마쯔오카야마고분은 코훈시대 전기의 후반, 지금부터 1,600년 정도 이전의 고분이라고 생각됩니다.

이 마쯔오카야마고분 또는 마쯔오카야마고분군 중에서 출토된 것 중 으뜸가는 '후나시오오고노오비토의 묘지'에 대해서는 나중에 살펴보기로 하겠다. 그러나 여기까지 본 김에 『마쯔오카야마고분』에 씌어 있는 다른 고분에 관해서 잠깐 보면 다음과 같이 씌어 있다.

챠우스즈카(茶臼塚)고분 이 고분은 1984, 1985년에 조사를 행한 동서 16미터, 남북 22미터의 방분(方墳)입니다. 마쯔오카야마고분의 전방부에 접하는 위치에 있고, 얇은 판 모양의 돌을 똑바로 쌓아올려, 2단으로 고분이 축조되었다는 큰 특색이 있습니다.
그 중심에 수혈석실이 있고, 석실 내에서 구리거울〔사수경(四獸鏡)과 삼각연신수경(三角緣神獸鏡)〕, 벽옥으로 만들어진 가래 모양〔鍬形〕돌 여섯 개, 차바퀴 모양 돌 여덟 개, 돌팔찌 41개, 철제의 칼·검·공구 등이 출토되고 있습니다. 그 중에서도 벽옥이라 불리는 부드러운 녹색의 응회암으로 만들어진 이러한 팔목장식류들은 전기 고분에 자주 보여지는 것으로, 실용품이 아니라 보물과 같은 것(寶器)으로 생각되고 있습니다.

챠우스즈카고분과 같은 작은 고분에서 이 정도로 많은 벽옥제 팔목장식류가 출토되었다는 것은 매우 드문 일로 주목받고 있습니다. 챠우스즈카고분은 마쯔오카야마고분과 거의 같은 시기에 만들어진 고분이라고 생각되고 있습니다.

무카이산(向井山) 챠우스즈카(茶臼塚)고분   챠우스즈카고분의 서쪽에 있던 고분이지만 현재는 그 정확한 위치를 알 수 없습니다. 이 고분에서는 삼각연사신수경(三角緣四神四獸鏡), 삼각연사신이수경(三角緣四神二獸鏡), 반룡경(盤龍鏡)이라 불리는 중국식 삼면의 구리거울이 출토되고 있습니다. 이 구리거울은 중요문화재로 지정되어 있고 코쿠부신사의 소유품이지만, 현재는 오오사카부립 미술관에 기탁되어 있습니다.

누쿠타니(ヌク谷)고분군   마쯔오카산의 동쪽에는 예전에 수기의 원분이 있어서 누쿠타니고분군이라고 불리고 있었습니다. 누쿠타니고분군에서는 할죽형(割竹形) 목관의 내외에서 구리거울, 구슬류, 벽옥제 돌팔찌, 마개 모양 제품(栓形品), 철제 칼·공구류가 출토되고 있습니다. 미나미즈카(南塚)고분은 수혈식 석실을 주체부로 해서 구슬류와 철제 손칼(刀子)이 출토되고 있습니다. 히가시노오오쯔카(東ノ大塚)고분은 직경 30미터의 원분으로, 그 수혈석실로부터 구리거울, 벽옥제 가래 모양 돌·차바퀴 모양 돌과 함께 중요문화재로 지정되어 있는 톱니바퀴 모양(齒車形) 돌제품이 출토되고 있습니다.

그러면 지금부터 앞서 언급한 대로 일본에서 가장 오래된 문장인 '후나시오오고노오비토의 묘지'에 대해서 살펴보기로 하자. 이것에 대해서는 『카시와라시의 역사』「문화재편」에 아주 상세히 쎄어 있기 때문에 그것을 인용하기로 하겠다.

현존하는 일본 최고(最古)의 묘지(墓誌)로 메이지시대 초기까지는 후루이치시(古市)의 사이린사에 소장되어 있던 것이다. 발굴된 곳은 마쯔오카야마고분이 있는 구릉이지만, 출토된 연월·지점·발굴자나 경과에 대해서는 어떠한 전언(傳言)도 없다.

단동제(鍛銅製)로 된 두께 0.1센티
미터의 매우 얇은 단책형(短冊形)의
동판으로, 바깥과 안쪽 모두 미미한 광
금(鑛金)의 흔적이 있다. 표면에 86문
자, 안쪽 면에 76문자 합계 162자가
끝과 같은 예리한 칼로 누각(鏤刻)되
어 있다. 묘지의 대략적인 내용은 다음
과 같다. "후나씨의 오오고노오비토는
나하코오비토(那沛故首)의 아들에 해
당한다. 비다쯔천황 때에 태어나, 스이
코천황·죠오메이천황의 두 천황을 섬
겼다. 천황은 오오고노오비토가 뛰어
난 재능을 가졌고 훈공(勳功)이 있었
기 때문에, 다이니(大仁)이라고 하는
제3계급의 관위(冠位)를 주었다. 죠오
메이천황 13년(641)에 서거(逝去)했
다. 그뒤 27년이 지나 텐지(天智)천황
7년(668)에 부인인 아리코노토지(安
理故能刀自)가 죽게 되었는데, 부인과

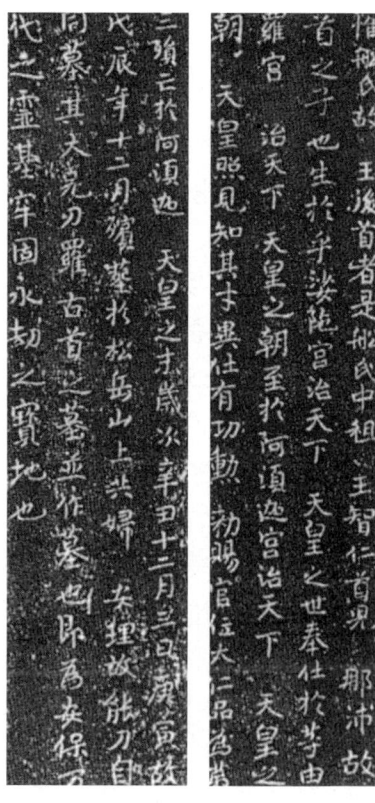

후나시오오고노오비토의 묘지
(마쯔오카야마고분 출토)

함께 마쯔오카산에 있는 형 토라코오비토(刀羅古首)의 묘에 나란히 매장되었다. 이
장소는 그뒤에까지 신성한 영역이다"라는 내용이다.

이 묘지는 텐지천황 7년(668)의 것으로 일본에서 가장 오래되었을 뿐만 아니라,
『고사기』·『일본서기』가 선술(選述)되기 이전의 문장으로써 귀중하다. 또 문중에
보이는 특이한 문자 및 용법, 더욱이 쇼오토쿠타이시가 제정한 관위인 '大仁'이 보
이는 등 각 분야의 학문에 있어서도 아주 중요한 것이다.

후나씨는 오오진천황의 시대에 한반도의 백제에서 도래한 진손왕의 자손으로 그
일족은 코쿠부(國分) 일대의 후나씨, 후지이데라시를 중심으로 한 쯔씨, 후지이씨
의 세 씨로 나뉘어 각각 번영했다. 이들 세 씨의 자손은 더 많은 씨(氏)로 나누어져,

오래도록 궁정(宮廷) 내외에서 활약했다.

그 자손으로서는 타이호오율령(大寶律令)의 제정에 관계한 자 등 많은 사람들이 있었다. 그 가운데에서도 잘 알려져 있는 사람은 타이카개신(大化改新) 때에 불에 탄 소가노에미시(蘇我蝦夷)의 저택에서 국기(國記)와 천황기(天皇記) 등을 꺼냈다고 하는 후나노에사카(船惠尺)가 잘 알려져 있다. 그리고 그의 아들로서는 나라시대의 고승 도오쇼오(道昭, 교오키의 스승)가 있다.

후나시오오고노오비토(船王後首)의 묘지는 토오쿄오의 미쯔이 타카쯔구(三井高遂) 씨가 소장하고 있던 것이었다. 그 묘지에 대해서 코쿠부신사『유서기(由緒記)』에 다음과 같이 쒸어 있다.

에도시대의 고증학자 후지이 사다모토(藤井貞幹)는 이 묘지를 후루이치의 사이린사에서 칸세이(寬政) 6년(1794)에 발견했다고『호고소록(好古小錄)』에 적고 있지만, 메이지시대 원년의 폐불(廢佛) 소란으로 당시의 사카이(堺) 현령(縣令)이나 많은 사람의 손을 거쳐 미쯔이가문[三井家]의 창고에 보관되었다고 생각되고 있다. 그 현령은 당사(當社)의 고분(마쯔오카야마고분)을 도굴하는 등 각지에서 나쁜 짓을 저질렀다고 전한다.

엉뚱한 현령(지사)도 있었던가 보다. 그것은 그 정도로 이해하고 마지막으로 고고학적 평가라고도 보여지는 앞서 인용한『마쯔오카야마고분』의「후나시오오고노오비토의 묘지」에는 다음과 같이 쒸어 있다.

텐지천황 7년(668)에 만들어진 일본 최고의 묘지로 후나시오오고노오비토가 죽자, 그뒤에 죽은 부인 아리코노토지와 함께 마쯔오카산에 묻혔다고 합니다. 예전에는 이 묘지가 마쯔오카야마고분에서 출토되었다고 해서 마쯔오카야마고분이 후나시오오고노오비토의 고분으로 생각되어지고 있었습니다만, 그 연대에 차이가 심해 그렇게 생각할 수가 없었습니다. 그러나 마쯔오카산 주변의 어디에선가 출토되었다는 것은 틀림이 없는 것으로, 이 일대가 후나씨 일족의 묘역이었던 것 같습니다.

타당한 평가처럼 생각되어지는데, 이러한 선조의 묘역이 있는 산에 대해 한국에서는 '산소(山所)' 또는 '선산(先山)'이라 말하고 있다. 그리고 그러한 가문에 의한 산소나 선산은 어디를 가도 널려 있는데, 후나씨의 조상의 묘역이 앞에서 보아 온 젠쇼오사터나 노노우에신사의 산이기도 한 것과 같은 것이다. 그러나 본파에 해당하는 것은 그 산록에 코쿠부신사가 있는 마쯔오카산이었음에 틀림이 없다. 이렇게 본다면 씨신사인 코쿠부신사는 후나씨족 묘역의 배소(拜所)로서 만들어졌음을 알 수 있다. 그렇게 해서 점차로 그것이 '신사'가 되고, 그곳의 피장자가 '제신'이 되었던 것이다.

타마테야마고분군과 타나베폐사

카시와라시(柏原市) 지역에 있는 것은 그것만이 아니다. 지금 우리들이 살펴 보고 있는 곳은 하비키노시와 후지이데라시의 어느 쪽에도 속한다고 할 수 있는 야마토천 왼쪽 해안과 이시천이 합류하는 삼각지점에 불과하나, 이곳에서만도 마쯔오카야마고분 이외에 아직 여러 가지 볼 만한 문화유적이 산재해 있다. 예를 들면 카사와라시에서 하비키노시 지역의 코마가타니에까지 걸쳐 있는 유명한 타마테야마(玉手山)고분군, 타나베폐사터〔田邊廢寺趾〕 등이다. 나는 우선 코쿠부신사·마쯔오카야마고분군에서 이번에는 타마테야마고분군의 안후쿠지횡혈군(安福寺橫穴群)으로 향했다.

이 횡혈군은 코쿠부의 서남쪽에 있는 카시와라시 타마테정(玉手町)에 있는데, 하쿠타히코(伯太彦)신사로 가는 돌계단과 나란히 있는 왼편의 안후쿠사(安福寺)로의 참배길〔參道〕 양쪽에 위치하고 있었다.

도처에 움푹움푹 횡혈이 입을 벌리고 있었고, 그 사이에 「타마테산 횡혈군」을 알리는 긴 해설판이 서 있었다. 카시와라시교육위원회에서 입수한 오오사카 「부(府)지정사적 – 안후쿠지횡혈군」을 보면 이 횡혈군에 대해 다음과 같이 씌어 있다.

안후쿠사의 참배길을 남북으로 사이에 둔 응회암 절벽의 사면에, 매장용의 구멍

타마테산의 하쿠타히코신사

타마테산의
안후쿠지 횡혈군

이 다수 파져 있습니다. 이들 횡혈은 횡혈묘라 불리며 횡혈식 석실과 같이 널방과 널길을 갖는 안길이 5미터 내외, 폭 3미터 정도 크기의 것입니다.

안후쿠지횡혈군은 에도시대부터 사람들에게 알려져 있었고, 엔호오 연간에 발행된 『카와치감명소기(河內鑑名所記)』와 쿄오호오 연간에 편찬된 『일본여지통지(日本輿地通志)』 등에도 소개되어 있습니다. 이 횡혈이 만들어진 것은 6세기 후반에서 7세기 초두라고 생각되며, 무덤으로 사용되고 있습니다.

횡혈은 현재 34기가 확인되어 있습니다. 그 가운데 하나에 '선각화(線刻畵)'가 있습니다. 널길부〔羨道部〕의 오른쪽 벽에는 기마인물상(騎馬人物像)과 두 사람의 인물상이 그려져 있습니다. 기마인물상의 말은 얼굴 부분이 없습니다. 인물은 관을 쓰고, 손그물〔手網〕을 끌고 있음을 알 수 있고, 말의 굽〔蹄〕이나 꼬리〔尾〕·갈기 등에 생동감이 있는 묘사가 보여집니다. 두 사람의 인물상 가운데 한 사람은 양복바지와 같은 복장에 머리에는 긴 새털 장식을 꽂고 있고, 또 다른 한 명은 소매가 긴 옷을 입고 관을 쓰고 있음을 확인할 수 있습니다.

안후쿠사 경내에 모셔져 있는 할죽형 석관(割竹形石棺)은 메이지시대 초기에 타마테야마 3호분(코훈시대 전기 4세기 때의 전방후원분)에서 출토되어 안후쿠사로 옮겨졌다고 전해지고 있습니다. 이 석관은 길이 256센티미터, 폭 90~80센티미터의 뚜껑 부분으로 꼭 죽통(竹筒)을 세로로 자른 것 같은 형태를 하고 있습니다. 측면에는 직선과 호선(弧線, 반달 모양의 선)을 조합한 직호문(直弧文)이라 불리는 문양을 사용하는 등 이 시기에 만들어진 것으로서는 기술적으로 매우 훌륭한 것입니다.

이 할죽형 석관도 주목할 만한 것이지만, 그것보다 재미있는 것은 횡혈묘 널길부 오른쪽 벽에 있는 '선각화'이다. 이것은 분명히 백제가 갈라져 나왔다고 하는 고구려의 고분벽화 등에서 볼 수 있는 그것과 거의 같은 것이다.

또한 1992년 10월 30일자 『마이니치신문』에 "일본 최고의 묵서(墨書) 인물화/호오류우사(法隆寺) 금당/아미타여래상의 대좌에/7세기 중반 고구려 사절인

안후쿠지 횡혈 널길부의 선각화　　　　호오류우사 묵서 인물화의 투사도

가?'라는 기사가 나왔다. 그림의 인물이 '사절'이었는지 아닌지는 잘 모르겠지만, 새털깃의 관(鳥羽冠)을 쓰고, Y자형으로 앞을 맞춘 통소매 상의를 입은 인물이 고구려 고분의 벽화와 같은 계열이다.(『일본 속의 한국문화 유적을 찾아서』 제2권 참조)

그런데 문제가 되는 것은 그 횡혈식 석실과 밀접한 관계를 갖고 있으며, 그곳 타마테산(玉手山) 지구에 거주하고 있던 사람들은 과연 어디에서 온 어떠한 사람들인가 하는 것이다. 그것을 푸는 열쇠는 교오키가 창건(開山)했다고 하는 안후쿠사도 그 씨사로 있던 듯한 하쿠타히코(伯太彦)신사의 존재가 아닐까 생각한다.

신사의 근처에는 하쿠타히코의 부인을 모신 하쿠타히메(伯太姬)신사도 있지만 하쿠타히코라 함은 『일본서기』 유우랴쿠 9년조(465년)에 기록된 유명한 설화의 주인공, 타나베노후히토하쿠손(田邊史伯孫)을 일컫는 것이다. 이 설화에 대해서는 앞에서, 『역사의 산책길－하비키노시 근방의 사적과 문화재』의 「쿠루마즈카(車馬塚, 伯孫埴馬傳承地)」를 인용한 적이 있다.

『일본서기』 유우랴쿠천황(재위기간 456~479년) 조에 코쿠부(國分)지구인 타나베(田邊)의 땅에 있던 백제계 도래씨족 중에 타나베노후히토하쿠손이란 사람이 밤길에 얼룩말을 타고 집으로 돌아오다가 콘다릉 가까이까지 왔을 때 붉은말을 탄 사람을 만나 말 달리기 시합을 하게 되었으나 지고 말았다. 그러나 붉은말을 탄 사람은 하쿠손이 자신의 붉은말을 갖고 싶어 한다는 것을 알고는 흔쾌히 얼룩말과 바꾸어 주었다. 다음날 아침 하쿠손이 마굿간을 들여다보자 말은 어디 가고 말 모양 하니와 즉 하니우마가 있었다. 놀란 하쿠손이 하니우마를 구루마에 싣고 오오진릉 옆까지 오니, 자신의 얼룩말은 하니우마 사이에서 풀을 먹고 있었다.

이것은 5세기 말 무렵 지방귀족들 사이에 승마 풍습이 꽤 침투해 있었다는 사실과 오오진릉의 바깥제방에 하니우마가 있었다는 것을 말해주는 것이라 할 수 있다.

위와 같이 이 설화는 그때까지는 없었다고 보여지는 승마의 풍습을 나타내는 것으로 꽤 중요한 것인데, 그것보다 더욱 중요한 것은 안후쿠지횡혈군에서 보여지는 기마인물상의 '선각화'이다. 더욱이 인물상이 왕자의 상징인 '관'을 쓰고 있는 등, 도대체 어떠한 사람이었을까 참으로 궁금하지 않을 수 없었다.

어찌 되었든 하쿠타히코신사에 모셔졌던 타나베노후히토하쿠손이라는 자는 상당한 호족이었음이 틀림없다. 그것에 대해서는 지금부터 살펴볼 그들의 씨사였던 타나베폐사터를 보아도 잘 알 수 있다. 그전에 스에나가 마사오(末永雅雄)씨가 감수한 『일본고대유적편람』에는 「타마테야마고분군」의 발굴조사에 관한 것이 나와 있으므로 잠시 살펴보기로 하자.

이 발굴조사의 내용은 남·북군으로 나누어진 타마테야마고분군은 타마테산 구릉에 전방후원분 17기를 중심으로, 원분 7기와 두 개의 횡혈군으로 구성되어 있다고 하는 「분포」와 「조사와 성과」의 항으로 나누어져 있다. 여기서는 마지막의 「결론」만 보아 두기로 하자.

이상 타마테야마고분군의 개략을 말했다. 본 고분군의 형성 시기는 4세기 후반이라 생각되며, 안후쿠사 석관이 쇼오하이야마(勝敗山)고분군에서 출토되었다고 하는 전설도 있지만 어찌 되었든 북군 쪽이 남군에 비해서 그 규모나 축조 시기가 앞서는 것으로 생각된다.

키쯔네즈카(狐塚)고분과 같은 전체 길이 45미터의 전방후원분으로 점토곽(粘土槨)에 철화살촉〔鐵鏃〕·칼〔刀〕·단갑조각〔短甲片〕 등이 출토된 5세기 무렵의 고분도 있는 것 같으나, 대체로 이 시기의 고분이 없는 공백을 어떻게 이해해야 할까? 이것에 대해서는 타마테야마고분군을 구성한 그 땅의 호족 세력이 4세기 후반에 쇠퇴하고, 5세기 초를 전후하여 야마토정권의 직접 지배로 바뀌었다고 보는 견해가 있다. 본 고분군의 피장자들을 그 지역의 호족이라고 보는 데 대해서는 이의가 없다고 해도 그들의 장지(葬地)가 야마토천과 이시천의 합류점에 있고, 전기 고분의 밀도(密度)나 고분 축조의 입지 조건을 생각할 때 반드시 지배 세력의 교체라고는 보지 않아도 좋다.

타마테야마고분군은 마쯔오카야마고분군과 비교해서 부장품, 내부 주체의 존재

방식과 그뒤의 후루이치·모즈고분군의 형성을 고려했다. 그렇다고 하더라도 코훈시대 농업의 발전은 물의 지배와 중요한 관계가 있었기 때문에 타마테야마고분의 피장자들이 대동단결하여 관개치수를 성공으로 이끌었다. 이러한 일은 농업 생산력을 비약적으로 발전시켜, 후루이치·모즈고분군의 형성에도 영향을 주었을 것이다. 이와 같이 양(量)에서 질(質)로의 발전을 푸는 열쇠는 얼마간의 공백 뒤에 출현하게 되는 횡혈군의 형성 속에서 구할 수 있을지도 모르겠다.

여기에서 말하는 '그 땅의 호족' 중에서 가장 유력했던 자가, 타마테산을 분묘의 땅(산소)으로 하고 있던 타나베씨족 또는 마쯔오카산을 분묘의 땅으로 하고 있던 후나씨족이 아니었을까 생각된다. 그렇더라도 후기 고분군 등의 '양' 보다, 그뒤의 횡혈묘군을 '질'적인 발전으로 설명하고 있는 것은 흥미롭다. 나중에 살펴볼 같은 카시와라 지역의 야마토천 오른쪽 해안에 위치한 히라오야마(平

타나베폐사 유적의 카스가신사

尾山)고분군, 타카이다(高井田)횡혈군에 대해서도 같은 식으로 이해하는 것으로 보인다.

이번에는 타나베폐사를 살펴보기로 하자. 카시와라시 타나베 1정목에 있는 타나베폐사터는, 안후쿠지횡혈군·신사 등이 있는 타마테구릉의 동쪽, 마쯔오카야마고분군·코쿠부신사의 남쪽에 해당한다. 어느 쪽이나 모두 이시천이 야마토천과 합류하는 중간 지점인데, 타나베폐사터는 복잡한 택지 한쪽 구석의 숲 속에 진좌해 있다. 특이할 만한 것은 현재에는 따로 사적(寺跡)이라 불릴 만한 것은 남아 있지 않고, 폐사터가 그대로 상당한 규모를 가진 카스가(春日)신사로 되어 있었다.

안으로 들어가서야 비로소 그 카스가신사의 경내가 원래는 사적이었음을 알 수 있게 되어 있다. 이 폐사 유적에 대해서는 와카모리 타로오(和歌森太郎) 씨가 감수한 『일본사적사전』 등에도 나와 있지만, 여기서는 카시와라시교육위원회에서 입수한 「국가지정사적－타나베폐사」를 보면 간단 명료하게 다음과 같이 쓰어 있다.

타나베폐사 유적은 카스가신사의 경내에 있습니다. 고대 나니와(難波)에서 야마토로 통하는 카이도오(街道)의 요충지에 해당했던 타나베는 백제도래계 씨족인 타나베씨의 본관지(本貫地)였습니다. 타나베씨는 나라시대부터 헤이안시대에 걸쳐서 번영한 후지와라씨(藤原氏)를 섬겨, 도래계 관료(官人)씨족으로서 이 땅에 세력을 갖고 있었습니다. 그 타나베씨의 씨사로서 타나베노후히토(田邊史)에 의해 창건된 사원이 현재 '타나베폐사'로 불리고 있습니다.

1991년에 오오사카부교육위원회에 의해 발굴조사가 행하여져서 금당, 동탑, 서탑, 남대문의 흔적이 확인되었습니다. 발굴조사에 의해서 금당과 서탑은 나라시대 전기에, 동탑과 남대문은 나라시대 후기에 건립된 쌍탑 양식의 가람배치로 이루어진 사원이었음이 밝혀졌습니다. 탑은 동·서 양탑 모두 그 기단의 규모로 보아 3층탑이었다고 생각됩니다. 그러나 이 사원은 헤이안시대 전기에 소실되어 금당만이 무로마치시대까지 남아 있었다고 생각됩니다.

타나베씨가 나라시대부터 헤이안시대에 걸쳐 번영한 후지와라씨를 섬겼다고 되어 있는데, 『일본사적사전』에는 '타나베씨는 아이노하라(相原) 일대에 토착해서 카와치노후미씨(西文氏)와 인연을 맺고 나중에 후지와라노후히토(藤原不比等)와 결합해서 나라시대에 최고 전성기를 맞은 씨족이다'라고 되어 있다.

'섬기다'라는 말과 '결합하다'라는 말은 상당한 차이가 있는데, 그것이야 어찌 되었든 후지와라씨족 중에서 으뜸가는 자였던 후지와라노후히토가 타나베씨족의 씨사에서 자라났다고 하는 것은 유명한 이야기이다. 그러나 그것이 무엇을 말해 주고 있는지는 아직까지 확실치 않은 채로 남아 있다. 어찌 되었든 간에 그와 같은 인연으로 해서 언제부터인지는 알 수 없으나 후지와라씨족의 씨신사였던 나라(奈良)의 카스가신사를 좇아서 이쪽의 타나베폐사터도 카스가신사로 되었던 것이다. 카스가신사의 '카스가(春日)'라는 지명은, 그야말로 야마토말에 잘 어울리는 우아한 것으로 생각되는데, 이 지명 또한 원래는 고대 한국어에서 온 것이다.

물론 나도 들어서 알고 있는 것이지만, 나카지마 리이치로오(中島利一郎) 씨의 『일본지명학연구』의「나라(奈良)」에는 '나라(奈良)'라는 말이 한국어의 '나라(國)'에서 온 것임을 설명하고, 이어서 '카스가(春日)'에 대해서도 다음과 같이 씌어 있다.

나라의 지명으로 가장 유력한 것은 '카스가'이다. 학생 제군은 즉시 견당사(遣唐使) 아베노아손나카마로(安倍朝臣仲麻呂)의 "넓은 하늘을 멀리서 보니 그 옛날 카스가에 있는 미카사산(三笠山) 위에 떠 있던 달과 똑같은 달이 나와 있네"를 연상할 것이다.…… 나는 이 카스가(かすが)를 '대집락(大集落)'이란 뜻으로 해석하려고 한다. 카(か)는 '크다(大)'라는 뜻으로, 우랄·알타이어족에서는 크다(大)를 '카(可)'라고 했다. 칭기스칸(成吉思汗)은 '대제(大帝)'라는 뜻이다. 일본어로 '연약하다' 또는 '검다'를 나타내는 'か弱し(카요와시)' 또는 'か黒し(카쿠로시)'의 접두어 카(か)는 '크다(大)'의 의미로 생각해도 좋다. 카스가의 '카'도 그렇다고 생각한다. '스가'는 고대 한국어의 '스구리(村主)' 또는 '스구니무(村主, 스구님)'로 다시 말하면 '집락(集落)'을 가리키는 말이다. 따라서 나는 이 '카스가'를 대집락, 즉 '대

촌(大村)' 또는 '대읍(大邑)'의 뜻으로 생각하고 싶다. 물론 나는 이미 카스가산(春日山) 밑에 한국에서 건너온 도래인 부락이 존재했다는 것을 염두에 둔 것이다.

그러한 것과 나라의 카스가신사가 어떠한 관계에 있었는지는 모르겠지만, 이 카와치의 타나베씨족은 더욱더 여기저기로 발전하며 퍼져 갔고, 셋쯔국이었던 오오사카시 지역의 '타나베(田邊)', 키이국(紀伊國)이었던 와카야마현의 '타나베시(田邊市)' 등 다른 여러 지명으로 현재까지 남아 있다. 이 일에 관해서는 타나베씨족의 후손인 듯한 후지(富士)대학 교수 타나베히로시(田邊廣) 씨의 「아득히 먼 고향(遙かなる故鄕)」에 상세히 나와 있으므로 그 논고를 보아 주길 바란다.

타나베씨족에서 나온 유명한 인물도 여럿 있는데, 현재 그 이름을 남긴 타나베노후히토(田邊史)의 대표적 인물로는 가인(歌人) 사사마로(福麻呂)가 있다. 『일본사적사전』에 "『만엽집』제18권에 좌대신(左大臣) 타치바나노무로에(橘諸兄)의 사자(使者) 타나베노사사마로(田邊福麻呂)가 오오토모노야카모치(大伴家持)의 저택에서 향응(響應)을 받았을 때의 노래를 비롯해서 많은 작품이 남아 있다"라고 쓰인 것도 흥미롭다.

제6부 미하라정 주변의 한국문화 유적

신라 토기 주발이 출토된 타이유적

지금까지 야마토천(大和川)의 왼쪽 강변인 카시와라시 지역의 남부를 살펴봄으로 해서 미나미카와치(南河內)는 거의 마무리되었지만 아직 중요한 곳이 한 곳 남아 있기 때문이다.

그곳이 어딘가 하면 하비키노시의 서쪽에 인접해 있는 미나미카와치군 미하라정(美原町)이다. 이곳은 원래 '타지히(丹比) 하지베(土師部)의 고향' 또는 '가와치(河內) 주물사(鑄物師)'가 살았던 곳으로 알려져 있지만, 사실을 말한다면 나의 자료상자에는 1986년 11월 20일자 『아사히신문』(오오사카판)에 "진기한 신라계 주발(碗)"이라는 작은 머릿기사가 나온 것을 발췌해 둔 것이 있었다. 그 기사는 다음과 같다.

재단법인 오오사카문화재센터는 19일, 미나미카와치군 미하라정 타이(太井)의 타이(太井)유적에서 7세기 무렵의 신라계 주발이 출토되었다고 발표했다. 신라계 토기는 키타큐우슈우(北九州)나 아스카(飛鳥)지방에서 30여 점 정도 출토되고 있으나 그것은 모두 항아리로서 주발은 매우 드문 것이라고 한다. 이 주발은 입구 지름(口徑)이 10.7센티미터이고, 표면에 말발굽 모양의 가는무늬가 새겨져 있다. 7세기 무렵에 고분을 파괴해서 만든, 토대 없이 땅에 그대로 박은 기둥의 건물군(掘立柱建物群) 11동의 유적을 둘러싼 도랑에서 출토되었다. 이 주발이 신라에서 가지고 들여온 것인지, 아니면 신라계 도래인의 손으로 만들어진 것인지는 알 수 없다. 도랑 근처에서는 구리를 가공했을 때의 도가니와 그 조각 등도 발견되고 있다. 오오사카문화재센터에서는 출토품 전부가 타이유적의 역사를 연구하는 데 있어서 중요한 발굴로 보고 있다.

이것을 읽었을 때, 나는 신라계 토기가 키타큐우슈우나 아스카지방에서 30점 정도 발굴되었을 뿐만 아니라, 카와치의 미하라정 지역에서도 신라계 토기 주발이 출토되었다는 것은 매우 희귀한 일이라고 생각했던 것이다. 그러나 이같은 사실은 이미 10년이나 지난 일이어서 나는 까맣게 잊어버리고 있었다.

1994년 연말에 우연히 나는 「신라의 토기는 왜 바다를 건넜는가」 등의 논고를 발표한 오오사카문화센터의 에우라 히로시(江浦洋) 씨를 만나 「발굴속보전」을 위한 도록인 『카와치 주물사의 주변』이라는 사진 중심의 화집을 얻게 되었다. 대충 훑어보니 쿠로히메야마(黑姬山)고분의 출토품인 미비부주와 깃이 달린 짧은 단갑〔襟付短甲〕이 나란히 찍혀 있는 멋진 컬러의 주발 사진이 눈에 띄었다. 그리고 "7세기의 신라에서 만들어진 도자기. 일본에서 출토된 것은 매우 희귀하다"라는 설명이 씌어 있었다.

그것이 10여 년 전의 신문기사에서 알게 되었던 미하라 타이유적에서 출토된 신라 토기 주발이라는 것을 곧 알아챘다. 미비부주 등이 출토된 쿠로히메야마고분의 출토품을 통해서, 나는 처음으로 '카와치 주물사' 또는 '타지히(丹比)'의 하지베의 고향'으로 알려진 미하라정 일대가 대단히 중요한 곳이라는 사실을 확인할 수 있었다.

수십 페이지에 걸친 『카와치 주물사의 주변』은 도록까지 발행했을 정도이다. 그리고 미하라정 공민관에서 열렸다고 하는 「발굴속보전」 역시 제법 큰 행사였다. 물론 주최는 재단법인 오오사카문화센터, 미하라정 및 동 교육위원회이었으나 오오사카부 및 동 교육위원회, 인접한 마쯔바라시(松原市) 교육위원회 외에, 아사히를 비롯한 각 신문사·방송국까지 후원하고 있는 큰 전시회였다. 계속해서 그 도록의 목차를 보면 '원색도판—개설(槪說)과 단색도판' 외에 다음과 같이 되어 있다.

1. 주물사의 마을 전사(前史)
2. 사적 쿠로히메야마고분과 주변의 고분/사적 쿠로히메야마에서 출토된 갑주(甲胄).
3. 고대 사원과 카와치주물사 관계 유적
   쿠로야마폐사(黑山廢寺)/칸논지(觀音寺)유적/단죠오(丹上)유적/신후쿠지(眞福寺)유적/타이유적

우선 신라 토기 주발이 출토된 타이유적에 대해서 살펴보면 다음과 같이 씌어 있다.

　　타이유적은 미하라정 타이·시모쿠로야마(下黑山)에 소재하며, 지형적으로는 니시노조천(西除川)과 히가시노조천(東除川) 사이에 있는 구릉부의 중·하위 단구상(段丘上)에 위치하고 있다. 동으로는 쿠로히메야마고분의 동쪽을 가르는 골짜기를 끼고서 신후쿠지유적에 인접해 있으며, 서로는 니시노조천의 바로 앞 100미터까지가 유적의 범위에 포함된다.

　　고분시대 이전의 유구(遺構)나 유물(遺物)에 대해 살펴보면, 유물로는 구석기시대의 석기와 죠오몬시대의 석기 이외에 약 2,300년 전 죠오몬시대 말기의 토기가 출토되고 있다. 또 코훈시대의 유구로는 쿠로히메야마고분의 남쪽에 범립패식(帆立貝式)이라고 불리는 전방후원분이 발견되었다. 또한 얕은 계곡 지형을 사이에 낀 서쪽 구릉부에서도 한 변이 10미터에 못 미치는 방분이 발견되어, 코훈시대에는 이 일대가 쿠로히메야마고분을 중심으로 한 묘역이었음을 알 수 있다.

　　그러나 다음의 아스카시대에 이르면 사람들이 이 땅에서 생활을 시작했다는 것을 알 수 있다. 이 시기의 현저한 유구로는 국도 309호선과 니시노조천의 거의 중간쯤에 위치한 구릉들의 산등성이 위에 있는 건물군들을 예로 들 수가 있다. 이 건물들은 모두 다 굴립주 건물로 불리는 것으로, 기둥을 직접 지면에 묻어 건물을 세운 것이다. 현재까지 14동의 건물이 발굴되었으며 이 건물들이 소규모의 고분을 파괴해서 다시 조영되었다는 것을 알 수 있다.

　　이들 건물은 도랑으로 구획(區劃)되어, 상당히 정연하게 배치되어 있다. 그 중에

서도 조사 구역의 중앙 부분을 동서로 가로지르는 도랑과 조사 구역 북단에서 검출된 도랑에 둘러싸인 가운데 부분에는 동쪽에 주거용 건물들이 배치되고, 광장을 사이에 두고 서쪽에는 총주(總柱)의 창고가 세워져 있었음이 밝혀졌다. 더구나 이 조사 구역에서 주목할 만한 점은 건물들이 있는 곳에서 남쪽으로 구리 제품의 주조 가공에 관계된 공방터[工房趾]가 부속되어 있다는 것이다. 그 중에서도 가장 북쪽에 위치한 3호 수혈(竪穴)에서는 구리를 녹이는 용해로(溶解爐)의 흔적으로 보이는 것도 발견되었으며, 녹은 구리를 받는 용기 같은 것과 송풍용의 풀무 등 주조에 관계된 유물이 다량으로 출토되었다.

또한 서쪽에 위치한 1호 수혈에서는 불에 탄 흙이 퇴적되어 있었으며, 그 윗면에서는 708년 일본에서 최초로 만들어진 화폐인 '와도오카이호오(和銅開珍)'가 출토되었다.

타이유적의 설명은 계속되고 있는데 그 맨 마지막에는 "이상이 타이유적의 개요이다. 훗날 카와치 주물사들이 활약하는 이 땅에서 나라시대까지 거슬러 올라가는 시기의 주물공방이 발견된 것은 아주 중요한 일이며, 어떠한 물건을 만들었는지 또는 카와치 주물사와의 관련 등 흥미는 계속된다"라고 적고 있다.

요컨대 타이유적은 뒤에서 보게 되는 쿠로히메야마고분을 중심으로 한 묘역이었던 곳으로 나중에는 그곳에 정연하게 구획된 제법 선진적인 집락이 생겨났다. 그곳은 소위 카와치 주물사의 선사(先史)의 땅이기도 했고, 신라 토기 주발도 출토되었다. 덧붙여 말하면 일본에서 최초로 만들어진 화폐인 '와도오카이호오'가 발견된 곳은 사이타마현 무사시(武藏)의 치치부(秩父)로, 그것을 발견한 사람은 신라에서 도래한 김상원(金上元)이었다.

그렇다고 보면 어느 것이나 모두 '신라'와 관련지어 여러 가지를 생각해 볼 수 있다고 하더라도 앞서의 도록에는 타이유적에서 출토된 여러 가지 토기 사진들이 나와 있었다. 그리고 '아스카시대의 토기'에 대해서 "굴립주 건물터를 둘러싼 도랑이나 우물에서 출토된 토기로, 신라 토기(5쪽)도 이들과 섞여 출토되었다. 사진에 나와 있는 토기는 주로 식기로 사용된 것이나 그 밖에도 불을 지펴 밥을 짓는데 사용하는 옹기(가마) 등도 출토되고 있다"라고 설명이 붙어 있다.

이러한 토기들은 아스카시대에 일반적으로 사용되던 것이어서, 아주 흥미롭다는 생각이 든다. 더욱이 도록의 5쪽에 등장하는 컬러로 된 신라 토기 주발의 사진 밑에는 "7세기 신라에서 만들어진 도기가 일본에서 출토된 것은 극히 드문 일이다. 아스카시대에 일본과 한반도 사이의 교류를 엿보게 하는 아주 좋은 자료이다"라고 씌어 있었다. 그 설명에는 '토기(土器)'가 아니고 '도기(陶器)'로 표현되어 있는데, 그것이 어느 쪽이든 간에 이 사진을 비교해 보면 신라 토기 주발은 상당히 고급스러운 것임을 알 수 있다. 따라서 이런 것을 사용하고 있던 자들은 도대체 어떠한 사람들이었을지 자못 궁금해지는 것이다.

쿠로히메야마고분의 철제 무구와 무기

그래서 먼저 생각나는 것은 카와치 주물사의 집락이었을 법한 미하라의 타이 유적도, 코훈시대에는 이 일대가 쿠로히메야마고분을 중심으로 한 묘역이라는 내용이다. 나는 지금까지 이곳에 쿠로히메야마와 같은 고분이 있었다는 것을 알지 못했는데, 요번에 새롭게 『일본사적사전』을 펼쳐 보았다. 그랬더니 이 책에도 「쿠로히메야마고분(미나미가와치군 미하라정 시모쿠로야마)」에 대해 다음과 같이 씌어 있었다.

쿠로히메야마고분은 동쪽의 후루이치(古市)고분군과, 서쪽의 모즈(百舌鳥)고분군의 거의 중간쯤에 있다. 전원으로 둘러싸인 평지에 만들어진 길이 114미터의 전방후원분이다. 모즈고분군의 천황릉(天皇陵)에 포함되는 리츄우(履中)천황의 왕비, 쿠로히메의 묘라고 전하고 있지만, 한편으로는 타지히노무라지(丹比連)의 분묘라고도 한다.……5세기 전반쯤에 축조된 무덤이라고 생각되는데, 이 무렵은 하니와(埴輪)의 전성기이다. 하니와는 원통 하니와의 경우 분구를 둘러싸고 상·중·하 3단으로 나란히 도열되어 있는 것이 보통이다. 그러나 5세기에 들어서면서 분구가 넓혀지면서 하니와의 도열 방법과 종류도 여러 가지로 변화되었고, 쿠로히메야마고분에서는 봉분의 정상의 유해(遺骸) 시설을 에워싼 방형의 하니와 열(列) 중에서 한 변만이 하니와 원통열이고 다른 변에는 상형 하니와를 두른 특수한 형태로 되어 있다. 또한 최상부의 하니와 통열(筒列)의 바깥쪽에 3.6미터의 간격을 두고 뚜껑[蓋] 하니와가 놓여 있다. 3.6미터라고 하는 것은, 코마척(高麗尺)으로 한다면 꼭 10척 (尺)이다.

쿠로히메야마고분은 전체 길이가 4코마(고구려척으로 400자), 앞쪽이 280자, 분구의 길이가 300자, 전방·후원이 모두 폭 180자로 아주 정확하게 계산된 것이다. 코마척은 본래 6세기 후반에 일본에 들어왔다고 생각되고 있지만 고분의 척도 계산법을 보아서는 5세기에 이미 전해진 것은 아니었을까 하는 견해도 있다.

쿠로히메야마고분은 유체매장(遺體埋葬) 시설과 부장품 매장부가 완전히 분리되어 있는 것도 특징이다. 후원부의 수혈식 석실에는 속을 도려낸 상자 모양[箱形] 석관이 내장되어 있고, 전방부의 움푹한 부분 가까이에 있는 수혈식 석실은 부장품 전용 매장실이다. 이곳에는 단갑 24령(領), 충각부주(衝角付冑) 11개, 미비부주 13개, 그 밖에 칼·검(劍)·창·화살촉·손칼 등도 매장되어 있다. 5세기 전의 고분에도 무기는 매장되어 있지만, 다른 제기(祭器)나 생산용구에 비해서 질과 양 모두 많지 않고 이 무렵부터 무기의 비중이 현저하게 커지게 된다.

쿠로히메야마고분의 주변에는 남북에 각각 2기씩의 작은 무덤이 배치되어 있어서 그 배총으로 생각되고 있다. 동쪽에는 타지히씨(丹比氏)의 씨신(氏神) 타지히신사가 있다.

'코마척(高麗尺)'이란 어떤 것이며, 언제쯤 일본에 전래된 것인가에 대해서도 여러 가지 알 수 있었다. 그것보다도 여기서 주목해야 되는 것은 많은 철제 무구와 무기가 매장되어 있다는 것이다. 그 점에 대해서는 뒤에서 또 보기로 하고, 약간 중복되기는 하지만 『카와치 주물사의 주변』의 도록에 나와 있는 「쿠로히메야마고분에서 출토된 갑주」를 살펴보면 다음과 같이 쐬어 있다.

쿠로히메야마고분은 중간 정도 되는 단구 위의 얕은 계곡을 이용한 주호(周濠)를 가진 전체 길이 114미터의 서쪽으로 향해 있는 전방후원분이다. 전방부와 움푹한 부분의 거의 중간에 해당하는 고분 가운데의 축선상(軸線上)에, 매장 시설과는 별도의 수혈식 석실을 가지고 있다.

수혈식 석실의 규모는 내법(內法)의 길이 403센티미터, 폭 75~83센티미터, 높이 103센티미터로 카와하라석(河原石)을 쌓아 올리고 있고 거의 같은 크기의 천장석 8장으로 덮여 있다. 석실 내부는 단갑·투구·목갑옷[頸鎧]·허리갑옷[草摺, 갑옷의 몸통 아래로 늘어뜨려 허리께를 가리는 것]과 검·창·화살·손칼 등의 철제 무구·무기가 매장되어 있다. 따라서 이 석실은 유해를 안장할 목적을 갖고 있지는 않았다고 생각된다.

주요한 출토 유물은 24개체분의 단갑과, 24개체분의 투구로, 그 내역은 삼각판병유단갑 10개체·횡신판병류단갑 12개체·삼각판병유금부단갑 1령(領)·형식이 불분명한 단갑 1개체와 횡신판병유충각부주 8개체·형식이 불분명한 충각부주 세 개체·횡신판병유미비부주 3개체·소찰병유미비부주 3개체·장방형(長方形) 소찰병유미비부투구 1개체·형식이 불분명한 미비부주 4개체이다.

그 중에서도 삼각판병유금부단갑은 처음 출토된 것이다. 더 중요한 것은 출토된 단갑이 모두 병유(鋲留, 멈춤못) 형식으로 통일되어 있고, 오랜 기간에 걸쳐서 모은 것이 아니라, 비교적 단기간에 모은 것으로 생각된다는 점이다.

갑옷과 투구 등이 모두 24개체분이나 집중 출토된 경우는 쿠로히메야마고분을 제외하고는 어디에도 그러한 예가 없다. 또한 같은 고분 내에 매장 시설과 무기·무구를 부장하는 시설을 가진 예는 흔치 않아서, 그러한 점에서 아주 이례적이라 할 수 있다.

또한 후원부의 매장 시설은 도려내어 구멍을 뚫은[刳拔] 석관으로 추정되고 있다. 고분 그 자체의 축조 시기는 5세기 중엽이나 또는 그보다 약간 늦은 5세기 후반의 초기쯤으로 생각된다.

어찌 되었든 상당한 양의 철제 무기와 무구가 출토된 것이다. 더욱이 동일 고분 내에 매장 시설과 무기·무구의 부장 시설을 가지고 있으며 24개체분이나 되는 갑옷과 투구가 한 곳에 집중된 것은 아주 이례적인 일임에 틀림없다.

한편 출토된 24개체분의 투구에는 사진에서와 같은 미비부주라고 하는 것이 10개체분 이상이나 있어서, 나는 그것에 먼저 관심이 쏠렸다. 왜냐하면 그 미비부주는 '몽고발형(蒙古鉢形)' 또는 '서양 배(梨)와 같은 모양' 등으로도 말해지

야마토·고죠오시의 네코즈카 고분에서 출토된 미비부주 　　쿠로히메야마고분 출토의 미비부주 　　쿠로히메야마고분 출토의 금부단갑

는 것이다. 그것이 야마토의 고죠오시(五條市) 지역에 있는 '네코즈카(猫塚)고분'에서 출토된 미비부주와 거의 동일했기 때문이다.

어느 것이나 모두 그 근원은 동일한 무장 집단이었을 것으로 생각된다. 야마토·고죠오시 지역의 네코즈카고분은 산간의 논 가운데 방치된 작은 고분이었음에도 불구하고, 그와 같이 작은 고분에서 이러한 유물이 출토되었기 때문에 고고학계에서는 유명한 곳이 되었다. 네코즈카고분과 유물에 대해서는 『고죠오시의 문화재』에 다음과 같이 씌어 있다.

네코즈카고분은 골짜기의 수답(水田, 무논) 안에 있는 언뜻 보기는 아무런 특징이 없는 방분에 지나지 않지만, 분구 중앙부에 있는 수혈석실의 내부에서 대륙·한반도계의 유물이 많이 출토되었다. 금동제 투조 혁대꾸미개(鎊帶金具)와 대장도구(鍛冶道具) 등이 다수이다. 그 중에서도 '서방백철지금동장병유몽고발형미비부주(四方白鐵地金銅裝鋲留蒙古鉢形眉庇付冑)'라고 이름지어진 사진의 투구는 금동장식의 소찰(小札)과 철판(鐵地)의 소찰을 짜 맞추어 만들었고, 그 투구의 윗부분(鉢部)의 형태는 서양의 배 모양이다. 일본에서는 와카야마현(和歌山縣) 아리다시(有田市)의 하지카미하마(椒浜)고분에 비슷한 예가 알려져 있을 뿐으로, 이들 유물은 대륙·한반도에서 키노천(紀ノ川)을 건너 고죠오(五條)의 땅에 전해져 온 것이다.

아리다시의 하지카미하마고분에 비슷한 예가 알려져 있을 뿐이라는 것은 당시에는 아직 다른 것에 관해서는 알려져 있지 않았기 때문이다. 그 하지카미하마고분에 대해서도 지금 본 네코즈카고분과 함께 스에나가 마사오(末永雅雄) 씨가 감수한 『일본고대유적편람』의 「고분의 의의」를 보면 마지막에 다음과 같이 씌어 있다.

네코즈카고분은 키노천 유역에 가까운 곳에 위치하는 고분으로, 다량의 대륙·한반도적인 요소를 나타내는 유물의 출토가 있었다. 또 가까운 쯔카야먀(塚山)고분에서도 충각부주, 단갑, 목갑옷(頸鎧) 등의 말 투구(甲冑)와 도끼, 끌(鑿), 짧은 창(鉇) 등의 공구가 출토되고 있다.
키노천 하류의 와카야마시 부근에서는 말 투구, 금동말 꾸미개(金銅馬具)가 출토되어 주목을 받은 오오타니(大谷)고분이 있고, 무소타(六十谷)나 오오타니쿠스미(大谷楠見)유적에서는 박재품(舶載品)으로 생각되는 스에키가 출토하였으며, 아리다시 하지카미하마고분에서도 몽고발형 투구와 특이한 괘갑(掛甲)이 출토되고, 문헌상에서도 키씨(紀氏)의 본관지로 알려져 있는 곳이기 때문에 한반도와의 밀접한 관계를 알아 둘 필요가 있다.

쿠로히메야마고분에서 출토된 철제 무구·무기에서 야마토·고죠오의 네코즈카고분 등의 출토품을 보았는데, 여기서 하나 더 생각나는 것은 앞에서 살펴본 후지이데라시(藤井寺市) 지역의 노나카고분과 니시하카야마고분의 출토품이다. 이 두 고분에서도 엄청난 철제 무구·무기가 출토되었을 뿐만 아니라, 노나카고분에서는 몽고발형 또는 서양의 배와 같다고 말해지는 것과 완전히 같은 미비부주가 출토되고 있었다. 또한 니시하카야마(西墓山)고분에서는 그들의 철제 무구 등을 부장하는 시설이 출토된 것까지, 쿠로히메야마고분의 그것과 같은 것이었다. 그래서 나는 그 항의 마지막에 다음과 같이 쓰고 있었다.

그렇다고 해도 앞에서 보았던 오오진천황릉의 배총인 콘다마루야마고분에서 출토된 말갖춤을 비롯한 다량의 부장품 중에 어떻게 해서 이렇게 많은 무기·무구·

철제품이 많은 것일까? 콘다마루야마고분이 축조된 것은 '5세기 후반'으로 생각되나, 오오진천황릉의 배총이라는 하카야마고분과 그 고분의 배총이라는 니시하카야마고분은 '5세기 전반'의 것으로 알려져 있다.

그때까지 도대체 무슨 일이 있었던 것일까? 어찌 되었든 이른바 코훈시대 중기에 해당하는 '5세기'는 그야말로 대단한 시대였고, 이 시대의 고분에서 출토된 유물만을 보면 마치 '센고쿠시대(戰國時代)'처럼 생각될 정도이다. 그것은 이른바 '카와치왕조(河內王朝)'와도 관계가 있었던 것인가?

이 문제에 대해 조금 더 살펴보면, 노나카고분이나 니시하카야마고분에서 출토된 그와 같은 다량의 무구·무기 등의 철제품에 대해서는, 이미 1988년 5월 10일자『요미우리신문』에 "철제 무기 등 2,200점/후지이데라의 방분(方墳)에서 출토/카와치왕조의 권력을 나타냄"이라는 머릿기사가 나와 있었다. 최근의 1996년 2월 24일자『아사히신문』석간의 문화란에는 "코훈시대, 상비군이 있었나? 병기를 통해 추측하는 '정권'의 모습/무기·무구를 대량 매납(埋納)"이라는 기사가 나왔던 것이다.

미야시로 에이이치(宮代榮一) 기자의 오오사카 이케다(池田)시립 역사민속자료관 부관장 타나카 후사쿠(田中晉作) 씨의「갑주 등의 연구」를 소개하는 기사가 다음과 같이 실려 있다.

사람을 살상하고 또 스스로를 지키기 위해 무기나 무구가 일본열도에 등장한 것은 야요이시대이다. 시마네현(島根縣)·코오진다니(荒神谷)유적에서 출토된 대량의 동검 등에서 알 수 있듯이, 당시부터 무기와 무구는 권력·군사력 한층 더 나아가서는 제사권(祭祀權)의 상징이었다. 그러나 그 양이 비약적으로 증가한 것은 코훈시대 중기를 지난 뒤부터이다. 이 시기에 특징적인 단갑이라 불리는 갑옷의 출토 수는 전기에서는 전국에서 20예(例)에 불과하지만, 중기에는 350예를 초과한다. 더욱이 그 종류도 증가해서 새로운 기술을 활발히 도입한 듯한 모습이 엿보인다.

타나카 씨에 의하면 코훈시대 중기의 묘에서 보여지는 무기·무구의 부장 방법에는 두 가지 패턴이 있다. 그 하나는 고분의 주인과 함께 비교적 소량의 무기·무구를 묻는 것으로, 한 조(組)의 갑주와 여러 세트의 철화살촉, 도검(刀劍) 등이 부장되어 있는 경우가 많다. 또 하나는 고분의 주인을 묻었던 매장 시설과는 별도로, 무구·무기만을 모아서 묻는 것이다. 이것은 또한 다수의 도검 등의 무기류를 모아 묻은 패턴(오오사카부 니시하카야마고분)과 갑주 한 조와 도검 한 자루를 세트로 해서 그것을 10조 이상이나 모아서 묻었던 패턴(히가시노나카고분)으로 나누어진다. 이 중 노나카고분의 패턴은 오오사카부의 모즈·후루이치 고분군에서만 볼 수 있다고 한다.

또한 타나카 씨는 "노나카고분에서 볼 수 있듯이 특정의 도검과 갑주가 세트로 인식되고 있는 것은, 이것을 몸에 지닌 인간이 항상 존재했다는 것을 의미한다. 즉 이것들을 사용하는 집단(상비군)이 존재했다고 봐도 좋지 않을까. 또한 니시하카야마(西䗝山)고분과 같이 무기를 집중으로 묻은 것은 긴급한 때를 위한 비축용이었다고 생각된다"라고 말하고 있다.

그리고 그들의 대량 매납이 모즈·후루이치고분군 이외에서는 볼 수 없기 때문에, "동고분군의 피장자들은 필시 당시의 키나이(畿內)세력의 중심에 있었던 사람들로 무기·무구류를 집중 관리하고 상비군을 편성하는 것으로, 다른 지역에 대한 군사적인 우위성을 유지하려고 했던 것은 아니었을까"라고 추측한다.

매우 재미있는 추측으로 이른바 카와치왕조가 성립하기까지는 상당한 동란(動亂)이 있었을 것으로 생각하지 않을 수 없다. 그리고 그것은 동쪽의 후루이치고분군과 서쪽의 모즈고분군의 중간에 있는 미하라정의 쿠로히메야마고분의 피장자와도 큰 관련이 있다는 것이다.

코마향 혼도오의 오오코마신사

미나미카와치에서는 미하라정(美原町)까지만 다루고 싶었지만, 아직 더 보고 싶은 곳이 없었던 것은 아니다. 예를 들면 원래는 '고즈텐노오사(牛頭天王社)'였다고 하는 카와치나가노시(河內長野市) 지역의 나가노신사(長野神社) 등인데, 이 나가노신사는 두고라도 같은 시 지역인 타카무코(高向, 타코오라고도 함)에 있는 타카무코신사는 꼭 한 번 더 가보고 싶었던 곳이었다.

나는 20여 년 전에 "일본 속의 한국문화 2" 『카와치』를 쓰기 위해서 한 번 그 앞을 지난 적이 있었다. 그때 안내를 해 주었던 한난(阪南)고등학교 교장 키요다 유키타테(淸田之建) 씨로부터 타카무코신사에 모셔진 '타카무코노쿠로마로(高向玄理)' 역시 고대한국에서 도래했다는 말을 들었을 뿐, 그 이상에 대해서는 아무 것도 몰랐던 것이었다.

나중에 알고 보니 타카무코노쿠로마로는 일본의 고대 통일국가 성립기의 대사건이었던 645년의 타이카개신(大化改新)에도 크게 관여한 사람이었다. 그 타이카의 개신에 관해서는 『일본사사전』에 다음과 같이 씌어 있다.

타이카 원년(645)에 시작된 일대 정치 개혁. 죠메이천황과 코오교쿠여제(皇極女帝)의 아들인 나카노오오에노오오지(中大兄皇子)와 나카토미노카마타리(中臣鎌足)가 중심인물. 645년까지 조정의 실권을 쥐고 있던 소가씨를 멸망시킨 것을 시작으로, 다음날 코오토쿠천황이 즉위하자 나카노오오에는 황태자로서 실권을 잡았다. 내대신(內大臣)에는 카마타리를, 좌·우대신에는 아베노우치마로(阿倍內麻呂)·소가노쿠라야마다노이시카와노마로(蘇我倉山田石川麻呂), 국박사(國博士)에는 타카무코노쿠로마로와 승려 민(旻)이 임명되고 또한 연호의 제정, 나니와(難波)로의 천도(遷都) 등에 의한 새로운 체제가 만들어졌다.

개신(改新)의 기본 방침으로서 646개 개혁의 조서(詔)에, 황족·제호족의 사유지·사유민의 폐지, 경사(京師, 수도)·국(國)·군(郡)·리(里) 등의 지방 행정조직의 확립, 호적의 작성과 반전수수법(班田收授法)의 실시, 조(租)·용(庸)·조(調) 외에 통일적인 부과제도(賦課制度)의 시행이라는 네 개의 항목이 표시되었다. 즉 종래의 씨성제도에 의한 황실·호족의 개별적 지배권을 부정하고, 중앙집권적·관료제적 지배체제를 수립하려고 하는 것이었다.

보통 650년까지를 개신의 기간으로 삼지만, 개신의 목표가 거의 수행되기까지에

혼도오의 오오코마신사

는 663년 하쿠스에(白村江)의 패전, 672년 임신(壬申)의 난 등의 곡절을 거쳐, 700년 타이호오율령의 제정까지 더 많은 시간을 필요로 했다.

고대 일본사에 있어서 그야말로 획기적인 개혁이었지만, 이 타이카개신에서 함께 국박사가 된 타카무코노쿠로마로와 승려 민은, 모두 나중에 신라가 된 가라(加羅)·아야(阿耶)—그때까지는 백제가 되기도 했다—에서 도래한 아야히토(漢人)로 역시 아야히토인 미나미부치 쇼오안(南淵請安) 등과 함께 수(隋)·당(唐)의 유학생으로서 그들은 신라를 거쳐 귀국했던 사람들이었다.

이미 율령 국가체제였던 신라를 거쳐(현대에서 말하는 경유와는 전혀 다른 것으로 생각됨) 돌아오고 있었던 사람들 중에서 두 사람, 즉 타카무코노쿠로마로와 승려 민만이 국박사가 되었다고 하는 것은 무슨 이유 때문일까. 타이카개신이 이노우에 미쯔사다(井上光貞)가 『아스카의 조정』에서 언급한 대로 '국박사들이 그려낸 청사진'이었다고 한다면, 앞에서 본 획기적인 여러 개혁 등도 국박사인 그들에 의한 것이었음이 틀림없다.

그것은 타이카개신이 650년에 와서 일단 흐지부지되었다는 사실과, 국박사인 타카무코노쿠로마로와 승려 민이 걸어간 최후를 보아도 알 수 있을 것으로 생각된다. 타카무코노쿠로마로 등은 그러한 존재였던 것이나, 본시 타이카개신이나 임신의 난 등도, 그 중심에는 일본열도에 살던 신라계 씨족과 백제계 씨족의 대립이 심하게 얽혀 있었던 것이다.

그 대립에 관해서는 나의 「타이카개신과 조선 삼국」 및 「임신의 난과 조선 삼국」(『일본 고대사와 조선』에 수록) 등에 아주 상세히 적혀져 있기 때문에 여기서는 타카무코노쿠로마로에 대해서는 더 이상 언급하지 않기로 한다.

또한 미나미카와치의 카와치나가노시 지역에는 '도래인의 신상(神像)이 신체(神體)'로 되어 있는 치요다(千代田)신사가 있다. 그것들까지 일일이 살펴보려 한다면 끝이 없기 때문에 미나미카와치는 이것으로 마치기로 하고 다음의 나카카와치(中河內)로 넘어가겠다. '나카카와치'라고 해도 아직 앞에서 살펴본 야마토천 남쪽 연안에 자리잡고 있던 카시와라시 지역에서 북쪽 연안의 카시와라시 지역이 되는데 이곳 북쪽 일대는 원래 고구려의 코마(高麗), 코마향(巨摩鄕)이었

혼도오 출토의 서화접조경

던 곳이다. 그것에 관해서 이마무라 도모(今村鞆)의 『한국의 국명에 연관된 명사고』에 다음과 같이 씌어 있다.

> 카와치국 나카카와치군은 지금의 카타카미촌(堅上村) 근처에 해당한다. 『화명초』 오오가타군(大縣郡) 코마향(巨摩鄕) 『엔기식』 오오코마(大狛)신사는 카타카미촌 혼도오(本堂, 지명)에 있으며 토착신(産土神)이다. 『카와치지(河內志)』 타카야스군(高安郡)의 동남쪽에 있으며, 카린도오바타(雁多尾畑)의 북쪽에 있는 산촌이다. 현재는 카타카미촌 오오아자본당 및 간다오바타로 되어 있다.

이 『한국의 국명에 연관된 명사고』는 1940년에 쓰여진 것으로, 그 당시의 카타카미촌(堅上村)은 지금은 없고 카시와라시로 되어 있다. 그러나 지금도 카와치카타카미역(河內堅上驛)으로 그 지명은 남아 있고, 또한 카린도오바타·혼도오라는 곳도 그대로 남아 있다. 그리고 그 카린도오바타에서 혼도오로 오르는 길목에는, 내가 한국에서 자주 보았던 당나귀[驢馬]에 걸터앉은 '기마신상(騎馬神像)'이 신체(神體)인 작은(또는 작게 된) 고분이 경내에 있는 카나야마비코(金山彦)신사와 카나야마히메(金山姬)신사가 있다.

이 두 신사는 모두 고대의 제철이나 제련과 관계가 있었던 것 같다. 내가 이전에 카나야마히메신사를 방문했을 때, 그 신사에서 막일을 하고 있는 듯한 노인으로부터 근처에서 주워 모았다고 하는 철재(鐵滓, 철찌꺼기) 몇 개인가를 받은 적이 있었다. 그곳에서 산길을 따라 죽 올라간 정상 가까운 곳이 혼도오라는 곳으로, 그곳은 이미 관광지로 잘 알려진 시기산(信貴山)에 가까운 곳으로 눈 아래로 야마토 일대가 내려다보인다.

근처에 분재를 업으로 하고 있는 집이 있나 하고 보니, 훌륭한 돌담이 받쳐진

품격이 있는 집 등이 보이는 작은 집락이었다. 그 집락 뒤의 언덕을 오르면 그곳에 있는 것이 천년도 더 전에 모셔진 엔기식 내사 오오코마신사였다. 오오코마씨족의 씨사였던 오오코마신사는 상당히 큰 신사였음에 틀림없지만, 지금은 황폐해져서 사당처럼 되어 있다.

그러나 이 신사는 코마향 전체 중에서 대표적인 것 중의 하나였음에 틀림이 없다. 예를 들면 『카시와라시사』의 「문화재편」을 보면 다음과 같이 씌어 있다.

다뉴세문경
(오오사카오오가타, 지름 21.6센티미터)

코마향(巨摩鄕)은 혼도오(本堂, 지명)를 말한다. 이곳에는 오오코마신사가 모셔져 있고 나라시대에는 코마(狛) 일족의 활약을 볼 수 있다. 혼도오의 문화재로서는 먼저 제일 당나라식 거울(唐式鏡, 瑞花蝶鳥鏡)을 들 수가 있다. 모두 코마 일족의 족장의 것으로 생각되어지는 우수한 물건들로, 혼도오에서 출토된 것이라서 더욱 가치가 높다. 다음으로 양묘제 묘지(兩墓制墓地)를 예로 들 수 있다.

코마 일족의 족장 것이라고 하는 당나라 거울은 사실 고구려식 거울로, 코마 일족이 고구려에서 도래할 때에 가지고 온 것으로 생각된다.

또한 코마향이 곧 혼도오라고 씌어 있는데, 혼도오가 코마씨족의 중심 근거지로 본관지이기는 하지만 전체로서의 코마향은 훨씬 광대하다. 확실치는 않지만 나중에 살피게 되듯이 '코마(巨摩, 巨麻)'의 옛 땅은 지금의 야오시(八尾市)와 히가시오오사카시(東大阪市)까지 확대되어 있었던 것이다.

여기서 문제가 되는 것은, 앞에서 본대로 이것도 역시 코마씨족이 혼도오의 산정상에서 산중·평지로 퍼져간 코마씨족 일족의 카나야마비코(金山彦), 카나야마히메신사의 서남쪽에 위치한 히라오야마(平尾山)고분군이다. 히라오야마센즈카(平尾山千塚)라고도 불리는 이 고분군은 킨키지방에 남아 있는 유수의 대군집분으로, 우선『일본고대유적편람』을 보면 그 고분에 관하여 다음과 같이 씌어 있다.

히라오야마센즈카고분   총수 약 250기의 소형 원분으로 이루어진 카와치국에서도 가장 최대급인 군집분이다. 내부 구조가 확실한 것은 거의 모두 횡혈식 석실을 갖고 있고, 석실의 형식으로 보아 6세기 전반에 고분의 축조가 개시되어 6세기 후반부터 7세기 전반에 걸쳐서 대부분의 고분이 축조되었다고 추정된다. 더욱이 고분군 중에 2기가 백제계의 묘제라고 생각되어지는 횡구식 석관에 널길을 첨가한 횡구식 석관 묘가 보이는 것은 흥미롭다.

1972년에 간행된『일본고대유적편람』은 아직 히라오야마센즈카에서는 학술적인 발굴조사가 행해진 고분은 1기도 없던 때의 책으로, 더욱이 내용 중에 '고분군 중의 2기가 백제계의 묘제라고 생각되어지는 횡구식(橫口式)' 운운한 것은 이상하다고 생각된다. 그렇다면 내부 구조가 확실한 것은 거의 모두 횡혈식 석실을 가지고 있는데 이러한 묘제는 도대체 어디에서 온 것일까?

앞에서도 몇 번인가 언급한 바와 같이 그것도 '백제계' 즉 고대한국에서 온 묘제에 지나지 않는 것이었지만, 그뒤로 히라오야마고분군은 세밀한 발굴조사가 행해져서 환두대도인 단용문환두(單龍文環頭) 등 여러 가지 유물이 출토되고 있다. 그리고 그것들을 전시한 '되살아나는 고대'라는 전시회가 1993년 7월 24일부터 9월 19일까지 카시와라시립 역사자료관에서 열렸던 것이다.

그 전시회는 카시와라시의 '히라오야마고분군-히라노(平野)·오오가타(大縣) 20지군(支群) 3호분', '히라오야마고분군-히라노·오오가타 15지군, 27지군'과 '혼고오 유적(本鄕遺跡)'의 출토품을 중심으로 한 것으로 나도 가 보았다. 그때 거기에서 구한「카시와라시의 발굴조사 1990~1992」라는 부제(副題)를 가진『되살아나는 고대』의 도록을 보면, 우선「히라오야마고분군-히라노·오오가타 20지군 3호분」과 거기에서 나온 출토품에 관해 다음과 같이 씌어 있다.

고분은 바위의 표면이 드러난 타카오산(高尾山)에서 남쪽으로 뻗은 주산등성이의 남단에 있고, 평야에서 올려다 볼 수가 있습니다. 표고는 184미터입니다. 직경이 약 26미터인 원분으로, 남쪽으로 입구가 나있는 양수식(兩袖式) 횡혈석실입니다.

석실의 전체 길이는 11.4미터, 널방 길이 4.0미터, 폭 2.5미터, 높이 2.8미터이고, 널길 길이 7.4미터, 높이 1.7미터, 폭 1.5미터입니다. 바닥에는 자갈이 깔려 있고 널길에는 돌로 만든 배수구가 있었습니다. 관은 두 종류가 있고 널방에는 석관, 널길에는 목관이 놓여 있었던 것 같습니다. 석관은 6세기 후반, 목관은 7세기 초에 매장된 것으로 추정되고 있습니다.

석실에서는 토기(스에키 38, 하지키 6), 무기(환두 1, 철화살촉 2), 말갖춤(재갈 1, 기타), 장신구(금박붙은 나무비녀 1, 구슬 17), 제사도구(소형 부뚜막 1) 등이 출토되었습니다. 이들 출토품은 지금까지 조사된 히라오야마고분군 중에서는 질과 양 모두 뛰어난 것이고, 또한 토기에 있어서는 색조·크기·가공 기술 등의 점에서 일반적인 생산지나 집락에서 출토된 것과는 다른 특징을 지적할 수 있습니다.

출토품 중에서 토기는 지금까지 많이 살펴보았기 때문에 제외하고, 주목할 만한 것은 『만엽집』에서는 '코마검(高麗劍)'으로, 『토오다이사헌물장(東大寺獻物帳)』에는 '고구려양 큰칼〔高句麗樣大刀〕'이라고 하는 환두대도의 '환두'이다. 동시에 또 하나는 그것이 한국에서 온 도래인이라고 하는 상징처럼 되어 있는 소형 부뚜막 모형이다.

그것뿐만이 아니다. 『되살아나는 고대』에는 카시와라시에서 1990~1992년에 걸쳐서 발굴된 유물들을 수록했다. 그래서 책에는 나와 있지 않지만 앞에서 보았던 고분군이 있는 오오가타에서는 1925년에 긴키지방에서는 드물게 고대한국에서 만들어진 다뉴세문경(多鈕細文鏡)이 출토되었다.

1994년 4월, 나라현립 카시하라고고학연구소에서는 '낙랑해중(樂浪海中)의 야요이문화'라는 부제를 가진 「왜인(倭人)의 세계」라고 하는 특별전시회가 열렸다. 나도 그곳에 가 보았는데, 중국 사서에 나오는 "낙랑해중에 왜인이 있다"라는 것이 '일본열도'를 말하는 것인지의 여부, 또 「위지(魏志)」에는 동이(東夷)로서 '韓'이 '韓人'이 아니라 '韓國'으로 되어 있음에도 어째서 일본열도의 경우만 '倭'가 아니라 '倭人國'의 '倭人'으로 되어 있는 것인지 하는 등의 문제도 있다.

그것이야 어찌 되었든 그 특별 전시회에서는 도록에도 야요이시대에 벼농사와 함께 한국에서 도래한 무문토기 등과 함께, 다뉴세문경에 대해서도 「(1) 경(鏡)」의 부분에 다음과 같이 씌어 있다.

 다뉴세문경은 동북아시아 지역의 청동기 중의 하나인 다뉴세문경에 그 계보를 엿볼 수 있는 것으로, 일본열도에 가장 빠른 시기에 전해진 거울이다. 거울의 뒷면에는 손잡이끈〔鈕〕이 두 개 또는 세 개 붙어 있고, 기하학적인 문양으로 장식되어진 것이다. 거울의 테두리는 단면이 어묵형(蒲鉾形, 목판에 반달 모양으로 어묵을 붙인 모양)이다.
 한반도에서 제작된 것이라고 생각되며 일본열도에서는 지금까지 여덟 곳의 유적에서 총 9면(面)이 출토되었다. 특히 북부큐우슈우·야마구치현(山口縣)의 히비키나다(響灘) 연안에서는 다섯 유적에서 6면이 출토되고 있다. 그 시기는 전기 말에서 중기 전반까지의 유적이다.

 그리고 킨키에서의 오오가타와 나가라(名柄) 등의 출토 예도 나와 있다. 요컨대 그것은 "지역 세력의 중심이 된 인물의 권위를 나타내는 것으로서 취급되어진 것 같다"라고 씌어 있다.

타카이다야마고분의 다리미와 순금귀걸이

『되살아나는 고대』의 도록에는 카시와라시의 혼고오(本鄕)유적에 대한 것도 씌어 있는데, 이 유적에서는 '야요이시대의 축제에 사용된 작은 동탁(銅鐸)', 즉 '한국식(朝鮮式)'이라고 불리는 동탁(銅鐸)도 출토되고 있다. 이 한국식 작은 동탁에 대해서는, 이전에 큐우슈우의 우사시(宇佐市)에 있는 비유우(別府)유적에서 출토된 것을 직접 본 적이 있는데, 그러한 동탁이 여기에서도 출토된 줄은 몰랐다.

그 동탁이 야요이시대의 축제에 사용되었다고 하는 것은, 아마도 1993년 8월 4일자 『아사히신문』(오오사카판)에 "죠오몬토기에 그림이 붙어 있다/이야기성(性)이 있다/카시와라·후나바시(船橋)유적/대륙 문화의 영향을 읽을 수 있다/전문가 지적도"라는 머릿기사로 상당히 크게 다루었는데 그것과도 관계되는 것은 아닐까 하고 생각된다. 기사의 전문(全文)은 생략하고 전문가의 지적 중의 하나를 보면, 나라대학교수(고고학) 미즈노 마사요시(水野正好) 씨는 "연속되는 그림은 이야기성(스토리성)이 있다고 생각한다. 이러한 문화가 지금까지 생각하고 있던 것보다 훨씬 이전에 꽃피어 있었다. 아마도 도래인의 작품으로, 이미 이 지방이 아시아를 향해서 눈을 뜨고 있었다고 생각된다"라고 말하고 있다.

또한 기사에는 "그림의 내용으로부터 대륙 문화의 영향을 읽을 수 있다"고 하면서 이어서 다음과 같이 씌어 있다.

후나바시 유적에서 발견된 네 종류의 그림이 새겨진 죠오몬토기

시교육위원회나 미즈노 마사요시 씨의 견해로는 왼쪽에서 두 번째의 그림은 뿔이 달린 사슴과 활이다. 야요이시대의 그림에서도 사슴은 자주 활과 함께 그려져 있다. 오른쪽 끝 그림의 일부는 화살을 넣어 어깨에 매는 통으로 고대의 수렵 문화가 그려져 있다.

문제는 남은 두 개의 그림으로, 왼쪽 끝의 직선 몇 가닥에 의한 구도는 고상식(高床式, 마루가 높은 건물 구조) 건물의 일부처럼 보인다. 왼쪽에서 세 번째의 사각 모양은 무논〔水田〕이라고 추측된다. 모두 이 당시 대륙에서 쌀과 함께 전래되어 야요이문화의 원류가 된 새로운 문화의 상징이다.

그렇다고 한다면 상당히 일찍부터, 적어도 야요이시대 중기에는 카와치평야에 벼농경이 전해졌다는 것이 된다. 그런데 위의 기사와 어떠한 관계가 있는지는 잘 모르겠지만 이곳 카시와라시 지역의 북·서부에 대해 쓰려고 상세히 자료 조사를 해보니, 지금까지 완전히 잊고 있었던 신문기사의 발췌가 눈에 띠었다.

그 기사는 1985년 9월 21일자 『마이니치신문』(오오사카판)으로 "초기의 고구려식 고분/4세기 말의 카시와라 챠우스즈카고분에서 확인/평평한 돌을 쌓은 방형분(方形墳)/시교육위원회 발표"라는 1면 톱기사가 나와 있었다.

더욱이 관련 기사(22면)에는 나의 이야기(談話)까지 실려 있었는데 그것은 나중에 보기로 하고, 그 기사의 서두 부분만을 보면 다음과 같다.

오오사카부 카시와라시 코쿠부시장 근처에 위치한 전기 고분이다. 챠우스즈카고분(4세기 말)을 발굴조사하고 있던 카시와라시 교육위원회는 이 고분이 판석(板石)을 수직으로 쌓아 올려 외벽을 만들었고, 고분의 형태를 방형으로 하고 분구부에 테라스를 설치한 고구려식 적석총 고분임을 밝혀내어 20일 발표했다.

적석총으로는 지금까지 타카마쯔시(高松市)의 이와세테오야마(石淸尾山)고분군 등이 알려져 있으나, 전형적인 고구려식 고분의 발견은 일본전국에서 처음이다. 당시의 일본과 고구려와의 교류에 대해서는 『일본서기』 등에도 단편적으로밖에 기재되어 있지 않아서, 이번 발굴로 이미 긴밀한 교류가 존재하고 있었음이 증명되었다.

또한 이 고분은 고대 카와치지방의 맹주적 존재인 마쯔오카야마고분(전방후원분)의 전방부에 접해서 축조되어 있기 때문에, 카와치왕조의 성립 과정이나 기마민족설 등에도 파문을 일으키는 것으로 주목되고 있다.

이와 같은 전형적인 고구려식 고분의 발견이 일본전국에서 처음이라고 하는 것은, 조금 지나친 과장이 아닌가 생각된다. 그러한 고구려의 적석총 고분은 일본전국에 얼마든지 있다. 잠시 적석총에 관해서 살펴보면 모리 코오이치(森浩一)와 NHK 취재반에 의한 『기마민족의 길 저편—고구려고분이 지금 말하는 것』에 의하면 "적석총은 기마민족 특유의 묘제였다"라 하고 이어서 다음과 같이 씌어 있다.

시대는 4세기경으로 꽤 거슬러 올라가는데, 일본에서도 이 적석총이 몇 개 발견되고 있다. 나가노현(長野縣)에 사는 고고학자 키리하라 타케시(桐原建) 씨의 저서 『적석총과 도래인』(토오쿄오대학 출판회)에 의하면, 그 수는 대략 1,500기. 전국에서 확인되고 있는 고분의 수가 전방후원분을 중심으로 대략 15만기라고 하니까, 전체로 보면 극히 적은 수이다. 그러나 모리 씨의 "이음돌(葺石)에 적석총을 만들려고

타카이다횡혈군의 하나

하는 의욕이 드러난 것이 보인다"라는 견해와 키리하라 씨의 "이음돌을 가진 고분은 모두 적석총의 개념으로 취급해야 한다"라는 견해에 서면, 15만기의 고분 대부분이 '적석총'이라는 것이 된다.

적석총에 관한 것은 이 정도로 해두고, 지금 본 신문기사에도 있었던 것처럼, 적석총인 챠우스야마고분은 앞에서 이미 살펴보았던 고분이다. 나는 삼각연신수경·사수경·철제 칼·검 등이 출토된 이 고분이 적석총이라는 사실을 알지 못했기 때문에 그와 같이 쓴 것이었으나 그것들이 적석총과 연관지어 고구려에서 바로 건너온 것인지에 관해서는 약간 의문을 갖고 있다. 그것은 그 고분이 분명히 백제에서 도래했다고 생각되는 후나씨족의 묘역에 있다는 사실 때문이다.

이것에 관해서 앞서의 나의 담화도 실려 있는 『마이니치신문』의 기사로 돌아가 보면, 나라국립문화재연구소 매장문화재센터 유적연구실장 마치다 아키라(町田章) 씨 등의 담화에 이어서, "한편 작가인 김달수 씨는 챠우스야마고분 바로 옆에 마쯔오카야마고분이 있다는 사실에 주목했으면 한다. 동 고분에서 백제계의 인물로 생각되는 피장자의 묘지(墓誌)가 나왔고, 이 지역에서 백제인이 세력을 가지고 있었다고 생각되므로 챠우스야마고분도 고구려 직계가 아니라, 백제인의 손을 거친 고구려식일 것이다"라는 나의 담화를 인용하고 있었다.

나는 지금도 그렇게 생각하고 있다. 본시 백제도 원래는 고구려의 일파가 남하해서 만든 나라였기 때문에, 초기의 그 문화 형태는 거의 같은 것이었다. 나중에 보게 되는 타카이야마(高井田山)고분도 그와 같은 적석(積石)인 것이다.

만일 챠우스즈카고분과 마쯔오카야마고분이 각각 4세기 대의 전기 고분이라고 한다면, 그 땅에 있었던 백제인 또는 고구려인의 도래는 훨씬 빨랐다고 생각된다. 이것은 어쩌면 나중에 살펴볼 야오시(八尾市)의 큐우호오지(久寶寺) 유적에서 출토된 3세기 대의 한국토기와도 관련이 있는 것일지도 모른다.

그래서 이번에는 히라오산(平尾山)의 서남쪽 기슭의 평지에 있는 타카이다횡혈군(高井田横穴郡)과 타카이다야마고분을 살펴보기로 하겠다. 타카이다횡혈군은 오래 전부터 유명한 고분으로, 그런 만큼 카시와라시가 7억엔을 들여서 '사적 타카이다횡혈공원'으로 정비했다.

공원 내에는 시립역사자료관도 만들어져 있는데 그 공원을 찾았을 때 손에 넣은 『사적 타카이다공원』을 보니, 거기에 그 공원 및 타카이다야마고분에 관해서 간결히 적혀 있었다. 고분 쪽은 나중에 다루기로 하고 횡혈공원 쪽을 보면 다음과 같이 쓰어 있다.

> 사적 타카이다횡혈은 총수 200기 이상으로 추정되는 대규모의 횡혈군입니다. 횡혈은 6세기 중기 때부터 7세기 전반에 걸쳐서 만들어진 무덤으로, 니죠오산(二上山)의 화산재가 쌓여 생긴 응회암이라고 불리는 암반에 동굴 같은 구멍을 파서 죽은 사람을 묻은 것입니다.
>
> 횡혈에서는 토기·칼·검·화살촉 등의 무기와 말갖춤, 금·은제 귀걸이, 구슬〔玉〕 등의 장신구가 발견되고 있습니다. 또한 인물·새·말 등 다양한 선각 벽화(線刻壁畵)가 그려진 횡혈도 있는 대단히 귀중한 문화재입니다.

총수가 200기 이상으로 추정되는 횡혈군이 한 곳에 모여 있는 것 자체도 놀랍지만, 그곳에서 토기는 물론 무기와 마구 등까지 출토되고 있다는 것은 도대체 어떻게 된 것일까? 그러나 이 횡혈군은 이미 유명한 것이고, 더욱이 앞에서 살펴본 안후쿠지(安福寺)횡혈군과 매우 비슷한 것이기 때문에 이 정도로 하고, 다음의 타카이다야마고분으로 넘어가기로 하자.

이 타카이다야마고분에서 내가 우선 놀란 것은, 1991년 4월 26일자『요미우리신문』일면 톱기사에 "최고(最古)의 키나이형(畿內型) 횡혈석실/백제 직수입 화려한 장송(葬送)문화/오오사카·타카이다야마고분에서 출토/다리미나 순금 귀걸이"라는 큰 머릿기사로 컬러사진과 함께 흥미로운 내용이 실려 있었다. 나는 깜짝 놀라 그 내용을 유심히 살펴보았는데 기사는 다음과 같이 씌어 있었다.

6세기 이후의 천황릉을 비롯해 전국의 수장묘(首長墓)에까지 보급된, 제왕(諸王)의 묘실(墓室)인 '키나이형 횡혈석실'의 가장 오래된 예가 오오사카부 카시와라시 타카이다의 원분(5세기 말)에서 발굴되었다고 조사를 담당하고 있던 동 시교육위원회가 3일 발표했다. 키나이형 횡혈석실의 조형(祖型, 원형)은 한반도에서 생겨난 뒤, 큐우슈우의 북부로 전해져 그곳에서 발전된 것이 키나이로 전해졌다고 생각되어 왔다.

그러나 타카이다야마고분의 석실에는 큐우슈우 북부의 특징이 전혀 나타나 있지 않고, 부장품 중에 백제에서 만들어진 것과 흡사한 청동으로 만든 다리미와 일본에서 그 예를 거의 찾아볼 수 없는 순금제 귀걸이(직경 1센티미터) 세 개 등이 포함되어 있어서 백제 등에서 들어온 '장송(장례)문화'가 직접 야마토왕권 등에 받아들여진 것이 확실하게 되었다.

주체(主體)인 널방은 길이 3.7미터, 폭 2.3미터로 평평한 자연석이나 할석을 쌓아 올려 벽을 만들고 있는데, 상반부에서부터 천장에 걸쳐서는 무너져 버렸다. 2명〔二體〕이 합장(合葬)되었다고 보여진다.

부장품인 다리미는 국자 모양으로 접시〔皿, 국자의 움푹 들어간 부분 지름 16센티미터, 높이 5센티미터〕와 몸통〔柄, 길이 31센티미터〕으로 되어 있다. 접시에 탄 꼰실(길이 5센티미터)이 남아 있는 것으로 보아, 매장시에 제사지내는 등불로도 사용되어진 듯하다. 일본에서는 나라·니이자와센즈카(新澤千塚)에 이어서 두 번째로 출토되었다. 백제 무녕왕릉(526년, 왕·왕비의 합장묘)의 것과 흡사하다. 동 왕

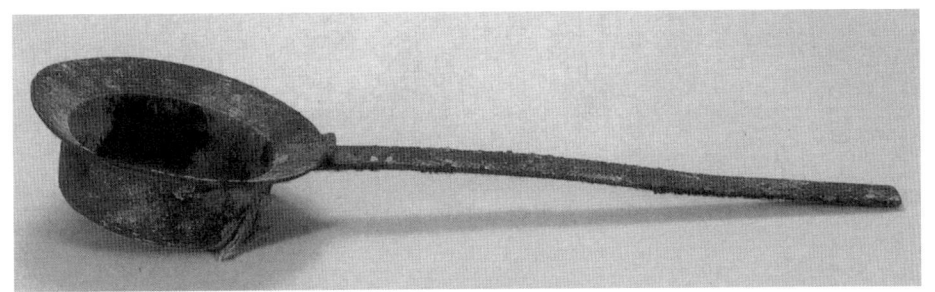

무녕왕릉 출토 다리미

릉에서는 왕비가 다리미를 갖고 있었고, 타카이다야마의 것도 다리미를 가진 동쪽의 피장자는 여성으로 부부 합장묘였을 것으로 생각된다.

지금까지 발견된 귀걸이는 그 대부분이 금으로 도금된 제품이지만, 이곳에서 발견된 것은 순금제이다. 그 밖에 서왕모(西王母)나 호랑이 등 도교의 문양이 그려진 화상경(畵像鏡, 직경 20센티미터)과 머리장식이라고 보여지는 작은 콩 모양의 큰 유리구슬 약 200개 등, 부장품은 전부 약 1,500점에 이른다.

석실의 형상 등은 5세기 전반을 중심으로 건축된 백제의 가락동(可樂洞)과 방이동(芳夷洞)의 두 고분군과 흡사하다. 6세기 이후 나라·이시부타이고분(石舞台古墳, 7세기 전반)까지 발전하는 키나이횡혈석실의 가장 오래된 예로 확인되었다. 키나이횡혈석실의 원류에 대해서는 오오사카부 후지이데라시·후지노모리고분(藤の森古墳, 5세기 중엽) 등에 큐우슈우 북부형에 가까운 석실을 가진 것도 있어서, 그 형태가 변형되어 키나이형으로 되었다고 하는 견해가 강했다. 타카이다야마횡혈의 석실은 이 설을 깨고, 한반도—키나이라는 루트를 결정지었다고 말할 수 있다.

피장자에 대해서 동 시교육위원회는 "백제에서의 도래씨족, 와니씨계(王仁氏系)인 카와치노후미씨(西文氏) 등일 가능성이 있다"고 한다.

시라이시 타이이치로오(白石太一郞) 국립역사민속박물관 교수(고고학)의 담화 타카이다야마횡혈의 것과 백제 전기 석실에 공통되는 사실은 키나이형의 원형이 된 타카이다야마횡혈의 피장자가, 당시 일본의 중추부와 대단히 밀접한 관계를 가지고 문화적인 영향을 주고 있었던 사실을 뒷받침하고 있다. 5세기 후반의 일본에 있어서의 한반도 문화의 재검토도 요구되고 있다.

　부장품을 통해서 거의 모든 것이 하나의 전형적인 백제계 도래씨족의 고분이라는 사실뿐만이 아니라, '키나이형 고분(畿內型古墳)' 등에 대해서도 시사하는 바가 많아서 전문을 인용했다. 특히 나에게 있어서 향수를 불러 일으켰던 것은 순금제 귀걸이 등이 아니고 한국말로 '다리미, 데리미' 라고 하는 유물이다.
　나의 어머니는 일본에 건너온 후에도 오랫동안 그같은 철제 다리미에 숯을 담아서 사용하고 있었던 것이다. 그랬기 때문에 내 옷도 다림질을 해서 많이 입었는데, 일본에 있는 고분에서 출토된 부장품에서 그것을 다시 볼 수 있다고 하니 왠지 이상한 기분이 드는 것이다.
　그 다리미의 출토와 관련해서, 지금 본 1991년 4월의 신문기사에는 "일본에서는 나라 · 니이자와센즈카(新澤千塚)고분에 이어서 두 번째의 출토"라고 되어 있었지만, 1996년 1월 21일자 『나가노신보(長野新報)』에는 "헤이안시대 중기의 다리미/와테(和手)유적에서 출토/전국에서도 10여 곳 전후/현(縣) 내 두 번째 귀중한 자료"라는 머릿기사로, 처음 부분의 다리미에 관한 기사만 보면 다음과 같이 씌어 있다.

　나가노현(長野縣) 시오지리시(鹽尻市)가 작년 12월 중순부터 발굴조사를 진행하고 있는 히로오카타카이데(廣丘高出)의 와테(和手)유적에서, 헤이안시대 중기(9세기 말~10세기 초)에 사용된 다리미가 출토되었다. 다리미는 움푹한 부분에 손잡이가 달린 형태로, 현대의 다리미와 같은 요령으로 사용된 것이다. 일본전국에서도 10여 곳에서밖에 출토되지 않았고, 현 내에서는 두 번째의 발견이다. 상태가 좋아 거의 90퍼센트 원래의 상태로 복원되었다. 관계자는 유적 주변의 당시 생활을 알 수 있는 귀중한 자료로서 기대하고 있다.

　또한 카시와라시교육위원회에서 구한, 카시와라시 문화재가이드시리즈(3) 『타카이다야마고분』의 「부장품의 출토 모양」에는 마지막 부분에 다음과 같이 씌어 있다.

동서 두 개의 목관을 각각 서관, 동관이라고 합니다. 서관의 부장품은 금제 귀걸이 한 개와 철칼 한 개뿐입니다만, 도굴되었기 때문에 좀더 풍부한 부장품을 가지고 있었을 가능성도 있습니다.

　동관에서는 매장 당시의 상태로 부장품이 출토되고 있습니다. 북쪽으로 머리를 둔 피장자의 두부(頭部) 북쪽에 구리거울과 다리미, 다리미의 몸통에 접해서 목걸이인 유리구슬이 놓여 있고 몸에 낀 상태로 금제 귀걸이와 유리구슬로 된 손 구슬〔手玉〕, 발 구슬〔足玉〕, 몸 옆에 철칼, 다리 부분에 은제품이 놓여 있었습니다.

　석실의 동벽과 동·서관의 사이 북서부 쪽에서 검·창 등의 무기가 출토되었고, 북서쪽 구석에서 약 160개의 철화살촉이 출토되었습니다. 석실의 북동쪽 구석에서 중앙의 북측에 걸쳐서, 갑주 1식(式)이 출토되었고, 단갑은 서관 위에 놓여 있었던 것으로 생각됩니다. 널방의 남동부에는 스에키의 굽다리접시 11개와 하조오가 일괄로 놓여 있었습니다. 또한 남서쪽 구석에서는 하지키 항아리가 출토되고 있습니다.

　이것 이외에도 말갖춤의 작은 조각 등이 서쪽 벽 부근에서 출토되어, 석실 남서쪽 구석에 말갖춤이 놓여져 있었던 것 같습니다.

　여기에서 보는 것만으로도, 타카이다야마고분에서의 출토품은 다리미나 금제 귀걸이뿐만이 아니라, 그 밖에도 피장자의 것이라고 생각되는 무구·무기 등 많은 유물이 출토되고 있었던 것이다. 그리고 그 무구는 또 횡신판병유충각부주 등 앞에서 본 것과 같은 구성으로 되어 있는 것도 흥미롭다.

이와신사와 치시키사 유적을 찾아서

1996년 4월초, 나는 야오시(八尾市) 교육위원회를 찾았다. 이전부터 안면이 있던 문화재과 주사 요네다 토시유키(米田敏幸) 씨를 만나, 문화재과장 보좌인 카네다 테루오(金田照雄) 씨 등을 소개받기도 하고, 『신판·야오의 사적』, 『야오의 사적 산책지도』 등의 책과 「고식토기(古式土器)에 수반된 한식계 토기에 관해서」, 「큐우호오지·카미(加美)유적 출토의 삼한시대계 토기의 의의에 대하여」 등의 논고 등 많은 자료를 받을 수 있었다. 그리고 나서 나는 요네다 씨와 함께 밖으로 나갔다.

야오시는 현재 인구 27만의 카와치로서는 히가시오오사카시 다음으로 번화한 도시로, 나는 차가 어디를 어떻게 달리고 있는지 잘 몰랐지만, 요네다 씨는 먼저 아오야마정(青山町)에 있는 야오시 문화재조사연구회로 데리고 갔다.

그곳의 사무국장인 카와니시 히로시(川西博) 씨 등을 소개받고 나는 그곳에서 또 『야오를 발굴한다―10년의 발자취』라는 책과 쯔보다 신이치(坪田眞一) 씨의 「큐우호오지유적에서 출토된 한반도계 토기에 대하여」 등의 자료를 손에 넣게 되었다. 물론 그 자료들은 내게 있어서 중요한 것들이었는데, 그러나 그 중에서도 압권은 기원 200년대인 3세기 후반의 것이라고 하는 큐우호오지유적에서 출토한 한반도계 토기의 실물을 바로 눈앞에서 직접 볼 수 있는 것이었다. 그러나 그 토기에 대한 것은 뒤로 미루기로 하고 요네다 씨와 나는 또 다른 곳으로 이동

했다.

이번에는 내가 부탁해서, 요네다 씨로서는 관할(管轄) 밖인 야오시 남동쪽 부근의 카시와라시 지역에 속하는 히라오산계(平尾山系)의 서북 기슭, 오오가타(大縣)에 있는 누데히코누데히메(鐸比古鐸比賣)신사로부터 치시키사터(智識寺跡)의 이와(石)신사를 죽 둘러보기로 했다. 산기슭에서부터 긴 돌계단으로 된 누데히코누데히메신사는 이와신사로 가는 길목에 있었는데, 어떤 용무가 있어서 찾았던 것은 아니었다.

다만 그 소재지가 '타카이다야마고분의 다리미와 순금귀걸이'에서 보았던 '일본에서 가장 오래된 거울'인 고대한국에서 만들어진 다뉴세문경의 출토지였던 '오오가타(大縣)'라는 곳이어서 조금 흥미를 느꼈기 때문이었다. 그곳의 긴 돌계단을 올라 신사의 본전을 방문하면 무엇인가를 알게 될 것이라는 생각은 별로 없었다.

그래서 신사가 그곳에 있다고 하는 것을 확인하는 정도로 생각하고 있었으나, 신사 본청(本廳)에서 편찬한 『신사명감(神社名鑑)』에 기술된 '누데히코누데히메신사'는 '오오가타신사(大縣神社)'라고도 하는 것으로, 경내의 면적이 4,767평이고, 나가레식(流造, 전면의 지붕이 후면보다 긴 건축 양식)의 본전에 모셔져 있는 제신은 누데히코대신(鐸比古大神), 누데히메대신(鐸比賣大神)으로 되어 있었다. 물론 언제부터 대신(大神)이 되었는지는 알 수 없다.

그러나 이 신사는 물론, 아마도 그 북쪽의 와카야마토히코(若倭彦)신사 역시 히라오산계(平尾山系)인 타카오산(高尾山)에 모셔져 있던 것이었다. 그것이 후세에 이르러 현재의 땅으로 옮겨졌다고 한다. 그렇다고 보면 역시 이 신사의 제신은 히라오야마(오오가타)고분군의 피장자로 다뉴세문경과 환두대도 등을 권위의 표시로 삼고 있던 자와 무관하지 않았을 것임에 틀림이 없다. 그 누데히코누데히메신사에서 남쪽으로 산기슭 도로를 조금 내려간 타이헤이지(太平寺, 지명)에 있던 이와(岩, 石)신사는 바로 찾을 수 있었다. 요네다 씨는 문화재와 관계 있는 카시와라시 지역의 유적에도 능통했기 때문이었다.

실은 지금은 거의 생각나지 않지만, 나도 그 이와신사에는 20여 년 전에 와 본 적이 있다. 그때에는 다케산(岳山)이라고 하는 뒷산에서 고구려계의 채색 고분이 발견되었다고 했었는데, 그것이야 어찌 되었든 그곳은 앞에서 보아 온 히라오야마고분이 있는 산들과 가까운 곳이었을 뿐만 아니라, 이곳은 앞에서 본 타카이다야마고분과 타카이다횡혈군, 나아가서는 카시와라 시립역사자료관 등과도 가까운 곳이었다.

이와신사는 꽤 오래된 듯한 작은 신사였는데, 그러나 이곳은 신사에 의해서가 아니라 카와치 6대 사원의 하나로 알려진 치시키사터로 잘 알려져 있었다. 그 경내에서 먼저 눈에 들어오는 것은 '치시키사터(智識寺跡)'라고 하는 커다란 게시판으로 거기에 다음과 같이 씌어 있었다.

이 일대에는 치시키사(智識寺)라고 불리는 유명한 고대 사원터가 있고, 지명을 따서 타이헤이지폐사(太平寺廢寺)라고도 불리고 있습니다.

나라시대에 텐무천황과 코오켄천황은 헤이죠오궁(平城宮)과 나니와궁(難波宮)을 왕래하는 도중에 카시와라의 땅을 방문해서 치시키사, 산게사(山下寺), 오오사토사(大里寺), 미야케사(三宅寺), 에바라사, 토리사카사(鳥坂寺)라는 여섯 절에 예배·예불했습니다. 그 중에서도 치시키사에는 큰 비로사나불(毘盧舍那佛)이 있었는데, 그것을 본 텐무천황은 그 훌륭함에 감동되어 나라(奈良)에 토오다이사(東大寺)의 대불(大佛)을 만드는 계기가 되었습니다.

치시키(智識)라 함은 불교를 신앙으로 삼고 절이나 불상을 만드는 일에 협력한 사람을 일컫는 말로, 동탑터(東塔趾)의 일부가 과거에 조사되었습니다. 출토된 기와로 본다면 1,300년 이상 전인 아스카시대 말기경에 창건되어 무로마치시대 무렵에 폐사(廢絶)되었던 것 같습니다.

이와신사의 경내에는, 동탑으로 사용되어지고 있던 탑심초를 비롯한 초석이 옮겨져 있습니다.

1995년 3월 카시와라시교육위원회

유심히 보니 경내 한쪽 구석에 그 탑심초의 초석이 놓여져 있다. 그리고 거기에도 게시판이 서 있는데 "화강암으로 만들어진 이 탑심초의 주혈(柱穴)의 직경은 122센티미터이고, 그 위에 세워져 있는 탑은 높이 48.8미터의 5층탑이었다고 추정됩니다. 치시키사의 대불은 높이 18미터라고 전해지고, 이 초석으로부터 추정되는 탑도 그와 같이 거대한 불상을 본존으로 하는 대사원에 어울리는 크기입니다'라고 씌어 있었다.

이와신사는 뒷산에서 발견된 고구려계 채색 고분의 피장자를 모셨던 것으로 생각되지만, 그것은 차치하고 이른바 치시키사터 일색으로 되어 있었다. 이 치시키사의 대불이 나라 토오다이사 대불을 만드는 계기가 되었다고 하는 것이 흥미로운데 더욱이 지금은 보통 '智識'이라고 하면 이른바 인텔리를 떠올리지만, 여기서는 다른 뜻으로 사용되었다고 하는 것이 흥미롭다. 『일본사사전』의 「치시키(智識)」「치시키사(智識寺)」를 보면 다음과 같이 씌어 있다.

치시키(智識) 당초에는 불교용어로 지인(知人)·붕우(朋友)의 뜻이었지만 그 뜻이 변하여 불교의 가르침으로 사람들을 구제하는 사람이라는 뜻이 되었다. 더욱이 조사(造寺, 절을 만듦)·조불(造佛, 부처·불상을 만듦) 등 불교 흥융(興隆)에 협력한 사람을 뜻하는 것으로 되었다. 또 기진(寄進, 기부) 행위·희사(喜捨)한 재물·신앙을 함께하는 사람들의 집단을 가리키고, 이 집단을 결성하는 것을 '치시키유이(智識結)'라고 한다.

치시키사(智識寺) ①고대에 같은 신앙을 가진 사람들의 단체, 즉 '치시키(智識)'들이 사유재산을 기부해서 세운 절. ②오오사카부 카시와라시에 있던 절. 텐무천황이 이 절의 비로사나불(毘盧舍那佛)을 보고 대불 건립을 생각해냈다고 하며, 토오다이사(東大寺)의 성립과 관계가 깊음. 중세 이후 황폐해졌다.

그리고 안도오 지로오(安東次郎)·카미쯔카사 카이운(上司海雲) 씨의 『토오다이사─고사순력(古寺巡歷) 1』에 의하면, 이 치시키사를 지었던 치시키(智識)들은 그 주변에 살고 있던 '신라계 도래인'이었을 것이라고 하고 있다.

당시 텐무천황이 치시키사의 그 불상을 본 때는, 텐표오 12년(740) 2월이었다고 되어 있다. 그렇다고 한다면 이때 그것을 본 사람은 텐무황제 한 명만이 아니었을 것이다. 측근에 있던 자들도 함께였을 것임에 틀림이 없는데, 그들은 그 비로사나대불뿐만이 아니라 그것을 믿는 신앙을 가지고 평온하게 일하며 생활하

토오다이사 비로사나대불

고 있던 사람들, 즉 '치시키'들의 모습도 보았을 것이다. 그리고 그들은 '그래 바로 이것이야'라고 모두가 함께 생각했음에 틀림이 없다. 다시 말하면 그들은 사람들의 마음을 하나의 신앙과 하나의 사상을 향해 모으는 일이야말로 치자(治者)가 행해야 하는 유효한 방법이 아닐까 하고 생각했을 것이다. 즉 사람들을 모두 치시키화(總智識化) 시킨다고 하는 것이었다. 그 740년 9월에는 이른바 '후지와라노히로쯔구(藤原廣嗣)의 난(亂)'이 일어나 텐무황제 등은 민심의 동향에 마음을 졸이고 있었던 것이었다.

그러한 일이 있어서인지 텐무천황 등은 '총치시키화'의 본산(本山)인 나라(奈良) 토오다이사의 건립을 결의하고, 서둘러 다음해인 741년 3월에는 '코쿠부사(國分寺) 건립의 조(詔)'를 발표했던 것이었다. 물론 그 본존은 화엄종(華嚴宗)·화엄경(華嚴經)의 교주로서의 비로사나대불로, 더욱이 그것은 카와치 치시키사의 그것보다 훨씬 거대한 금동불(金銅佛)이었다.

이것이 지금에 와서는 '나라(奈良)의 대불'이 되어 우리들이 바로 눈앞에서 볼 수 있게 되었지만, 처음에는 금박을 입힌 반짝반짝 빛나는 불상이었기 때문에 고대의 사람들은 반짝반짝 빛나는 그 불상을 보고 "아아, 이것이야말로 구세주다"라고도 생각했음이 틀림이 없다. 요약해서 말한다면 토오다이사대불은, 카와치에 있던 치시키사의 비로사나대불에서 발상된 것이었던 것이다.

그런데 앞에서 본 안도오 · 카미쯔카사 씨의 『토오다이사』는 카와치에서 치시키사를 만들고 있던 '치시키'들을 '신라계 도래인'이었을 것으로 적고 있다. 크게 본다면 그렇게 말해도 되겠지만 나는 그에 대해서 조금 다른 의견을 가지고 있다.

왜냐하면 8세기 후반이던 당시는 고대한국에 있어서 이미 그 100년쯤 전에 고구려(668년)나 백제(660년)가 멸망하고 이른바 통일신라가 성립되어 있었다. 그러했기 때문에 신라승인 신쇼오(審祥)가 전한 화엄경 · 화엄종도 백제계의 도래인으로 토오다이사 초대 별당(別當, 사원을 총괄하는 장관)에 오른 로오벤(良弁)에게도 쉽게 받아들여진 것이었다. 뿐만 아니라 토오다이사의 세계 제일의 목조건조물인 대불전을 만든 것은 신라계 도래인 이나베노모모요(猪名部百代) 집단이고, 그 대불전의 본존인 거대한 비로사나대불을 만든 것은 백제계인 쿠니나카노키미마로(國中公麻呂) 집단이었다. 이처럼 당시로써는 신라계, 백제계 또는 고구려계〔가야계는 562년에 신라에 흡수되었고 특히 사서(史書)에서는 소멸되어 버렸다〕는 물론 말하자면 삼국계의 합작과 같은 시대가 되었던 것이다.

따라서 카와치의 치시키사를 운영하고 있던 치시키들을 '신라계 도래인'으로 보는 것은 크게 보아 틀리지 않을지도 모른다. 그러나 나카카와치(中河內) 부근 일대는 고구려계 코마향의 오오코마(大狛)씨족이 중심이 되어 그 범위를 넓혀 가고 있었기 때문에, 그 치시키들도 역시 고구려 또는 고구려계 백제인이 아니었을까 하고 나는 생각하는 것이다. 어찌 되었든 치시키들은 어느 쪽이라고 해도 좋을 듯한 것인데, 이 부근 일대에서는 가끔은 백제이기도 신라이기도 했던 가야(가라)계의 낡은 토기가 출토되고 있지만 역시 이곳은 고구려 · 백제와 깊은 관계에 있었다고 생각하지 않을 수 없다.

나와 요네다 씨는 카시와라의 이와신사(치시키사터)를 벗어나, 야오시 지역으로 돌아왔다. 그리고 이미 해질녘이 되어 있었기 때문에, 우리들은 곧장 나의 숙소가 있는 텐노오지(天王寺, 지명) 쪽에 있는 JR역에 가까운 큐우호오지(久寶寺, 지명)로 갔다.

큐우호오지라고 하면, 지금은 오오사카시 히라노구(平野區)로 되어 있는 카미(加美)유적과 관계가 있는 큐우호우지유적이 유명하다. 그러나 내게 있어서 추억이 깊이 남아 있는 곳은 그곳에 있는 코마(許麻)신사였다. 왜냐하면 수십 년 전 내가 아직 20대였을 때 카나가와현(神奈川縣) 요코스카(橫須賀)에서 함께 청춘 시절을 보내고 있었던 친구 장두식(張斗植)이 병이 들어, 이곳—당시는 분명히 카미촌(加美村)이었다—에 살던 처가의 도움으로 치료를 받고 있던 그를 병문안을 겸해서 찾아간 적이 있었기 때문이다.

그때 우리 둘은 그 근방으로 산책을 나갔는데, 어디를 어떻게 걸었는지 거기에 코마신사가 있어서 나는 조금 묘한 기분이 들었던 것이었다. 왜냐하면 그것은 코마(許麻)신사가 아니라, 고대일본에서는 고구려를 '코마(高麗)'라고 하고 토오쿄오 가까이의 사이타마현에 있는 코마(高麗)신사와 같은 고구려계의 신사로 되어 있었기 때문이었다.

당초 나는 그것을 이상한 것이라고 생각하고 있었는데, 그뒤 차츰 알아보니 일본 국내에는 그와 같은 코마(高麗) · 코마(許麻)신사만이 아니라 시라기(新羅) · 쿠다라(百濟)신사 등이 여기저기에 산재해 있었다. 그 신사들의 별명(別名) · 변명(變名) · 지명 등까지 합치면 그 수는 한정이 없는 것이었다. 나는 일본 고대사에 있어서 '귀화인'이라는 용어와 함께 그와 같이 고대한국과 연관된 신사 등에 관한 많은 의문이 축적되어 훗날 고대 유적기행인 "일본 속의 한국문화" 12권을 쓰게 되었고, 지금 현재도 이와 같은 원고를 쓰게 된 것이다.

그런 일로 인해 나는 20여 년 전에도 큐우호오지의 코마신사를 다시 방문했었는데, 그때에는 이 신사가 어딘지 혼란스럽고 어수선한 모양이었다. 나도 발길을 재촉하고 있었기 때문에 제신이 '코마영신(高麗靈神) · 코마대신(許麻大神)' 등이라고 쓴 입간판만을 보고 지나쳐 버렸던 것이다. 그때부터 다시 20여 년이 흘러, 이번에 요네다 씨와 함께 방문했을 때에는 신사 전체가 잘 정비되어 있었다. 본존 앞 경내의 나무가 많이 심어져 있는 석등롱(石燈籠) 옆에 '코마신사'라고 쓰인 신사의 유래를 적은 산뜻한 비석이 세워져 있었는데, 그 비석에는 다음과 같이 씌어 있었다.

『엔기식』 내사로 원래는 고즈텐노오(牛頭天王)라고 칭하는 시부카와 6좌(涉川六座)의 하나이다. 이 땅은 옛날 '코마노쇼오(巨麻庄)'라고 했고, 카와치국 제번(諸蕃)인 '오오코마노무라지(大狛連)'가 살았던 땅으로 그 조상을 모셨다고 전해진다. 경내에 있는 화장실 건물의 형태는 옛날의 궁사(宮寺, 신사에 부속된 사원) 큐우호오사 관음원(觀音院)의 종루(鐘樓)의 흔적이다.

이 절은 쇼오토쿠타이시 때에 건립된 것으로, 센고쿠(戰國)시대에 화재를 입어 소실되었다. 그뒤 관음원만 부흥(復興)되었지만, 메이지시대 초기에 폐사(廢寺)가 되어 버렸다. 본존 12면관음은 지금 넨부쯔사(念佛寺)에 모셔져 있다. 신사의 서쪽 방향에 옛날의 야요이식 토기를 매장한 벤토우산(ベントウ山)이 있었다.

야오시교육위원회

쇼오토쿠타이시가 건립했는지의 여부를 떠나 이곳에 먼저 있었던 것이 궁사였던 큐우호오사인지, 엔기식 내사라는 점에서 천년 이상 전에 모셔진 코마신사였는가는 잘 모르겠다. 그것보다 이 주변의 땅도 코마향(巨麻鄕)에서 유래된 코마노쇼오(巨麻庄)로, 즉 오오코마노무라지가 살았던 곳이라는 것이다.

그리고 그 오오코마씨족의 씨신사인 오오코마신사는 카시와라시 지역의 산속에 있는 혼도오에 있었는데, 그 씨신사가 그곳에서 멀리 떨어진 야오시 지역 외곽에도 있었다는 것이다. 오오코마노무라지라는 자는 필시 혼도오의 오오코마씨족에서 분리되어 나온, 그곳의 '스구리(村主)'이기도 했던 무라지(連)가 된 사람이었음에 틀림이 없다.

이처럼 오오코마씨족은 야마토천(大和川) 북쪽 연안인 나카카와치(中河內) 일대에 퍼져 있던 것인데, 더욱 주의해야 하는 것은 '코마신사(許麻神社)'라는 비석의 마지막에 "신사의 서쪽 방향에, 옛 야요이식 토기를 매장한 벤토우산이 있었다"라는 내용이다. 그것은 지금부터 보게 되는 3세기의 한국토기 또는 근처의 카메이(龜井)유적과도 관련된 것이 아닐까 하고 생각되어진다.

3세기의 도래인 토기를 앞에 두고

그럼 여기서 이야기를 처음 야오시교육위원회를 방문해서 요네다 씨와 함께 시문화재 조사연구회에 들렀을 때로 돌아가도록 하자. 거기서 나는 사무국장인 카와니시 히로시(川西博) 씨를 통해 갑자기, 그러나 꼭 직접 보고 싶다고 생각하고 있던 두 개의 토기를 보게 되어 눈이 둥그레졌다.

그 토기는 큐우호오지유적에서 출토된, 아직 야요이시대라고 해도 좋을 코훈시대 전기에 해당하는 3세기 후반의 것이라고 하는 완형 토기로 복원된 한국 도래인의 토기였다. 옛날 같으면 이러한 토기는 토오쿄오국립박물관 같은 곳에 '차출' 되어 갔겠지만, 지금은 그러한 규정이 없기 때문에 출토지인 야오시에 그대로 남아 있다고 생각했다.

그러나 그러한 토기는 여러 가지 의미에서 상당히 중요한 것이었기 때문에 자료관이나 어딘가의 수장고(收藏庫)에 엄중하게 보관되어 있어서, 좀처럼 볼 수가 없는 것이 아닐까 하고 나는 생각하고 있던 것이다. 하지만 나는 1,600년 이상이나 오래된 전형적인 그 한국토기를 눈앞에 두고, 손으로 직접 어루만져 볼 수도 있었다. 나는 요네다 씨를 비롯해서 거기에 있던 모든 이에게 감사하지 않을 수 없었다.

그 토기에 대한 것은 한 번 신문에 나온 적이 있다. 그래서 앞에서 옛 가마터군을 말하면서 나는 『아사히신문』의 기사를 인용한 적이 있었지만, 더욱 확실히

하기 위해 이번에 또 다른 신문을 여기에 인용해서 함께 생각해 보려고 한다. 1994년 11월 15일자 『산케이신문』(오오사카판)에는 "도래인/최고의 흔적/야오의 유적/3세기 후반의 토기 조각 출토"라는 머릿기사로 다음과 같이 씌어 있었다.

한반도에서 도래한 사람들이 코훈시대 전기(3세기 후반)에 제작한 토기 조각이, 오오사카부 야오시 진무정(神武町)의 큐우호오지유적에서 출토되었다고 14일 야오시 문화재조사연구회가 발표했다. 도래인이 일본 국내에서 만든 가장 오래된 토기의 예는 코훈시대 중기(5세기 전반)에 니시니혼(西日本) 각지에서 구워진 스에키이다. 이번 발견으로 도래인이 일본에 살았던 시기는 야마토정권의 성립 전후까지로 100년 이상이나 거슬러 올라가게 된다.

발견된 토기 조각은 식물(食物)을 담기 위한 화로형(爐形) 토기와 컵으로 사용되어졌다고 보여지는 연질(軟質)로 된 양 손잡이가 달린 독(兩耳甕)이다. 복원해 본 바, 화로형 토기는 입지름(口徑) 16.3센티미터, 높이 22.8센티미터, 연질 독은 입지름 8.3센티미터, 높이 10.6센티미터였다.

한반도 남부에서 삼한시대부터 삼국시대로의 이행기(3세기 후반에서 4세기)에 걸쳐서 만들어진 양식과 흡사하고, 토질의 분석 결과 큐우호오사 주변의 흙을 사용했다고 판명되었다. 흙 속에 묻은 뒤 주위에서 구웠던 듯하다. 이러한 양식으로 된 토기의 출토는 일본 국내에는 그 예가 없어서, 동 연구회에서는 도래인이 한반도의 토기를 모방해 제작한 것이라고 단정했다. 『일본서기』 등에 의하면 도래계의 기술자들이 일본에 건너온 것은 4세기부터 5세기 초에 걸쳐서라고 한다. 이 두 개의 토기로부터

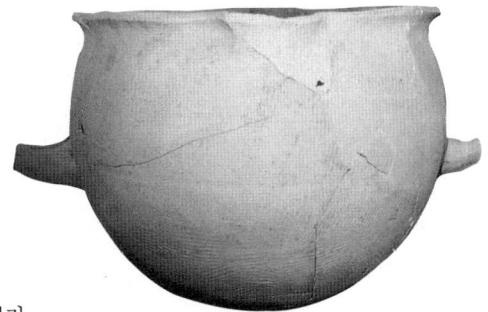

한식계 토기

그 이전에 인적 교류도 시작되고 있었음을 짐작할 수 있다고 한다.

홋타 케이이치(堀田啓一)·코오야잔(高野山)대학 교수(한국고고학 전공)의 담화이다. "이러한 형태로 된 토기의 출토 예는 다른 곳에는 없고, 일본에 있어서 도래인의 발자취를 나타내 주는 가장 오래된 자료이다. 토기를 만든 도래인은 어떤 특수기술을 가지고 있었기 때문에 일본에 초청되었든지 그렇지 않으면 별도의 이유로 이주해 왔을 것이다."

이 기사에는 홋타 씨의 담화를 포함해서 여러 가지 의문이 있는데, 그것은 이제부터 살펴보기로 하고 어떻게 된 일인지 큐우호오지유적에서는 고대한국에서 건너온 토기가 자주 출토되고 있다. 나는 "일본 속의 한국문화" 제12권 『카와치』의 부분을 쓰기 위해 이곳을 한 바퀴 죽 둘러본 일이 있다. 그뒤 얼마 안 있어 1982년 3월 5일자 『요미우리신문』(오오사카판)에 "큐우호오지유적/도래계 토기 60조각이 출토/평행고목(平行叩目)/한반도에서 삼국시대에 제작"이라는 머릿기사로 다음과 같이 씌어 있었다.

야오시의 큐우호오지유적에서 4일까지의 조사로 코훈시대 중기(5세기 중기)에 한반도에서 만들어졌다고 보여지는 도래계 토기 조각 약 60점이 발견되었다. 한 군데의 유적에서 이처럼 많은 도래계 토기가 출토된 것은 드문 일로, 큐우호오지유적은 지금까지 거의 해명이 되지 않고 있었던 도래인(귀화인)의 생활 유적일 가능성이 강해졌다.……그 중 거의 완전한 형태로 복원된 것은 다섯 점으로, 모두 높이 10센티미터, 직경 15센티미터 정도의 독(甕)으로, 표면에 평행고목, 격자고목, 승석문 등이 있고, 한반도의 삼국시대(4~7세기 중기경)에 만들어져, 일본에 건너 온 것인 듯하다.

『일본서기』 등에는 카와치평야에 한반도에서 건너온 수많은 도래인이 살았고, 토기의 제작이나 하천개수 등도 행했다고 하는 기록이 있다. 그렇지만 그 '물증'이 되는 도래계 토기는 지금까지 이즈미오오쯔시(泉大津市)의 오오조노(大園)유적 등에서 조각이 10여 점 정도 발견되었을 뿐, 그 생활에 대해서는 거의 해명되어 있지 않았다.

카시와라 교육위원회의 한식토기

그러나 이번 큐우호오지유적에서 이 정도로 많은 양이 출토된 것으로 이곳이 도래인이 살던 유적이라는 견해가 강해지게 되었다. 유적 가까이에는 한반도에서 코훈시대 중기에 건너 온 코마 일족을 받드는 코마신사가 있기 때문에 그것도 도래인의 유적이라고 한다면 같은 일족으로 생각된다.

여기서 말하는 '코마신사'는 앞에서 본 코마신사를 가리키는 것인데, 이러한 코훈시대 중기의 것으로 생각되는 한국제 토기는 인접한 야마토·텐리시(天理市)의 호시즈카(星塚)고분군 등에서도 대량으로 출토되고 있다.

그런데 야오시 지역에는 그러한 유적이 하나 더 있다. 조금 중복되는 내용이 있어 번거로울지도 모르겠지만, 앞서 본 신문기사로부터 10년이 지난 1992년 10월 9일자 『산케이신문』(오오사카판)에는 "한식계 토기 출토/코훈시대 중기경/

3세기의 도래인 토기를 앞에 두고 *351*

한반도와의 교류 뒷받침/야오미나미(八尾南)유적"이라는 머릿기사로 다음과 같이 씌어 있었다.

야오시 니시키노모토(西木の本)의 야오미나미(八尾南)유적을 발굴조사하고 있던 야오시문화재조사연구회는 8일 동 유적의 코훈시대 중기경의 집락 유구(遺構)에서 한반도로부터 건너왔다고 생각되는 한식계 토기의 완형품(完形品) 한 개와 조각 다수가 출토되었다고 발표했다.

굴립주 건물(掘立柱建物) 여섯 동(棟)과 제사에 사용되었다고 보여지는 곱은옥, 구옥 등도 발견되고 있어서 동 연구회에서는 당시 이 지역이 한반도와 교류하고 있었음을 뒷받침하는 귀중한 자료로 보고 있다.

발굴 현장은 야오시의 남서부에 해당되는데, 이번에 방위청 숙사의 건설에 따라 350제곱미터를 조사했다. 그 결과 코훈시대 전기에서 헤이안시대 후기의 유구면(遺構面)이 검출되었다. 이 가운데 고분시대 중기의 유구면에서 건물터와 우물, 도랑 등의 집락 유구를 검출했고, 더욱이 유구 내에서는 다량의 한식계 토기를 확인했다. 한식계 토기는 코훈시대 중기 무렵 한반도로부터의 도래인에 의해 전해진 토기로, 승목(繩目, 새끼줄의 매듭) 모양이 특징이다. 이번에 발견된 완형품은 크기가 입지름 11.4센티미터, 높이 11.1센티미터이다.

지금까지 오오사카부 내의 약 60유적에서 출토된 예가 있고, 특히 야오미나미 유적 주변에서는 이 시기의 출토 유물에 포함되는 한식계 토기의 비율이 다른 지역보다 높아서 한반도와의 밀접한 교류를 보여 주고 있다.

또한 그 밖에도 이것들보다 훨씬 오래된 한국의 무문토기가 출토되고 있는 곳도 있지만 그것은 나중으로 미루기로 하고, 지금까지 살펴본 그 토기에 대한 기사는 전부 세 가지였다. 첫번째 기사는 아직 야요이시대라고 해도 좋을 코훈시대 전기 한국에서 건너온 도래인이 이 땅에서 만든 것이라고 하는 토기에 관한 것이고, 두 번째와 세 번째의 기사는 둘 다 코훈시대 중기 도래인이 갖고 들어왔다고 보여지는 한식계 토기에 관한 것이었다.

그 한식계 토기에 관해서는 카시와라시립역사자료관에서 개최한 「되살아나는 고대전」에서 한국식 작은 동탁과 함께 직접 보았던 토기이다. 즉 야오시만이 아니라 그러한 한식계 토기는 카시와라시 지역에서도 상당수가 출토되고 있다는 것이 되는데, 내가 첫번째 기사 즉 1994년 11월 15일자『산케이신문』을 처음 보았을 때 보도된 사진을 보고 이것도 한식계 토기와 마찬가지로 도래인이 가지고 들어 온 것은 아니었을까 하고 생각했던 것이다. 하지만 기사 내용을 읽어보면 그것은 토질의 분석 결과, 이 땅에서 도래인이 한국에서의 그것을 모방해서 만들었다고 하는 것이었다. 도래인이 한식계 토기를 전한 5세기 후반의 코훈시대 중기보다 200년이나 앞서서 도래한 자들이 이 땅에서 그것을 만들었다는 것은, 나중의 스에키는 별개이겠지만 도대체 어떻게 되었다는 것인지 나는 의문을 가지지 않을 수 없었다.

왜냐하면 나의 일가(一家)도 그러했지만, 문명시대라고 하는 현대에도 재일동포가 '남부여대(男負女戴)'로 고국을 떠날 때에는 당장 필요한 생활용구(어떤 사람은 식량이나 식물의 종자까지) 등은 반드시 휴대하고 길을 떠났던 것이다. 따라서 한식계 토기가 전래된 때보다 200년이나 앞서서 도래한 자들이 일본에서 그와 같은 토기를 만들었다는 것은 이해할 수가 없다. 그러나 토질의 분석 결과라고 하고, 그 토기와 같은 것이 출토되고 있는 한국 남부·가야의 토질과 비교 분석이 불가능하기 때문에 나로서는 반론의 여지가 없다.

하지만 그렇다고 하더라도 첫번째 기사의 '도래인이 일본에 살았던 시기는 야마토정권의 성립 전후까지로'라는 것은 이상한 이야기가 아닌가 생각된다. 훗타 교수의 "이러한 형태로 된 토기의 출토 예는 다른 곳에는 없고, 일본에 있어서 도래인의 발자취를 나타내 주는 가장 오래된 자료이다. 토기를 만든 도래인은 어떤 특수 기술을 가지고 있었기 때문에 일본에 초청되었든지" 운운하는 것도 마찬가지이다.

한국에서 도래인이 건너온 것은 5세기인 코훈시대 또는 '야마토정권의 성립 전후'라고 하는 사상은 여전히 일부 일본인 학자들에게는 뿌리박혀 있는 것 같다. 만약 그렇다고 한다면 예를 들어 국립역사민속박물관의 제1전시실 「벼(稻)와 왜인(倭人)」의 설명을 어떻게 보아야 할지 문제가 된다. 그 「벼와 왜인」에는 다음과 같이 쓰여 있다.

쌀을 만들어 먹는 생활이 니시니혼(서일본)에서 시작된 것은 지금부터 약 2,300~2,200년 전의 일이다. 일본의 수도농경(水稻農耕)은 처음부터 완성된 모습을 취하고 있었다고 하는 특징을 갖고 있는데, 그 이유는 한반도남부에서 도작민(稻作民)들의 집단적인 도래가 있었기 때문이다.

벼농사는 안정된 식량·인구의 증가와 남녀의 협업(協業) 등을 가져왔고, 또 독특한 제사 의례를 만들어냈다. 그렇게 해서 왜인사회는 한제국(漢帝國)으로의 조공 등 국제사회로의 가입을 달성했다.

선조 등 죽은 자에 대한 '독특한 제사 의례를 만들어낸 왜인'이라는 것이 어디에서 왔는가라는 것도 여기에는 나타나 있지만, 그것은 차치하고라도 도작농경과 철기 등의 야요이시대를 만들어낸 것도 한국에서 온 도래인이었을 것이다. 그러한 야요이유적으로서는 앞서 본 카시와라시 지역의 혼고오(本鄕) 유적을 들 수 있는데, 그와 같은 유적은 이곳 야오시에도 있다.

앞에서 본 큐우호오지의 코마신사의 유래를 나타낸 비석에, "신사의 서쪽 방향에 옛 야요이식 토기를 매장한 벤토우산이 있었다"라고 하는 것과 어떻게 직접 연결되는지는 잘 모르겠지만, 그 큐우호오지 근처의 카메이유적이 그러하다.

카메이유적은 특히 각 신문에도 크게 보도된 일이 있는데 그 가운데 1993년 2월 19일자 『토오쿄오신문』에는 "킨키(近畿)에도 다중 환호집락(多重環濠集落)/야요이 중기, 키타큐우슈우보다 빠르고/오오사카·야오시 카메이유적"이라는 머릿기사로 다음과 같이 씌어 있다.

오오사카부 야오시 미나미카메이정(南龜井町)의 야요이시대 집락인 카메이유적을 발굴조사하고 있던 오오사카부 교육위원회는 18일, 집락을 둘러싸고 있던 것으로 보여지는 환호(環濠) 터가 일곱 군데 발견되었다고 발표했다. 이 가운데 세 곳은 야요이시대 중기 후반(1세기 전반)과 같은 시기에 존재하고 있었다고 판명되었다. 나머지 네 곳도 같은 시기일 가능성이 높고, 동 유적이 다수의 도랑(濠)으로 둘러싸인 다중 환호집락이었음이 밝혀졌다.

후쿠오카현(福岡縣) 히라쯔카카와조에(平塚川添) 유적(야요이 후기)이 환호 여섯 개의 다중 환호집락으로서 사마타이코쿠논쟁(邪馬台國論爭)과 얽혀 큰 화제를 모으고 있지만, 그것에 앞선 연대에 같은 모양의 다중 환호집락이 긴키에도 있었다는 것은 큰 반향을 불러일으킬 듯하다.

긴 기사의 앞부분으로, 이러한 환호집락은 간단하게 말하면 신천지(新天地)에 도래한 자들의 자위(自衛)를 위한 것이었다. 이것은 나라국립문화재연구소의 고고학자 타나카 타쿠(田中琢) 씨가 『일본의 역사』 제2권 「왜인쟁란(倭人爭亂)」의 결론 부분에 해당하는 '이 책에서 무엇을 보았는가'에 쓰여진 다음의 내용과 대응되는 것이다.

전(前) 4세기에서 5세기까지, 800년을 넘는 사이를 두고, 이 책에서는 일본열도의 대지 위에 펼쳐진 '와진(倭人)'의 역사를 보았다. 그것은 쌀 생산과 금속가공의 기술을 가진 사람들이 한반도에서 바다를 건너 와 일본열도에 상륙·확산되어서 혼슈우제도(本州諸島) 각지에 살던 죠오몬인과 접촉하는 것에서 시작되었다.
  그들과 죠오몬인과의 사이에는 새롭게 건설한 마을의 주위에 호를 파서 마을로의 침입을 막는 등의 긴장 관계에 있었다. 기원전 4세기에서 3세기경의 일이다. 이렇게 해서 혼슈우제도의 각지에 정착해서 쌀생산을 보급하고 있던 왜인은, 그 마을 주위로 생활권을 더욱 넓혀나갔다.

이렇게 해서 그들 야요이인(倭人)은 코훈시대를 맞이하게 되는 것이지만, 그 야요이인이 어디에서 왔는가 하는 것은 타나카 씨의 글만 보더라도 거의 확실히 알 수 있다. 또한 1991년 12월 18일자 『요미우리신문』(오오사카판)에는 "야요이 중기/한국계 무문토기가 출토/야오·카메이유적/주형(鑄型)의 깨진 조각 두 점도"라는 머릿기사로 다음과 같이 씌어 있다.

니시니혼 최대급인 야요이시대의 집락터인 카메이유적(야오시 카메이정)에서 야요이시대 중기(약 2천 년 전)의 한국계 무문토기와 동탁 등의 금속 제품을 만드는 주형(鑄型) 등, 주조 관련 유물이 발견되었다고 오오사카문화재센터가 17일 발표했다.

이것도 긴 기사의 서두 부분인데 무문토기라 함은 늦어도 기원전 7세기 이후인 한국 농경기의 토기로 일본의 야요이식 토기의 원류라고도 말해지는 것이다. 타케스에슌이치(武末純一) 씨의 「야요이시대의 한반도계 토기」에 "고고학에서 토기는 기본이다"라는 언급이 있지만, 그렇더라도 조금은 토기나 신문기사에 대한 기술이 길어진 것 같다.

하지만 마지막으로 또 한 가지, 최근 야요이시대인에 대한 흥미로운 신문기사가 있어서 그것도 여기에 소개해 두고자 한다. 내가 이 원고를 쓰기 시작한 1996년 5월 2일자 『토오쿄오신문』에는 "타카시마 마사노부(高島政伸) 대(對) 토요카와 에쯔시(豊川悅司)/야요이판 쇼오유(醬油) 얼굴/남성의 얼굴 복원이 화제"라는 머릿기사로 다음과 같이 씌어 있었다.

같은 쇼오유(간장) 얼굴(일본풍의 얼굴을 왜간장에 비유한 말로 대응되는 말은 서양풍의 얼굴을 가리키는 소스 얼굴)이라도 이렇게 다르다. 나라현과 오오사카부의 박물관에서 열리고 있는 특별전에서 거의 동시에 야요이시대 전기의 남성 얼굴을 복원한 모형이 공개되었는데, 두 얼굴 생김새의 차이가 화제를 불러일으키고 있다.

야요이인은 일반적으로 눈초리가 가늘고 길게 째져 있는 모양이고, 콧날이 서 있는 일본풍[和風]의 쇼오유 얼굴이다. 반대로 나라현의 야요이 유적에서 출토된 인골로 복원한 도래계 남성은 턱이 약간 뾰족하고 애교 있는 현대풍(現代風)의 얼굴이다. 한편 야마구치현(山口縣)에서 출토된 또 다른 도래계 남성은, 광대뼈가 높고 하관이 길어 차가운 인상을 주고 있다.

이 둘을 일본의 현대 배우로 예를 들면 나라의 남성이 타카시마 마사노부(高島政伸) 타입이라면 야마구치의 남성상은 토요카와 에쯔시(豊川悅司) 타입이다. 오오사카부립 야요이문화박물관의 와다나베 마사히로(渡邊昌宏) 학예과장은 "두 사람을 비교하면 같은 한반도에서 건너온 도래인일지라 하더라도 지역에 따라 틀리다는 것을 확실히 알 수 있다"라고 한다.

　기사는 계속 이어지고 있으나, 풍토의 차이에 의한 그러한 변용은 재일동포와 일본인 일반의 경우에 있어서도 같다고 말할 수 있다고 생각한다. 지금의 재일 한국인은 2세, 3세의 시대에 이르고 있는데 전에는 전차에 타고 있는 사람의 얼굴만을 보아도 "음, 저 사람은 한국인이다"라고 금방 알 수 있었다. 그렇지만 2세, 3세에 이른 지금의 시대에는 거의 알아볼 수 없게 되어 버렸다.

인지명 대조표

ㄱ

가도(街道) - 카이도오
가람국, 가야국, 가나국
　　　　(伽藍國, 加耶國, 加羅國) - 카라국
가묘(假墓, カルハカ) - 카리하카
가무촌(加茂村) - 카모촌
가미촌(加美村) - 카미촌
가원사정(家原寺町) - 에바라지정
가촌손우위문(家村孫右衛門)
　　　　　　　　- 이에무라 마고우에몬
가치, 가신(加治, 加神) - 카신
각수니(覺壽尼) - 카쿠쥬니
각절(角折) - 쯔노오리
갈목신마자(葛木臣馬子)
　　　　　　　- 카쯔라기노오미우마코
갈성산(葛城山) - 카쯔라기산
갈성습진언(葛城襲津彥)
　　　　　　　- 카쯔라기노소쯔히코
갈성신(葛城臣) - 카쯔라기노오미
갈성원대신(葛城圓大臣)
　　　　　　- 카쯔라기노쯔부라노오오오미
갈정련광성(葛井連廣成)
　　　　　　- 후지이노무라지노히로나리
갈정사(葛井寺) - 후지이사
갈정씨(葛井氏) - 후지이씨
감구향(紺口鄕) - 코무쿠향
갑정(岬町) - 미사키정
강림사(剛林寺) - 코오린사
강상파부(江上波夫) - 에가미 나미오
강원시(橿原市) - 카시하라시
강전선산(江田船山)고분 - 에다후나야마고분
강포양(江浦洋) - 에우라 히로시
개로왕(蓋鹵王) - 코오로왕
거마향(巨摩鄕) - 코마향
건내숙니(建內宿禰) - 타케노우치노스쿠네
건수분(建水分)신사 - 타케미쿠마리신사
검근명(劍根命) - 쯔루기네노미코토
견상촌(堅上村) - 카타카미촌
견염원계(堅鹽媛系) - 키타시히메계
견전직(堅田直) - 카타다 스나오

경경예존(瓊瓊藝尊) - 니니기노미코토
경리(輕里)고분 - 카루사토고분
경묘촌(輕墓村) - 카루바카촌
경우가(輕狩迦)신사 - 카루하카신사
경원궁(境原宮) - 사카이하라궁
경진주명(經津主命) - 후쯔누시노미코토
경진주희명(經津主姬命)
　　　　　　- 후쯔누시노히메미코토
경태랑황녀(輕太郞皇女)
　　　　　　- 카루노오오이라쯔메미코
경태자(輕太子) - 카루노타이시
계시(堺市) - 사카이시
계체(繼體)천황 - 케이타이천황
고규시(高槻市) - 타카쯔키시
고기(古機) - 후루하타
고도충평(高島忠平) - 타카시마 타다히라
고마(高麻)신사 - 코마신사
고마산(高麻山) - 코마산
고미산(高尾山)유적 - 타카오야마유적
고본번조(稿本繁造) - 하시모토 시게죠오
고상수명(高上秀明) - 타카가미 히데아키
고석(高石)신사 - 타카이시신사
고석재지(高石才智) - 타카시노사이치
고송시(高松市) - 타카마쯔시
고송총벽화고분(高松塚壁畵古墳)
　　　　　　- 타카마쯔즈카벽화고분
고시(古市)고분군 - 후루이치고분군
고시(古市)신사 - 후루이치신사
고시군(高市郡) - 타케치군
고안군(高安郡) - 타카야스군
고안천총(高安千塚) - 타카야스센즈카
고야(高野) - 코오야
고영(考靈)천황 - 코오레이천황
고유광수(高柳光壽) - 타카야나기 미쯔토시
고이비매(古爾比賣) - 코니히메
고장사촌(高藏寺村) - 코오조오지촌
고장원(高藏院) - 코오조오원
고전실(古田實) - 후루타 미노루
고정전산(高井田山)고분 - 타카이다야마고분
고지비등약자마여(高志毗登若子麻呂)일족
　　　　　　- 타카시히토와카시마로일족

고지연(高志連) - 타카시노무라지
고취(高鷲) - 타카와시
고포(古浦)유적 - 코우라유적
고향(高向) - 타카무코(타코오)
고향현리(高向玄理) - 타카무코노쿠로마로
고혼신명(高魂神命) - 타카미무스비노미코토
곡천건일(谷川健一) - 타니카와 켄이치
과산(鍋山) - 나베산
과총(鍋塚)고분 - 나베즈카고분
관문(寬文) - 칸분(寬文)
관야조신(菅野朝臣) - 스가노아손
관원(菅原)신사 - 스가와라신사
관원도진(菅原道眞) - 스가와라노미치자네
관원조신(菅原朝臣) - 스가와라아손
관음사(觀音寺) - 칸논사
관음사(觀音寺)유적 - 칸논지유적
관음총(觀音塚)고분 - 칸논즈카고분
광구고출(廣丘高出) - 히로오카타카이데
광기(廣機) - 히로하타
광뢰화웅(廣瀨和雄) - 히로세 가즈오
괘합정(掛合町) - 카케야정
교야시(交野市) - 카타노시
구케곡(駒ヶ谷) - 코마가타니
구미전사(久米田寺) - 쿠메다사
구보사(久寶寺)유적 - 큐우호오지유적
구송(久松) - 히사마쯔
구조가(九條家) - 쿠쵸오가
구주(九州) - 큐우슈우
구패인번수정순(久貝因幡守正順)
　　　　　　　 - 히사가이이나바모리세이
국(國)신사 - 쿠니신사
국부(國府)유적 - 코우유적
국분(國分)신사 - 코쿠부신사
국사(國司) - 코쿠시
군(郡)유적 - 코오리유적
군호(郡戶) - 코오즈
굴전계일(堀田啓一) - 홋다 케이이치
굴전선위(堀田善衛) - 홋타 요시에
궁대영일(宮代榮一) - 미야시로 에이이치
궁산(宮山)고분 - 미야야마고분
궁월노군(弓月の君) - 유즈키노키미

귀석(龜石) - 카메이시
귀수왕(貴須王, 지종왕(智宗王)〕
귀정(龜井)유적 - 카메이유적
귤사(橘寺) - 타치바나사
귤제형(橘諸兄) - 타치바나노무로에
근구수(近仇首)왕 - 킨쿠스왕
근기(近畿) - 킨키
근목천(近木川) - 코기천
근수(近鉄) - 킨테쯔
근위(近衛)천황 - 코노에천황
근의(近義)신사 - 코기신사
근의수(近義首) - 코기노오비토
근투비조(近つ飛鳥) - 치카쯔아스카
금강륜사(金剛輪寺) - 콘고오린사
금당촌(今堂村) - 이마도오촌
금복사(金福寺) - 킨후쿠사
금산(金山)고분 - 킨잔고분
금장정(今庄町) - 이마죠오정
금정아춘(今井雅春) - 이마이 마사하루
금정철부(今井哲夫) - 이마이 테쯔오
금지동(今池東)고분군
　　　　　　　 - 이마이케히가시고분군
금진계자(今津啓子) - 이마즈 케이코
금진철자(今津哲子) - 이마즈 테쯔코
금찬(金鑽)신사 - 카나사나신사
금택장삼랑(金澤庄壓三郞)
　　　　　　　 - 카나자와 쇼오자부로오
기노천(紀ノ川) - 키노천
기옥현(埼玉縣) - 사이타마현
기이국(紀伊國) - 키이국
기장곡(磯長谷)고분군 - 시나가다니고분군
기전(機殿) - 하타도노
기주(紀州) - 키슈우(키이국)
기치진로(磯齒津路) - 이소바쯔로
기토로정(箕土路町) - 미도로정
길야케이(吉野ヶ里)유적 - 요시노가리유적
길전동오(吉田東伍) - 요시다 토오고
길정씨수부(吉井氏秀夫) - 요시이 히데오
길정정(吉井町) - 요시이정
김산희(金山姬)신사 - 카나야마히메신사

ㄴ

나좌원(奈佐原) - 나사하라
나패고수(那沛故首) - 나하코오비토
난파진(難波津) - 나니와쯔
남견(楠見)유적 - 쿠스미유적
남궁(南宮) - 미나미야
남귀정정(南龜井町) - 미나미카메이정
남근의촌(南近義村) - 미나미코기촌
남도천(南島泉) - 미나미시마이즈미
남목(楠木) - 쿠스노키
남연청안(南淵請安) - 미나미부치 쇼오안
남종사(南宗寺) - 난슈우사
남총(南塚)고분 - 미나미즈카고분
남하남군(南河南郡) - 미나미카와치군
남하내(南河內) - 미나미카와치
내목황자(來目皇子) - 쿠메노미코
녹곡사(鹿谷寺) - 로쿠탄사
녹도정(鹿島町) - 카시마정
농천정차랑(瀧川政次郎)
　　　　　　　 - 타키가와 마사지로오
뇌호내해(瀨戸內海)연안 - 세토나이카이연안
능등(能登)반도 - 노토반도
능미천(能美川) - 노오미천

ㄷ

다다양씨(多多良氏) - 타타라씨
다치속비매(多治速比賣)신사
　　　　　　　 - 타지하야히메신사
다치속비매명(多治速比賣命)
　　　　　　　 - 타지하야히메노미코토
단남군(丹南郡) - 탄난군
단비군(丹比郡) - 타지히군
단하대사(丹下大社) - 탄게대사
담로도(淡路島) - 아와지섬
담륜(淡輪)고분군 - 탄노와고분군
당고(唐古)유적 - 카라코유적
당마궐속(當麻蹶速) - 타이마노케하야
당마정(當麻町) - 타이마정
당종(當宗)신사 - 마사무네신사

당종기촌(當宗忌寸) - 마사무네노이미키
당천정(唐川町) - 카라카와정
대케총촌(大ヶ塚村) - 다이가쯔카촌
대강(大江)신사 - 오오에신사
대강건삼랑(大江健三郎) - 오오에 켄자부로오
대곡(大谷)고분 - 오오타니고분
대곡남견(大谷楠見) - 오오타니쿠스미
대국주명(大國主命) - 오오쿠니누시노미코토
대궁시(大宮市) - 오오미야시
대기신(大忌神) - 오오이미노카미
대내씨(大內氏) - 오오우치씨
대동정(大東町) - 다이토오정
대리사(大里寺) - 오오사토사
대물주신(大物主神) - 오오모노누시노카미
대박(大狛)신사 - 오오코마신사
대박련(大狛連) - 오오코마노무라지
대반가지(大伴家持) - 오오토모노야카모치
대산(大山)고분 - 오오야마고분
대산기명(大山祇命) - 오오야마즈미노미코토
대산중(大山中) - 오오야마나카
대삼륜대신(大三輪大神)
　　　　　　　 - 오오미와노오오카미
대선(大仙)고분 - 다이센고분
대수혜원(大修惠院) - 오오스에원
대시(大市) - 오오이치
대신(大神)신사 - 오오미와신사
대신사(大神社) - 미와사
대안사(大安寺) - 다이안사
대야사(大野寺) - 오오노사
대옥명(大玉命) - 오오타마노미코토
대원(大園)유적 - 오오조노유적
대원군(大原郡) - 오오하라군
대원촌(大園村) - 오오조노촌
대이조명(大夷鳥命)
　　　　　　　 - 오오노히나도리토미코토
대전전니고명(大田田禰古命)
　　　　　　　 - 오오타네코노미코토
대정관대명신(大井關大明神)
　　　　　　　 - 오오이제키다이묘오진
대정사(大庭寺)유적 - 오바데라유적
대정천(碓井川) - 우수이천

대정촌(大庭村) - 오바촌
대조(大鳥)신사 - 오오토리신사
대조군(大鳥郡) - 오오토리군
대진(大津)신사 - 오오쯔신사
대촌향(大村鄕) - 오오무라향
대총산(大塚山)고분 - 오오쯔카야마고분
대판(大阪) - 오오사카
대평사촌(大平寺村) - 다이헤이지촌
대현(大縣)신사 - 오오가타신사
대현(大縣)유적 - 오오가타유적
대화비조(大和飛鳥) - 야마토아스카
대화암웅(大和岩雄) - 오오와 이와오
대화천(大和川) - 야마토강
대흑산(大黑山) - 다이코쿠산
도교사(道敎寺) - 도오쿄오사
도근현(島根縣) - 시마네현
도기대궁(陶器大宮) - 토오키대궁
도기천총(陶器千塚) - 토오키센즈카
도기향(陶器鄕) - 토오키향
도라고수(刀羅古首) - 토라코오비토
도명니사(道明尼寺) - 도오묘오니사
도명사(道明寺) - 도오묘오지(지명)
도명사천만궁(道明寺天滿宮)
　　　　　　　　　　- 도오묘사텐만궁
도변창굉(渡邊昌宏) - 와다나베 마사히로
도비진(蹈鞴津) - 타타라쯔
도소(道昭) - 도오쇼오
도소지(道昭池) - 도오쇼오지
도원(島原) - 시마바라
도읍고요적군(陶邑古窯跡群)
　　　　　　　　　　- 스에무라고요적군
도출비려지(都出比呂志) - 쯔데 히로시
도하(稻荷)신사 - 이나리신사
도황전(陶荒田) - 스에아라타
동노대총(東ノ大塚)고분
　　　　　　　　　　- 히가시노오오쯔카고분
동경도(東京都) - 토오쿄오도
동국(東國) - 아즈마국
동대사(東大寺) - 토오다이사
동대판시(東大阪市) - 히가시오오사카시
동도기촌(東陶器村) - 히가시토오키촌

동백설조촌(東百舌鳥村) - 히가시모즈촌
동북(東北) - 토오호쿠
동제천(東除川) - 히가시노조천
동판전(東阪田) - 히가시한다
동한(東漢) - 야마토노아야
두본(頭本)신사 - 모리모토신사
등노삼(藤の森)고분 - 후지노모리고분
등노목(藤ノ木)고분 - 후지노키고분
등강대졸(藤岡大拙) - 후지오카 다이세쯔
등본독(藤本篤) - 후지모토 아쯔시
등원겸족(藤原鎌足) - 후지와라노카마타리
등원경(藤原京) - 후지와라쿄오
등원광사(藤原廣嗣) - 후지와라노히로쯔구
등원명형(藤原明衡) - 후지와라노아키히라
등원불비등(藤原不比等) - 후지와라노후히토
등정정간(藤井貞幹) - 후지이 사다모토
등택일부(藤澤一夫) - 후지사와 카즈오
등판어묘곡(藤坂御墓谷)
　　　　　　　　　　- 후지사카오하카타디

　　　　　　　□

마곡(馬谷) - 마타니
마사(馬史) - 우마노후히토
마씨(馬氏) - 우마씨(샤쿠도)
마연구부(馬淵久夫) - 마부치 히사오
마탕산(摩湯山)고분 - 마유야마고분
마탕정(摩湯町) - 마유정
말영아웅(末永雅雄) - 스에나가 마사오
매방시(枚方市) - 히라카타시
매천(梅川) - 우메천
면부군(綿部郡) - 니시코리군
면직련(綿織連)씨족 - 니시코리노무라지씨족
면직부(綿織部) - 니시코리베
명신대사(名神大社) - 묘오진대사
명신조거(明神鳥居) - 묘오진토리이
명정(明正)천황 - 메이쇼오천황
모정노해(茅渟の海) - 치누노우미연안
모정왕(茅渟王) - 치누왕
모정현(茅渟縣) - 치누노아가타
목도촌(木島村) - 키지마촌

목이경황자(木梨輕皇子) - 키나시카루노미코
묘국사(妙國寺) - 묘오코쿠사
묘산(墓山)고분 - 하카야마고분
묘총(猫塚)고분 - 네코즈카고분
무내숙니명(武內宿禰命)
    - 타케시우치노스쿠네노미코토
무장국(武藏國) - 무사시국
무장숙니(武藏宿禰) - 무사시노스쿠네
무장씨(武藏氏) - 무사시씨
무촌(舞村) - 마이촌
문림황신(門林晃臣) - 카도바야시 아키오미
문수아지고(文首阿志高)
    - 후미노오비토아시코
문협정이(門脇禎二) - 카도와키 테이지
물부씨(物部氏) - 모노노베씨
미륜왕(尾輪王) - 마유와노오오키미
미산(美山)고분 - 미야마고분
미원정(美原町) - 미하라정
미전문효(米田文孝) - 요네다 후미타카
미전민행(米田敏幸) - 요네다 토시유키
민달(敏達)천황 - 비타쯔천황

ㅂ

박뢰(泊瀨) - 하쯔세
반구정(斑鳩町) - 이카루가정
반등일리(牛藤一利) - 한토오 카즈토시
반석군(飯石郡) - 이이시군
반전(牛田) - 한다
반정(反正)천황 - 한제이천황
반조(伴造) - 토모노미야쯔코
반지원(磐之媛) - 이와노히메
발복산(鉢伏山) - 하치부세산
방위(方違)신사 - 카타타가이신사
백다(伯多)신사 - 하카타신사
백다정(伯多町) - 하카타정
백목정구(柏木政矩) - 카시와기 마사노리
백목촌(白木村) - 시라키촌
백백행웅(百百幸雄) - 도도 유키오
백사(柏寺) - 카야사
백산(白山)신사 - 시라야마신사
백산대신(白山大神) - 시라야마오오카미
백석태일랑(白石太一郞)
    - 시라이시 타이이찌로오
백석태일랑(白石太一郞) - 타이이치로오
백설조(百舌鳥)고분군 - 모즈고분군
백설조석운정(百舌鳥夕雲町) - 모즈세키운정
백설조제촌(百舌鳥濟村) - 모즈 쿠다라촌
백설조팔번궁(百舌鳥八幡宮) - 모즈하치만궁
백용(白庸)법사 - 하쿠요오법사
백원시(柏原市) - 카시와라시
백저사(白猪史) - 시라이노후히토
백제(百濟)신사 - 쿠다라신사
백제공풍정(百濟公豊貞)
    - 쿠다라노키미호오테이
백제숙니(百濟宿禰) - 쿠다라노스쿠네
백제왕인정(百濟王仁貞)
    - 쿠다라노코니키시진테이
백조(白鳥)신사 - 시로토리신사
백조고길(白鳥庫吉) - 시로토리 쿠라키치
백조릉(白鳥陵)고분 - 시로토리료오고분
백조총(白鳥塚, 白鳥陵)고분
    - 시로토리즈카고분
백촌강(白村江) - 하쿠스에
백태언(伯太彦)신사 - 하쿠타히코신사
번(幡) - 하타
번옥(幡屋) - 하타야
번전(幡箭) - 히타야
법도사(法道寺) - 호오도오사
법륭사(法隆寺) - 호오류우사
법천사(法泉寺) - 호오센사
법화사(法華寺) - 호케사
법흥사, 비조사(法興寺, 飛鳥寺)
    - 호오코오사
벤토우산(ベントウ山)
변재천사(弁財天社) - 벤자이텐사
변천사(弁天社) - 벤텐사
변천산(弁天山)고분 - 벤텐야마고분
별부(別府)유적 - 비유우유적
병주(兵主)신사 - 효오즈신사
병천오일랑(竝川五一郞)- 나미카와 코이치로
보검탑산(寶劍塔山)고분 - 호우켄토오야마

복강현(福岡縣) - 후쿠오카현
복미촌(伏尾村) - 후세오촌
복석사(福石社) - 후쿠이시사
복정현(福井縣) - 후쿠이현
본시(本市) - 모토시
본위전국사(本位田菊士) - 모토이다 키쿠지
본향유적(本郷遺跡) - 혼고오유적
봉전수호신(蜂田首虎身)
　　　　　　　 - 하치다노오비토토라미
봉총(峰塚)고분 - 미네즈카고분
부강준부(富岡俊夫) - 토미오카 토시오
부구전촌(府久田村) - 후쿠다촌
부목차총(富木車塚)고분
　　　　　　　 - 토노키쿠루마즈카고분
부산(釜山) - 카마산
부전림시(富田林市) - 톤다바야시시
부중정(府中町) - 후츄우정
북근의촌(北近義村) - 키타코기촌
북야경평(北野耕平) - 키타노 코오헤이
북촌(北村) - 키타촌
북하내(北河內) - 키타카와치
분화만(噴火灣) - 훈카만
불공전지(佛供田池) - 부쿤다지
불타사(佛陀寺)고분 - 붓타지고분
비매(比賣)신사 - 히메신사
비매허증(比賣許曾) - 히메코소
비미호(卑彌呼) - 히미코
비조금지(飛鳥今池) - 아스카이마이케
비조대신(飛朝大神) - 아스카오오가미
비조천총(飛鳥千塚) - 아스카센즈카
비조호(飛鳥戶)신사 - 아스카베신사
비조호조(飛鳥戶造) - 아스카베노미야쯔코
비천정(斐川町) - 히카와정
비파호반(琵琶湖畔) - 비와호반
빈구방랑(浜口芳郞) - 하마구치 요시오
빙천(氷川)신사 - 히카와신사

ㅅ

사도군(絲島郡) - 이토시마군
사마태국(邪馬台國) - 야마타이코쿠
사산(寺山) - 테라산
사서룡원(寺西龍愿) - 테라니시 류우겐
사서호장(寺西浩章) - 테라니시 히로아키
사천관(寺川款) - 테라카와 칸
산구현(山口縣) - 야마구찌현
산미행구(山尾幸久) - 야마오 유키히사
산변도(山邊道) - 야마노베노미치
산성국(山城國) - 야마시로국
산양공(山陽公) - 산요오노키미
산이산(山梨産) - 야마나시산
산장정(山莊町) - 산소오정
산전(山田)신사 - 야마다신사
산전영웅(山田英雄) - 야마다 히데오
산정(山井)신사 - 야마이신사
산형현(山形縣) - 야마가타현
삼(두)참리〔森(杜)參り〕 - 모리마이리
삼투총(三つ塚) - 미쯔즈카
삼국케구정(三國ヶ丘町) - 미쿠니가오카정
삼립산(三笠山) - 미카사산
삼십이일(三辻利一) - 미쯔지 토시카즈
삼운(三雲)유적 - 미쿠모유적
삼일시(三日市) - 밋카이치
삼정가(三井家) - 미쯔이가문
삼정고수(三井高邃) - 미쯔이 타카쯔구
삼택사(三宅寺) - 미야케사
삼품창영(三品彰英) - 미시나 쇼오에이
삼헌옥(三軒屋)유적 - 산겐야유적
삼호일(森浩一) - 모리 코오이치
삼호효(三好孝) - 미요시 타카시
상골(常滑) - 토코나메
상대정(上代町) - 우에다이정
상림사(常林寺) - 죠오린사
상모야씨(上毛野氏) - 카미쯔케누노씨
상사해운(上司海雲) - 카미쯔카사 카이운
상신곡촌(上神谷村) - 니와다니촌
상신향(上神鄕) - 카무쯔미와향
상야(上野) - 우에노
상야승사(上野勝巳) - 우에노 카쯔미
상원(相原) - 아이노하라
상전정소(上田正昭) - 우에다 마사아키
상정태지(上町台地) - 우에마치대지

상지수분(上之水分) - 카미노미쿠마리
상지촌(上之村) - 우에노촌
서곡정(西谷正) - 니시타니 타다시
서국(西國) - 사이고쿠
서궁산(西宮山)고분 - 니시미야야마고분
서대로정(西大路町) - 니시오오지정
서도기촌(西陶器村) - 니시토오키촌
서릉(西陵)고분 - 사이료오고분
서림사(西琳寺) - 사이린사(후루이치사)
서명(舒明)천황 - 죠오메이천황
서목씨(鉏木氏) - 무코기씨
서묘산(西墓山)고분 - 니시하카야마고분
서문씨(西文氏) - 카와치노후미씨
서백설조촌(西百舌鳥村) - 니시모즈촌
서본원사(西本願寺) - 니시혼간사
서소산(西小山)고분 - 니시코야마고분
서제천(西除川) - 니시노조천
서지내정(西之内町) - 니시노우치정
서척토(西尺土) - 니시샤쿠도
서취석(西取石) - 니시토로시
서한(西漢) - 카와치노아야
서혜아천(西惠我川) - 니시에가천
석(石)신사 - 이와신사
석견(石見) - 이와미
석도신일랑(石渡信一郎)- 이시와타 신이치로
석무대(石舞臺)고분 - 이시부다이고분
석무태(石舞台)고분 - 이시부타이고분
석부정지(石部正志) - 이시베 마사시
석원진(石原進) - 이시하라 스스무
석재(石材) - 이시자이
석재남(石才南)유적 - 이시자이미나미유적
석전무작(石田茂作) - 이시다 시게사쿠
석전수(石田修) - 이시다 오사무
석천(石川) - 이시천
석천백제촌(石川百濟村) - 이시카와쿠다라촌
석천숙니(石川宿禰) - 이시카와노스쿠네
석천현(石川縣) - 이시카와현
석청미산(石淸尾山)고분군
　　　　　　　　　　- 이와세테오야마고분군
석희(石姬) - 이와노히메
선교(船橋)유적 - 후나바시유적

선랑녀(膳郎女) - 카시와데노히라쯔메
선련(船連) - 후네노무라지
선사(船史) - 후네노후히토
선사도소(船史道昭) - 후나노후히토도오쇼오
선사왕후(船史王後) - 후나노후히토오오고
선산(船山)고분 - 후나야마고분
선씨(船氏) - 후나씨
선씨왕후(船氏王後) - 후나시오오고
선씨왕후수(船氏王後首)
　　　　　　　　　　- 후나시오오고노오비토
선태(仙台) - 센다이
선흥사(禪興寺) - 젠코오사
섭진국(攝津國) - 셋쯔국
성(聖)신사 - 히지리신사
성덕태자(聖德太子) - 쇼오토쿠타이시
성무(聖武)천황 - 쇼오무천황
성총(星塚)고분군 - 시즈카고분군
소명언명신(少名彦名神)
　　　　　　　　　　- 스쿠나히코나노카미
소사정사(小寺正史) - 코데라 마사시
소산(小山) - 코야마
소산수삼(小山修三) - 오야먀 슈유죠오
소송리정(小松里町) - 코마쯔리정
소아(蘇我)씨 - 소가씨
소아갈목신마자(蘇我葛木臣馬子)
　　　　　　　　　　- 소가카쯔라기노오미우마코
소아대신하이(蘇我大臣蝦夷)
　　　　　　　　　　- 소가노오오오미에미시
소아도목(蘇我稻目) - 소가노이나메
소아마자총(蘇我馬子塚) - 소가노우마코즈카
소아만지(蘇我滿智) - 소가노마치
소아입록(蘇我入鹿) - 소가노이루카
소아창산전석천마려(蘇我倉山田石川麻呂)
　　　　　　　　　　- 소가노쿠라야마다노이시가와노마로
소아하이(蘇我蝦夷) - 소가노에미시
소언명명(少彦名命) - 스쿠나히코나노미코토
소진, 정강현(燒津, 靜岡縣) - 야이즈
소창무지조(小創武之助)- 오구라 다케노스케
속수보효(速水保孝) - 하야미 야스타카
송강시(松江市) - 마쯔에시
송기(松崎) - 마쯔노사키

송본청장(松本淸張) - 마쯔모토 세이쵸오
송악산(松岳山)고분 - 마쯔오카야마고분
송원천대진(松原泉大津)
　　　　　　　　　- 마쯔바라이즈미오오쯔
송하효행(松下孝幸) - 마쯔시타 타카유키
수간사(水間寺) - 미즈마사
수모기(須牟祁)왕 - 스무키왕
수야정호(水野正好) - 미즈노 마사요시
수원(水垣) - 미즈가키
수원지(水源地)유적 - 스이겐치유적
수인(垂仁)천황 - 스이닌천황
수좌지남명, 소잔명존(須佐之男命, 素盞鳴尊) - 스사노오노미코토
숙라천(叔羅川) - 슈쿠라천
숙병(椒浜)고분 - 하지카미하마고분
숭신(崇神)천황 - 스진천황
승패산(勝敗山)고분군 - 쇼오하이야마고분군
시본인마여(柿本人麻呂)
　　　　　　　　　- 카키노모토노히토마로
시작기촌(矢作忌寸) - 야하기노이미키
시하명신(市河明神) - 이치카와묘오진
식생폐지(埴生廢趾) - 하니유우폐터
식원화랑(埴原和郎) - 우에하라 카즈요시
식장대희명(息長帶姬命)
　　　　　　　　　- 이키나가오비히메노미코토
식장씨(息長氏) - 오키나가씨
신가촌(新家村) - 신케촌
신곡정홍(神谷正弘) - 카미야 마사히로
신공(神功)황후 - 진구우황후
신국, 한국(辛國, 韓國)신사 - 카라쿠니신사
신궁(新宮)고분군 - 니이미야고분군
신궁(新宮)신사 - 니이미야신사
신귀산(信貴山) - 시기산
신기(神崎) - 코오자키
신기곡(神機谷) - 칸하타다니
신나천현(神奈川縣) - 카나가와현
신납천(新納泉) - 니이로 이즈미
신당폐사(新堂廢寺)유적 - 신도오폐사유적
신로귀천(信露貴川) - 시로키천
신무동정(神武東征) - 진무동정
신무정(神武町) - 진무정

신여고(神輿庫) - 미코시야도리
신원(神原)신사 - 칸바라신사
신원전(神原田) - 칸바라다
신정백석(新井白石) - 아라이 하쿠세키
신지서(新池西)고분군 - 신이케니시고분군
신태노삼(信太の森) - 시노다노모리
신태대명신(信太大明神) - 시노다다이묘오진
신태사(信太寺) - 시노다사
신태천총(信太千塚)고분군
　　　　　　　　　- 시노다센즈카고분군
신택천총(新澤千塚)고분
　　　　　　　　　- 니이자와센즈카고분
신한(新漢) - 이마키노아야
신한도조부고귀(新漢陶造部高貴)
　　　　　　　　　- 이마키노아야노스에쯔쿠리베노코오키
심판촌(深坂村) - 후카사카촌
십지촌(辻之村) - 쯔지노촌

ㅇ

아배야(阿倍野) - 아베노
아부사치(阿部嗣治) - 아베 사네하루
아신(阿莘)왕 - 아신왕
아옥민자(兒玉敏子) - 코다마 토시코
아지사주(阿知使主) - 아치노오미
아지왕(阿智王) - 아치노오미
악산(岳山) - 다케산
안강(安康)천황 - 안코오천황
안다미전(雁多尾畑) - 카린도오바타
안담사(安曇寺)유적 - 아즈미사유적
안당정(安堂町) - 안도오정
안동차랑(安東次郎) - 안도오 지로오
안리고능도자(安理故能刀自) - 아리코노토지
안배조신중마여(安倍朝臣仲麻呂)
　　　　　　　　　- 아베노아손나카마로
안복사(安福寺) - 안후쿠사
안한릉(安閑陵)고분 - 안칸료오고분
안화전시(岸和田市) - 키시와다시
암실촌(岩室村) - 이와무로촌
압전사(鴨田社) - 카모다사
앙화(印禍) - 타타리

액원정(額原町) - 누카하라정
액정(額町) - 누카정
앵야수(櫻野首) - 사쿠라노오비토
앵정(櫻井)신사 - 사쿠라이신사
앵정시(櫻井市) - 사쿠라이시
앵정씨(櫻井氏) - 사쿠라이씨
앵정조신(櫻井朝臣) - 사쿠라이아손
야견숙니(野見宿禰) - 노미노스쿠네
야상장조(野上丈助) - 노가미 죠오스케
야야상(野野上)신사 -
　　　　　　노노우에신사(노노우에하치만궁)
야야상련(野野上連) - 노노우에노무라지
야야상씨(野野上氏) - 노노우에씨
야야상팔번궁(野野上八幡宮) -
　　　　　　노노우에하치만궁
야중(野中)고분 - 노나카고분
야중(野中)신사 - 노나카신사
야중궁산(野中宮山)고분
　　　　　　　 - 노나카미야야마고분
야중련(野中連) - 노나카노무라지
야중사(野中寺) - 야츄우사
야중야지(野中冶地) - 노나카대지
야차케지(夜叉ヶ池) - 야샤가이케
약궁(若宮)신사 - 와카미야신사
약왜언(若倭彦)신사 - 와카야마토히코신사
약자총(若子塚)고분 - 와카코즈카고분
양변(良弁) - 로오벤
어관산(御館山) - 미타치야마
어기곡(御機谷) - 오하타다니
어령산(御嶺山)유적 - 고미네야마유적
어묘산(御廟山)고분 - 고뵤오야마고분
어방산(御坊山)고분 - 고보오야마고분
어소시(御所市) - 고세시
어춘조신(御春朝臣) - 고하루아소미
억사부사주(億斯富使主) - 오시후노오미
엄도(嚴島)신사 - 이쯔쿠시마신사
여부(余部) - 아마베
여송조좌위문(呂宋助左衛門)
　　　　　　　 - 루손스케자에몬
염고시(鹽尻市) - 시오지리시
염불사(念佛寺) - 넨부쯔사

엽실(葉室) - 하무로
영목가길(鈴木嘉吉) - 즈키 요시키치
예배총(禮拜塚) - 누카쯔카
예복사(叡福寺) - 에이후쿠사
예전(譽田)고분군 - 콘다고분군
예전팔번궁(譽田八幡宮) - 콘다하치만궁
예전환산(譽田丸山)고분 - 콘다마루야마고분
오반도(五反島)유적 - 고탄시마유적
오십경부명(五十瓊敷命) - 이니시키노미코토
오십촌(五十村)유적 - 이부라유적
오전풍(奧田豊) - 오쿠다 유타카
오조시(五條市) - 고조오시
오진성(奧津城) - 오쿠쯔키
옥수산(玉手山)고분군 - 타마테야마고분군
옥수정(玉手町) - 타마테정
옥의희(玉依姬) - 타마요리히메
옥총(玉塚)고분 - 타마쯔카고분
와전(窪田) - 쿠보다
왕인(王仁) - 와니
왕자정(王子町) - 오오지정
왜이이일백습희명(倭邇邇日百襲姬命)
　　　　　　 - 야마토토토히모소히메노미코토
요속일명(饒速日命) - 니기하야히노미코토
용명(用明)천황 - 요오메이천황
용야(龍野) - 타쯔노
용와산(龍臥山) - 류우가산
용왕(龍王)신사 - 류우오오신사
우(牛)신사 - 우시신사
우다(宇多)천황 - 우다천황
우두천왕(牛頭天王) - 고즈천왕
　　　　　　(고즈텐노오, 스사노오노미코토)
우두천왕사(牛頭天王社) - 고즈텐노사
우설야(羽洩野) - 하비키노
우예산(羽曳山) - 하비키산
우좌시(宇佐市) - 우사시
우좌팔번궁(宇佐八幡宮) - 우사하치만궁
우토묘(宇土墓)고분 - 우토하카고분
우토옥(芋土屋) - 이모도야
웅략(雄略)천황 - 유우랴쿠천황
웅본현(熊本縣) - 쿠마모토현
웅야사(熊野社) - 쿠마노사

웅취정(熊取町) - 쿠마토리정
원도예이(原島禮二) - 하라시마 레이지
원산(原山)고분 - 하라야마고분
원정(元正)천황 - 간쇼오천황
월전(越前) - 에치젠
위전리(葦田里) - 이시다리
유본(柳本)고분군 - 야나기모토고분군
유서천궁(有栖川宮) - 아리스가와노미야
유전시(有田市) - 아리다시
유천량태랑(柳川良太郎)
　　　　　　　　- 야나가와 료오타로오
유택길리(柳澤吉里) - 야나기자와 요시사토
윤공(允恭)천황 - 인교오천황
율서수(栗栖首) - 쿠리스노오비토
융지원(隆池院) - 류우치원
응신(應神)천황 - 오오진천황
응신능(應神陵)고분 - 오오진료오고분
의랑희(衣郎姬) - 소토오리노이라쯔메
이총총(二つ塚)고분 - 후타쯔즈카고분
이노궁(二の宮) - 니노미야
이기곡(伊岐谷) - 이키노타니
이달시(伊達市) - 다테시
이상산(二上山) - 니죠오산
이세(伊勢)신사 - 이세신사
이자총(二子塚)고분 - 후타고즈카고분
이주태랑(禰酒太郎) - 네자케 타로오
이중(履中)천황 - 리츄우천황
이지고리(爾之古里)천황 - 니시코리천황
이파별명(伊波別命) - 이하와케노미코토
이향장야읍(餌香長野邑) - 에가나가노무라
인덕(仁德)천황 - 닌토쿠천황
인번, 조취현(因幡, 鳥取縣) - 이나바
인현(仁賢)천황 - 닌켄천황
일근군(日根郡) - 히네군
일근대산(日根對山) - 히네 타이잔
일근(日根)신사 - 히네신사
일근씨(日根氏) - 히네씨
일근야(日根野) - 히네노
일근조(日根造) - 히네노미야쯔코
일길(日吉)신사 - 히요시신사
일뇌화부(一瀨和夫) - 이치노세 가즈오

일본무존(日本武尊) - 야마토타케루노미코토
일수하(一須賀)고분군 - 이치스가고분군
일야천(日野川) - 히노천
일엽초원(日葉酢媛) - 히바스히메
일하부향, 초부향(日下部鄉, 草部鄉)
　　　　　　　　　　　- 쿠사베향
일하아의(日下雅義) - 사카베 마사요시
임나일본부(任那日本府) - 미마나일본부
임성(琳聖)태자 - 린쇼오태자
임옥진삼랑(林屋辰三郎)
　　　　　　　　- 하야시야 타쯔사부로오
임총부(林惣夫) - 하야시 후사오
입정민광(笠井敏光) - 카사이 토시미쯔

　　　　　　　　ㅈ

자목시(茨木市) - 이바라키시
자인혜맹률사(慈忍惠猛律師)
　　　　　　　　- 지닌에모우리쯔시
자하현(滋賀縣) - 시가현
장노내(藏の內) - 쿠라노우치
장강(長江) - 나가에
장기(長機) - 나가하타
장기현(長崎縣) - 나가사키현
장롱(長瀧) - 나가타키
장롱(長瀧)고분군 - 나가타키고분군
장문(長門) - 나가토
장병(長柄) - 나가라
장부직불파마여(丈部直不破麻呂)
　　　　　　　- 하세쯔카베노아타이후와마로
장빈시(長浜市) - 나가하마시
장수(藏首) - 쿠라노오비토
장씨(藏氏) - 쿠라씨
장야(長野)신사 - 나가노신사
장야현(長野縣) - 나가노현
장왕권현(藏王權現) - 자오오곤겐
장원(長原)고분군 - 나가하라고분군
장원고회(長原高廻)고분
　　　　　　　- 나가하라 타카마와리고분
장지산(長持山)고분 - 나가모치야마고분
장총(長塚)고분 - 나가쯔카고분

장판(長坂) - 나가사카
저명부백대(猪名部百代) - 이나베노모모요
적천(積川) - 쯔가와
전(畑) - 하타
전노산(前の山)고분
　　　　　　　- 마에노야마(시로토리즈카)고분
전노오(畑の奥) - 하타노오쿠
전고정(田尻町) - 타지리정
전곡(畑谷) - 하타야
전변사백손(田邊史伯孫)
　　　　　　　- 타나베노후히토하쿠손
전십광(田辻廣) - 타나베히로시
전십시(田辻市) - 타나베시
전원정(前原町) - 마에바루정
전원촌(田園村) - 덴엔촌
전중(畠中) - 하타케나카
전중보작(田中普作) - 타나카 후사쿠
전중청미(田中淸美) - 타나카 키요미
전중탁(田中琢) - 타나카 타쿠
전천명구(前川明久) - 마에카와 아키히사
전촌원징(田村圓澄) - 타무라 엔쵸오
전출정산(田出井山)고분 - 다데이야마고분
전향(纏向)유적 - 마키무쿠유적
점패방지진(鮎貝房之進)
　　　　　　　- 아유가이 후사노신
정삼수부(定森秀夫) - 사다모리 히데오
정상광정(井上光貞) - 이노우에 미쯔사다
정상수웅(井上秀雄) - 이노우에 히데오
정상승박(井上勝博) - 이노우에 카쯔히로
정수국준(井守國俊) - 이노모리 쿠니토시
정수절(井守節) - 이노모리 세쯔
정원사산(淨元寺山)고분 - 죠오겐지야마고분
정전장(町田章) - 마치다 아키라
정종사(淨宗寺) - 죠오슈우사
정현각영화상(政賢覺英和上)
　　　　　　　- 세이켄카쿠에이와죠오
제(堤) - 쯔쯔미
제명(齊明)천황 - 사이메이천황
제목(諸目)유적 - 모로메유적
제즙초즙불합명(鷄葺草葺不合命)
　　　　　　　- 우가야후키아에즈노미코토

제호(醍醐)천황 - 다이고천황
조거용장(鳥居龍藏) - 토리이 류우조오
조창고요적군(朝倉古窯跡群)
　　　　　　　- 아사쿠라고요적군
조취현(鳥取縣) - 톳토리현
조파(爪破) - 우리와리
조판사(鳥坂寺) - 토리사카사
좌하현(佐賀縣) - 사가현
주길(住吉)신사 - 스미요시신사
주주시(株洲市) - 스즈시
죽곡준부(竹谷俊夫) - 타케타니 토시오
죽내이삼(竹內理三) - 타케우치 리죠오
죽전황자(竹田皇子) - 타케다노미코
중노태자(中の太子) - 나카노타이시
중강승(中岡勝) - 나카오카 스구루
중곡종홍(中谷宗弘) - 나카타니 무네히로
중국(中國) - 츄우고쿠
중궁(中宮)천황 - 나카노미야천황
중대형황자(中大兄皇子)
　　　　　　　- 나카노오오에노오오지
중도리일랑(中島利一郎)
　　　　　　　- 나카지마 리이치로오
중미요(中尾堯) - 나카오 타카시
중백설조촌(中百舌鳥村) - 나카모즈촌
중산총(中山塚) - 나카야마즈카
중서진(中西進) - 나카니시 스스무
중신겸족(中臣鎌足) - 나카토미노카마타리
중애(仲哀)천황 - 츄우아이천황
중정정(中井町) - 나카이정
중진원(仲津媛) - 나카쯔히메
중천창일(中川昌一) - 나카가와 쇼오이치
중촌(中村) - 나카촌
중하내(中河內) - 나카카와치
즐도전희(櫛稻田姬) - 쿠시이나다노히메
즐총(櫛塚) - 쿠시즈카
증근, 증니(曾根, 曾禰)씨 - 소네씨
증근정(曾根町) - 소네정
증니연한견(曾禰連韓犬)
　　　　　　　- 소네노무라지카라이누
증지능야(曾枳能夜)신사 - 소키노요신사
지고정(池尻町) - 이케지리정

지기군(志紀郡) - 시키군
지기현주가(志紀縣主家)
　　　　　　　- 시키노아가타누시가문
지상신사(池上神社) - 이케가미신사
지상정(池上町) - 이케가미정
지식결(智識結) - 치시키유이
지식사(智識寺) - 치시키사
지장당(地藏堂) - 지조오도오
지전민웅(池田敏雄) - 이케타 토시오
지전순일(志田諄一) - 시다 쥰이치
직목효차랑(直木孝次郎) - 나오키 코오지로
직전신장(織田信長) - 오다 노부나가
진단마수(秦但馬守) - 하타노타지마노모리
진당(津堂) - 쯔도오
진대마수(秦對馬守) - 하타노쯔시마노모리
진련진도(津連眞道)
　　　　- 쯔노무라지마미치(스가와라노미치자네)
진복사(眞福寺)유적 - 신후쿠지유적
진사(津史) - 쯔노후히토
진사왕(辰斯王) - 신시왕
진산수(津山守) - 쯔노야마모리
진손왕(辰孫王) - 신손왕
진수지삼(鎭守之森) - 친쥬노모리
진수화(秦秀和) - 하타 히데카즈
진씨(津氏) - 쯔씨
진하승(秦河勝) - 하타노카와카쯔
질부(秩父) - 치치부
징전신의(澄田信義) - 스미다 노부요시

ㅊ

차구총(茶臼塚)고분 - 챠우스즈카고분
차마총(車馬塚)고분 - 쿠루마즈카고분
천남시(泉南市) - 센난시
천대전(千代田) - 치요다
천대진시(泉大津市) - 이즈미오오쯔시
천리시(天理市) - 텐리시
천리휴(千利休) - 센노 리큐우
천무(天武)천황 - 텐무천황
천북군(泉北郡) - 센보쿠군
천삼교(泉森皎) - 이이즈미모리 키요시
천상무(川上茂) - 카와카미 시게루
천서박(川西博) - 카와니시 히로시
천수일명(天穗日命) - 아메노호히노미코토
천승산(川勝山) - 카와카쯔산
천아옥근명(天兒屋根命)
　　　　　　　- 아메노코야네노미코토
천야말희(天野末喜) - 아마노 스에요시
천엽시(千葉市) - 치바시
천왕사(天王寺) - 텐노오지
천이조(天夷鳥)신사 - 아메노히나도리신사
천일창(天日槍) - 아메노히보코
천일취명(天日鷲命) - 아메노히와시노미코토
천전임(千田稔) - 센다 미노루
천정상(泉井上)신사 - 이즈미이누코신사
천조대신(天照大神) - 테라스오오미카미
천조적판촌(千早赤阪村)
　　　　　　　- 치하야아카사카촌
천조황대신(天照皇大神)
　　　　　　　- 아마테라스메오오카미
천좌야시(泉佐野市) - 이즈미사노시
천주, 화천국(泉州, 和泉國)
　　　　　　　- 센슈우(이즈미)
천즐옥명(天櫛玉命)
　　　　　　　- 아메노쿠시타마노미코토
천지(天智)천황 - 텐지천황
천초(淺草) - 아사쿠사
천초사(淺草寺) - 센소오사
천하구(千賀久) - 치가 히사시
청령(淸寧)천황 - 세이네이천황
청룡산(靑龍山) - 세이류우산
청산(靑山) - 아오야마
청야총(靑野聰) - 아오노 아키라
청전지건(淸田之建) - 키요다 유키타테
청정토니원(淸淨土尼院) - 세이죠오니원
촌천행홍(村川行弘) - 무라카와 유키히로
총산(塚山)고분 - 쯔카야먀고분
총원(塚原)고분군 - 쯔카하라고분군
추고(推古)천황 - 스이코천황
추소(秋篠) - 아키시노
축후천(筑後川) - 치쿠고천
춘목정(春木町) - 하루키정

춘일(春日)신사 - 카스가신사
춘정대총산(椿井大塚山)고분
　　　　　　 - 쯔바이오오쯔카야마고분
출운씨(出雲氏) - 이즈모씨
충강정(忠岡町) - 타다오카정
취락제(聚樂第) - 쥬라쿠다이
취상산(吹上山)고분군 - 후키아게야마고분군
취석(取石) - 토로시
취석조(取石造) - 토로시노미야쯔코
취영(鷲營)신사 - 와시미야신사
칙원사(勅願寺) - 쵸쿠간사
칠관(七觀)고분 - 시치칸고분
침류(枕流)왕 - 친루왕

ㅌ

탁비고탁비매(鐸比古鐸比賣)신사
　　　　　　 - 누데히코누데히메신사
태야권현(態野權現) - 쿠마노곤겐
태자촌(太子村) - 타이시촌
태전량(太田亮) - 오오타 아키라
태전사(太田社) - 오오타사
태정(太町) - 타이정
태정(太井)유적 - 타이유적
태평사(太平寺) - 타이헤이지
태평총(太平塚)고분 - 타이헤이즈카고분
택(澤) - 사와
토도치랑자(菟道稚郎子)
　　　　　　 - 우지노와키이라쯔코
토사(土師)신사 - 하지신사
토사노미숙니(土師弩美宿禰)
　　　　　　 - 하지노미스쿠네
토사련(土師連) - 하지노무라지
토사련팔도(土師連八島)
　　　　　　 - 하지노무라지야시마
토사백정폐사적(土師百井廢寺跡)
　　　　　　 - 하지모모이폐사터
토사중지(土師中知) - 하지나카시리
토사촌(土師村) - 하지촌
토생촌(土生村) - 하부촌
토탑정(土塔町) - 도토오정

통목(筒木) - 쯔쯔키
통법사(通法寺) - 쯔우호오사
통성강(筒城岡) - 쯔쯔키오카

ㅍ

파다(波多)신사 - 하타신사
파다, 진(波多, 秦)씨족 - 하타씨족
파다신(波多臣) - 하타노오미
파다야(波多野) - 하타노
파다향(波多鄉) - 하타향
파마(播磨) - 하리마
판구안오(坂口安吾) - 사카구치 안고
판구창남(坂口昌男) - 사카구치 마사오
판남시(阪南市) - 한난시
판본정(阪本町) - 사카모토정
팔도총(八島塚) - 야시마즈카
팔미남(八尾南)유적 - 야오미나미유적
팔미시(八尾市) - 야오시
팔번대신(八幡大神) - 하치만오오카미
팔번사(八幡社) - 하치만사
팔상군(八上郡) - 야죠오군
팔왕자시(八王子市) - 하치오오지시
팔전황녀(八田皇女) - 야타노히메미코
팔품(八品)신사 - 야시나신사
패총시(貝塚市) - 카이즈카시
패취산(貝吹山)고분 - 카이후키야마고분
편동단원(片桐旦元) - 카타기리 카쯔모토
편장(片藏) - 카타쿠라
평군씨(平群氏) - 헤구리씨
평미산(平尾山)고분군 - 히라오야마고분군
평미산천총(平尾山千塚)고분군
　　　　　　 - 히라오야마센즈카고분군
평범사(平凡社) - 헤이본사
평성경(平城京) - 헤이죠오쿄오
평성궁적(平城宮跡) - 헤이죠오궁터
평야방웅(平野邦雄) - 히라노 쿠니오
평전시(平田市) - 히라타시
평전진일(坪田眞一) - 쯔보다 신이치
평정촌(平井村) - 히라이촌
평총천첨(平塚川添)유적

　　　　　　　　- 히라쯔카 카와조에유적
포유(布留) - 후루
포전(浦田) - 우라다
포하수도(浦賀水道) - 우라가스이도오
품타별명(品陀別命)
　　　　　　　- 혼다와케노미코토(오오진천황)
풍신수뢰(豊臣秀頼) - 토요토미 히데요리
풍천열사(豊川悦司) - 토요카와 에쯔시

ㅎ

하남정(河南町) - 카난정
하내국(河內國) - 카와치국
하내명소도회(河內名所圖會)
　　　　　　　　- 카와치명소도회
하내비조(河內飛鳥) - 카와치아스카
하내장야시(河內長野市) - 카와치나가노시
하원(河原) - 카와하라
하정충(河井忠) - 카와이 타다시
하지전정(下池田町) - 시모이케다정
학강시(鶴岡市) - 쯔루오카시
학산태(鶴山台) - 쯔루야마다이
한국이태저(韓國伊太氐)신사
　　　　　　　- 카라쿠니이타테신사
한신, 가라신, 가야신(韓神, 伽羅神, 伽倻神)
　　　　　　　　- 카라카미
한원(韓媛) - 카라히메
한직(漢直) - 아야노아타이
한진성(韓津城) - 카라쯔키
행기(行基) - 교오키
행기총(行基塚) - 교오키즈카
행기탄생총(行基誕生塚) - 교오키탄죠오즈카
향묘(向墓)고분 - 무카우하카고분
향병(向幷)신사 - 무카이신사
향정산(向井山) - 무카이산
혈사(穴師) - 아나시
혈적부간인(穴積部間人)황후
　　　　　　- 아나호베노하시히토황후
협빈(脇浜) - 와키하마
협산시(狹山市) - 사야마시
호간영희(虎間英喜) - 토라마 에이키

호국사(護國寺) - 고코쿠사
호전천(芦田川) - 아시다천
호정(壺井)유적 - 쯔보이유적
호총(狐塚)고분 - 키쯔네즈카고분
혼지왕(混支王) - 콘키왕
홍법대사(弘法大師) - 코오보오대사
화가산현(和歌山縣) - 와카야마현
화가삼태랑(和歌森太郎) - 와카모리 타로오
화산법황(花山法皇) - 카잔법황
화수(和手)유적 - 와테유적
화전사(和田寺) - 와다사
화천국(和泉國) - 이즈미국
화천시(和泉市) - 이즈미시
환립산(丸笠山)고분 - 마루카사야마고분
환산(丸山)고분 - 마루야마고분
환산용평(丸山龍平) - 마루야마 타쯔히라
황극(皇極)여제 - 코우교쿠여제
황금총(黃金塚)고분 - 코가네즈카고분
황목박지(荒木博之) - 아라키 히로유키
황목정(荒木町) - 아라키정
황산궁(荒山宮) - 아라야마궁
황신곡(荒神谷)유적 - 코오진다니유적
황신양(荒神樣) - 아라카미님
황전(荒田) - 아라타
황전별(荒田別) - 아라다와케
회우(檜隅) - 히노쿠마
회전(檜前) - 히노쿠마
회전빈성(檜前浜成) - 히노쿠마하마나리
회전죽성(檜前竹成) - 히노쿠마타케나리
횡수하(橫須賀) - 요코스카
효겸(孝謙)천황 - 코오켄천황
효덕(孝德)천황 - 코오토쿠천황
효원(孝元)천황 - 코오겐천황
후냉천(後冷泉)천황 - 고레이제이천황
흑산폐사(黑山廢寺) - 쿠로야마폐사
흑암중오(黑岩重吾) - 쿠로이와 쥬우고
흑조정(黑鳥町) - 쿠로도리정
흑희산(黑姬山)고분 - 쿠로히메야마고분
흠명(欽明)천황 - 킨메이천황
히친죠이케니시(ヒチンジョ池西)고분

■ 역자의 말

지독히도 조국을 사랑하셨던
김달수 선생님을 기억하며

　1995년 초 대원사로부터 김달수 선생님의 귀한 글을 번역해 보지 않겠느냐는 의뢰를 받았다. 그로부터 햇수로 5년이 흘러 그동안 『일본 속의 한국문화 유적을 찾아서』 제1권과 2권을 번역해서 발간하고 이제 마지막 제3권을 내려고 한다. 선생님이 하늘의 부름을 받지 않으셨다면 제3권 이후에도 나의 번역 작업은 아마도 계속되었으리라.
　참으로 유쾌한 작업이었다는 생각을 한다. 고대사에 관한 지식이 전혀 없었던 나에게 선생님은 글을 통해서 많은 것을 가르쳐 주셨다. 고대 일본에 있어서 우리 조상님들이 행하신 크나큰 활약과 그 위대한 업적을 알게 해주셨고 고대 일본인들이 경외해 마지않던 한국인의 피를 가진 고대 위인들의 행적을 선생의 글을 통해서 조금이나마 이해하고는 벅찬 감동을 느낄 수 있었다. 나의 작업기간이 벌써 5년이란 세월이 흘렀는데 이와 같은 훌륭한 글을 남기신 선생님은 얼마나 많은 세월을 책과 씨름하며 일본 전국 각지를 샅샅이 살펴보셨겠는가? 새삼 선생님의 존재에 대한 존경을 넘어 두려움마저 든다.
　선생님의 한일고대사에 관한 명저 속에 흐르는 근간은 아마도 한국인으로서의 자부심과 문화적 우위에 선 고대 한국인의 자긍심이었으리라. 먼 옛날 거친 파도를 헤치며 바다를 건너 일본으로 도래한 우리 조상님들은 일본땅 구석구석에 신라와 백제 그리고 고구려인의 우수한 문화를 전파했다. 그뒤 긴 세월동안 일본인과의 숱한 교류 속에서 고대의 한국문화는 일본의 문화가 되고 세계의 문화가 되어 현재도 일본땅에 그 모습을 남기고 있다. 참으로 우리 민족이 떳떳이 내세울 수 있는 자랑스러운 역사임에 틀림없다.

김달수 선생님은 고대사에 관한 정확한 식견과 그야말로 방대한 자료의 연구와 실증을 통해서 일본 속에 남아 있는 우리 민족의 흔적을 낱낱이 밝혀내시었다. 때문에 선생님의 갑작스런 부음 소식은 조그맣게 신문에 실렸을 뿐이나 나는 평생을 일본땅에서 차별과 역경을 이겨내며 음지에서 묵묵히 고대사 연구에 몰두해오셨던 위대한 애국자 한 분을 잃어버린 듯하다. 앞으로 두 나라의 많은 고대사 연구가들이 선생님의 업적을 통해서 아직도 풀리지 않는 한일고대사에 관한 많은 수수께끼를 무난히 해결해 줄 것으로 믿어 의심치 않는다.

책의 완역을 앞에 두고 거의 직역의 수준을 벗어날 수 없었던 자신의 무능력을 통감하고 용어 및 표기상에 여러 문제점들을 완벽히 해결하지 못한 과오를 독자 여러분께 진심으로 사과를 드린다. 다만 일본어를 전공하는 사람으로서 가능하면 선생의 글을 원문에 가깝게 번역하고 일본어의 지명이나 인명 등도 될 수 있으면 원어에 정확하게 표기하려고 노력했다는 점을 강조하고 싶다.

마지막으로 이 번역 작업을 함께 진행한 대원사 여러분과 제자 신영태 군의 노고에 깊이 감사하며 날마다 내게 힘과 용기를 준 사랑하는 은실이 그리고 유하와도 기쁨을 나누고 싶다.

1999년 6월
경주 효현동산에서 역자 씀